北海道 北嶺中学校

2019~2013年度の7年分

本書は，実物をなるべくそのままに，プリント形式で年度ごとに収録しています。
問題用紙を教科別に分けて使うことができるので，本番さながらの演習ができます。

■ 収録内容

・解答集（この冊子です）

書籍ＩＤ番号，この問題集の使い方，リアル過去問の活用，解答例と解説，
ご使用にあたってのお願い・ご注意，お問い合わせ

・2019（平成31）年度 ～ 2013（平成25）年度　学力検査問題

○は収録あり　年度	'19	'18	'17	'16	'15	'14	'13
■ 問題収録	○	○	○	○	○	○	○
■ 解答用紙	○	○	○	○	○	○	○
■ 解答	○	○	○	○	○	○	○
■ 解説	○	○	○	○	○	○	○
■ 配点							

☆問題文等の非掲載はありません

教英出版

■　書籍ＩＤ番号

入試に役立つダウンロード付録や学校情報などを随時更新して掲載しています。
教英出版ウェブサイトの「ご購入者様のページ」画面で，書籍ＩＤ番号を入力してご利用ください。

書籍ＩＤ番号　175001

（有効期限：2025年9月30日まで）

【入試に役立つダウンロード付録】
「中学合格への道」

■　この問題集の使い方

年度ごとにプリント形式で収録しています。針を外して教科ごとに分けて使用します。①片側，②中央のどちらかでとじてありますので，下図を参考に，問題用紙と解答用紙に分けて準備をしましょう（解答用紙がない場合もあります）。

針を外すときは，けがをしないように十分注意してください。また，針を外すと紛失しやすくなりますので気をつけましょう。

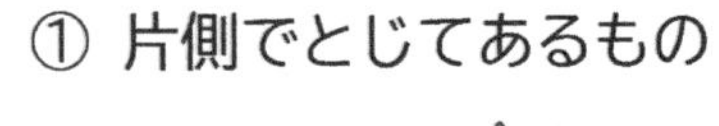

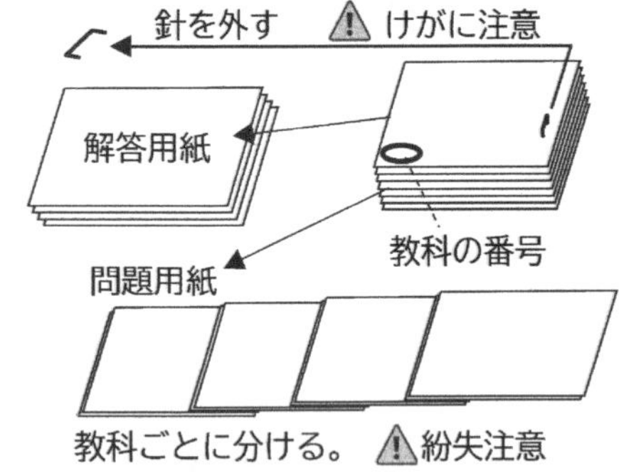

② 中央でとじてあるもの

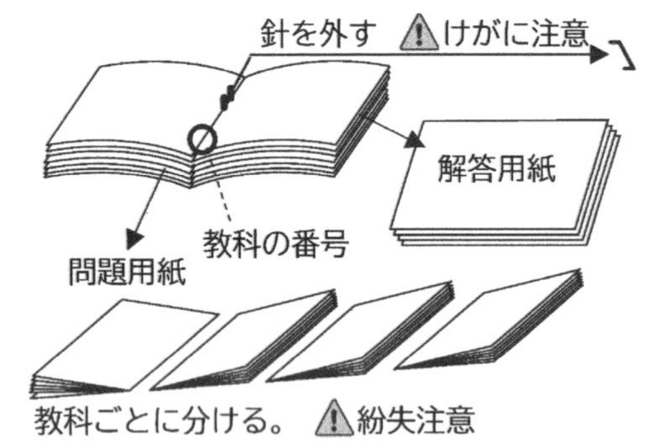

※教科数が上図と異なる場合があります。
　解答用紙がない場合や，問題と一体になっている場合があります。
　教科の番号は，教科ごとに分けるときの参考にしてください。

リアル過去問の活用

~リアル過去問なら入試本番で力を発揮することができる~

本番を体験しよう！

問題用紙の形式（縦向き / 横向き），問題の配置や余白など，実物に近い紙面構成なので本番の臨場感が味わえます。まずはパラパラとめくって眺めてみてください。「これが志望校の入試問題なんだ！」と思えば入試に向けて気持ちが高まることでしょう。

入試を知ろう！

同じ教科の過去数年分の問題紙面を並べて，見比べてみましょう。

① 問題の量

毎年同じ大問数か，年によって違うのか，また全体の問題量はどのくらいか知っておきましょう。どのくらいのスピードで解けば時間内に終わるのか，大問ひとつにかけられる時間を計算してみましょう。

② 出題分野

よく出題されている分野とそうでない分野を見つけましょう。同じような問題が過去にも出題されていることに気がつくはずです。

③ 出題順序

得意な分野が毎年同じ大問番号で出題されていると分かれば，本番で取りこぼさないように先回りして解答することができるでしょう。

④ 解答方法

記述式か選択式か（マークシートか），見ておきましょう。記述式なら，単位まで書く必要があるかどうか，文字数はどのくらいかなど，細かいところまでチェックしておきましょう。計算過程を書く必要があるかどうかも重要です。

⑤ 問題の難易度

必ず正解したい基本問題，条件や指示の読み間違いといったケアレスミスに気をつけたい問題，後回しにしたほうがいい問題などをチェックしておきましょう。

問題を解こう！

志望校の入試傾向をつかんだら，問題を何度も解いていきましょう。ほかにも問題文の独特な言いまわしや，その学校独自の答え方を発見できることもあるでしょう。オリンピックや環境問題など，話題になった出来事を毎年出題する学校だと分かれば，日頃のニュースの見かたも変わってきます。

こうして志望校の入試傾向を知り対策を立てることこそが，過去問を解く最大の理由なのです。

実力を知ろう！

過去問を解くにあたって，得点はそれほど重要ではありません。大切なのは，志望校の過去問演習を通して，苦手な教科，苦手な分野を知ることです。苦手な教科，分野が分かったら，教科書や参考書に戻って重点的に学習する時間をつくりましょう。今の自分の実力を知れば，入試本番までの勉強の道すじが見えてきます。

試験に慣れよう！

入試では時間配分も重要です。本番で時間が足りなくなってあわてないように，リアル過去問で実戦演習をして，時間配分や出題パターンに慣れておきましょう。教科ごとに気持ちを切り替える練習もしておきましょう。

心を整えよう！

入試は誰でも緊張するものです。入試前日になったら，演習をやり尽くしたリアル過去問の表紙を眺めてみましょう。問題の内容を見る必要はもうありません。どんな形式だったかな？受験番号や氏名はどこに書くのかな？…ほんの少し見ておくだけでも，志望校の入試に向けて心の準備が整うことでしょう。

そして入試本番では，見慣れた問題紙面が緊張した心を落ち着かせてくれるはずです。

※まれに入試形式を変更する学校もありますが，条件はほかの受験生も同じです。心を整えてあせらずに問題に取りかかりましょう。

算　数

平成31年度 解答例・解説

《解答例》

1　(1)16　(2) $1\frac{3}{40}$　(3) $\frac{2}{25}$　(4) $1\frac{27}{100}$

2　(1)410　(2) $\frac{44}{57}$　(3)14　(4)①16　②2

3　(1)29　(2)3121　(3)109

4　(1)56.52　(2)14.13　(3)9.42

5　(1)右表　(2)3　(3)5　(4)【あ】45　【い】65　【う】11　【え】30　【お】50　【か】11　(5)2

	3kgの荷物(個)	5kgの荷物(個)	合計(個)
Aさん	15	0	15
	10	3	13
	5	6	11
	0	9	9
Bさん	10	0	10
	5	3	8
	0	6	6

《解　説》

1　(1)　与式$=6.5\div1.3+2.2\times5=5+11=16$

(2)　与式$=\frac{1}{8}\times\{20\times(24+23-22-21+20+19)\}\times\frac{1}{100}=\frac{1}{8}\times(20\times43)\times\frac{1}{100}=\frac{20\times43}{8\times100}=\frac{43}{40}=1\frac{3}{40}$

(3)　与式$=\frac{1}{5}\div(\frac{6}{12}-\frac{4}{12}+\frac{3}{12})\times\frac{1}{6}=\frac{1}{5}\div\frac{5}{12}\times\frac{1}{6}=\frac{1}{5}\times\frac{12}{5}\times\frac{1}{6}=\frac{2}{25}$

(4)　与式$=(\frac{3}{8}+\frac{14}{25})\times2-(\frac{7}{5}+\frac{13}{4})\times\frac{4}{31}=(\frac{75}{200}+\frac{112}{200})\times2-(\frac{28}{20}+\frac{65}{20})\times\frac{4}{31}=\frac{187}{200}\times2-\frac{93}{20}\times\frac{4}{31}=\frac{187}{100}-\frac{3}{5}=$
$\frac{187}{100}-\frac{60}{100}=\frac{127}{100}=1\frac{27}{100}$

2　(1)　全体の生徒数を5と9の最小公倍数の㊺とすると，男子の人数は㊺$\times\frac{2}{5}+86=$⑱$+86$(人)，女子の人数は㊺$\times\frac{4}{9}+40=$⑳$+40$(人)と表せる。したがって，(⑱$+86$)$+$(⑳$+40$)$=$㊳$+126$(人)と㊺が等しいから，㊺$-$㊳$=$⑦が126人とあたるとわかる。よって，男子の人数は，$126\times\frac{⑱}{⑦}+86=410$(人)

(2)　並んでいる分数はすべて分子と分母の和が101になっていて，分母が奇数(きすう)である。$0.75=\frac{3}{4}$に近い分数は，(分母)：(分子と分母の和)が4：7に近くなっているから，$101\times\frac{4}{7}=\frac{404}{7}=57.71\cdots$より，分母が57と予想できる。分母が57の分数の分子は$101-57=44$だから，$\frac{44}{57}$を計算すると，$0.771\cdots$となる。確認のために，$\frac{44}{57}$ととなりあう分数のうち$\frac{44}{57}$よりも小さい$\frac{42}{59}$を計算すると，$0.711\cdots$となる。よって，求める分数は$\frac{44}{57}$である。

(3)　右図のように外側に長方形ＧＢＣＡを作図して考える。

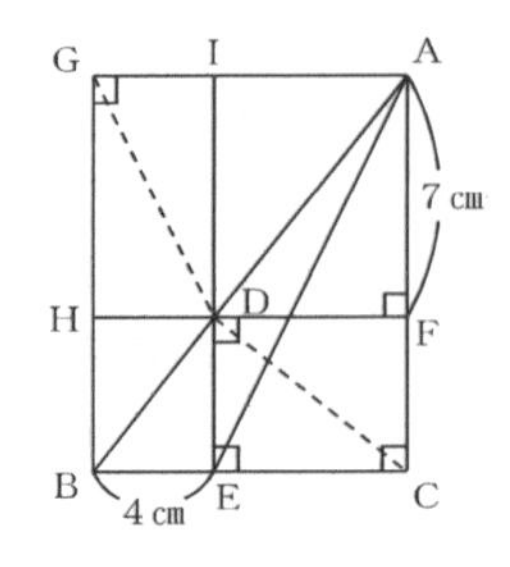

ＩＥとＡＣが平行だから，三角形ＡＤＥの面積は三角形ＣＤＥの面積と等しい。
また，三角形ＡＢＣの面積は長方形ＧＢＣＡの面積の$\frac{1}{2}$である。長方形ＧＢＣＡの面積の$\frac{1}{2}$となる面積の組み合わせを探すと，三角形ＡＤＦ，三角形ＤＢＥ，三角形ＧＨＤ，三角形ＣＤＦの面積の和が長方形ＧＢＣＡの面積の$\frac{1}{2}$になるとわかる。
以上より，三角形ＣＤＥの面積と三角形ＧＨＤの面積は等しいとわかる。
よって，求める面積は三角形ＧＨＤの面積と等しく，$4\times7\div2=14$(㎠)

(4)①　㋐と㋑の円周の比は半径の比と等しく4：5である。ＡとＢが動いた道のりはつねに等しいのだから，ＡとＢの周回数の比は4：5の逆比の5：4になる。よって，Ａが20周するとき，Ｂは$20\times\frac{4}{5}=16$(周)する。

② AがBよりも180度多く回転したとき，つまり$\frac{1}{2}$周多く回転したときのBの周回数を求める。

①の解説より，AとBの周回数の比は5：4になるから，(AとBの周回数の差)：(Bの周回数)＝1：4である。よって，AがBより$\frac{1}{2}$周多く回転したとき，Bは$\frac{1}{2}\times 4=2$(周)している。

3 1つの6の倍数に対応して，6で割ると1余る数が1つ，6で割ると5余る数が1つ見つかるから，並んでいる数を2つ1組で考える。1，5（1組目），7，11（2組目），13，17（3組目），……，と組に分けると，n組目の左の数は6×n－5，n組目の右の数は6×n－1になっていることがわかる。

(1) 10番目の数は，10÷2＝5(組目)の右の数だから，6×5－1＝29

(2) 9361÷6＝1560余り1より，9361＝6×1560＋1＝6×1561－5だから，9361は1561組目の左の数である。1561組目までに2×1561＝3122(個)の数が並ぶから，9361は3121番目の数である。

(3) はじめの数から順番に足していってできる数の規則性を探す。

順番に足していくと，1，1＋5＝6，6＋7＝13，13＋11＝24，24＋13＝37，37＋17＝54，……，と変化する。下線部は各組の右の数まで足したところであり，6＝6×1，24＝6×4，54＝6×9，……と，6×(平方数(へいほうすう))になっていることがわかる(平方数とは，同じ整数を2つかけあわせてできる数である)。つまり，n組目の右の数までの和は，6×(n×n)になっている。

2019÷6＝336余り3であり，336をこえない最大の平方数を探すと，18×18＝324が見つかる。したがって，18組目の右の数までの合計が6×324＝1944である。19組目の左の数は6×19－5＝109であり，1944＋109＝2053となって2019をこえるから，求める数は109である。

4 (1) 右のように作図する。斜線部分の面積は，BEを直径とする半径6cmの半円の面積と，長方形BCDEの面積の和から，三角形ACDの面積を引けば求められるので，$6\times6\times3.14\times\frac{1}{2}+6\times12-12\times12\div2=18\times3.14+72-72=56.52$(cm²)

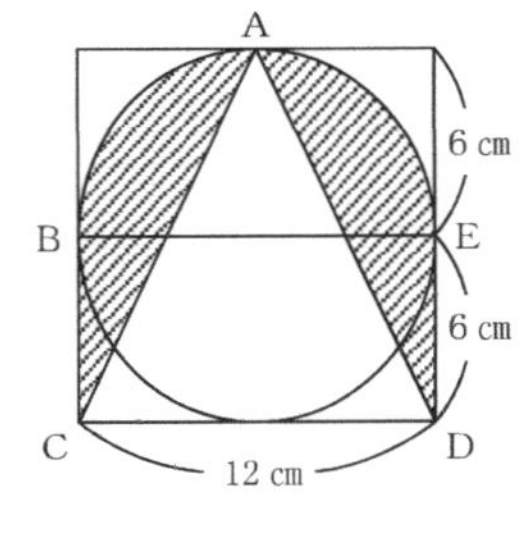

(2) 辺ABが通過した部分は右図の色つき部分のようになる。色つき部分の面積は，ア半径BD＝3cmの半円と，イ半径CE＝rの半円と，ウ三角形CDEの面積の和から，エ半径AD＝rの半円と，オ三角形BADの面積を引けば求められる。イとエ，ウとオの面積がそれぞれ等しいので，求める面積はアの面積と等しく，$3\times3\times3.14\times\frac{1}{2}=\frac{9}{2}\times3.14=14.13$(cm²)

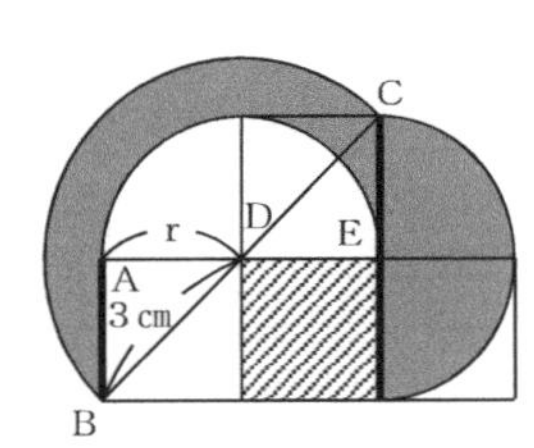

(3) 正六角形は右図Iの実線のように6つの合同な正三角形に分けられ，QR＝3cmだから，この正六角形の1辺の長さは1.5cmである。また，PRの長さをrとする。

図I

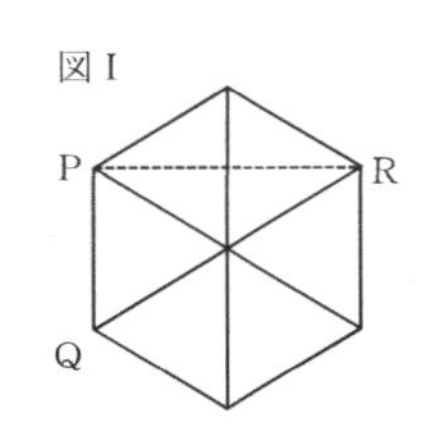

辺ABが通過した部分は右図IIの色つき部分のようになる。正六角形の1つの内角は{180×(6－2)}÷6＝120(度)だから，3回の回転の中心角はすべて120度なので，図内のおうぎ形の中心角はすべて120度である。

図II

色つき部分の面積は，アおうぎ形CDB(半径3cm，中心角120度)と，イおうぎ形FHD(半径r，中心角120度)と，ウおうぎ形GIH(半径1.5cm，中心角120度)と，エ三角形CDFと，オ三角形FHGの面積の和から，カおうぎ形CEA(半径r，中心角120度)と，キおうぎ形FGE(半径1.5cm，中心角120度)と，ク三角形CABと，ケ三角形CEFの面積を引けば求められる。イとカ，ウとキ，エとク，オとケの面積がそれぞれ等しいので，求める面積はアの面積と等しく，

$3\times3\times3.14\times\frac{120}{360}=3\times3.14=9.42$(㎠)

5 ⑴　３と５の最小公倍数は15だから，合計の重さが変わらないように，３kgの荷物を15÷３＝５(個)減らして５kgの荷物を15÷５＝３(個)増やすことをくり返して，条件にあう組み合わせを探すとよい。

⑵　個数の合計が19個になる１回の運び方は，（Ａさん，Ｂさん）＝(13個，６個)(11個，８個)(９個，10個)の３通りある。

⑶　荷物の重さの合計が３×50＋５×45＝375(kg)で，１回の往復で45＋30＝75(kg)を運ぶのだから，375÷75＝５(回)の往復で運ぶことができれば最短で作業が終了する。そのためには，荷物の個数の合計が50＋45＝95(個)だから，１回で95÷５＝19(個)運べればよい。この個数は⑵で組み合わせを求めた場合と同じだから，１回で合計19個運ぶことは可能であるとわかる。よって，求める回数は５回目である。

⑷　⑵，⑶より，Ａさんが毎回９個運べば，Ａさんが運んだ個数の合計は最小の９×５＝あ45(個)になり，毎回13個運べば，最大の13×５＝い65(個)になる。⑵で求めた３通りの内容を見ると，Ａさんの個数は２個きざみで変化しているから，Ａさんが運ぶ個数の合計も２個きざみで変化させることができ(45個，47個，49個，……，65個)，全部で(65－45)÷２＋１＝う11(通り)ある。

同様に，Ｂさんの最小の個数は６×５＝え30(個)，最大の個数は10×５＝お50(個)であり，やはり全部でか11通りある。

⑸　全部で95個あるのだから，95÷２＝47余り１より，Ａさんが運ぶ個数の合計が47個以下であればよい。

⑷の解説より，Ａさんの個数の合計は，45個と47個の２通りが考えられる。

平成30年度 解答例・解説

《解答例》

1 (1)301 (2)496 (3)$\frac{11}{40}$ (4)3.14

2 (1)9850 (2)13.76 (3)中学生…11 高校生…23 (4)16 (5)7

3 (1)40 (2)2 (3)9 (4)24 (5)117

4 (1)4.5 (2)13.5 (3)108 (4)16

5 (1)①◎ ②イ (2)①53，59 ②2，3 ③6

《解　説》

1 (1) $654321 \div 1234 = 530$ 余り 301

(2) 与式$=248+124+62+31+16+8+4+2+1=496$

(3) 与式$=6\times\frac{1}{4}\times\frac{1}{2}+72\times\frac{1}{48}\times\frac{1}{12}-57\times\frac{1}{5}\times\frac{1}{19}=\frac{3}{4}+\frac{1}{8}-\frac{3}{5}=\frac{30}{40}+\frac{5}{40}-\frac{24}{40}=\frac{11}{40}$

(4) 与式$=3+1\div\{6+9\div(6+\frac{25}{13})\}=3+1\div(6+9\div\frac{103}{13})=3+1\div(\frac{618}{103}+\frac{117}{103})=3+1\times\frac{103}{735}=3+\frac{103}{735}$

$103\div735=0.140\cdots$より，求める値は，$3+0.14=3.14$

2 (1) Aさん，Bさん，Cさん，Dさんの貯金額をそれぞれA，B，C，Dとする。

A，B，Cの平均から，A＋B＋Cは$7250\times3=21750$(円)とわかり，B，C，Dの平均から，B＋C＋Dは$6100\times3=18300$(円)とわかる。また，A＋D＝16250(円)である。

したがって，(A＋B＋C)＋(B＋C＋D)＋(A＋D)＝(A＋B＋C＋D)×2は，$21750+18300+16250=56300$(円)だから，A＋B＋C＋Dは$56300\div2=28150$(円)である。

よって，A＝(A＋B＋C＋D)－(B＋C＋D)＝$28150-18300=9850$(円)

(2) 右のように作図する。色のついた部分の面積は，斜線(しゃせん)部分の面積の2倍に等しい。斜線部分の面積は，正方形ABCDの面積から半径が4㎝で中心角が90度のおうぎ形の面積2個分を引けば求められる。

正方形ABCDは対角線の長さが$4\times2=8$(㎝)だから，その面積は，$8\times8\div2=32$(㎠)である。

斜線部分の面積は，$32-(4\times4\times3.14\times\frac{90}{360})\times2=6.88$(㎠)になるから，

求める面積は，$6.88\times2=13.76$(㎠)

A　4㎝　D
B　C

(3) 1つの班の人数は286と598の公約数である。班の数をできるだけ少なくするので，班の人数をできるだけ多くすればよい。したがって，班の人数は286と598の最大公約数である。

右の筆算より，286と598の最大公約数は$2\times13=26$だから，班の人数は26人，班の数は中学生が11，高校生が23である。

2) 286　598
13) 143　299
　　11　23

(4)　$\frac{5}{9}$と$\frac{5}{8}$の分子を9にそろえるために，分母と分子に$\frac{9}{5}$をかけると，$9\times\frac{9}{5}=16.2$，$8\times\frac{9}{5}=14.4$より，$\frac{5}{9}=\frac{9}{16.2}$，$\frac{5}{8}=\frac{9}{14.4}$となる。したがって，この2数の間にある分子が9の分数の分母は，16か15である。$\frac{9}{16}$は約分できず$\frac{9}{15}$は約分できるので，求める数は，16である。

(5)　1から9までに9個の数字が並ぶから，10の十の位である1から数えて，数字を105－9＝96(個)並べたときの最後の数字を求めればよい。2けたの整数を96÷2＝48(個)並べたときに最後に並べる整数は，10＋48－1＝57だから，最後に並べる数字は7である。よって，求める数字は7である。

3　グラフから，右のようなことが読みとれる。

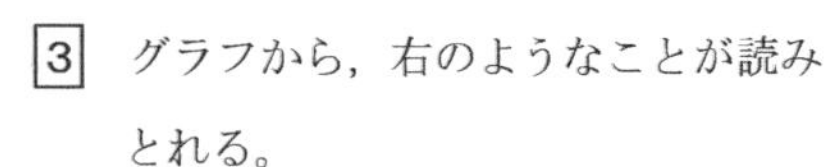

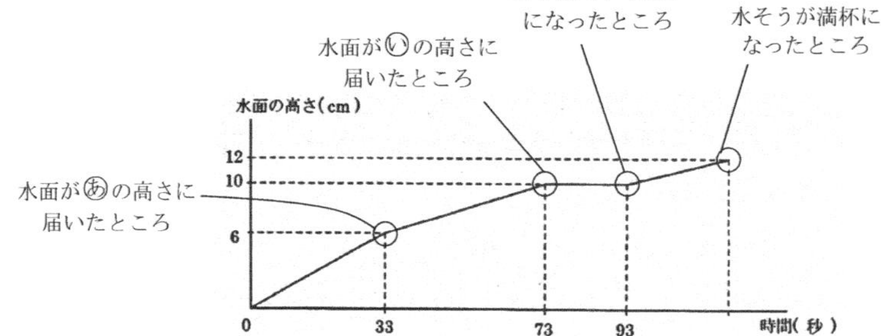

(1)　(い)の高さは10㎝とわかるから，

$2\times2\times10=40$(㎤)

(2)　(い)は93－73＝20(秒)でいっぱいになったから，水を注いでいる割合は，毎秒$\frac{40}{20}$㎤＝毎秒2㎤

(3)　水面が(あ)の高さに届いたところから(い)の高さに届いたところまでは，10－6＝4(㎝)の高さ分だけの水をためるのに73－33＝40(秒)かかっているから，(あ)がないとすると，水面が水そうの底から6㎝の高さ分だけの水をためるのに$40\times\frac{6}{4}=60$(秒)かかる。実際は，水面が(あ)の高さに届くまでに33秒かかっているから，(あ)の体積は，60－33＝27(秒間)にたまった水の体積に等しく，2×27＝54(㎤)である。(あ)の高さは6㎝だから，底面積は54÷6＝9(㎠)である。

(4)　水面が(あ)の高さに届いたところから(い)の高さに届いたところまでの水がたまる部分の底面積は，2×40÷(10－6)＝20(㎠)だから，水そうの底面積は(い)の底面積を足して20＋2×2＝24(㎠)である。

(5)　水そうの高さは12cmあるから，水面が10㎝から12cmの部分に水がたまるのに24×(12－10)÷2＝24(秒)かかる。よって，求める時間は，93＋24＝117(秒後)

4　(1)　AI＝AJ＝6÷2＝3(㎝)だから，三角形AIJの面積は，3×3÷2＝4.5(㎠)

(2)　三角柱AIJ‐KLMの底面積は，(1)で求めた4.5㎠である。高さはKAの長さであり，EAの長さの半分だから，6÷2＝3(㎝)である。よって，三角柱AIJ‐KLMの体積は，4.5×3＝13.5(㎤)

(3)　(1)(2)がヒントになっていると予想できるので，図3，図4で手前の上にある立方体と，図5の正八面体が重なっている部分を考える。図5に重なっている部分をかきこむと，右図の色をつけた部分が重なっているとわかる。この部分は(2)で体積を求めた三角柱である。体積を求める立体は，色をつけた三角柱を8個あわせてできる立体だから，求める体積は，

13.5×8＝108(㎤)

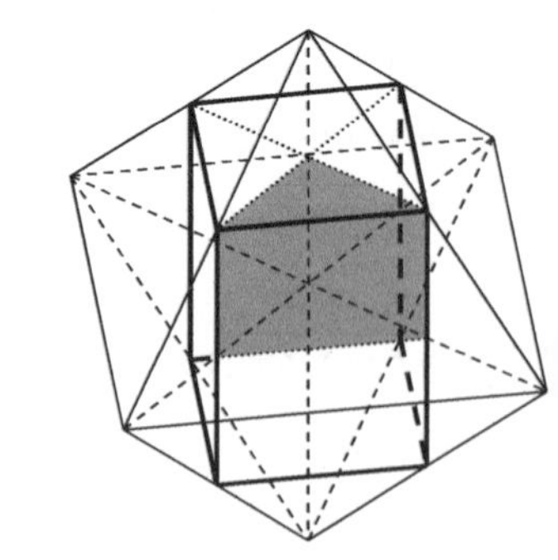

(4)　(3)の解説より，1辺が6㎝の立方体の体積が，右図の色をつけた三角柱の体積の何倍かを求めればよいとわかるから，(6×6×6)÷13.5＝16(倍)

5 (1) このフローチャートでは，Aは９の倍数のとき◎が表示され，Aが９の倍数ではない３の倍数のとき○が表示され，Aが３の倍数ではないとき×が表示される。

① ９の倍数は各位の数の和が９の倍数になり，３の倍数は各位の数の和が３の倍数になる。

３＋１＋７＋１＋１＋５＝18 が９の倍数だから，3001071015 は９の倍数なので，◎が表示される。

② ア．２つの「３の倍数ではない数」が「９の倍数」となることはある(例：１と 17)ので，正しくない。

イ．「９の倍数」と「９の倍数ではない３の倍数」はともに３で割れるので，これらの和も３で割れる，つまり３の倍数である。しかし，「９の倍数」とある数の和が「９の倍数」になるのは，ある数が「９の倍数」のときだけだから，「９の倍数」と「９の倍数ではない３の倍数」の和は「９の倍数」にはならない。よって，◎の数と○の数の和は必ず○の数となるので，常に正しい。

ウ．「９の倍数ではない３の倍数」と「９の倍数ではない３の倍数」の和は常に３の倍数となるが，「９の倍数」となるときもある(例：３と６)ので，正しくない。

(2) このフローチャートでは，Nが２のときは○が表示される。Nが３より大きい場合は以下のようになる。

１回目の「N÷Kは整数ですか？」のところで，Nが２の倍数の場合は×が表示される。Nが２の倍数以外ならKは３となり，２回目の「N÷Kは整数ですか？」のところで，Nが３の倍数の場合は×が表示される。Nが３の倍数以外ならKは４となり，２回目の「N÷Kは整数ですか？」のところで，Nが４の倍数の場合は×が表示される。このように，Nが２の倍数か，３の倍数か，４の倍数か，…という判定をくりかえしていき，KがNと等しくなるところまでくると，○が表示される。つまり，Nが素数の場合は○が，素数でない場合は×が表示されることになる。

① 51 から 60 までの整数のうちの素数を答えればよい。２以外の偶数(ぐうすう)は素数ではないとすぐにわかるので，51，53，55，57，59 について考える。このうち，51，57 は各位の数の和が３の倍数なので，３の倍数である。また，55 は５の倍数である。残った 53，59 については以下のように考える。

ある整数xが素数かどうか調べるとき，２回かけてxより大きくならない数のうち最大の素数をyとすると，y以下の素数でxを割り切れるかどうかを調べればよい。例えば，53 が素数かどうか調べるとき，７×７＝49，11×11＝121 より，y＝７だから，53 が７以下の素数で割り切れるかどうか調べると，割り切れる素数はないとわかる。したがって，７以下の 53 の約数は１だけであり，53 は素数である。もし 11 以上の素数で 53 を割り切れるとすると，53 をその素数で割った商は７以下となるが，７以下の 53 の約数は１だけであることとあわなくなる。したがって，この方法で素数かどうかを調べることができる。59 についても同じように調べると，59 も素数とわかる。

よって，求める整数は，53，59 である。

② ２以外の偶数は素数ではないので，連続していて両方とも素数である整数は，２と３だけである。

③ ｂは，差が２である２つの素数にはさまれた整数である。そのような整数を小さい方からいくつか調べると，以下のようになる(ａは４以上であることに注意する)。

…，$\underset{a}{\underline{\underline{5}}}$，$\underset{b}{\underline{\underline{6}}}$，$\underset{c}{\underline{\underline{7}}}$，…，$\underset{a}{\underline{\underline{11}}}$，$\underset{b}{\underline{\underline{12}}}$，$\underset{c}{\underline{\underline{13}}}$，…，$\underset{a}{\underline{\underline{17}}}$，$\underset{b}{\underline{\underline{18}}}$，$\underset{c}{\underline{\underline{19}}}$，…，

ｂは６，12，18，…となるから，６の倍数になることが予想できるので，そのことを確認する。

２以外の素数は奇数(きすう)だから，ｂは偶数である。６の倍数は３の倍数のうちの偶数だから，ｂが３の倍数であると確認できれば，ｂは６の倍数であると確認できたことになる。

３の倍数ではない数は，[(３の倍数)＋１]か[(３の倍数)＋２]である。しかし，ｂが[(３の倍数)＋１]の場合はａが３の倍数となり，ａが素数であることとあわなくなり，ｂが[(３の倍数)＋２]の場合はｃが３の倍数となり，ｃが素数であることとあわなくなる。したがって，ｂは３の倍数であると確認できるので，ｂは６の倍数である。

６，12，18 が６の倍数より大きい数の倍数ということはないから，求める数は，６である。

平成29年度 解答例・解説

《解答例》

1 (1)3030　(2)15　(3)338　(4)$\frac{5}{6}$

2 (1)270　(2)42　(3)2.28　(4)①8　②19，20，21

3 (1)F　(2)B，C，F　(3)D，E　(4)A，D，E

4 (1)20.7　(2)①時刻…7：00　距離…46　②59.1

5 ㋐25　㋑14　㋒59

《解　説》

1 (1) 与式$=(321+689)+(323+687)+(325+685)=1010+1010+1010=3030$

(2) 与式$=(4.1-\frac{11}{5}\times\frac{1}{2})\div\frac{1}{5}=(4.1-\frac{11}{10})\times5=(4.1-1.1)\times5=3\times5=15$

(3) 与式$=2.5\times2.5\times2\times2\times10+3.25\times3.25\times4\times4-1.125\times1.125\times8\times8$

$=5\times5\times10+13\times13-9\times9=250+169-81=338$

(4) 与式より，$\{1-(1-\frac{4}{5})\}\times(6-\frac{9}{2}-\square)\div\frac{14}{5}=\frac{4}{21}$　$(1-\frac{1}{5})\times(\frac{3}{2}-\square)\div\frac{14}{5}=\frac{4}{21}$

$\frac{4}{5}\times(\frac{3}{2}-\square)=\frac{4}{21}\times\frac{14}{5}$　$\frac{3}{2}-\square=\frac{8}{15}\div\frac{4}{5}$　$\frac{3}{2}-\square=\frac{2}{3}$　$\square=\frac{3}{2}-\frac{2}{3}=\frac{5}{6}$

2 (1) 元となる立方体の1辺の長さは，作る直方体の3辺(縦，横，高さ)の長さの公約数である。立方体の個数を最も少なくするには，立方体をできるだけ大きくすればよいから，直方体の3辺の長さの最大公約数を調べる。右の筆算から，30と54と36の最大公約数は，$2\times3=6$とわかるから，1辺が6㎝の立方体を使えばよい。このとき，立方体を縦に5個，横に9個並べたものを6段重ねると，作りたい直方体ができるから，必要な立方体の個数は，$5\times9\times6=270$(個)

```
2) 30  54  36
3) 15  27  18
    5   9   6
```

(2) えんぴつ5本ずつと消しゴム3個ずつを過不足なく配るには，えんぴつが3本足りず，消しゴムが1個多い。過不足なく配るには，$3500+40\times3-65\times1=3555$(円分)買えばよい。1人分のえんぴつと消しゴムの代金は，$40\times5+65\times3=395$(円)だから，子どもは，$3555\div395=9$(人)いるとわかる。よって，実際に買ったえんぴつの本数は，$5\times9-3=42$(本)

(3) 色のついた部分は，右の図のように一部を移動しても面積が変化しない。このため，求める面積は，半径が4㎝で中心角が45度のおうぎ形の面積から，1辺が4㎝の正方形の面積の$\frac{1}{4}$を引いた値に等しく，$4\times4\times3.14\times\frac{45}{360}-(4\times4)\times\frac{1}{4}=2.28$(㎠)

(4)① ㉕のカードが初めて出てくる段を調べるため，各段の右端(みぎはし)のカードの数字に注目する。1～4段目を見ると，右端のカードの数字は，1段目から順に連続する奇数(きすう)になっているとわかる。25は1に2を$(25-1)\div2=12$(回)加えた数だから，$1+12=13$(番目)の奇数であるため，㉕のカードが初めて出てくる段は13段目である。㉕のカードは，13段目から20段目までのすべての段に出てくるから，求める枚数は，$20-13+1=8$(枚)

② カードの枚数は，1と2のカードが1枚ずつ，3と4のカードが2枚ずつ，5と6のカードが3枚ずつ，…のように，2つの数字が1セットになって増えていく。2つの数字のうち，大きい方の数の半分がカードの枚数になるから，10×2＝20より，ちょうど10枚になる数として，19と20が見つかる。⑲のカードは10段目から19段目までの10段に，⑳は11段目から20段目までの10段に並ぶカードであり，⑳といっしょに初めて11段目に並ぶ㉑も11段目から20段目までの10段に並ぶカードである。よって，求める整数は，19，20，21である。

3 「1が2に対応する」という言葉がわかりにくいので，「1が2に変わる」のように考えればよい。

1	2	3
↓	↓	↓
1	3	2
↓	↓	↓
3	2	1

(1) BのあとにEを行うと，右のようになるから，1が3に，2が2に，3が1になる。
これは，Fと同じである。

(2) 2回くり返して，Aと同じ(対応させる前と同じ状態)になる対応を探す。このような対応は，2つの数字を入れかえるような対応であり，BとCとFが条件にあう。なお，DとEのように数字を3つとも入れかえる場合は，3回くり返すと元にもどる(Aと同じになる)。

(3) B～Fのうち，(2)の条件にあったBとCとFはどれか2つを入れかえる操作であるのに対し，残りのDとEでは3つの数字が1つずつ右か左にずれていることに注目する(Dは左に，Eは右にずれている)。このため，DとEの2つを1回ずつ行うとき，どちらを先に行っても数字の並びが元にもどる(Aと同じになる)。
よって，条件にあうのは，DとEである。

(4) (2)と(3)から，(B，C，F)と(D，E)が異なるパターンの対応であることがわかるから，分けて考える。
例えばBとCについて考えると，B＊C＝E，C＊B＝Dとなるから，BとCはグループに入れることはできない。
したがって，B，Cと似た対応のFもグループに入れることはできない。
次に(3)から，DとEについて調べる。
D＊E＝E＊D＝Aだから，D＊DとE＊Eを調べてみると，D＊D＝E，E＊E＝Dとなり，条件にあう。さらに，A＊D＝D＊A＝D，A＊E＝E＊A＝Eとなり，条件にあう。よって，AとDとEのグループとわかる。

4 (1) 貨物船は6時間かけて138㎞を下るから，下りの速さは，138÷6＝23(㎞/時)である。また，貨物船は7時間30分(7.5時間)かけて上るから，上りの速さは，138÷7.5＝18.4(㎞/時)である。静水時の速さは，
{(下りの速さ)＋(上りの速さ)}÷2で求められるから，(23＋18.4)÷2＝20.7(㎞/時)

(2)① 上りにかかった時間は$7.5\times\frac{4}{3}=10$(時間)だから，B港を出発したのは13時である。貨物船は港で1時間滞在してから出発するため，B港に着いたのは，13時の1時間前の12時である。このため，貨物船はB港に着くまでに7時間かかったとわかる。また，速さは時間に反比例するから，時間が$\frac{4}{3}$倍になると速さは逆数の$\frac{3}{4}$倍になるため，貨物船の静水時の速さは，上りの速さの$1-\frac{3}{4}=\frac{1}{4}$(倍)だけおそくなったとわかる。したがって，下りの速さも$18.4\times\frac{1}{4}=4.6$(㎞/時)だけおそくなった，23－4.6＝18.4(㎞/時)である。
時速18.4㎞で7時間進むと18.4×7＝128.8(㎞)進むから，実際のAB港間の距離に138－128.8＝9.2(㎞)足りない。1時間の速さを時速23㎞にかえると，進む距離は4.6㎞増えるから，時速23㎞で進んだ時間は，9.2÷4.6＝2(時間)である。よって，求める時刻は5時の2時間後の7時であり，求める距離は23×2＝46(㎞)となる。

② ①の解説から，トラックが荷物を積み込みはじめたのは12時とわかる。ここから21時までの9時間のうち，B港での2回の積み込みと，A港での2解の積み下ろしの時間の合計が30×4＝120(分)，つまり2時間だから，トラックがAB港間を移動していた時間は，9－2＝7(時間)である。トラックの速さは，AB港間を7時間で1往復半できる速さだから，(138×3)÷7＝59.14…より，時速59.1㎞以上である。

5 あは直角二等辺三角形だから，２つのあを使うと，対角線の長さが 10 cmの正方形(右の図１)ができる。正方形はひし形でもあるから，対角線の長さが 10 cmの正方形の面積は，10×10÷２＝50(cm²)となる。したがって，あの面積は，50÷２＝25(cm²)

いは，右の図２のように作図できるため，対角線の長さが６＋２＝８(cm)の正方形を半分にしてできる直角二等辺三角形から，等しい２辺の長さが２cmの直角二等辺三角形をのぞいた図形である。したがって，いの面積は，(８×８÷２)÷２－２×２÷２＝14(cm²)

あといとうを合わせると，右の図３の正方形ができる。この正方形は，対角線の長さが６＋８＝14(cm)だから，面積は，14×14÷２＝98(cm²)である。よって，うの面積は，98－25－14＝59(cm²)

図１

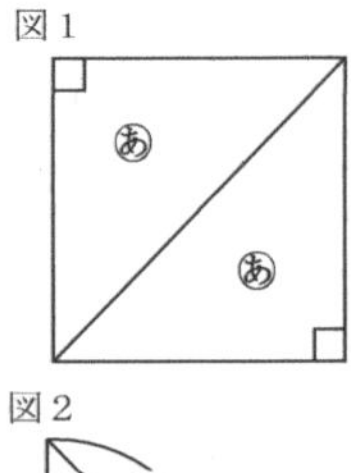

図２

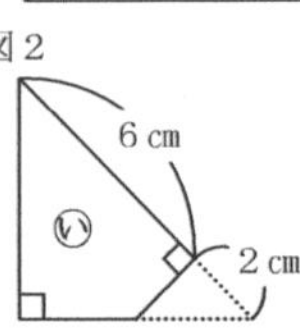

図３

《解答例》

1 (1)25300 (2)2016 (3)$\frac{7}{8}$ (4)9620，48

2 (1)６ (2)３人がけ…２ ４人がけ…６ ６人がけ…10 ／ ３人がけ…４ ４人がけ…３ ６人がけ…11
(3)７，36 (4)18 (5)8.56

3 (1)35 (2)112 (3)88

4 (1)4.5 (2)２ (3)306 (4)180 (5)10.6

5 (1)８ (2)①10 ②42

《解　説》

1 (1) 与式＝11×(91×22＋33×９－２＋３)

＝11×{(91×11－１)×２＋(11×９＋１)×３}＝11×(1000×２＋100×３)＝**25300**

(2) $1.8\times(31\div\frac{2}{7}-8.5)=\frac{9}{5}\times(31\times\frac{7}{2}-\frac{17}{2})=\frac{9}{5}\times100=180=2\times2\times3\times3\times5$ だから，

与式$=\frac{1\times2\times3\times4\times5\times6\times7\times8\times9}{2\times2\times3\times3\times5}=2\times3\times6\times7\times8=$**2016**

(3) 与式より，$(9-□)\div\frac{5}{6}-\frac{3}{4}=18\times\frac{1}{2}$ 　$(9-□)\div\frac{5}{6}=9+\frac{3}{4}$ 　$9-□=\frac{39}{4}\times\frac{5}{6}$ 　$□=9-\frac{65}{8}=$**$\frac{7}{8}$**

(4) ２つの時刻の秒の数字が同じだから，経過した時間のうち，秒数は考える必要がない。

また，13 時 22 分から翌日の 10 時 10 分までの時間は，10 時 10 分＋(24 時－13 時 22 分)＝20 時間 48 分だから，求める時間のうち，2014 年 12 月３日と 2016 年１月８日の時間の合計は 20 時間 48 分である。

2014 年 12 月４日から 2016 年１月７日までの日数は，(31－４＋１)＋365＋７＝400(日)であり，

400 日は 24×400＝9600(時間)だから，求める時間は **9620 時間 48 分**となる。

2 (1) 割り引かれる金額の合計が年会費の 1500 円をこえれば，会員になった方が，１年間に支払う合計金額が少なくなる。１枚につき $3500\times\frac{8}{100}=280$(円)割り引かれるから，1500÷280＝５あまり 100 より，求める枚数は **６枚**となる。

(2) 4人がけ，6人がけを1脚ずつ使い，3人がけを18－2＝16(脚)使うと，3×16＋4＋6＝58(人分)の席がつくれるが，90－58＝32(人分)足りない。3人がけ1脚を，4人がけにかえると4－3＝1(人分)，6人がけにかえると6－3＝3(人分)の席が増えるから，32＝1×2＋3×10より，求める組み合わせのうちの1組として，3人がけが16－2－10＝**4(脚)**，4人がけが1＋2＝**3(脚)**，6人がけが1＋10＝**11(脚)**の組み合わせがある。また，32＝1×5＋3×9より，もう1組は，3人がけが16－5－9＝**2(脚)**，4人がけが1＋5＝**6(脚)**，6人がけが1＋9＝**10(脚)**の組み合わせである。

(3) 同じ道のりを進むのにかかる時間の比は速さの逆比に等しいから，特急列車と快速列車がA駅とB駅の間を進むのにかかる時間の比は，$\frac{1}{90}:\frac{1}{70}=7:9$である。特急列車は午前9時34分－午前8時10分＝84分かかるから，快速列車は$84\times\frac{9}{7}=108$(分)かかるとわかる。したがって，求める時刻は，午前9時34分の10＋108＝118(分前)だから，午前9時34分－118分＝**午前7時36分**となる。

(4) xは24との公約数が4個あるから，xに当てはまる整数は，素数を除いて考える(素数との公約数は2個以下になるため)。24の約数は1，2，3，4，6，8，12，24だから，24より小さい，素数以外の整数について，順に24との公約数を調べると，下の表のようになり，求める数は**18**となる。

整数	23	22	21	20	19	18	…
24との公約数	×	1，2	1，3	1，2，4	×	1，2，3，6	…

(5) 面積が変わらないよう，右の図のように色がついた部分を移動する。求める面積は，縦が1cmで横が4cmの長方形と，半径が4cmで中心角が90度のおうぎ形の面積の合計から，直角に交わる2辺の長さが4cmの直角二等辺三角形の面積を引いた値に等しいから，$1\times4+4\times4\times3.14\times\frac{90}{360}-4\times4\div2=$**8.56(㎠)**

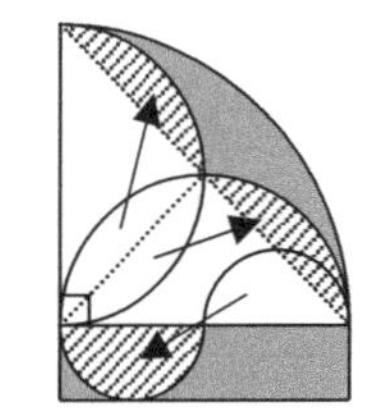

3 n個の数の中から2個を選ぶとき，1個目はn個，2個目は(n－1)個の中から選ぶ。1個目と2個目の選ぶ数字が入れかわっても同じ組み合わせになるから，できる組み合わせの数は，$\frac{n\times(n-1)}{2}$で求められる。

(1) 2数の積が偶数になるのは，少なくとも一方が偶数のときである。このため，すべての組み合わせの数から，奇数の2枚の組み合わせの数を引く。

1から10までの整数から2数を選ぶとき，$\frac{10\times9}{2}=45$(通り)の選び方がある。また，1から10までにある奇数(1，3，5，7，9)の中から2数を選ぶと，$\frac{5\times4}{2}=10$(通り)の選び方がある。

よって，求める選び方は，45－10＝**35(通り)**

(2) 2数の積が3の倍数になるのは，少なくとも一方が3の倍数のときである。

11から30までの20個の整数の中に3の倍数は12，15，18，21，24，27，30の7個あるから，2数が両方とも3の倍数である組み合わせは，$\frac{7\times6}{2}=21$(通り)ある。

また，2数のうち片方だけが3の倍数である組み合わせは，7×(20－7)＝91(通り)ある。

よって，求める選び方は，21＋91＝**112(通り)**

(3) 2数の積が6の倍数になるのは，少なくとも一方が6の倍数のときか，片方が2の倍数で他方が3の倍数のときの2パターンある。6の倍数には2の倍数と3の倍数がふくまれるから，後者については，6の倍数をふくめないように注意する。

11から30までの20個の整数の中に6の倍数は12，18，24，30の4個あるから，2数が両方とも6の倍数である組み合わせは$\frac{4\times3}{2}=6$(通り)あり，2数のうち片方だけが6の倍数である組み合わせは4×(20－4)＝64(通り)ある。

また，6の倍数以外の2の倍数は14，16，20，22，26，28の6個あり，6の倍数以外の3の倍数は15，21，27の3個あるから，6の倍数を除いて，片方が2の倍数で他方が3の倍数である組み合わせは，6×3＝

18(通り)ある。よって，求める選び方は，6＋64＋18＝**88(通り)**

4 (1) 図2と図3から，縦が4cm，横が9cm(AD)，高さがアcmの部分の容積は，6×27＝162(cm³)とわかる。
よって，求める長さは，ア＝162÷4÷9＝**4.5(cm)**

(2) 図3から，縦がイcm，横が9cm，高さが4.5cmの部分の容積は，6×(40.5－27)＝81(cm³)とわかる。
よって，求める長さは，イ＝81÷9÷4.5＝**2(cm)**

(3) 図2と(2)から，AE＝4＋2＋9＋2＝17(cm)となるため，求める時間は，(17×9×12)÷6＝**306(秒後)**

(4) 左側の目盛りが8cmを指しているとき，水は，仕切り板㋒の左側で水そうの底から8cmまでの部分に入っている。この部分は，縦が17－2＝15(cm)，横が9cm，高さが8cmだから，求める時間は，
(15×9×8)÷6＝**180(秒後)**

(5) 仕切り板㋒の左側で水そうの底から10cmまでの部分に水が入るのにかかる時間を調べると，
(15×9×10)÷6＝225(秒)である。また，仕切り板㋒の右側で水そうの底から10cmまでの部分に水が入るのにかかる時間を調べると，(2×9×10)÷6＝30(秒)である。したがって，水を入れ始めてから270秒後までのうち，270－225－30＝15(秒間)は，水そうの底から10cmより上側に水が入る。このとき入る水の体積は6×15＝90(cm³)だから，水面の高さは90÷(17×9)＝$\frac{10}{17}$＝0.58…より，0.6cm上がる。
よって，左側の目盛りは，**10.6cm**を指している。

5 (1) 右の図アと図イのすべての辺の長さを比べればよい(元の立方体は考えないため，省略してある)。
図アと図イにおいて，辺BC，CD，DBは共通するから，残りの辺に注目する。同じ印をつけた辺は長さが等しいから，図アの方が，辺ABと辺AEの分だけ長さの合計が大きいとわかり，その差は，3＋5＝**8(cm)**

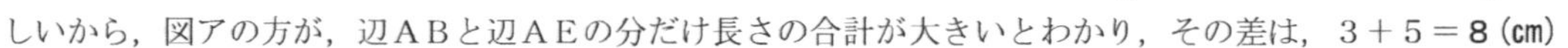

(2) 直方体を正面，真上，真横の3方向それぞれから見たとき，2点B，Dを通る直線は，右の図ウの太線と重なって見える。このため，図ウの色をつけた部分が，<u>2点B，Dを通る直線が通過しない立方体を取り除いたあとの立体</u>を，正面，真上，真横の3方向それぞれから見たときに見える図形となる。このことから，上記の下線の立体は，右の図エのようになる。

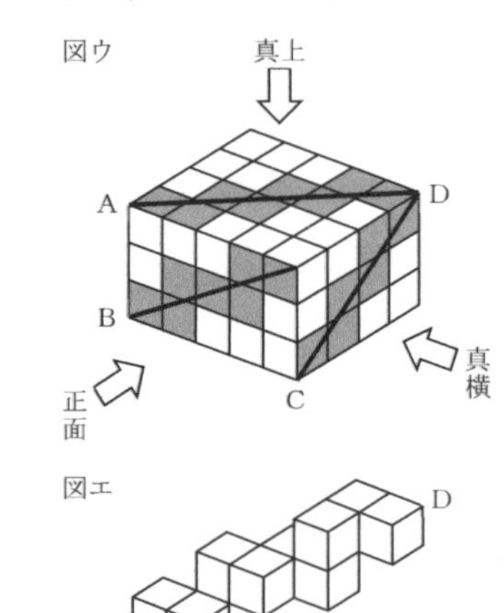

① 図エから，この立体は，1辺の長さが1cmの立方体10個でできているとわかるから，求める体積は**10cm³**となる。

② 正面，真上，真横の3方向それぞれから，立方体の面がいくつずつ見えるかを考えればよい。図ウから，正面からは7個，真上からは8個，真横からは6個の面が見えるから，この立体の表面には，立方体の面が(7＋8＋6)×2＝42(個)ある。立方体の面は1辺の長さが1cmの正方形だから，求める面積は**42cm²**となる。

平成27年度 解答例・解説

《解答例》

1 (1)4 (2)$\frac{101}{420}$ (3)$\frac{2}{3}$ (4)2，3，52

2 (1)6 (2)11 (3)69 (4)①108 ②4

3 (1)124 (2)400 (3)600

4 (1)36　(2)50　(3)1，2.5

5 (1)12　(2)①160　②80

《解　説》

1 (1) $\frac{22}{7}$＝3.142857142857…より，小数点以下は142857という6つの数がくり返される。

小数第20位は，20÷6＝3余り2より，4回目のくり返しの2つ目の数の**4**である。

(2) 与式＝$\frac{36}{42}-\frac{35}{42}+\frac{16}{20}-\frac{15}{20}+\frac{4}{6}-\frac{3}{6}=\frac{1}{42}+\frac{1}{20}+\frac{1}{6}=\frac{10}{420}+\frac{21}{420}+\frac{70}{420}=\mathbf{\frac{101}{420}}$

(3) 与式＝$(\frac{72}{5}\times\frac{5}{6}-\frac{11}{3}\times\frac{5}{2})\div(\frac{3}{2}+\frac{1}{2}\times\frac{11}{2})=(12-\frac{55}{6})\div(\frac{3}{2}+\frac{11}{4})=(\frac{72}{6}-\frac{55}{6})\div(\frac{6}{4}+\frac{11}{4})=\frac{17}{6}\div\frac{17}{4}=\mathbf{\frac{2}{3}}$

(4) a時間b分c秒を(a，b，c)と表すと，

与式＝{(1，37，54)＋(2，38，47)＋(1，54，55)}÷3＝(4，129，156)÷3＝($1\frac{1}{3}$，43，52)

$1\frac{1}{3}$時間＝1時間$(60\times\frac{1}{3})$分＝1時間20分だから，($1\frac{1}{3}$，43，52)＝(1，63，52)＝(2，3，52)

よって，**2時間3分52秒**である。

2 (1) $\frac{27}{55}$の分子と分母の差は55－27＝28だから，分子と分母から同じ数をひいた分数を約分する前の分子と分母の差は28である。$\frac{3}{7}$の分子と分母の差は7－3＝4だから，約分するとき分子と分母を28÷4＝7で割ったとわかる。したがって，約分する前は$\frac{3\times7}{7\times7}=\frac{21}{49}$だったから，求める数は，27－21＝**6**

(2) なしとりんごの値段の合計を4000－400×2＝3200(円)以内にする。

りんごを15個買うとその値段の合計は160×15＝2400(円)となり，3200円より3200－2400＝800(円)安くなる。

りんご1個をなし1個にかえると，値段の合計は230－160＝70(円)高くなる。

よって，800÷70＝11余り30より，なしを**11個**買うことができる。

(3) 2枚のカードから3けたの整数を作るためには，必ず11のカードを使わなければならず，111，112，113，115，117，211，311，511，711の9通りの整数を作れる。

3枚のカードから3けたの整数を作るためには，必ず11以外のカードを使わなければならない。

百の位，十の位，一の位の順に決めるとすると，百の位は1，2，3，5，7の5通り，十の位は残りの4通り，一の位は残りの3通りの選び方があるから，5×4×3＝60(通り)の整数を作れる。

2枚のカードから作った整数と3枚のカードから作った整数に同じものはふくまれていないから，

全部で9＋60＝**69(通り)**の整数を作れる。

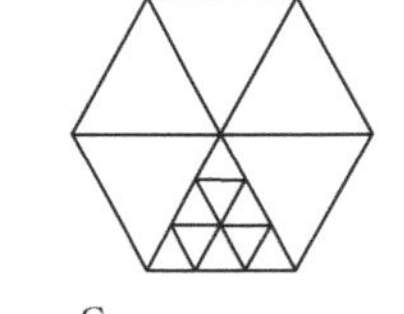

(4)① 右図のように，1辺の長さが12cmの正六角形は，1辺の長さが12cmの正三角形6個に分けることができ，1辺の長さが12cmの正三角形は，1辺の長さが4cmの正三角形9個に分けることができる。よって，求める個数は，2×9×6＝**108(個)**

② 右図のように補助線を引き，記号をおく。

三角形ABC，ADB，CDBはすべて直角二等辺三角形だから，

○の角はすべて45度である。

角ADE＝90度－角EDB，角BDF＝90度－角EDBだから，角ADE＝角BDF

したがって，三角形ADEと三角形BDFは合同であり，色をつけた部分の面積は，

三角形ABCの面積の半分に等しいとわかる。よって，求める面積は，(4×4÷2)÷2＝**4(㎠)**

3 (1) 準備した支柱をすべて一列に立てたとすると，5mおきに立てたときと8mおきに立てたときの全体の長さの差は，5×37＋8×23＝369(m)である。

支柱と支柱の間隔(かんかく)を8－5＝3(m)長くすることで長さが369m長くなったので，支柱と支柱の間は，全部で369÷3＝123(かしょ)ある。よって，準備した支柱の本数は，123＋1＝**124(本)**

(2) (1)の解説より，支柱と支柱の間は1辺あたり $123-23=100$(かしょ)できるから，土地のまわり全体に，支柱と支柱の間は $100\times4=400$(かしょ)できる。

ある場所を1周するように等しい間隔で支柱を立てるとき，支柱と支柱の間の数と支柱の本数は等しくなるので，求める本数は**400本**である。

(3) 牛1頭が1日に食べる草の量を1とすると，

1250頭の牛を放した場合に食べられる草の量の合計は，$1\times1250\times80=100000$

800頭の牛を放した場合に食べられる草の量の合計は，$1\times800\times130=104000$

したがって，$130-80=50$(日間)で生えた草の量は $104000-100000=4000$ とわかるので，1日に生える草の量は $4000\div50=80$ である。そして，初めに生えている草の量は $100000-80\times80=93600$ である。

よって，180日間で食べつくされるためには，合計で $93600+80\times180=108000$ の草が食べられればよいから，牛を $108000\div180\div1=$**600(頭)**放すとよい。

4 (1) 2号車の速さは，20秒後に秒速8m，30秒後に秒速12mだから，25秒後には，$(8+12)\div2=10$ より，秒速10mとわかる。秒速10m＝時速$(10\times60\times60\times\frac{1}{1000})$km＝**時速36km**

(2) グラフを利用した面積から走行した距離を考えると，30秒後までは1号車の方が走行距離が多いことがわかる。1号車・2号車それぞれの走行距離を表す図形では，右図の斜線部分が共通しているので，30秒後以降で色をつけた㋐と㋑の部分の面積が等しくなるとき，2台の車の走行距離は等しくなる。

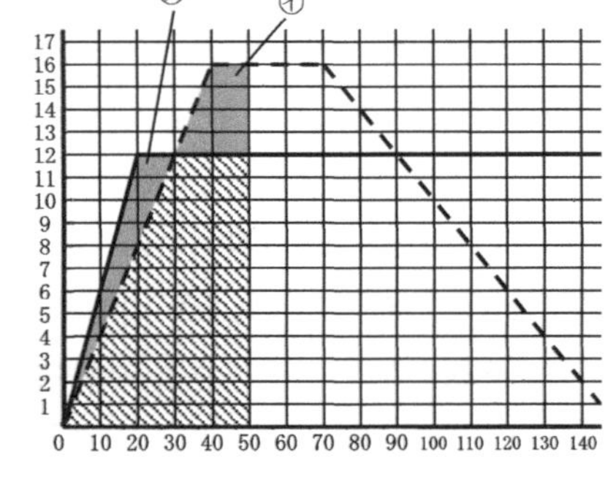

㋐の面積は $(30-20)\times12\div2=60$ である。

40秒後の㋑の面積は60よりも小さいので，㋑が面積60の台形となるときを調べる。台形㋑の高さは $16-12=4$ だから，$60\times2\div4=30$ より，台形㋑の上底と下底の和が30になるときを探すと，50秒後にそうなるとわかる。よって，求める時間は**50秒後**である。

(3) 1号車の方が走行距離を計算しやすいので，まず1号車がB地点を通過する時間を調べる。

1号車の20秒後の走行距離は $20\times12\div2=120$(m)だから，20秒後以降に走行距離が $1380-120=1260$(m)になる時間を調べると，$1260\div12=105$ より，$20+105=125$(秒後)とわかる。

2号車の125秒後の速さは秒速5mだから，125秒後の走行距離は，

$16\times40\div2+16\times(70-40)+(16+5)\times(125-70)\div2=320+480+577.5=1377.5$(m)

よって，**1号車**が先にB地点を通過し，そのとき2号車は，B地点まであと $1380-1377.5=$**2.5(m)**の位置にいる。

5 (1) 右図のように各面をまわると道すじが最も短くなる。

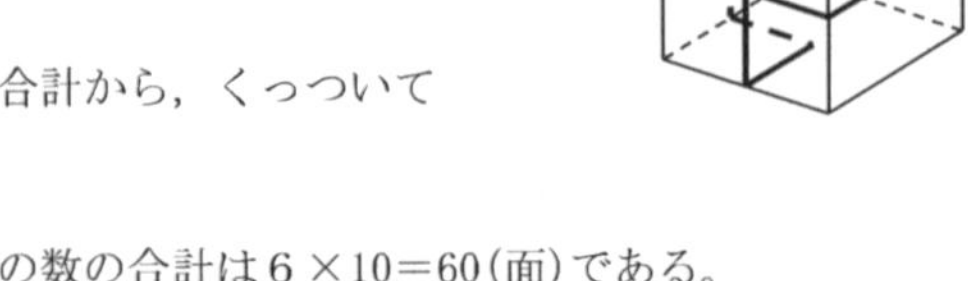

ある面の対角線の交点からとなりの面の対角線の交点までの道のりは2cmだから，

求める道のりは，$2\times6=$**12(cm)**

(2)① この立体の表面の面の数は，立方体10個の表面の数の合計から，くっついてかくれている面の数をひいた値に等しい。

立方体1個の表面には6面あるから，立方体10個の表面の数の合計は $6\times10=60$(面)である。

くっついているかしょ1かしょにつき2面がかくれ，くっついているかしょは10かしょあるから，かくれている面は $2\times10=20$(面)である。

よって，この立体の表面には $60-20=40$(面)あり，表面積は $(2\times2)\times40=$**160(cm²)**である。

② どの面についても，表面をたどった線が2辺を横切る。つまり，1面において，表面をたどった線が横切ることのない辺は4－2＝2(辺)ある。横切ることのない辺は，すべて立方体どうしがくっついていない辺であって，2面に共有されていることと，①より，表面をたどった線は40面を通過することから，表面をたどった線が横切ることのない辺は，全部で(2×40)÷2＝40(辺)となる。

よって，求める長さは，2×40＝**80**(cm)

平成26年度 解答例・解説

《解答例》

1 (1)15　(2) $\frac{11}{14}$　(3)4　(4)1

2 (1)7　(2)1025　(3) $\frac{9}{15}$　(4)660　(5)87

3 (1)120　(2)14400　(3)650　(4)お弁当…290　サンドイッチ…160

4 (1)2，30　(2)22.5　(3)27.6　(4)6，40

5 (1)①90　②135　(2)31.4　(3)43.96

《解　説》

1 (1) 連続する整数の和の公式を利用すれば，与式＝{(11＋19)×9÷2}÷9＝30÷2＝**15**

(2) 与式$=\frac{1}{2}+\frac{2}{3}+\frac{1}{2}+\frac{6}{5}+\frac{1}{3}+\frac{2}{7}-(1+\frac{6}{5}+\frac{1}{2})$

$=\frac{1}{2}+\frac{2}{7}+(\frac{2}{3}+\frac{1}{3}-1)+(\frac{1}{2}-\frac{1}{2})+(\frac{6}{5}-\frac{6}{5})=\frac{7}{14}+\frac{4}{14}=\mathbf{\frac{11}{14}}$

(3) 与式＝370.37÷9.1÷3.7－99.9×7÷27÷3.7＝11－7＝**4**

(4) 比は，内側の2つの数の積と外側の2つの数の積が等しいから，$(□+2)\times\frac{4}{5}\times20=2\frac{2}{7}\times21$ より，

(□＋2)×16＝48　□＋2＝48÷16　□＝3－2＝**1**

2 (1) 積の一の位の数に，かけ合わせる数の一の位の数以外は影響(えいきょう)しないから，一の位だけで計算していく。

7×7＝49，9×7＝63，3×7＝21，1×7＝7より，求める数は**7**となる。

(2) 条件にあう最も小さい数を見つければ，その数より大きく，条件にあう数は，最も小さい数から7と11の最小公倍数の値だけ大きくなっていくことを利用して探すことができる。

11で割ると2余る数は，小さい方から順に，13，24，36，…であり，このうち7で割ると3余る最も小さい数は24である。

条件にあう数は，24から，7と11の最小公倍数である77大きくなるごとに現れるから，

(1000－24)÷77＝12余り52より，1000に近い数は24＋77×12＝948と948＋77＝1025が考えられる。

このうち，最も1000に近いのは**1025**である。

(3) 並んでいる分数について，分母が同じ分数の個数をx個とすると，その分母の数は$x+1$と表せる。

したがって，1から連続する整数の和が100に近くなるところを調べると，

1＋2＋3＋…＋13＝(1＋13)×13÷2＝91，91＋14＝105より，分母が14＋1＝15の分数が92番目から105番目までであるとわかる。

100番目の分数は，分母が15である分数の小さい方から100－91＝9(番目)の分数だから，その分数は$\mathbf{\frac{9}{15}}$である。

(4) 1400円すべてが電車の料金だとすると，値上げ後の料金は $1400\times(1+\frac{15}{100})=1610$(円)となり，実際よりも1610－1580＝30(円)多くなる。1400円のうち，100円が電車の料金からバスの料金に変わると，料金の合計は

$100×(\frac{15}{100}-\frac{10}{100})=5$(円)少なくなるから，はじめのバスの料金は$100×\frac{30}{5}=600$(円)とわかる。

よって，値上げ後のバスの料金は$600×(1+\frac{10}{100})=$**660(円)**となる。

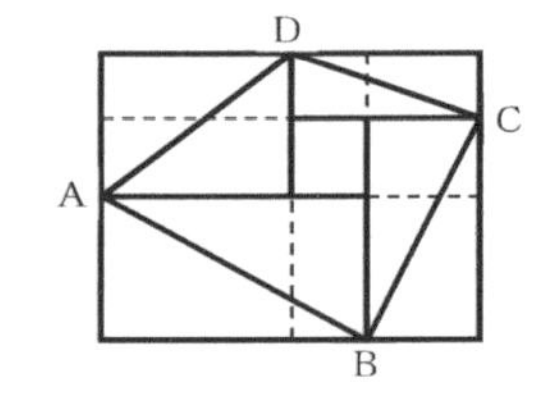

(5) 四角形ＡＢＣＤから１辺の長さが３㎝の正方形を除いた図形は，元の長方形から四角形ＡＢＣＤを除いた図形と同じ４つの直角三角形に分けられる。このことから，四角形ＡＢＣＤの面積は元の長方形と１辺の長さが３㎝の正方形の面積の和の半分に等しく，$(11×15+3×3)÷2=$**87(㎠)**

3 (1) お弁当とサンドイッチは同じ数だけ仕入れたから，すべて売れた２日目は，お弁当１個とサンドイッチ１個のセットで販売したと考える。この１セットの値段は，最初に設定した１個ずつの売り値の合計よりも$50+30=80$(円)安いから，２日目は$(78000-68400)÷80=120$(セット)売れたとわかる。よって，１日に仕入れた個数は**120個**となる。

(2) ２日目の１個あたりの利益は，お弁当が$100-50=50$(円)，サンドイッチが$100-30=70$(円)だから，２日目の全体の利益は，$50×120+70×120=(50+70)×120=$**14400(円)**

(3) 仕入れ値の合計は，２日目の売り上げ額から２日目の利益を引けば求められ，$68400-14400=54000$(円)とわかる。したがって，お弁当とサンドイッチの１個あたりの仕入れ値の合計が$54000÷120=450$(円)だから，これに１個につき100円の利益が出るようにつけた１日目の売り値の合計は$450+100×2=$**650(円)**である。

(4) １日目の設定した売り上げ額と実際の売り上げ額との差は，廃棄したお弁当20個とサンドイッチ10個の売り値の合計にあたり，その金額は$78000-67600=10400$(円)である。お弁当とサンドイッチ10個ずつの売り値の合計が$650×10=6500$(円)であることから，１日目のお弁当10個の売り値は$10400-6500=3900$(円)とわかる。

したがって，１日目のお弁当１個の売り値は$3900÷10=390$(円)だから，お弁当１個の仕入れ値は

$390-100=$**290(円)**となり，サンドイッチ１個の仕入れ値は$450-290=$**160(円)**となる。

4 (1) ＯとＡ，ＯとＣをそれぞれ両端とする線が，１分あたりに点Ｏを中心として時計回りに回転する角度を考えれば，３点Ｏ，Ａ，Ｃがこの順で再び一直線上に並ぶのは，２つの線の回転した角度の差が360度になったときである。

　点Ｏを中心として１分あたりに回転する角度は，ＯとＡを両端とする線が$360÷2=180$(度)，ＯとＣを両端とする線が$360÷10=36$(度)だから，求める時間は$360÷(180-36)=2.5$(分後)，つまり**２分30秒後**となる。

(2) ５分後のとき，右図のように色がついている。

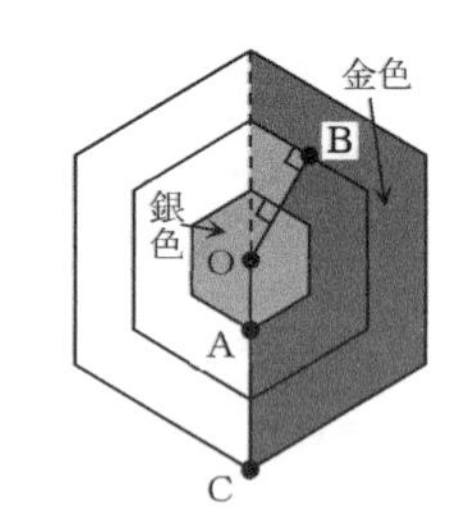

このときの点Ｂは，正六角形の辺上を１周するのに１時間＝60分かかるから，全体の$\frac{5}{60}=\frac{1}{12}$を移動している。

したがって，金色の部分の面積は，点Ｃが辺上を移動する正六角形の面積の半分から，点Ａが辺上を移動する正六角形の面積の半分と，点Ａ，点Ｂがそれぞれ辺上を移動する正六角形の間にある部分の面積の$\frac{1}{12}$を引いた値に等しい。

よって，求める面積は，$54×\frac{1}{2}-6×\frac{1}{2}-(24-6)×\frac{1}{12}=$**22.5(㎠)**

(3) ３点Ｂ，Ｏ，Ｃがこの順で初めて一直線上に並ぶのは，ＯとＢを両端とする線とＯとＣを両端とする線の回転した角度の差が180度になったときである。ＯとＢを両端とする線は，点Ｏを中心として１分あたりに$360÷60=6$(度)回転するから，

$180÷(36-6)=6$(分後)の金色の部分の面積を求める。

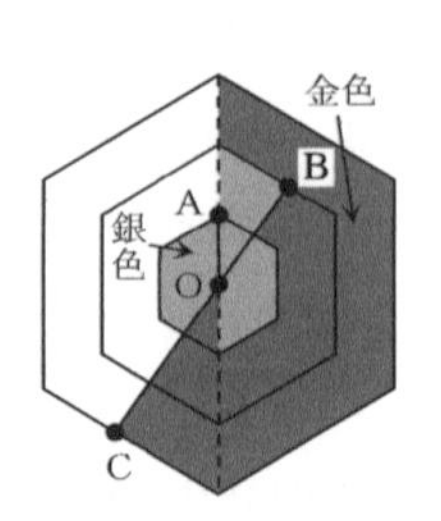

　５～６分後の間で，ＯとＡを両端とする線が通った後をＯとＣを両端とする線が通るから，６分後のとき，色は右図のようについている。

この図は(2)で面積を求めた５分後の１分後で，ＯとＣを両端とする線は36度，ＯとＢを両端とする線は６度回転したから，この図の金色の部分は，(2)で面積を求めた５分後のときよりも，点Ｃが辺上を移動する正六角形の面

積の$\frac{36}{360}=\frac{1}{10}$だけ増え，点Ａ，点Ｂがそれぞれ辺上を移動する正六角形の間にある部分の面積の$\frac{6}{360}=\frac{1}{60}$だけ減っている。よって，求める面積は，$22.5+54\times\frac{1}{10}-(24-6)\times\frac{1}{60}=22.5+5.4-0.3=$**27.6(㎠)**

(4)　６分後の状態からＯとＡを両端とする線が180度回転するまでの間では，点Ａが辺上を移動する正六角形の内側の金色の部分が増えるから，金色の部分の面積は全体で１分あたり 5.4－0.3＝5.1(㎠)増える。

したがって，ＯとＡを両端とする線が180度回転するのにかかる時間は１分だから，７分後の金色の部分の面積が27.6＋5.1＝32.7(㎠)とわかり，求める時間は６～７分後の間にあるとわかる。

金色の部分の面積が初めて 31 ㎠になるまで，その面積は６分後の状態から 31－27.6＝3.4(㎠)増えるから，かかる時間は$3.4\div5.1=\frac{2}{3}$(分)，つまり 40 秒である。よって，求める時間は**６分 40 秒後**となる。

5 (1)①　折り返した角度が等しいことに注目して，右図のように記号をおくと，

角ア＝180－角x－角x，角イ＝90－角y－角yと表せる。

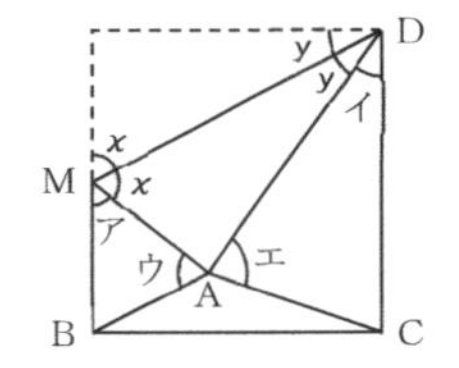

三角形ＡＤＭが角ＤＡＭ＝90 度の直角三角形であることから，角x＋角y＝90(度)より，

求める角の大きさ和は，

角ア＋角イ

＝(180－角x－角x)＋(90－角y－角y)＝270－(角x＋角x＋角y＋角y)＝270－90×２＝**90(度)**

②　ＭＡ＝ＭＢ，ＤＡ＝ＤＣであることから，右図のように記号をおける。

二等辺三角形ＭＡＢ，二等辺三角形ＤＡＣの内角の和に注目すると，

角ウ＝$\frac{180-角ア}{2}$，角エ＝$\frac{180-角イ}{2}$と表せる。

したがって，求める角の大きさの和は，

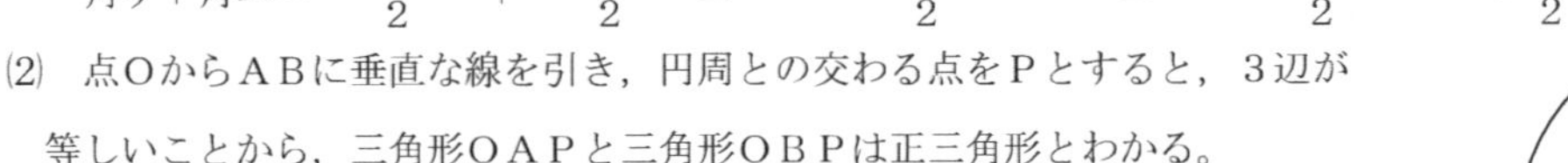

角ウ＋角エ＝$\frac{180-角ア}{2}+\frac{180-角イ}{2}=\frac{180-角ア+180-角イ}{2}=\frac{360-(角ア+角イ)}{2}=\frac{270}{2}=$**135(度)**

(2)　点ＯからＡＢに垂直な線を引き，円周との交わる点をＰとすると，３辺が等しいことから，三角形ＯＡＰと三角形ＯＢＰは正三角形とわかる。

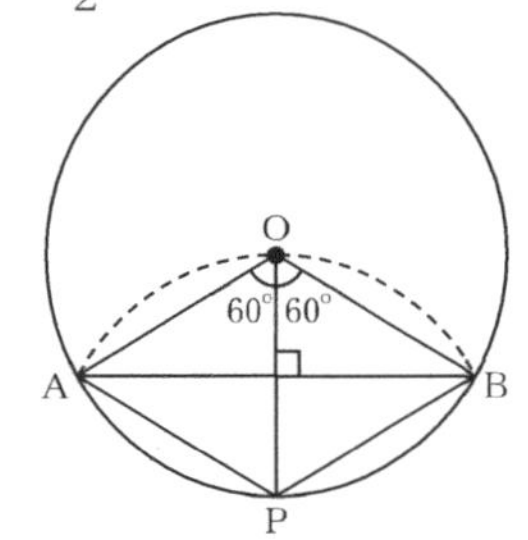

したがって，求める長さは半径が 15 ㎝で中心角の大きさが 60＋60＝120(度)のおうぎ形の曲線部分の長さに等しく，$15\times2\times3.14\times\frac{120}{360}=$**31.4(㎝)**

(3)　右下図のように補助線を引き，記号をおくと，角カ＋角キ＝120 度だから，角キの大きさを求めれば，角カの大きさを求めることができ，曲線の長さを求めるおうぎ形の中心角を求めることができる。

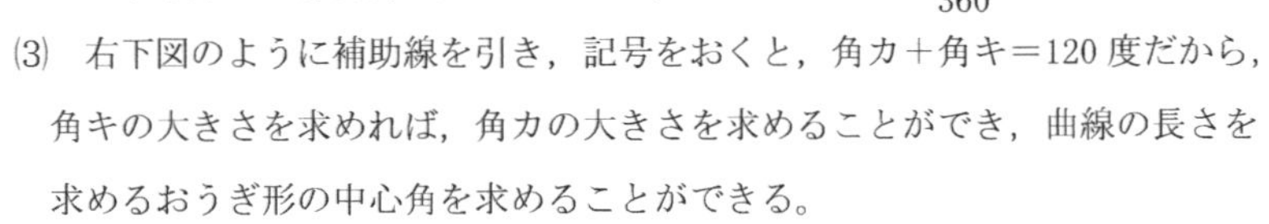

三角形の１つの外角は，それととなり合わない２つの内角の和に等しいから，角ク＝108－30＝78(度)　対頂角は等しいから，角ケ＝角ク＝78 度

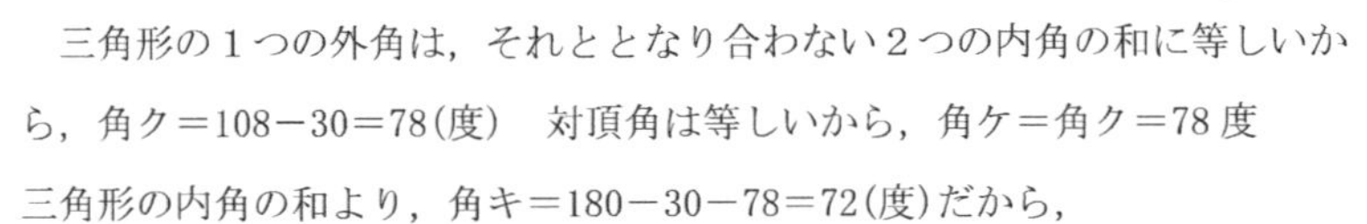

三角形の内角の和より，角キ＝180－30－78＝72(度)だから，

角カ＝120－72＝48(度)

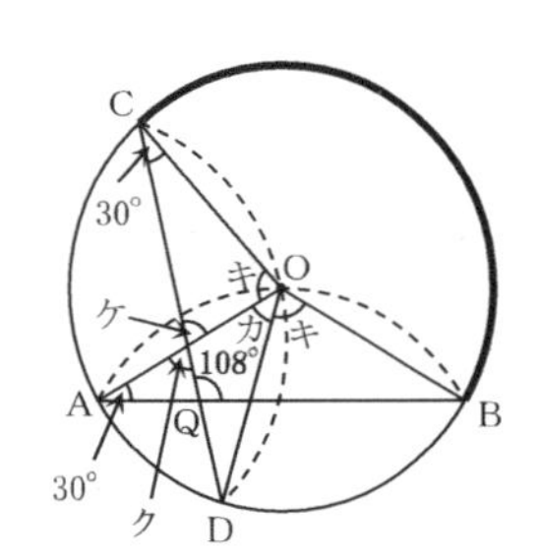

曲線の長さを求めるおうぎ形の中心角の大きさは，360－(72＋48＋72)＝168(度)

よって，求める長さは，$15\times2\times3.14\times\frac{168}{360}=$**43.96(㎝)**

平成25年度 解答例・解説

《解答例》

1 (1)180 (2)$\frac{7}{60}$ (3)40 (4)99

2 (1)【ア】3 【イ】11 【ウ】61 (2)17 (3)4 (4)26 (5)6.28

3 (1)7 (2)13 (3)24

4 (1)16 (2)10 (3)17.5

5 (1)225 (2)225 (3)100

《解　説》

1 (1) 与式$=15\times(48-33)+6\times119\div7-21\times7=15\times15+6\times17-147=225+102-147=$**180**

(2) 与式$=\frac{50}{60}-\frac{48}{60}+\frac{45}{60}-\frac{40}{60}=\mathbf{\frac{7}{60}}$

(3) 与式$=1.25\times5+3.75\times9=1.25\times5+1.25\times3\times9=1.25\times(5+27)=1.25\times32=$**40**

(4) 与式より，$4\times\square+15=(434-297)\times\frac{2}{9}\times\frac{27}{2}$　　$4\times\square=137\times3-15$　　$\square=396\div4=$**99**

2 (1) 1日にできるツルの数は【ア】×【イ】の計算で求められるから，

【ウ】日間にできるツルの数は【ア】×【イ】×【ウ】の計算で求められる。

これが2013羽となるから，【ア】，【イ】，【ウ】にあてはまる数をかけ合わせると2013となる。

$2013=3\times11\times61$より，【ア】，【イ】，【ウ】には2以上の整数が入り，この順で大きくなるから，**【ア】＝3**，**【イ】＝11**，**【ウ】＝61**とわかる。

(2) できるだけ多くの硬貨を使って払い，おつりの硬貨の枚数を少なくすれば，さいふの中の硬貨の枚数が少なくなる。まず，50円玉5枚と10円玉11枚で$50\times5+10\times11=360$(円)になる。残りの$366-360=6$(円)を，できるだけ多くの硬貨を使っておつりの硬貨の枚数が少なくなるように払うには，10円玉1枚と1円玉1枚で払えば，$10\times1+1\times1-6=5$(円)のおつりとなり，おつりの硬貨は5円玉$5\div5=1$(枚)となる。

以上より，使った硬貨の枚数が$5+11+1+1=18$(枚)で，おつりの硬貨の枚数が1枚だから，はじめから持っていた硬貨の枚数から減った分は$18-1=$**17(枚)**である。

(3) B君は，このコースを1周するのに$60\div25=\frac{12}{5}$(分)かかるから，A君が25周走り終えたあとの$60-50=10$(分間)でB君が走ったのは$10\div\frac{12}{5}=\frac{25}{6}=4\frac{1}{6}$(周)である。A君がB君を追いこした回数が1回増えるたびに，A君が走り終えたあとでB君が走る周数が1周増えるから，A君がB君を追いこした回数は**4回**とわかる。

(4) Bは勝ち点が8だから，Dとの試合の結果で与えられた勝ち点は$8-1-3-1=3$であり，Bが勝ったことがわかる。また，Eは順位が2位だから，勝ち点は3位のAより高く，1位のBより低い。つまり，Eの勝ち点は6以上7以下であり，Bと引き分けて勝ち点1が与えられているから，$7-1=6=3+3$より，C，Dとの対戦の結果は，ともにEが勝って，Eの勝ち点は7とわかる。

ここまでで結果がわからない試合は，A対C，A対D，C対Dの3試合であり，これらの試合の結果，Cは勝ち点が2与えられるから2引き分け，つまりA対C，C対Dの結果はともに引き分けである。これより，Aの勝ち点は$1+1+3=5$となるから，A対Dの結果はDの勝ちとわかる。よって，Dの勝ち点は$1+3=4$，Eの勝ち点は7だから，求める勝ち点の合計は，$5+8+2+4+7=$**26**

⑸　右図のように補助線をひき，記号をおく。

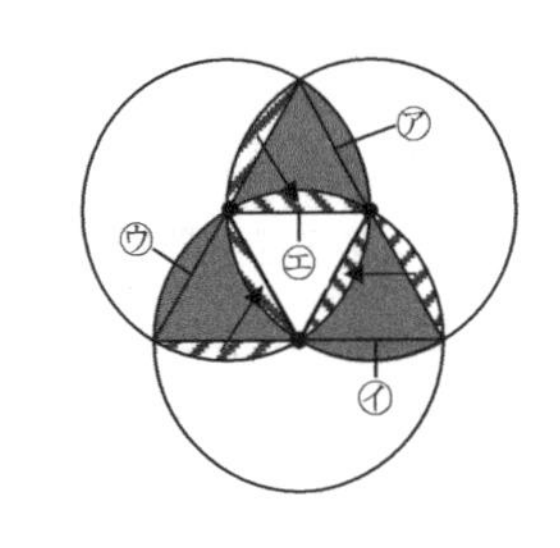

㋐〜㋓の４個の三角形は，３辺の長さが２cmで等しいから，正三角形である。

このことから，色のついた部分の一部を面積が変わらないように移動すると，

半径が２cmで中心角の大きさが60度のおうぎ形３個になる。

$60\times3\div360=\frac{1}{2}$より，求める面積は半径が２cmの半円の面積に等しいから，

$2\times2\times3.14\times\frac{1}{2}=$**6.28(cm²)**

3 ⑴　１段飛ばしで上がる方法は２段ずつ上がる方法であり，２段飛ばしで上がる方法は３段ずつ上がる方法である。１段，２段，３段のいずれかの上がり方を合計３回行って６段あがるには，６＝１＋２＋３より，３種類の上がり方を１回ずつ行う方法と，６＝２＋２＋２より，１段飛ばしを３回行う方法がある。

３種類の上がり方を１回ずつ行う方法を（１回目，２回目，３回目）に上がる段数で考えると，

（１段，２段，３段）（１段，３段，２段）（２段，１段，３段）（２段，３段，１段）（３段，１段，２段）

（３段，２段，１段）の６通りがある。１段飛ばしを３回行う方法は１通りだから，条件にあう上がり方は，全部で６＋１＝**７(通り)**ある。

⑵　１段の上がり方は１通り。２段の上がり方は，１段ずつ２回で上がる方法と，１段飛ばしの１回で上がる方法の２通りがある。３段の上がり方は，はじめに１段上がると残りの３－１＝２(段)の上がり方が２通り，はじめに１段飛ばしで２段上がると残りの３－２＝１(段)の上がり方が１通りだから，全部で２＋１＝３(通り)ある。

このように，３段以上の階段の上がり方は，はじめに１段か２段上がったあとの残りの段数の上がり方から求めることができる。よって，４段の上がり方は，３段の上がり方が３通り，２段の上がり方が２通りだから，全部で３＋２＝５(通り)ある。５段の上がり方は，４段の上がり方が５通り，３段の上がり方が３通りだから，全部で５＋３＝８(通り)ある。６段の上がり方は，５段の上がり方が８通り，４段の上がり方が５通りだから，全部で８＋５＝**13(通り)**ある。

⑶　⑵と異なり，３段の上がり方には２段飛ばしで上がる方法もあるから，３＋１＝４(通り)ある。４段の上がり方は，はじめに１段上がると残りの４－１＝３(段)の上がり方が４通り，はじめに２段上がると残りの４－２＝２(段)の上がり方が２通り，はじめに３段上がると残りの４－３＝１(段)の上がり方が１通りあるから，全部で４＋２＋１＝７(通り)ある。このように，４段以上の階段の上がり方は，はじめに１段か２段か３段上がったあとの残りの段数の上がり方から求めることができる。５段の上がり方は，４段の上がり方が７通り，３段の上がり方が４通り，２段の上がり方が２通りだから，全部で７＋４＋２＝13(通り)ある。６段の上がり方は，５段の上がり方が13通り，４段の上がり方が７通り，３段の上がり方が４通りだから，全部で13＋７＋４＝**24(通り)**ある。

4 ⑴　しきりの左側では，1800 cm³の水は縦30 cm，横３cmの長方形を底面とする直方体の部分に入るから，底面積が$30\times3=90$(cm²)より，水面の高さは，$1800\div90=20$(cm)

しきりの右側では，はじめに縦30 cm，横$23-3=20$(cm)，高さが５cmの直方体の部分に水が入る。この部分の容積は$30\times20\times5=3000$(cm³)だから，2400 cm³の水はすべてこの部分にあり，水面の高さは，$2400\div(30\times20)=4$(cm)

以上のことから，水面の高さの差は，$20-4=$**16(cm)**

⑵　しきりの両側に入っている水の体積の合計は$1800+2400=4200$(cm³)であり，容器の底から５cmまでの容積は$30\times23\times5=3450$(cm³)だから，容器の底から５cmまでの部分よりも上側に入っている水の体積は，

$4200-3450=750$(cm³)

$5+2=7$(cm)より，容器の底から５〜７cmの部分を，縦30 cm，横$23+2=25$(cm)，高さが２cmの直方体と考えると，この部分の容積は，$30\times25\times2=1500$(cm³)より，しきりの両側の水面の高さが等しくなったときの水面の位置は，この部分にあるとわかる。

水面は，容器の底から5＋750÷(30×25)＝6(㎝)の部分にあるとわかるから，しきりの左側で水が入っている部分の横の長さは1800÷(30×6)＝10(㎝)より，しきりは容器の左側の面から**10㎝**はなれている。

⑶　しきりを容器の左側の面から 10 ㎝より右に動かすにつれて，しきりの両側の水面の高さの差は大きくなる。このことから，しきりの右側の水面の高さが容器の底から7㎝の位置にあるときに，しきりの左側と右側の水面の高さの比が 12：35 になったとすると，左側の水面の高さは $7\times\frac{12}{35}=2.4$(㎝)，水が入っている部分の横の長さは 1800÷(30×2.4)＝25(㎝)となり，条件にあわない。つまり，しきりの右側の水面の位置は，容器の底から7㎝よりも上にあるとわかる。

右図のように，しきりの両側が見える方向から容器を見たときの図に記号をおいて考える。容器のへこんでいる㋐の部分を，縦30㎝，横7㎝，高さが7㎝の直方体から，縦 30 ㎝，横2㎝，高さが2㎝の直方体を除いた立体と考えると，その体積は，30×7×7－30×2×2＝1350(㎤)より，しきりの右側で水が入っている部分と㋐の部分を合わせて，体積が 2400＋1350＝3750(㎤)の直方体と考える。

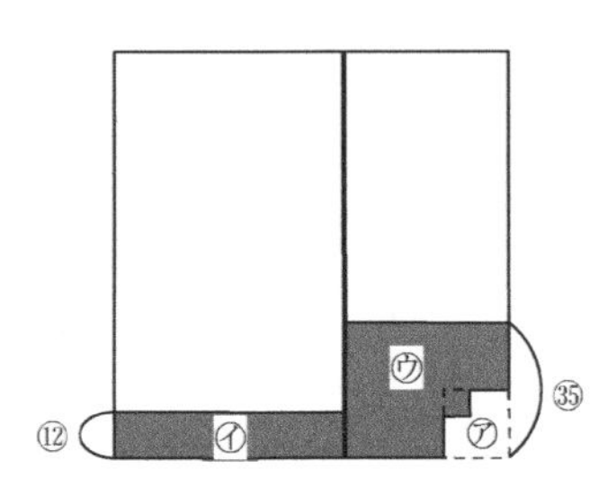

右上図において，㋑の部分と，㋐と㋒を合わせた部分の体積の比は 1800：3750＝12：25 であり，高さの比は 12：35 だから，横の長さの比は(12÷12)：(25÷35)＝7：5となる。

横の長さの比の和の7＋5＝12 が 30 ㎝にあたるから，㋑の横の長さは $30\times\frac{7}{12}=17.5$(㎝)より，しきりは容器の左側の面から**17.5㎝**はなれている。

5 ⑴　図3を，右図のように補助線を引き記号をおいて考える。

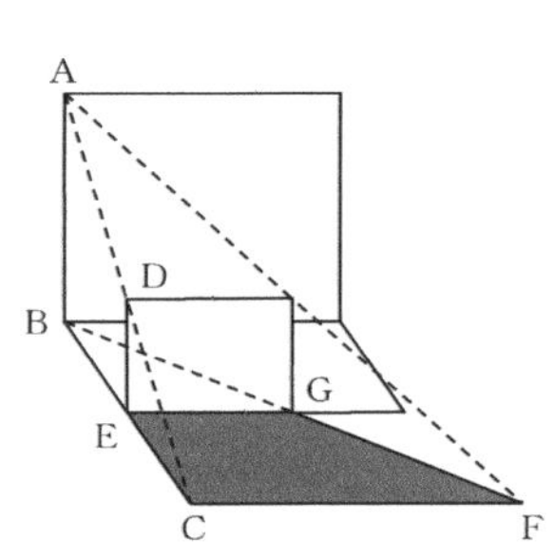

2つの三角形ＡＢＣとＤＥＣは大きさの異なる同じ形の直角三角形だから，対応する辺の長さの比は等しく，ＢＣ：ＥＣ＝ＡＢ：ＤＥ＝20：10＝2：1

ＢＣ：ＢＥ＝2：(2－1)＝2：1より，ＢＣ＝ＢＥ×2＝20(㎝)，

ＥＣ＝ＢＣ－ＢＥ＝10(㎝)

2つの三角形ＢＣＦとＢＥＧも大きさの異なる同じ形の直角三角形だから，対応する辺の長さの比は等しく，ＣＦ：ＥＧ＝ＢＣ：ＢＥ＝2：1　ＥＧ＝25－10＝15(㎝)より，

ＣＦ＝ＥＧ×2＝30(㎝)

求める面積は，上底ＥＧ＝15 ㎝，下底ＣＦ＝30 ㎝，高さＥＣ＝10 ㎝の台形の面積に等しく，

(15＋30)×10÷2＝**225(㎠)**

⑵　実験2では，右図の色をつけた部分のような影ができる。

⑴と同様に記号をおいて，大きさの異なる同じ形の三角形の対応する辺の長さの比を利用して解く。

2つの直角三角形ＨＩＪとＫＧＪの対応する辺の長さの比は

ＩＪ：ＧＪ＝ＨＩ：ＫＧ＝20：10＝2：1より，

ＩＪ：ＩＧ＝2：(2－1)＝2：1

2つの三角形ＩＬＪとＩＥＧの対応する辺の長さの比は，ＬＪ：ＥＧ＝ＩＪ：ＩＧ＝2：1

大きさの異なる同じ形の図形の対応する辺の長さの比が2：1のとき，面積の比は(2×2)：(1×1)＝4：1となるから，影の部分の面積は，2つの三角形ＩＬＪとＩＥＧの面積の比の差の4－1＝3にあたる。

三角形ＩＥＧの面積は 15×10÷2＝75(㎠)だから，求める面積は，

$75\times\frac{3}{1}=$**225(㎠)**

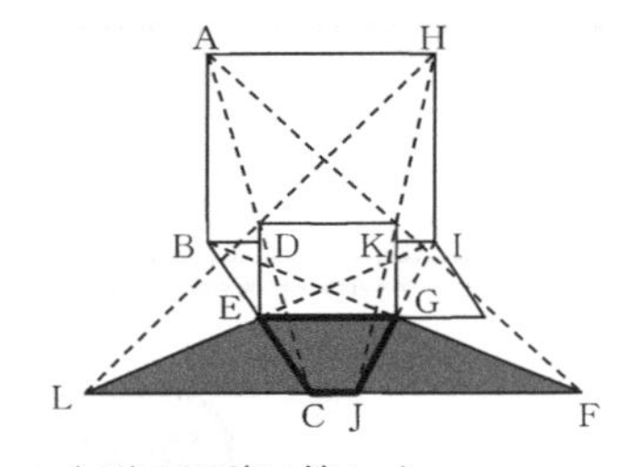

(3)　(1)と(2)の解説の図を合わせると右図のようになり，実験１，２のどちらにおいても影だった部分は，太線でかこんだ部分である。

ＢＥ＝ＣＥ＝10㎝より，２つの三角形ＢＥＩとＣＥＬは合同な直角三角形だから，ＣＬ＝ＢＩ＝25㎝，(2)よりＬＪ＝ＥＧ×２＝30(㎝)だから，

ＣＪ＝ＬＪ－ＣＬ＝５(㎝)

よって，求める面積は，上底ＥＧ＝15㎝，下底ＣＪ＝５㎝，高さＥＣ＝５㎝の台形の面積に等しく，

(15＋５)×10÷２＝**100(㎠)**

理　科

平成31年度 解答例・解説

《解答例》

1　(1)エ　(2)ア　(3)ア　(4)15℃…60　20℃…36　(5)①ヨウ素液　②イ，エ

2　(1)ウ，エ　(2)ＥＬ　(3)ア　(4)Ａ．1.1　Ｂ．1　(5)①92　②109　(6)イ

3　(1)エ　(2)オ　(3)エ　(4)①70　②80　③下グラフ

4　(1)ａ．ちょうしん　ｂ．こう　ｃ．わく　ｄ．えい　ｅ．ＪＡＸＡ　(2)ア，エ，オ　(3)地球…キ　火星…イ
(4)ア　(5)下図　(6)オ

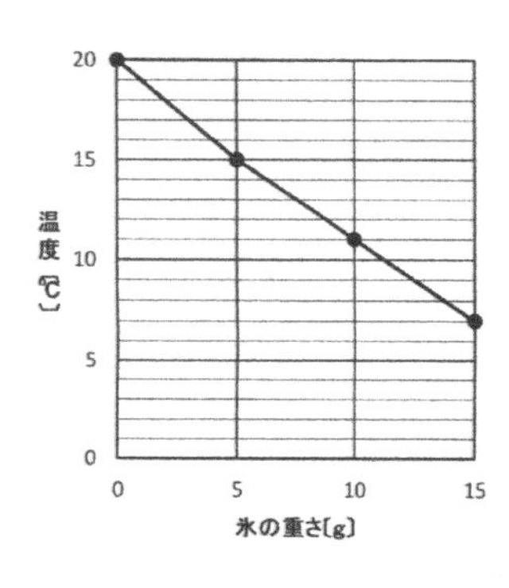

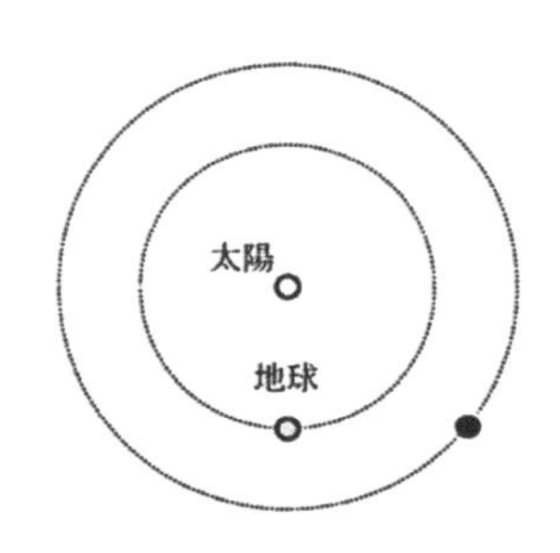

《解　説》

1　(1)　アブラナの花がさくのは春である。花がさく時期は，コスモス(ア)が秋，ヘチマ(イ)，ヒマワリ(ウ)，アサガオ(オ)が夏，サクラ(エ)が春なので，正答はエである。

(2)　アサガオの種子をまくときに芽切りを行うのは，かたいアサガオの種子の皮に傷をつけておくことで，水を吸いやすく，また発芽のときに殻(から)を破りやすくするためである。これにより，発芽に必要な酸素が内部に入りやすくなることも利点として考えられる。

(3)　アは両生類，イはホニュウ類と鳥類，ウは魚類，エはハチュウ類の心臓である。

(4)　体重１kg→1000ｇのうち６％が血液だから，この魚の血液の量は1000×0.06＝60(ｇ)→60mLである。１回の心臓の収縮で送られる血液の量は１mL なので，60mL の血液が送られるためには 60 回の収縮が必要となる。水温が15℃のときは，１分間→60 秒間で 60 回収縮するので，60 秒が正答である。水温が 20℃のときは，60 秒で 100 回収縮するので，60 回収縮するのにかかる時間は $60\times\frac{60}{100}$＝36(秒)である。

(5)①　ふくろの中の溶液について，30 分と 40 分のときにａ液による変化が見られなくなったのは，デンプンがすべて消化液によってブドウ糖に分解されてなくなったためだと考えられる。したがって，ａ液がヨウ素液，ｂ液がベネジクト液である。　②　①解説のとおり，30 分後にはヨウ素液の反応が見られなくなったので，エは正しい。また，デンプンが残っている時間でも，ふくろの外の溶液にはヨウ素液の反応が見られず，ベネジクト液の反応は見られたので，セロハンはブドウ糖を通すがデンプンは通さないことがわかる。

2　(1)　日本では，虹(にじ)の色は外側から赤，橙(だいだい)，黄，緑，青，藍(あい)，紫(むらさき)の順に並んでいると考えられている。なお，赤より外には目に見えない赤外線，紫より外(虹の図では内側)には目に見えない紫外線(しがいせん)がある。

(3) ア．太い電熱線のほうが電流が流れやすいので，発生する熱の量も多くなる。

(4) スピーカーからA君またはB君までの距離はどちらも 700÷２＝350(m)である。スピーカーからA君に向かう音の速さは秒速 340−10＝330(m)だから，音が伝わるまでにかかる時間は$\frac{350}{330}$＝1.06…→1.1秒である。スピーカーからB君に向かう音の速さは秒速 340＋10＝350(m)だから，音が伝わるまでにかかる時間は$\frac{350}{350}$＝１(秒)である。

(5)① 100 cm³の氷のうち，８％にあたる８cm³が水面の上に，残りの 92 cm³が水面より下にある。コップからあふれ出た分の水の体積と，氷の水面より下にある体積(92 cm³)は等しい。　② 問題文に，「水面よりも下にある氷の体積は，氷全体の重さと同じ重さの水の体積に等しい」とあるので，あふれ出た分の水の重さが氷 100 cm³の重さと等しいことがわかる。あふれ出た分の水の体積は 92 cm³だから，その重さは 92 g で，氷 100 cm³の重さも 92 g である。したがって，100 g の氷の体積は 100×$\frac{100}{92}$＝108.6…→109 cm³である。

(6) 水深が深い場所ほどその上にある水の量が多いので，上から押(お)される力が大きくなる。したがって，Aから出た水よりBから出た水のほうが遠くまで飛ぶ(イかオ)。また，穴から出る水はペットボトルの側面に対して垂直に進もうとするので，オのように上に向かってふき出すことはなく，イのように穴から出てすぐに落ち始める。

3 (3) 下線部(う)の「とける」とは，固体が加熱によって液体になる「融解(ゆうかい)」の意味で用いられているので，エが正答である。エ以外は，物質どうしの反応によって「とける」例である。

(4)① 15℃の水 160 g が 30℃になるときに得た熱量は 160×(30−15)＝2400(cal)だから，ある温度の水 60 g が失った熱量も 2400cal で，温度が 2400÷60＝40(℃)下がったことがわかる。したがって，混ぜる前の水 60 g の温度は 30＋40＝70(℃)である。　② 40℃の水 100 g が失った熱量は 100×(40−０)＝4000(cal)である。したがって，4000cal の熱量で０℃の氷 50 g をすべて水に変化させたことになるので，０℃の氷１ g を０℃の水１ g に変化させるのに必要な熱量は 4000÷50＝80(cal)である。　③ 20℃の水 100 g が熱量を 100×20＝2000(cal)もっていると考え，この熱量を一度取り出して，０℃の水 100 g とし，2000cal で０℃の水 100 g と０℃の氷の温度を何℃まで上げられるかを求めればよい。氷が５ g のとき，これをすべてとかすのに必要な熱量は 80×５＝400(cal)なので，あと 2000−400＝1600(cal)の熱量で，０℃の水 100＋５＝105(g)を，1600÷105＝15.2…→15℃まで上げることができる。同様に，氷が 10 g のときは，氷をとかしたあとに残っている熱量 2000−(80×10)＝1200(cal)で，０℃の水 100＋10＝110(g)を，1200÷110＝10.9…→11℃まで上げることができる。さらに，氷が 15 g のときは，氷をとかしたあとに残っている熱量 2000−(80×15)＝800(cal)で，０℃の水 100＋15＝115(g)を，800÷115＝6.9…→７℃まで上げることができる。

4 (2) イ，ウ．自転はしているので，毎日同じ位置で，日の出・日の入りがおきる。カ．公転をしなくなると北半球と南半球が入れかわるわけではないので，南半球でしか見ることができない星座が見えるようにはならない。

(3) １回(360 度)の公転にかかる日数が，金星は 240 日，地球は 360 日，火星は 720 日なので，金星が１回公転した 240 日後には，地球は 360×$\frac{240}{360}$＝240(度)公転してキに，火星は 360×$\frac{240}{720}$＝120(度)公転してイにある。

(4) 810 日後，金星は$\frac{810}{240}$＝３$\frac{90}{240}$＝３$\frac{135}{360}$→３回と 135 度公転して図２のアとイの境界線上に，地球は$\frac{810}{360}$＝２$\frac{90}{360}$→２回と 90 度公転して図２のイとウの境界線上にある。地球は反時計回りに自転しているから，この日，地球から金星は，太陽が地平線からのぼる少し前の明け方に，太陽がのぼる方角と同じ東の空に見ることができる。

(5) 図３において，地球の自転の向きから地球の円周上の日の出の時刻にある地点を考える(ここでは地球の右端の地点)。日の出の時刻に太陽は真東にあるから，真南の方向にある火星の位置は解答例の図のようになる。

(6) 逆行がおきるのは，地球が火星を追い越すときである。１日に公転する角度は，地球が$\frac{360}{360}$＝１(度)，火星が$\frac{360}{720}$＝0.5(度)だから，地球は火星より１日で１−0.5＝0.5(度)多く公転していることになる。図４では，地球と火星がともに反時計回りで公転しているので，図４の状態から地球が火星より 360−60＝300(度)多く公転すれば地球が火星に追いつくことになる。したがって，300÷0.5＝600(日)より，オが正答である。

平成30年度 解答例・解説

《解答例》

1 (1)①a．しょきびどう　b．しゅようどう　②8.3

(2)c．しんしょく　d．たいせき　e．三日月〔別解〕河跡

(3)イ　(4)ア　(5)エ

2 (1)①オ　②カ　(2)A．12　B．5　C．7　(3)ア，ウ　(4)キ

3 (1)オ　(2)カ，キ　(3)ウ　(4)20mL…イ　40mL…ア　(5)20mL…4　40mL…8

(6)13.4　(7)59.6

4 (1)a．ゲノム　b．iPS　c．やまなかしんや　(2)エ　(3)ア　(4)3：1

(5)d．ケ　e．イ　(6)71　(7)右グラフ

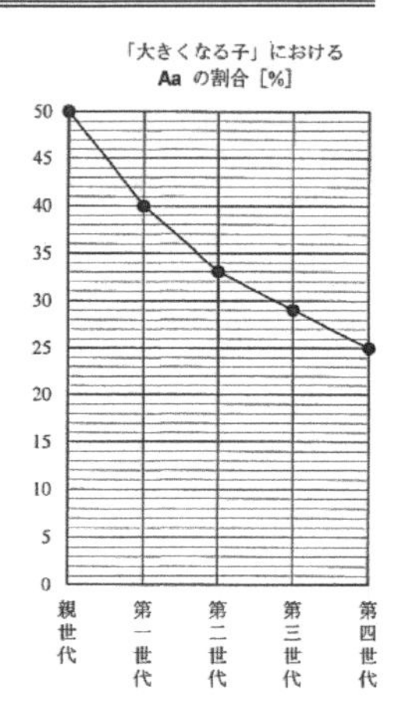

《解説》

1 (1)② 震源から10kmの地点にP波がつくのは地震発生から$\frac{10}{8}$=1.25(秒)後である。緊急地震速報はその3秒後に発表されたので，地震発生から1.25＋3＝4.25(秒)後である。震源から50kmの地点にS波がつくのは地震発生から$\frac{50}{4}$=12.5(秒)後なので，緊急地震速報が発表されてから50kmの地点にS波がつくまでの時間は12.5−4.25＝8.25→8.3(秒)である。

(2) 川の蛇行部分の外側は流れが速いため川岸や川底がけずられるしんしょくが起き，内側は流れがおそいため土砂が流れずに積もるたいせきが起きやすい。川はなるべくまっすぐ進もうとするため，蛇行が大きくなりすぎると，たいせきした川原を横切って，新たに直線的な川の流れができ，蛇行部分は取り残されて三日月湖になる。

(3) ア．北半球にある札幌と，南半球にあるオークランドでは季節が逆になるので正しい。イ．北半球では，天体は東からのぼって南の空を通り西に沈むが，南半球では，天体は東からのぼって北の空を通り西に沈むので誤り。ウ．北半球と南半球では，空気の流れに与える地球の回転(自転)の影響が逆回りになるので正しい。エ．北極星やその近辺の星座はオークランドでは見えないので正しい(逆に南十字星やその近辺の星座は札幌では見えない)。

(4) 太陽に近い方から，水星・金星・地球・火星の順である。大きさは，地球と金星が近く，火星はそれよりも小さめ，水星はかなり小さめである。

(5) 月食は，地球の影に月が入る現象である。月が地球の影にすべて入る皆既月食と，軌道がずれて影のふちを通る部分月食がある。エは月食が終わるころの見え方である。ア．地球の影が月より小さくなることはないので誤り。イ．地球にドーナツのような穴が開いていることになるので誤り。ウ．月の満ち欠けによる形の変化なので誤り。

2 (1) 乾電池が直列につながれていると速く消耗し，豆電球が直列につながれていると長持ちする。また，乾電池が並列につながれていると乾電池の数だけ長持ちし，豆電球が並列につながれていると豆電球の数だけ速く消耗する。したがって，乾電池が直列に，豆電球が並列につながれているオが最も速く消耗し，乾電池が並列に，豆電球が直列につながれているカが最も長持ちする。

(2)　てんびんは支点の両側で〔おもりの重さ(g)×支点からの距離(cm)〕が等しいときにつり合う。おもりAの重さを□gとすれば，□×30＝3×20＋6×(20＋30)が成り立ち，□＝12(g)となる。次に，おもりBの重さを△g，おもりCの重さを○gとすれば，△×14＝○×10と，△＋○＝12が成り立ち，△＝5(g)，○＝7(g)となる。

(3)　Aの高さからはなしたおもりは，最も低いBの位置で最も速くなり，反対側の同じ高さまで上がる。したがって，アとウが正しい。なお，速さはおもりの重さに関係しないのでエは誤りである。

(4)　小さい穴を通った光が壁に映す像は，実物に対して上下左右が反対になる。図4で，板の左側からの視点で考えると，(板のFがすけて見えるとして)板のFはオのように見えるので，スクリーンには，その上下左右が反対になったキの向きに映る。

3　(1)　ア，イ．物質が溶けこんでいる水溶液では，真水に比べて沸騰する温度は高くなり，凍る温度は低くなるので正しい。ウ．ミョウバンの水溶液は電流を通すので正しい。エ．固体を水に溶かす場合，ふつう温度が高いほどよく溶けるので正しい。オ．気体を水に溶かす場合，ふつう温度が低いほどよく溶けるので誤り。

(2)　二酸化窒素や二酸化硫黄が水に溶けると強い酸性になる。なお，雨には空気中の二酸化炭素が溶けていて弱い酸性を示すが，ふつうこれを酸性雨とはいわない。

(3)　石灰水は水酸化カルシウムという物質の水溶液でアルカリ性である。また，二酸化炭素が水に溶けると炭酸水という酸性の水溶液になる。ウでは，アルカリ性の水酸化カルシウム水溶液と酸性の炭酸水が反応して炭酸カルシウムという水に溶けにくい白い物質と水ができる中和が起きている。

(4)　表より，塩酸10mLと水酸化ナトリウム水溶液20mLでちょうど中和するので，その2倍の塩酸20mLと水酸化ナトリウム水溶液40mLでもちょうど中和しBTB溶液は緑色になる。また，塩酸20mLと水酸化ナトリウム水溶液20mLでは塩酸10mLが余るため酸性になりBTB溶液は黄色になる。

(5)　塩酸10mLと水酸化ナトリウム水溶液20mLでちょうど中和して食塩の固体が4gできるので，その2倍の塩酸20mLと水酸化ナトリウム水溶液40mLでは，食塩の固体が8gできる。また，塩酸20mLと水酸化ナトリウム水溶液20mLでは，塩酸10mLと水酸化ナトリウム水溶液20mLが中和して食塩の固体が4gできる(余った塩酸を乾燥させても固体は残らない)。

(6)　濃さが1.5倍で20mLの塩酸は，実験で用いた塩酸1.5×20＝30(mL)と同じであり，これとちょうど中和する水酸化ナトリウム水溶液は$30\times\frac{20}{10}=60$(mL)となる。用意した水酸化ナトリウム水溶液70mLのうちの60mLが中和に使われ，食塩の固体が$4\times\frac{60}{20}=12$(g)できる。また，余った10mLの水酸化ナトリウム水溶液が乾燥すると，表より，5.4－4＝1.4(g)の水酸化ナトリウムの固体が残る。したがって，残った固体の重さは12＋1.4＝13.4(g)である。

(7)　(6)と同様に考える。濃さが1.5倍で20mLの塩酸は，実験で用いた塩酸30mLと同じである。また，濃さが4倍で100mLの水酸化ナトリウム水溶液は，実験で用いた水酸化ナトリウム水溶液400mLと同じである。実験で用いた塩酸30mLと水酸化ナトリウム水溶液60mLがちょうど中和して，食塩の固体が12gできる。また，余った400－60＝340(mL)分の水酸化ナトリウム水溶液が乾燥すると，$1.4\times\frac{340}{10}=47.6$(g)の水酸化ナトリウムの固体が残る。したがって，残った固体の重さは12＋47.6＝59.6(g)である。

4　(2)　シカが増えた原因には，天敵がいなくなったこと，捕獲する人が減ったこと，放置耕作地が増えてえさが確保できるようになったことなどが考えられる。また，積雪量が減ったこともシカが増えた原因だと考えられている。

(3)　ブタは，人が食糧にするために子をたくさん産むようにイノシシを改良したものである。

(4)　AaのオスとAaのメスの交配によってできる子がもつ情報の組み合わせとその比は，AA：Aa：aa＝1：2：1となるので，「大きくなる子(AAとAa)」と「大きくならない子(aa)」の数の比は3：1である。

⑸　オス，メスともにＡＡ：Ａａ＝３：２の場合，右図のように考えて，Ⅰでは ＡＡが４個あり，これにオスとメスの数をそれぞれかけて ４×３×３＝36 になる。同様に計算して，ⅡとⅢではＡＡとＡａがそれぞれ２×３×２＝12ずつ，ⅣではＡＡが１×２×２＝４，Ａａが２×２×２＝８，ａａが１×２×２＝４になるので，

	親（メス）	ＡＡ×３		Ａａ×２	
親（オス）	子が受け継ぐ情報	Ａ	Ａ	Ａ	ａ
ＡＡ×３	Ａ	ＡＡ Ⅰ	ＡＡ	ＡＡ Ⅱ	Ａａ
	Ａ	ＡＡ	ＡＡ	ＡＡ	Ａａ
Ａａ×２	Ａ	ＡＡ Ⅲ	ＡＡ	ＡＡ Ⅳ	Ａａ
	ａ	Ａａ	Ａａ	Ａａ	ａａ

ＡＡ：Ａａ：ａａ＝(36＋12＋12＋４)：(12＋12＋８)：４＝64：32：４＝16：８：１となる。したがって，「大きくなる子」:「大きくならない子」＝(16＋８)：１＝24：１となり，ＡＡ：Ａａ＝16：８＝２：１となる。

⑹　第三世代では，上表の「×３」の部分を「×２」に，「×２」の部分を「×１」にして⑸解説と同様に計算すると，ＡＡ：Ａａ：ａａ＝25：10：１，ＡＡ：Ａａ＝５：２となるため，$\frac{5}{5+2}\times100=71.4\cdots\rightarrow71\%$となる。

⑺　第四世代では，上表の「×３」の部分を「×５」に，「×２」の部分はそのままにして⑸解説と同様に計算すると，ＡＡ：Ａａ：ａａ＝144：48：４，ＡＡ：Ａａ＝３：１となる。したがって，「大きくなる子」におけるＡａの割合は，⑸より第二世代が$\frac{1}{2+1}\times100=33.3\cdots\rightarrow33\%$，⑹より第三世代が$\frac{2}{5+2}\times100=28.5\cdots\rightarrow29\%$，第四世代が$\frac{1}{3+1}\times100=25(\%)$となる。

平成29年度 解答例・解説

《解答例》

1　(1)ウ　(2)オ　(3)ニホニウム　(4)①無／赤　②54　(5)エ

2　(1)ア，カ　(2)エ　(3)ア　(4)キ　(5)40

3　(1)a．イ　b．ア　(2)ウ　(3)5750

(4)［気体の名称／気体の説明］　c．［エ／コ］　d．［イ／ス］　e．［ウ／シ］　f．［カ／タ］　(5)オ，ク

4　(1)ウ　(2)右グラフ　(3)8　(4)300　(5)57.8　(6)イ，カ

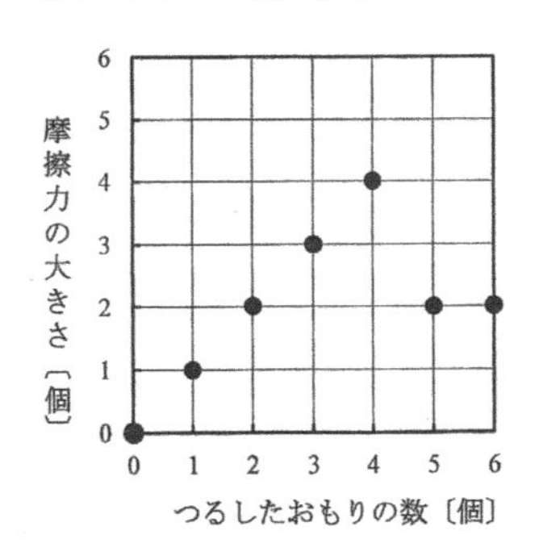

《解　説》

1　(1)　ＩＳＳの中で，水を吸わせたタオルをゆっくりしぼると，タオルから水がしみ出てくるが，四方八方に飛び散ることはない。

(2)　二酸化炭素が発生する物質の組み合わせはア，イ，オである。気体の発生を止めるとき，くぼみで固体をせき止めて液体をＢ側に移動させるので，固体の物質はＡ側に，液体の物質はＢ側に入れる。したがって，オが正答となる。なお，エとカの組み合わせでは酸素，キの組み合わせでは水素が発生する。

(4)　①フェノールフタレイン液は，アルカリ性で赤色に変化する。塩酸は酸性，水酸化ナトリウム水溶液はアルカリ性で，塩酸に水酸化ナトリウム水溶液を少しずつ加えると，たがいの性質を打ち消し合う反応(中和という)が起こり，やがて中性になる。さらに水酸化ナトリウム水溶液を加えていけば，混合液はアルカリ性になる。　②Ａ液50mLにＢ液80mLを加えると混合液の色が変化するので，10mLのＡ液に$80\times\frac{10}{50}=16$(mL)のＢ液を加えると混合液の色が変化する。Ｃ液の濃さはＢ液の半分なので，混合液の色が変化するまでに必要な量はＢ液の２倍である。したがって，10mLのＡ液に16(mL)×２＝32(mL)のＣ液を加えると混合液の色が変化するので，32÷0.6＝53.3…より，53回加えたときには変化せず，54回加えたときに変化する。

(5)　氷とピアノ線の接触部分に大きな圧力がかかると氷は水に変化するので，ピアノ線は氷の中に入りこんでいく。同時に，ピアノ線が接触していない部分では水が再び氷に変化するので，ピアノ線が通ってきた部分はふさがれていく。また，おもりが地面に着くと，氷にはピアノ線による圧力がかからなくなる。おもりは地面から10㎝の高さにつるされていて，氷の厚さは20㎝なので，ピアノ線は氷の真ん中くらいまで入りこんだ状態で止まる。したがって，エが正答となる。

2 (1) デンプンを分解する物質をアミラーゼという。アミラーゼは，だ液とすい液にふくまれている。

(2) デンプンが分解されてできたブドウ糖は，インスリンという物質のはたらきによって，グリコーゲンという物質や脂肪として肝臓などにたくわえられる。

(3) 心房は血液が流れこむ部屋で，心室は血液を送り出す部屋である。左心房と右心房，左心室と右心室は，それぞれ同時に縮んだり広がったりする。心房が広がると心房に血液が流れこみ，心房が縮んで心室が広がると血液が心房から心室に移動し，心室が縮むと血液が心臓の外に送り出される。

(4) 腎臓には，血液中の不要物をろ過して尿をつくるはたらきがある。

(5) 顕微鏡の倍率が２倍になると，観察物の大きさは縦も横も２倍になるので，面積は２×２＝４(倍)になる。したがって，観察物の面積が 16 倍になったのは，４×４＝16 より，顕微鏡の倍率が４倍になったためであり，対物レンズの倍率を 10 倍のものから 40 倍のものに変えたことがわかる。

3 (3) 「ある一定の期間」のことを半減期という。$\frac{1}{2}\times\frac{1}{2}\times\frac{1}{2}\times\frac{1}{2}\times\frac{1}{2}\times\frac{1}{2}=\frac{1}{64}$より，半減期を６回くり返したことがわかる。したがって，34500÷６＝5750(年)が正答となる。

(4) ア～クの気体の名称とケ～タの気体の説明の組み合わせは右表の通りである。

気体の名称	気体の性質	気体の名称	気体の性質
ア	サ	オ	セ
イ	ス	カ	タ
ウ	シ	キ	ソ
エ	コ	ク	ケ

(5) ア．生活排水(はいすい)や工場排水などが海に流れこみ，海水にふくまれる栄養分が多くなることが原因だと考えられる。イ．化石燃料を消費するのは人間である。ウ．人間の活動によって放出されるフロン類がオゾン層を破壊する。エ．ヒートアイランド現象とは，都市部の気温が周囲より高くなる現象である。都市部で，地面がアスファルトなどでおおわれていること，コンクリートの建築物が多くあること，人間の活動によって生じる熱の量が多いことなどが原因で起こる。カ．工場や自動車の排気ガスにふくまれる物質が原因となって引き起こされる大気汚染である。キ．落雷(らくらい)などによる森林火災(かさい)が原因となることもあるが，主な原因は人間の活動によって農地や牧草地などに変えられたことにある。

4 (1) ア，イ，エでは物体が動いていないのに対し，ウでは物体が動いている。

(2) つるしたおもりの数が４個になるまでは物体が動かなかったので，摩擦力の大きさはつるしたおもりの数と同じである。つるしたおもりの数が５個と６個のときは物体が動き，このときはたらく摩擦力の大きさはおもり２個の重さと等しいので，正答例のようなグラフになる。

(3) 100 g の物体ではおもりを４個つるしたときに摩擦力が最大になったので，540 g の物体ではおもりを $4\times\frac{540}{100}=21.6$(個)つるしたときに摩擦力が最大になる。机に油を塗ると摩擦力の大きさが$\frac{1}{3}$になるので，このとき摩擦力が最大になるのはおもりを $21.6\times\frac{1}{3}=7.2$(個)つるしたときである。したがって，おもりを７個にしたときには物体は動かず，８個にしたときには動く。

(4) 表１より，水平面からの高さと摩擦のある水平面を動く距離には比例の関係があることがわかる。したがって，水平面からの高さを 15 cmの３倍の 45 cmにすると，摩擦のある水平面を動く距離は 18 cmの３倍の 54 cmになる。表２より，摩擦のある水平面を動く距離が 54 cmのときの摩擦のない水平面での速さは 300 cm/秒だとわかる。

(5) 表２より，摩擦のない水平面での速さが２倍，３倍になると，摩擦のある水平面を動く距離が２×２＝４(倍)，３×３＝９(倍)になることがわかる。したがって，摩擦のない水平面での速さが 100 cm/秒の 3.4 倍の 340 cm/秒になると，摩擦のある水平面を動く距離が６×3.4×3.4＝69.36(cm)になる。表１の水平面からの高さが５cmのときの関係を利用すると，摩擦のある水平面を動く距離が 69.36 cmになるのは，水平面の高さが $5\times\frac{69.36}{6}=57.8$(cm)のときだとわかる。

(6) 実験２と３の結果から，動いている物体にはたらく摩擦力の大きさについてわかることはない。

平成28年度 解答例・解説

《解答例》

1　(1)①ひまわり　②アメダス　(2)①エ　②イ　(3)①○　②○　③×　④×　(4)4

2　(1)ウ　(2)①225　②イ　(3)①オ　②5

3　(1)研究者の名前…オ　名称…生理学医学〔別解〕医学生理学

(2)イ　(3)ウ，オ　(4)①右グラフ　②イ　③エ

4　(1)①カ　②ア，エ　③オ　(2)砂糖水

(3)実験と結果…ア　液体B…石灰水　(4)21　(5)15

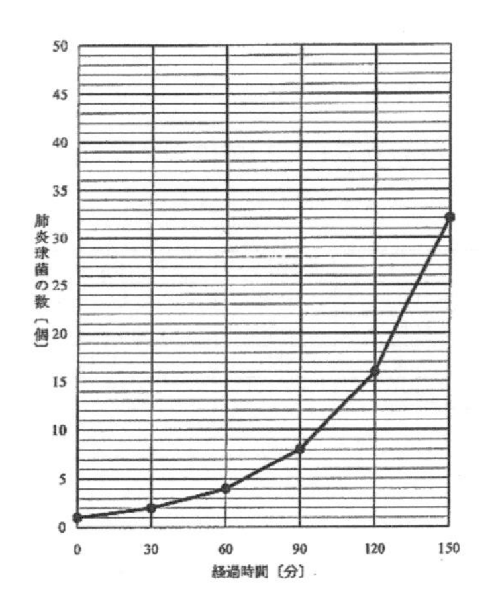

《解　説》

1(2)　マグマがゆっくり冷え固まると大きな結晶のみのつくりになるが，急に冷え固まると，小さな結晶やガラス質のところどころに大きな結晶があるようなつくりになる。したがって，①はエ，②はイと考えられる。

(3)　地軸がかたむいたまま地球が太陽のまわりを公転していることが原因で，季節によって太陽の高さが変わるので，もし地軸がかたむいていなければ，四季がなくなり，日の出と日の入りの位置と時刻も1年を通して変わらなくなる。月の満ち欠けは月が地球のまわりを公転していることが原因であり，星の位置が時刻により変わるのは地球が自転していることが原因なので，どちらも地軸のかたむきとは関係がない。

(4)　4×半径×半径×半径は流速×流速×流速×流速×流速×流速に比例するので，求めたい流速が秒速□cmだとすると，$\frac{4\times□\times□\times□}{4\times1\times1\times1}=\frac{20\times20\times20\times20\times20\times20}{10\times10\times10\times10\times10\times10}$となり，□×□×□＝64より，□＝4(mm)である。

2(1)　エナメル線が太くなると流れる電流が大きくなり電磁石が強くなるのでウが正答である。ア．コイルの巻き数を減らすと電磁石は弱くなる。イ．磁石につく鉄の棒の方がアルミニウムの棒よりも磁力が強くなる。

エ．コイルに豆電球を直列につなぐとコイルに流れる電流が小さくなり，電磁石が弱くなるので誤りである。

(2)　①表より，周期が1.0秒から2.0秒へ2倍になるのは，振り子の長さを25cmから100cmへ2×2＝4(倍)にしたときであり，周期が1.4秒から4.2秒へ3倍になるのは，振り子の長さを50cmから450cmへ3×3＝9(倍)にしたときである。したがって，周期が1.0秒から3.0秒へ3倍になるのは，振り子の長さを25×9＝225(cm)にしたときである。　②振り子の長さが800cmなので，振り子の長さが$800\times\frac{1}{4}$＝200(cm)の周期である2.8秒の2倍の2.8×2＝5.6(秒)が正答となる。

(3)　①重心は棒の左端から30÷2＝15(cm)の位置にある。2段目の棒の重心は1段目の左端から15＋7＝22(cm)，3段目の棒の重心は1段目の左端から22＋7＝29(cm)にあるので，2段目と3段目の棒を1つの物体と考えると，重心は1段目の棒の左端から(22＋29)÷2＝25.5(cm)にある。したがって，ずれが30－25.5＝4.5(cm)以上になるとくずれるので，オが正答となる。　②2段目以上の棒を1つの物体と考え，この物体の重心が1段目の棒の右端(30 cm)よりも右側になると積み木がくずれる。①より2段目と3段目の棒の重心は1段目の棒の左端から25.5 cmにあり，4段目の棒をのせると，(22＋29＋36)÷3＝29(cm)，5段目の棒をのせると，(22＋29＋36＋43)÷4＝

32.5(㎝)となる。したがって，5段目で重心の位置は1段目の右端である30㎝より右側になるので，積み木がくずれる。

3⑷① 30分で2個，60分で2×2＝4(個)，90分で2×2×2＝8(個)，120分で2×2×2×2＝16(個)，150分で2×2×2×2×2＝32(個)になるグラフをかけばよい。

② アオカビとペニシリンがかならずセットで発見されていることから，アオカビがペニシリンをつくっていると考えられる。

③ 容器のフタをせず空気が出入りできる状態では，ペニシリンによって肺炎球菌は増えなくなるが，ペニシリンがあっても結核菌は増え続けるので，ペニシリンが肺炎球菌と結核菌にあたえる影響はちがうことがわかる。

4⑴ いろいろな物質の性質を覚えておこう。なお，①～④の結果をまとめると次の表の通りになる。

	塩酸	重そう水溶液	アンモニア水	水酸化ナトリウム水溶液	アルコール水	食塩水	砂糖水	石灰水
におい	あり	なし	あり	なし	あり	なし	なし	なし
電気	通す	通す	通す	通す	通さない	通す	通さない	通す
性質	酸性	アルカリ性	アルカリ性	アルカリ性	中性	中性	中性	アルカリ性
固体	残らない	残る	残らない	残る	残らない	残る	残る	残る

⑵ Aは，においがなく，電気を通さず，中性で，固体が残るので，表より，条件にあてはまるのは砂糖水だけである。

⑶ Bは，においがなく，電気を通し，アルカリ性で，固体が残るので，表より，条件にあてはまるのは重そう水溶液，水酸化ナトリウム水溶液，石灰水の3つである。二酸化炭素を通すと白くにごるのは石灰水だけなので，アが正答となる。

⑷ $\frac{25}{84}\times70=20.8\cdots\rightarrow21$ L

⑸ 石灰石100gにつき二酸化炭素が25L発生し，重そう84gにつき二酸化炭素が25L発生する。したがって，石灰石1gにつき二酸化炭素が$\frac{25}{100}$L発生し，重そう1gにつき二酸化炭素が$\frac{25}{84}$L発生するので，石灰石が1g減ってかわりに重そうが1g増えるごとに，発生する二酸化炭素が$\frac{25}{84}-\frac{25}{100}=\frac{1}{21}$(L)増える。36gすべてが石灰石のときには二酸化炭素が$\frac{25}{100}\times36=9$(L)発生するので，二酸化炭素を10L発生させたければ，重そうを$1\div\frac{1}{21}=21$(g)にすればよい。したがって，混合物中の石灰石は36－21＝15(g)であればよい。

平成27年度 解答例・解説

《解答例》

1 ⑴特別 ⑵B．イ C．カ D．キ ⑶E．シ F．サ

2 ⑴ア ⑵エ ⑶エ ⑷(あ)ア (い)オ

3 ⑴ア，オ，キ ⑵A．一酸化炭素 B．二酸化炭素 ⑶4.4

⑷3：14 ⑸右グラフ ⑹2.8

4 ⑴3 ⑵D，I，N

⑶①E ②C，J ③B，I／D，G／D，N／E，Fのうち2つ

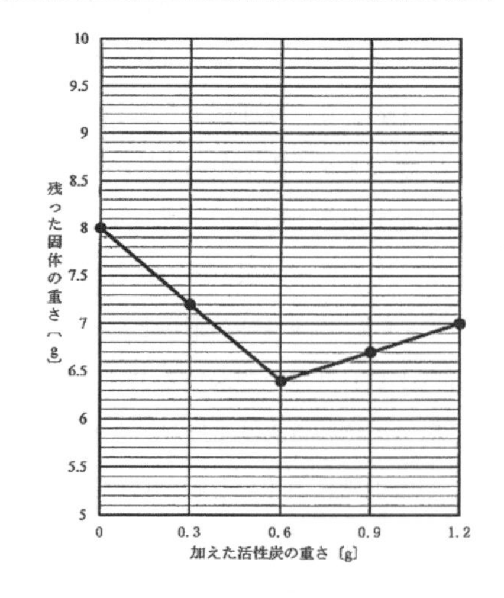

《解　説》

1　(1)気象，地震，噴火等の自然災害について，通常の警報の範囲をこえる特に大きな災害が予想されるものに対して出されるものが特別警報である。　(2)月食が起きるのは満月(右図)のときである。満月のとき太陽・地球・月が一直線になり，月が地球の影に入った場合が月食である。月が地球の影にすべて入るのか，一部入るのかのちがいが，皆既月食になるのか，部分月食になるのかのちがいである。

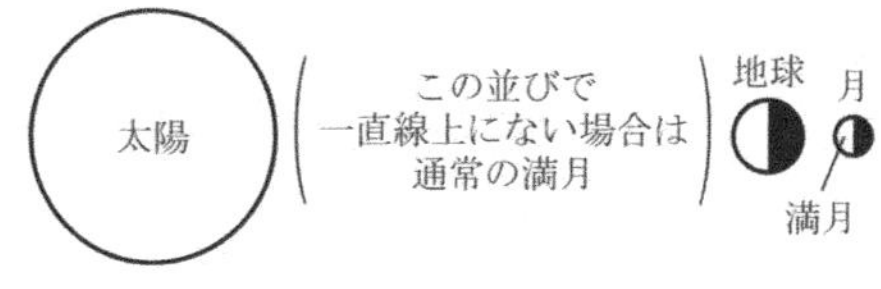

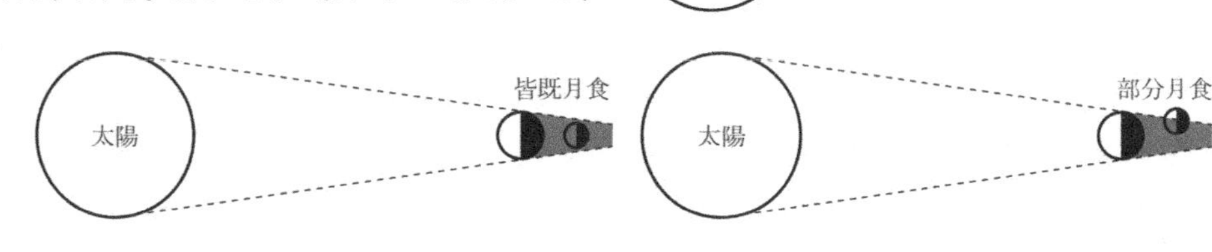

(3)地球が1日に1周自転していることにより，北の空の天体は，北極星を中心に1日1周，反時計回りに回って見える。24 時間で 360°だから，1時間で$\frac{360}{24}$=15(°)である。したがって，午後8時のアから反時計回りに 15×2＝30(°)移動したシが，この星の午後 10 時の位置である。また，地球は太陽の周りを1年で1周公転しているので，同じ時刻の北の空の天体は，1か月に$\frac{360}{12}$=30(°)反時計回りに移動して見える。この日(11 月1日)午後6時のこの星の位置は，午後8時の位置アから時計回りに 30°移動したイの位置なので，3か月先の2月1日にはイから30×3＝90(°)反時計回りに移動したサの位置に見える。

2　(1)イ. ヘチマの花は，おしべがあるお花と，めしべがあるめ花に分かれている。ウ. サクラにはお花とめ花はなく，1つの花の中におしべとめしべがある。エ. 葉・茎・根の区別がある植物は，光合成に使う二酸化炭素を気孔からとり入れるが，水は根からとり入れる。　(2)心臓から血液を送り出す血管が動脈，心臓に血液が戻ってくる血管が静脈である。実線で表されているのは動脈であり，基本的にはたくさんの酸素が含まれた血液が流れているが，心臓から肺に向かう動脈(肺動脈という)には，最も酸素が少なく最も二酸化炭素が多い血液が流れている。また，破線で表されているのは静脈であり，基本的にはたくさん二酸化炭素が含まれた血液が流れているが，肺から心臓に向かう静脈(肺静脈という)には，最も酸素が多く最も二酸化炭素が少ない血液が流れている。肺で血液中の二酸化炭素と酸素を交換するからである。栄養分は小腸で血管内に吸収されて肝臓に運ばれるので，bの血管を流れる血液が最も栄養分を多く含む。また，血液中の不要物は，じん臓によってこし出されるので，血管cに流れる血液に含まれる不要物が最も少ない。　(3)ヒトデをとりのぞいたことにより，ヒトデが主に食べていたフジツボやイガイが増えた。そのことにより，同じように岩場で生活している紅藻の生活する場所がうばわれて紅藻が減り，紅藻をえさにしていたヒザラガイやカサガイが減った。　(4)水酸化ナトリウム水よう液は，種が放出した二酸化炭素を吸い取るので，発生した二酸化炭素の体積によって目盛りの水滴は動かない。したがって，目盛りの水滴が動いた分の体積は，種が吸収した酸素の体積である。一方，水酸化ナトリウム水よう液のかわりに水を使うと，種が放出した二酸化炭素は吸い取られないので，目盛りの水滴が動いた分の体積は，種が吸収した酸素の体積から，種が放出した二酸化炭素の体積を引いたものである。

3　(1)ドライアイスが気体(二酸化炭素)になったり，食塩が液体になったり，水が水蒸気になったりしたのは化学変化ではない。同じ物質が温度によって固体・液体・気体の状態の間で変化したもの(状態変化という)である。　(2)活性炭(炭素)のつぶ1個に酸素のつぶは2個まで結びつくことができる。1個が結びついた状態が不完全燃焼であり，このとき一酸化炭素ができる。2個が結びついた状態が完全燃焼であり，このとき二酸化炭素ができる(右図)。なお，右図内の①～③の番号は，実験1の表1の①～③を示し，物質の重さは，表内の数値をまとめたものである。　(3)右図参照。　(4)右図からわかるとおり，②では酸素のつぶが2個，③では酸素のつぶが1個結びついていることから，炭素の重さ：気体A(一酸化炭素)の重さ＝1.2：2.8 のときに，結びつく酸素の割合が2：1であることがわかる。したがって，結びつく酸素の重さを同じ(1：1)にするためには，一酸化炭素の重さを2倍にすればよいので 1.2：(2.8×2)＝1.2：5.6＝3：14 となる。　(5)同様に，実験2の表2をまとめると下図のようになる。なお，⑤の実験は④の半分の量で考えるとよい。⑤より，炭素を加えないときは酸化銅のみで8g，炭素を 0.6g加えたときは銅のみが残る(炭素を 0.3g加えたときは半分の酸化銅が残るので4＋3.2＝7.2g残る)。炭素を 0.6gより多く加えると，炭素がそのまま残る。

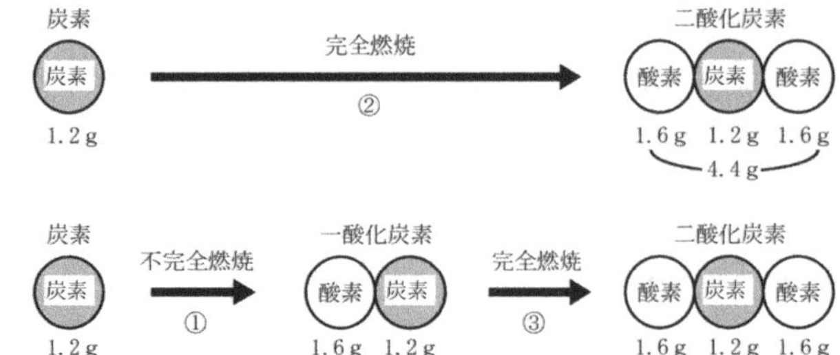

(6)右図の⑥のように一酸化炭素を2.8g加えればよい。

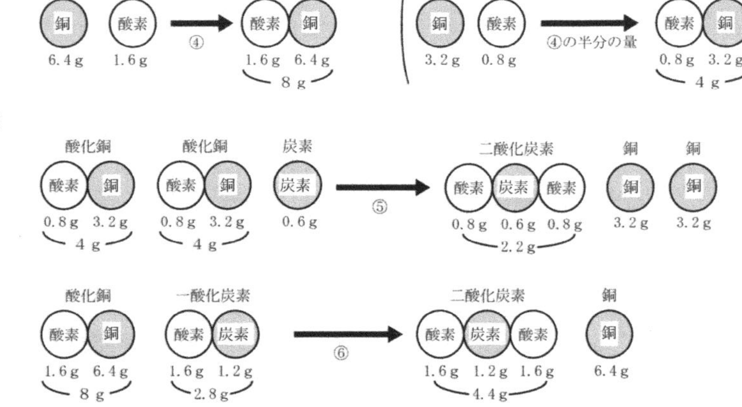

4　(1)てんびんの左右がつり合うためには，〔かかる重さ×支点からの距離〕が左右で等しければよい。また，問題文から，回転中心からの水平距離が同じであれば支点からの距離が同じと考えてよいことがわかる。したがって，Gの支点からの距離を1，Fを2とすると，Jは2となるので，支点からの距離が1であるD，I，Nの3か所につけることができる。　(2)3個のおもりをつける場合，D，I，Nに1つずつつける方法しかない。　(3)回転中心からのそれぞれの点の水平距離は右図のとおりである。①Kは左の4なので，右の4であるEが正答である。②Mは左の2なので，右の2であるCとJが正答である。③Mにおもりがあることで左の数値が2大きいのだから，新たにつけるおもりの数値の和または差が2になるようにすればよい。したがって，BとI，DとG，DとN，EとFの4組である。

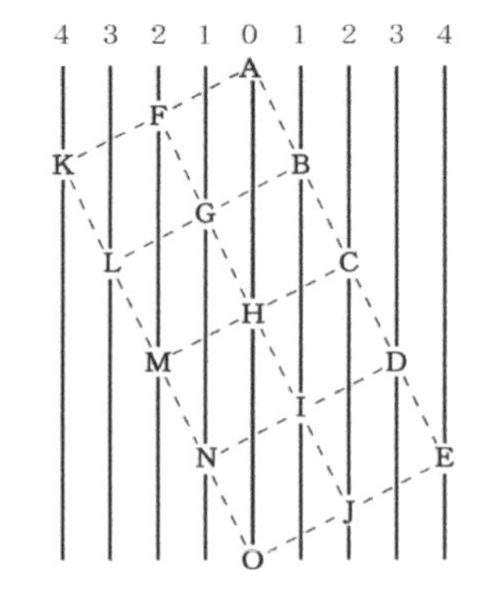

平成26年度 解答例・解説

《解答例》

1 (1)ウ (2)①ア，イ ②エ (3)作用 (4)3750

2 (1)ア，カ (2)エ，オ (3)40，70 (4)4 (5)47

3 (1)A．ウ B．キ (2)しょくばい (3)オ (4)エ (5)ウ
(6)⑩ア ⑪ウ (7)右グラフ

4 (1)61 (2)イ，カ (3)エ (4)13.6 (5)オ (6)イ

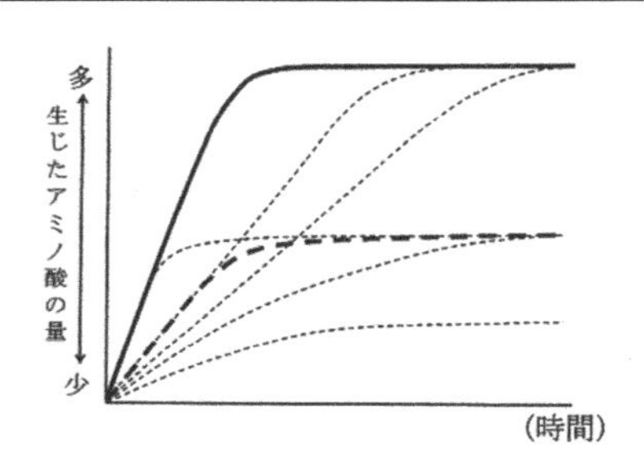

《解 説》

1 (1)上下左右が反対になるので，ウが正答となる。 (2)ソケットから取り出した豆電球を点灯させるには，豆電球の底の部分と側面が導線につながるようにすればよい。したがって，ウではどちらの豆電球も底の部分が導線につながっていないため点灯せず，エでは右側の豆電球の底の部分に導線がつながっていないため点灯しない。 (4)支点からの距離と力の大きさの積が等しくなることを利用する。作用点での力の大きさを□gとし，栓抜きの重さによる力が支点から5cmのところにかかっていることに注意して，2cm×□g＋5cm×100g＝10 cm×800g より，□＝3750gが正答となる。

2 (1)加熱中に鼻をさすようなにおいがする水溶液は塩酸とアンモニア水である。塩酸は酸性，アンモニア水はアルカリ性なので，ＢＴＢ溶液を加えると塩酸は黄色，アンモニア水は青色になる。また，スチールウールを入れると，塩酸からのみ気体(水素)が発生するので，区別することができる。 (2)水溶液④と⑤は加熱後に何か残ったことから，固体がとけている砂糖水か食塩水である。炎色反応とは，金属をふくむ物質を炎の中で加熱すると，それぞれの金属特有の炎の色を示すことである。食塩にはナトリウムという金属がふくまれているが，砂糖にはふくまれていない。また，食塩水は電気を通すが，砂糖水は電気を通さない。 (3)100gの水にとけることのできる最大量を溶解度(ようかいど)という。グラフより，物質Xの溶解度が110gになるのが70℃，物質Yの溶解度が30gになるのが40℃であることから，40℃から70℃の範囲では物質Xだけが結晶として出てくる。 (4)表より，10gの食塩が完全にとけると体積が2㎤大きくなることがわかるが，その増加分(2㎤)が固体の食塩の体積ではない。固体の体積は，水にとけていない状態で求めなければならないことに注意しよう。表のかき混ぜた後の体積の変化より，30gのときにはじめてとけ残ることがわかるので，それ以降はすべて固体として残る。したがって，そのときの増加分が固体の食塩10gの体積となるので，4㎤が正答となる。 (5)表より，水の上昇した温度は，エタノールの重さに比例し，水の重さに反比例することがわかる。エタノールの重さ2g，水の重さ1000gのとき，水の上昇した温度が14℃であることから

$$14℃\times\frac{5\ g}{2\ g}\div\frac{750\ g}{1000\ g}=46.6\cdots$$ →47℃が正答となる。

3 (2)酸素を発生させるときの二酸化マンガンもしょくばいとして使われている。 (5)②，⑤，⑧の3つの試験管は，温度の条件が異なる。この中で試験管⑤のみにアミノ酸が存在したことから，酵素は40℃の温度で最もよくはたらくことがわかる。 (6)タンパク質を分解する酵素には，何度でもタンパク質を分解するという性質があるので，生じたアミノ酸の量に変化がなくなるのは酵素がなくなったからではなく，カツオの削り節がすべて分解されてしまったからだとわかる。したがって，カツオの削り節の量のみが2倍になった試験管⑩は，生じたアミノ酸の量が2倍になるが，分解する速度は変わらないので，アが正答となる。また，消化液の体積のみが2倍になった試験管⑪は，生じたアミノ酸の量は変わらないが，分解する速度は速くなるので，ウが正答となる。 (7)試験管⑫は，試験管⑪に比べて

カツオの削り節の量が2倍になったので，生じたアミノ酸の量が2倍(試験管⑩と同じ)になり，分解する速度は試験管⑪と同じになるグラフを書けばよい。

4　(1)$\frac{9.4g/m^3}{15.4g/m^3}\times100=61.0\cdots\to61\%$　(2)イ．燃やしたろうそくを消すと出る白い煙は水滴ではない。カ．急激に冷やしてできた氷が白く見えるのは，水にふくまれる物質(空気など)が中にとり残されるためである。なお，エで見える白い煙は二酸化炭素ではなく，気体になった二酸化炭素によって急激に冷やされた空気中の水蒸気が水滴に変わったものであり，下線部(い)の現象で説明できる。　(4)800m上昇するときに，温度が $1℃\times\frac{800m}{100m}=8℃$ 下がるので，この空気のかたまりの温度は 24℃－8℃＝16℃ になっている。このとき，雲が発生したことから湿度は 100%であるので，1m^3中にふくまれている水蒸気の量は，気温 16℃のときの飽和水蒸気量と同じになる。したがって，表より13.6gが正答となる。　(5)標高 1000m付近に逆転層があることから，1000m付近から気温が上昇しているオが正答となる。なお，オのグラフより，このときの逆転層の厚さが 1000m以上もあることがわかる。　(6)光化学スモッグとは健康に影響を及ぼすことがある大気汚染で，工場や自動車の排気ガスにふくまれる物質が紫外線(しがいせん)によって変化し，逆転層によって，それらが下層にとどまることで発生する。

平成25年度　解答例・解説

《解答例》

1　(1)ア，エ　(2)イ，カ　(3)15　(4)A．280　B．46

2　(1)オ　(2)ア→ウ→イ→オ→エ→カ　(3)ウ　(4)ア　(5)イ

3　Ⅰ．(1)イ，ウ，キ　(2)エ　(3)水蒸気

Ⅱ．(4)ア，ウ　(5)光の強さが0の真っ暗な状態。　(6)右グラフ

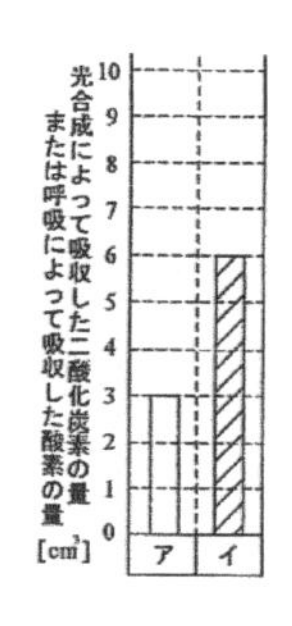

4　(1)A．280　B．300　C．180　(2)カ　(3)1

(4)ウ　(5)カ　(6)850

《解　説》

1　(1)水にとけているものが固体であるか気体であるかに着目する。アは塩化水素(気体)，イはミョウバン(固体)，ウは水酸化ナトリウム(固体)，エは二酸化炭素(気体)，オは水酸化カルシウム(固体)，カはホウ酸(固体)がとけている。したがって，気体がとけているアとエが何も残らない。　(2)ア，エ，オは水素，ウは二酸化炭素が発生する。

(3)3%のうすい塩酸 160gには $160(g)\times\frac{3}{100}=4.8(g)$ の塩化水素がふくまれていることになる。したがって，4.8gの塩化水素をふくむ 32%の塩酸は $4.8(g)\div\frac{32}{100}=15(g)$ である。　(4)A．60℃の水 400gに硝酸カリウムは $110(g)\times\frac{400(g)}{100(g)}=440(g)$ とけ，20℃の水 400gには $40(g)\times\frac{400(g)}{100(g)}=160(g)$ とけるので，$440-160=280(g)$ がとけきれずに出てくる。B．上ずみ液は 20℃で，硝酸カリウムは最大までとけている。20℃の水 100gに硝酸カリウムは 40gまでとけるので，20℃で 300gの硝酸カリウム水溶液には硝酸カリウムが

$40(g)\times\frac{300(g)}{100(g)+40(g)}=85.7\cdots\to86$ gとけている。ここから水 100gを蒸発させると，20℃で 100gの水にとける40gの硝酸カリウムがとけきれずに出てくるので，$86-40=46(g)$ が水溶液中にとけている硝酸カリウムの重さとなる。

2　(2)地層はふつう，下にあるものほど古い。また，断層ができた時期を知るには，断層によるずれがどの層まであるかに注目すればよい。したがって，①層が堆積し，曲がった(しゅう曲という)あと，陸地になって浸食された(この面を不整合面という)。その後再び海の中に入り，②層が堆積したあとに断層ができたと考えられる。　(4)1年を通

して，東の空を見たときの太陽がのぼる道すじは①と平行になる。日の出の位置は，日本が夏至に近いほど北よりになり，冬至に近いほど南よりになる。したがって，アが正答となる。なお，北半球の北緯45度にある都市で，春分に太陽がのぼる道すじを観察するとオのようになる。　(5)地球は自ら光を出しておらず，太陽の光を反射して光っているため，地球は満ち欠けし，月が地球のまわりを回る速さと地球が１日で１周する速さは異なるので，観察できる地球の部分は変化する。なお，地球から月を見たとき，観察できる月の部分がいつも同じなのは，月が地球のまわりを回る速さと月の自転の速さが同じためである。

3　(1)(2)ふつう生物の１つ１つの細胞(さいぼう)は呼吸をしている。葉緑体(緑色のつぶ)をふくむ細胞は光合成をし，水が通る管であるエ(道管という)は死んだ細胞であるため呼吸をしない。　(3)体温を下げるために行われるのは蒸散である。(4)(5)呼吸は光の強さに関係なく行われるので，吸収した酸素の量が０になることはない。したがって，④に着目して，吸収した量が０㎤なのでイとエが二酸化炭素の量(光が当たらず光合成を行わなかった)，アとウが酸素の量(光が当たらなくても呼吸は行う)であると考えることができる。　(6)セイヨウタンポポの葉の気体の吸収量の①と⑤に着目すると，光の強さが異なるが吸収した二酸化炭素の量が同じである。これはエンレイソウの気体の吸収量からもわかることで，光がある一定以上になると，光合成によって吸収した二酸化炭素の量が増えないことがわかる。また，吸収した酸素の量は光の強さに関係なく一定なので，光の強さを①の 1.5 倍の強さにしても，セイヨウタンポポの葉の気体の吸収量は①や⑤と同じになると考えることができる。

4　(1)A．320(ｇ)－40(ｇ)＝280(ｇ)　B．木片の体積(300 ㎤)と同じ体積の水がおしのけられる。　C．木片が浮いているとき木片の重さ(180ｇ)と同じ大きさの浮力がはたらいているので，180ｇの水と同じ体積(180 ㎤)が水中に入っている。　(2)図６では，鉄球がおしのけた水の重さよりも鉄球の重さの方が大きいので右側が下がるが，図７では木片がおしのけた水の重さと木片の重さは同じになるのでつりあう。　(3)氷の重さは 20(㎝)×20(㎝)×10(㎝)×0.9＝3600(ｇ) である。したがって，おしのけられた水の重さも 3600ｇで，その体積は 3600 ㎤なので，氷は 3600 ㎤が水中に入っている。したがって，氷の水中に入っている部分の高さは 3600(㎤)÷400(㎠)＝９(㎝) なので，水面から出ている部分の高さは 10(㎝)－９(㎝)＝１(㎝) となる。　(4)氷は水になると体積が小さくなるので，水面の高さは変わらない。　(5)図９，10 より，食塩水は同じ体積の水よりも重く，エタノールは同じ体積の水よりも軽いことがわかる(食塩水＞水＞エタノール)。同じ体積あたりの重さ(密度(みつど)という)が重い液体ほど，その液体中の物体にはたらく浮力は大きくなるので，鉄球をつり下げたばねはかりの値は エタノール＞水＞食塩水 となる。　(6)立方体の鉄の体積は1000 ㎤で，その重さは 1000(㎤)×８＝8000(ｇ)，食塩水 1000 ㎤の重さは 1000(㎤)×1.2＝1200(ｇ) である。鉄の重さが 1200ｇになれば食塩水の液面ぎりぎりで静止するので，8000－1200＝6800(ｇ) の鉄をくりぬけばよい。したがって，その体積は 6800(ｇ)÷８＝850(㎤) となる。

社　会

平成31年度　解答例・解説

《解答例》

1　⑴①新潟　②宗谷　⑵イ　⑶源義経　⑷ア　⑸ウ　⑹エ　⑺シャクシャイン　⑻日米修好通商条約　⑼沖合漁業　⑽ｉ）ウ　ⅱ）ア　⑾⑧生糸　⑨桑

2　⑴①小売　②卸売　⑵ｉ）エ　ⅱ）イ　⑶ｉ）オ　ⅱ）永世中立国　⑷ア　⑸ｉ）ウ　ⅱ）労働組合　⑹中華人民共和国　⑺ワインはぶどうを原料として生産するため，その原料産地に立地する傾向にあるから。　⑻人件費が日本に比べて安く済むから。

3　⑴①明智光秀　②太政大臣　⑵イ　⑶中山道　⑷天王山　⑸ドローン　⑹大政奉還　⑺1600年の徳川家康を中心とする東軍と石田三成を中心とする西軍の戦いで，東軍が勝利した。　⑻国立西洋美術館　⑼陽明門

4　⑴エ　⑵中臣鎌足　⑶ア　⑷航海が危険なうえに，唐が衰退したから。　⑸ウ　⑹長安　⑺本居宣長　⑻平将門　⑼ｉ）ウ　ⅱ）イ　ⅲ）気象庁　ⅳ）日英同盟　⑽エ

《解　説》

1　⑴①　空らん後の「越後」「日本の日本海側にある唯一の開港場」から新潟と判断する。

⑵　イ．③は，兵庫県の明石市を通る日本の標準時子午線が東経135度だから，そこよりも東に位置する東経139度と判断する。④は，日本において北緯40度線が秋田県と岩手県を通ることからそこよりも北に位置する北緯41度と判断する。

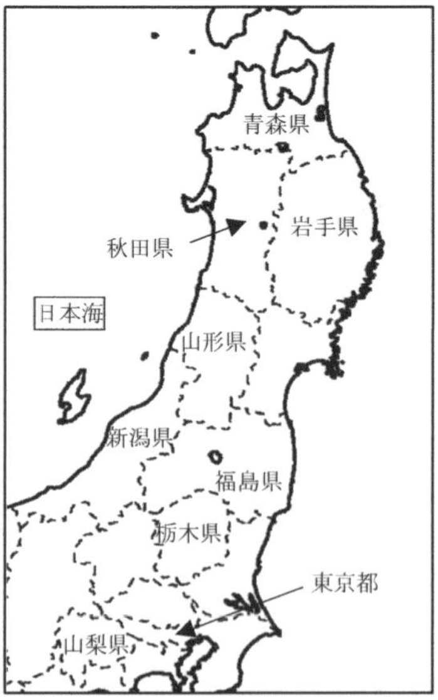

⑶　問いの「平氏との戦いで活躍し，壇ノ浦の戦いで平氏を滅ぼした」「兄の頼朝」から源義経を導く。

⑷　アが正しい。イギリスは，北アイルランドの国境や関税をめぐって，ヨーロッパ連合（ＥＵ）との離脱協定の交渉が難航している。イは中国，ウはアメリカ，エはロシアについての記述である。

⑸　ウ．⑥は「北関東を通って」いるから日光，⑦は「東北地方の日本海側を通って」いるから横手と判断する。各都県（甲府は山梨県，日光は栃木県，会津坂下は福島県，天童・新庄は山形県，横手・大舘は秋田県，碇ヶ関は青森県，盛岡は岩手県の都市）の位置については右図参照。

⑹　福沢諭吉の開いた私塾（蘭学塾）が，慶応義塾（慶応義塾大学）と改名された。

⑺　江戸時代，わずかな米や日用品とアイヌの人々がもたらす大量のサケなどを交換し富を得ていた松前藩や商人に対して，アイヌの人々は不満を持ち，シャクシャインを中心に反乱を起こした。しかし，戦いに敗れると支配はいっそう厳しくなった。

⑻　1858年に日米修好通商条約が結ばれ，神奈川（横浜）・函館（箱館）・長崎・新潟・兵庫（神戸）の５港が開かれた。

⑼　文中の「日本近海の２～３日で帰れる範囲の海が漁場」から沖合漁業を導く。沖合漁業では，イワシ漁が大幅

に減少したが，その主な原因は，地球温暖化による海流の変化，海水温の上昇などの生育環境の悪化，日本以外にも消費する国が増えたための獲りすぎなどで近海で魚が少なくなったことなどが考えられる。

(10) i） ウが正しい。最上川は米沢盆地や山形盆地を通り，庄内平野を経て日本海に流れ込む日本三急流の１つである。能代（のしろ）平野と雄物（おもの）川があるのは秋田県である。

(11) 以前は蚕のえさになる桑の栽培がさかんだったため，桑畑（Y）の地図記号が存在したが，桑畑の減少とともに地図記号も使われなくなった。

2 (2) i） エ．(A)は夏の降水量が多いので太平洋側の気候の松崎町，(B)は冬の降水量が多いので日本海側の気候の富山市，(C)は冬の寒さが厳しく梅雨がないので北海道の気候の帯広市と判断する。 ii） イが帯広市である。帯広市は十勝平野の中心都市で，ジャガイモや小麦のほか，大豆，てんさいなども栽培されている。アは函館市，ウは釧路市である。

(3) i） オ．(A)は国土面積が小さく，人口が少なく一人あたりＧＮＩが高いことからスイスである。残った２国のうち，人口が多く一人あたりＧＮＩが高い(C)がヨーロッパ最大の工業国であるドイツなので，(B)はスペインとなる。

(4) ア．(A)～(C)のうち，総店舗数が最多で，年間商品販売額が最高である(C)を専門店と判断する。残った２つの立地する割合に着目すれば，「住宅地区」が高い(A)をコンビニエンスストア，「駅周辺」が高い(B)を総合スーパーと判断できる。

(5) i） ウが誤り。ショッピングセンターの開店と企業の社会的責任に関連性はない。企業の社会的責任には，地球環境への配慮・社会貢献活動への参加・従業員の労働環境への配慮などがある。 ii） 労働組合は，賃金・労働時間・解雇などの労働条件について会社と交渉する。憲法では，労働者の団結権のほか，団体交渉権や団体行動権を保障している。

(6) 世界最多人口の中華人民共和国と判断する。また，2000 年代に生産台数が急増していることも手がかりとなる。2000 年代に急激に工業化が進んだ国（ブラジル・ロシア・インド・中国・南アフリカ共和国）は，その頭文字をとって「ＢＲＩＣＳ」と呼ばれる。

(7) ワインの原料であるぶどうが，産地を特定地点に限る「地方原料（局地原料）」であることから考える。

3 (1) 明智光秀は，本能寺の変で織田信長を倒した直後の山崎の合戦で羽柴秀吉に滅ぼされた。その後秀吉は，豊臣姓をたまわって太政大臣となり，1590 年に北条氏を滅ぼして天下を統一した。

(2) イが斎藤道三の説明である。アは武田信玄，ウは上杉謙信，エは北条早雲の説明である。

(3) 五街道は，東海道・中山道・甲州街道・奥州街道・日光街道で，いずれも江戸の日本橋を起点としていた。中山道は，彦根から安土を通る下街道と安土の南側を通る上街道に分岐した。

(4) 天王山は，「いよいよ受験の天王山」など，勝敗をかけるような大事な場面で使われる語である。

(5) ドローンは，災害時の情報収集や物資の輸送などの利用にも活躍を期待されている。

(6) 徳川慶喜が京都の二条城で朝廷に政権を返したことを大政奉還という。

4 (1) エが正しい。大化の改新は，飛鳥時代の 645（大化１）年に始められた政治改革のことである。蘇我氏を滅ぼした後，中大兄皇子や中臣鎌足らが中心となっておし進めた。アは弥生時代の卑弥呼，イは古墳時代の大和政権についての記述である。ウは大化の改新以前に聖徳太子が行った政治である。

(2) 中臣鎌足は，亡くなる間際に藤原の姓を天智天皇（中大兄皇子）から与えられ，藤原氏の祖となった。

(3) アが飛鳥寺釈迦如来像（飛鳥大仏）である。イは高徳院阿弥陀如来坐像（鎌倉の大仏），ウは興福寺阿修羅像，エは東大寺盧舎那仏像（奈良の大仏）である。

(4) 藤原氏の策略により長らく派遣されていなかった遣唐使に選ばれた菅原道真は，航海の危険と唐の衰退を理由に遣唐使の派遣の停止を宇多天皇に意見し，これが聞き入れられた。しかし，その後道真は藤原氏によってあらぬ罪をかけられて大宰府に流されてしまい，そこで亡くなった。道真の死後，朝廷で次々に災厄が起こったことから，道真の祟りだと恐れられ，道真を「天神様」とあがめる風潮ができあがり，現在では学問の神様とされている。

⑸　ウが持統天皇の歌である。アは山部赤人の歌，イとエは奈良時代につくられた『万葉集』の防人の歌である。

⑹　奈良に平城京，京都に平安京が置かれた際，長安の都制にならって碁盤の目状に区画された。

⑺　『古事記伝』は国学者の本居宣長によって作成された。国学は仏教や儒学が伝わる以前の日本人の考え方を探る学問である。

⑼ i）　ウが誤り。「大正～昭和初期」でなく「明治時代」についての記述である。　ii）　イが正しい。洞爺丸台風は 1954 年，狩野川台風は 1958 年，沖永良部台風は 1977 年に発生した。　iii）　気象庁では，気象衛星などの観測データをもとに台風の進路を予測し，台風が通りそうな地域の人々に注意を呼びかけている。

⑽　エ．(④)の楠木正成は，鎌倉幕府滅亡後に後醍醐天皇が行った政治(建武の新政)で守護に就いた。しかし，これは公家・天皇中心の政治であったことから武士らの反感を買って２年あまりで失敗に終わり，後醍醐天皇についた正成は，足利尊氏らによって滅ぼされた。アは和田義盛，イは新田義貞，ウは足利尊氏についての説明である。

平成30年度 解答例・解説

《解答例》

1 (1)①徳島 ②国土交通 (2)ウ (3)ライト (4)ロッキード (5)ＬＣＣ (6)前橋(市) (7)普天間
(8)旅客・貨物の両方で24時間運用が可能になった。 (9)旭川(市) (10)ア

2 (1)①化石 ②黒部 ③鹿児島 (2)中東戦争 (3)アセスメント (4)エ
(5)資源が半永久的に使用できる。／環境への負荷が小さく抑えられる。などから１つ (6)インドネシア
(7)イ→ウ→ア (8)バイオ燃料〔別解〕バイオエタノール (9)エ (10)ウ

3 (1)①聖武 ②マルコ・ポーロ (2)ウ (3)収穫の約３％の稲を租として納める。／都での労役のかわりに麻布を収める。／衛士として都の警備を行う。／防人として九州北部の警備を行う。／運脚として調・庸を都に運ぶ。／雑徭として地方での労役を行う。などから３つ (4)エ (5)イ (6)①朱印船 ②ビザ
(7)インフレ〔別解〕インフレーション (8)①中尊寺金色堂 ②ア (9)イ

4 (1)華族 (2)ウ (3)北条政子 (4)与謝野晶子 (5)エ (6)ドイツを模範とした天皇が大きな権限をもつ憲法だった。 (7)イ (8)イ (9)ウ，オ (10)①ＧＨＱ ②奄美 ③安保闘争

《解　説》

1 (1)① 問題文に「四国地方の中で大阪府から一番近い」とあることから徳島県と判断する。 ②2001年に，国土庁・北海道開発庁・運輸省・建設省の旧４省庁を母体として再編されたのが国土交通省である。国土地理院などの特別機関や，観光庁・気象庁・海上保安庁などの外局がある。

(2) 稚内が北海道の最北端の地であり，与那国島が最西端の島であること，石垣島が沖縄県に含まれることから，最も東にある空港が中標津と判断してウを選ぶ。ちなみに最北端の空港は礼文島にある礼文空港である。

(4) ロッキード事件では，１審２審で田中角栄元首相の有罪が言い渡され，最高裁での結審の前に田中元首相が死亡したことで公訴棄却となった。

(5) ＬＣＣは，ローコストキャリア(Lo-cost Carrier)の略称である。

(6) 「高原野菜の栽培がさかん」「嬬恋村」から群馬県と判断する。

(7) 普天間飛行場の辺野古への移設について，日本政府と沖縄県の間で論争となっている。

(8) 空港建設と騒音問題は切っても切れない関係にある。空港を海上につくることで近隣住民からの騒音に対する苦情が少なくなり，24時間運用が可能になった。2018年１月現在，関西国際空港以外の海上にある空港として長崎空港，中部国際空港，神戸空港，北九州空港などが挙げられる。

(9) 新千歳・釧路・稚内・函館・女満別・旭川・帯広の７空港の民営化が計画されている。

(10) 日本国有鉄道(現在のＪＲ)・日本電信電話公社(現在のＮＴＴ)・日本専売公社(現在のＪＴ)が民営化された。これらは中曽根内閣の行政改革の１つであった。

2　⑴①　微生物の死骸や枯れた植物が長い年月を経て化石となり，やがて石炭や石油となることから化石燃料とよばれる。　③　川内原子力発電所は，東日本大震災発生後に再稼働した最初の原子力発電所である。

⑵　イスラエルと周辺アラブ国家との争いを中東戦争といい，石油危機は第四次中東戦争の影響を受けた。

⑷　愛媛県松山市は，比較的温暖で降水が少ない瀬戸内の気候の③である。高知県高知市は，比較的温暖で梅雨から９月にかけての降水が多い太平洋側の気候の①である。鳥取県鳥取市は，冬の降水が多い日本海側の気候の②である。

⑸　風力・太陽光・地熱は再生可能エネルギーであり，温室効果ガスの発生が少ない発電方法である。これらに共通する問題点は，安定した供給ができないことや開発に費用がかかることなどがあげられる。

⑹　インドネシアは，バリ島・スマトラ島・カリマンタン島・ジャワ島などからなる。世界最大のイスラム教国であることは知っておきたい。

⑺　先進工業国が多い地域ほど人口増加率は小さく，アフリカでは人口爆発が続いている。

⑻　植物由来のバイオエタノールを燃焼させても，生長途中に吸収した二酸化炭素を放出するだけなので結果として二酸化炭素の増加につながっていないという考え方から，環境にやさしいとされている。

⑼　パークアンドライドは，駅やバス停まで自動車で行きその周辺に駐車し，都市部に公共交通機関で通勤や買物に行くシステムをいう。ハイブリッドシステムは，ガソリンエンジンとモーターを組み合わせた自動車のように，複数の方式を組み合わせたシステムをいう。プランテーションは，主に熱帯地域で行われる大農園のことである。コジュネレーション（コージェネレーション）を知っていることが重要なのではなく，それ以外の用語をしっかりと理解していれば消去法で導き出せる問題である。

⑽　2011 年に起きた東日本大震災によって，全国の原子力発電所は安全点検のため稼働を停止した。原子力発電所の停止にともない，不足する電力分を火力発電でまかなうようになったため，火力発電の割合は大幅に増えた。

3　⑴①　736 年という年号から聖武天皇を導き出す。墾田永年私財法・大仏造立・国分寺建立などが聖武天皇の治世のころに行われた。　②　マルコ・ポーロは『世界の記述（東方見聞録）』の中で黄金の国ジパングと記している。

⑵　藤原京遷都は持統天皇，平城京遷都は元明天皇，長岡京遷都と平安京遷都は桓武天皇による。

⑶　租の記述の中の「収穫の稲の３％」は「収穫した稲二束二把」でもよい。

⑷　玉虫厨子は法隆寺に収められているからエが正倉院の宝物ではない。

⑸　ア．内容は正しいが平安時代のことである　ウ．北条泰時は鎌倉時代の執権だが，制定したのは武家諸法度ではなく御成敗式目である。　エ．内容は正しいが室町時代のことである。

⑹①　朱印状を受けた船を朱印船と呼んだ。　②　パスポート（旅券）とビザ（査証）の違いを覚えておこう。パスポートは海外に出国する者の国籍や身分を証明する身分証明書であり，ビザは海外に出国した者に対して，渡航先の国が入国を許可するための許可証である。

⑺　大量の紙幣を発行すると，流通する紙幣が増えることで紙幣の価値が下がる。商品の価値は変わらないため，結果として物価が上昇したことになる。物価が上昇し続けるのがインフレーション，下落し続けるのがデフレーションである。

⑻①　念仏を唱えて阿弥陀仏にすがれば死後に極楽浄土に生まれ変われるとする「浄土の教え」が流行し，平等院鳳凰堂や中尊寺金色堂などの阿弥陀堂が数多くつくられた。阿弥陀仏は極楽浄土に存在するとされる仏である。

②　奥州藤原氏は藤原清衡によって興されたことを知っていればアが導き出される。エの藤原泰衡は藤原秀衡の子で，奥州藤原氏が滅亡したときの最後の当主である。

⑼　新井白石の行った政策を「正徳の治」とよぶ。アは徳川綱吉，ウは田沼意次，エは松平定信の政策である。

4 ⑵ 1985 年に制定された労働に関する法律が男女雇用機会均等法，1997 年に制定された社会生活全般に関する法律が男女共同参画社会基本法である。

⑶ 「源頼朝の妻」「尼将軍」から北条政子を導き出す。

⑷ 日露戦争を批判した人物として，歌人の与謝野晶子，社会主義者の幸徳秋水，キリスト教徒の内村鑑三を覚えておきたい。

⑸ 「君死にたまふことなかれ」の副題は，「旅順口軍包囲軍の中に在る弟を嘆きて」である。

⑺ 幼にしては父に従い，嫁しては夫に従い，夫死しては子に従うことを三従という。

⑻ 高村光太郎は高村光雲の子で詩人・歌人・彫刻家・画家として知られる。

⑼ 「ＮＨＫテレビジョンの放送開始」は昭和時代であり，「鉄道馬車」は明治時代に運行された。

⑽② サンフランシスコ平和条約前に返還されたのが，伊豆諸島とトカラ列島，後に返還されたのが，奄美諸島，小笠原諸島，沖縄諸島である。　③ サンフランシスコ平和条約と同時に結んだのが日米安全保障条約である。この条約は 1960 年に新安全保障条約として改定され，その後は 10 年ごとに自動延長されている。60 年の安保闘争では，国会で新安保条約を強行採決し成立させたが，混乱の責任をとって，当時の岸内閣が総辞職した。

平成29年度 解答例・解説

《解答例》

1　⑴①フォッサマグナ　②扇状地　⑵黒曜石　⑶ア　⑷島名…南鳥　金属…レアメタル　⑸ふるさと
⑹カルデラ　⑺米などの食料を増産する計画で干拓地にするため。　⑻ウ　⑼エ

2　⑴①フランス　②アメリカ　③コシヒカリ　⑵ア　⑶オ　⑷①越後　②雪どけ　⑸イ　⑹エ　⑺ア
⑻ウ

3　⑴①唐　②倭　⑵エ　⑶①エ　②ア　⑷天智天皇が亡くなったあと，天智天皇の息子の大友皇子と天智天皇の弟の大海人皇子の間の皇位継承争いが原因となって壬申の乱がおこった。この戦いに勝利した大海人皇子が即位して天武天皇となった。　⑸イ　⑹大王　⑺ア　⑻足利義満

4　⑴ウ　⑵小林一茶　⑶イ　⑷首里　⑸フランシスコ＝ザビエル
⑹①アンネ　②シーボルト　③社会〔別解〕生存　⑺サイパン　⑻アインシュタイン　⑼エ

5　⑴ウ　⑵日本銀行　⑶イ　⑷主権　⑸行政

《解　説》

1　⑴①　フォッサマグナは，日本列島を地質的に東北日本と西南日本に分ける大地溝帯である。

②　日本で，扇状地は，河川が山間部から平地に出た付近にれきや砂が積もってでき，三角州は，平野の河口付近に土砂が積もってできる。

⑵　たとえば，相沢忠洋が岩宿遺跡で発見した打製石器は黒曜石でできていた。黒曜石が多く発見された旧石器時代の遺跡として，北海道の置戸安住(おけとあずみ)遺跡，長野県の茶臼山(ちゃうすやま)・上ノ平(うえのたいら)遺跡などがあり，どちらも黒曜石の一大産地が近くにあった。

⑶　糸魚川－静岡構造線は新潟県糸魚川市と静岡県静岡市を結んでいる。甲府盆地は山梨県にあるので通らない。また浜名湖は静岡県西部の浜松市・湖西市にまたがる湖なのでやはり通らない。よって，アが正答となる。

⑷　日本の端にある島について，右表参照。レアメタルの代表例としてプラチナ(白金)・マンガン・コバルトなどがあげられる。これらの金属は，使われなくなった携帯電話やパソコンなどにふんだんに用いられていて，それらが各家庭で保管されたり，廃棄されたりしていることから，「都市鉱山」と表現されることがある。

最北端		最西端	
島名	所属	島名	所属
択捉島	北海道	与那国島	沖縄県
最東端		最南端	
島名	所属	島名	所属
南鳥島	東京都	沖ノ鳥島	東京都

⑸　豪華な返礼品を用意できる地方自治体にふるさと納税が集中する傾向にあり，「ふるさと納税本来の趣旨が守られていない」と批判されることがある。

⑹　巨大なカルデラとして熊本県の阿蘇山，有名なカルデラ湖として十和田湖(青森県・秋田県)・摩周湖(北海道)などがある。

⑺　諫早湾につくられた堤防をめぐっては，漁業関係者が「堤防を築いたことによって諫早湾の干潟が失われ，漁業環境が著しく悪化している」として開門を要求する一方，農業関係者は「堤防を開門すれば干拓してつくった農地が

使い物にならなくなる」として閉門の継続を要求している。裁判所は，開門しなければ1日ごとに一定金額を漁業関係者に支払うよう政府に求め，また閉門したままでなければ(開門すれば) 1日ごとに一定金額を農業関係者に支払うよう政府に求めた。この矛盾した状況は2017年1月現在も続いていて，裁判所が和解するように促しているものの，いまなお解決に至っていない。 (9) 三保の松原は静岡県にある景勝地である。

2 (1)① フランスはＥＵ随一の農業国である。航空機の組み立てが行われていて，日本もフランスから航空機類を輸入している。 ② 「隣国メキシコ」などから考える。2017 年1月，アメリカのトランプ大統領はメキシコとの国境に不法移民を防ぐための壁をつくると宣言し，メキシコとの関係に暗雲がたちこめている。

(2) イはモロコシ，ウは大豆，エは米のイラストである。

(3) 北陸地方は，北西季節風の影響を受けるため積雪量が多く，冬の間はほとんど農作業ができない。そのため，北陸地方の各県には水田単作地帯が広がり，畑は少ないから，ａは新潟県である。北海道は米の生産だけでなく，小麦・てんさい・ばれいしょ・大豆など，さまざまな農産物を多く生産しているため，畑の面積が広い。したがって，ｂは北海道である。残ったｃは青森県となるから，オが正答となる。

(4) 北西季節風の影響で冬の間に積もった雪が，春になって暖かくなるととけ出して河川に流れこむ。雪どけ水は，米作りや野菜作りなどに用いられる。越後山脈は新潟県・群馬県・福島県にまたがる山脈である。

(5) 内陸部は沿岸部に比べて，気温の年較差と日較差が大きいという特徴がある。年較差とは1年で最も暖かい月と最も寒い月の気温差のことで，日較差は1日の最高気温と最低気温の差のことである。アのように，単に標高が高い場合は，1日の最高気温もあまり上がらないので，魚沼地区の状況と合わない。よって，イが正答となる。

(6) エのにんにくが青森県で生産がさかんだと知らなくても，消去法で答えを導くことはできる。アのきゅうりの国内生産量第1位が宮崎県，イのぶどうの国内生産量第1位が山梨県であることは基礎知識である。ウのきくは愛知県や沖縄県など温暖な地域で生産がさかんなことを知っていれば，比較的寒冷な青森県で国内生産量第1位とは考えにくいと予想できるので，残ったエが正答とわかる。

(7) 北海道の農業産出額のうち，畜産＞野菜＞米＞果実の順に多いので，アは誤り。

(8) ＥＵ加盟国のうち，ユーロを使っていない国の代表例として，イギリス・スウェーデン・デンマークとしりとりのように続けると覚えやすい。

3 (1)① 遣唐使は630～894 年の間に十数回派遣された。

(2) アは『続日本紀』，イは『風土記』，ウは『日本三大実録』について述べた文である。アが誤りであることは，『日本書紀』の成立が720 年，桓武天皇の治世が8世紀末ごろ～9世紀初頭であることからも判断できる。

(3)① アの法度は江戸時代の武家諸法度，イの式目は鎌倉時代の御成敗式目，ウの御触書は江戸時代の慶安の御触書など，いずれも異なる時代で使われていることから，正答をエだと判断したい。律の補足が格，令の補足が式である。

② 不敬とは，君主やその一族に対して名誉や尊厳を害することをいう。日本国憲法で天皇が「象徴」とされたため，国家元首に対する「不敬」という考えはそぐわないと判断され，アの不敬罪は刑法改正で削除された。

(5) アは中大兄皇子，ウは聖武天皇，エは桓武天皇にかかわるできごとである。

(8) 1404 年，足利義満は，倭寇の取りしまりを条件に明と貿易することを許された。このとき，倭寇と正式な貿易船を区別するために勘合という合い札が用いられたので，日明貿易は勘合貿易ともよばれる。

4 (2) 小林一茶は「雀の子そこのけそこのけお馬が通る」や「やせ蛙負けるな一茶これにあり」などで知られる俳人である。

(3) 九州地方に本拠地を置いていた戦国武将を選べばよいから，イが正答となる。アの石田三成は近江，ウの毛利輝元は中国，エの福島正則は中国(のち信濃)を本拠地とした。

(5)　1549 年，フランシスコ＝ザビエルは，キリスト教の布教のため鹿児島に上陸し，平戸・山口・京都と西日本各地を訪れた後，大分を回り２年あまりで日本を去った。

(6)①　『アンネの日記』は，世界記憶遺産に登録されている。

②　シーボルトは国籍を偽り，オランダ人として，オランダの商館で医師として働いていた。

(7)　1941 年 12 月，海軍によるオアフ島の真珠湾攻撃と，陸軍によるイギリス領マレー半島上陸から太平洋戦争が始まった。当初，日本は優位な立場で戦争を進めていたが，1942 年のミッドウェー海戦で敗北して以降，戦況は徐々に悪化していった。1944 年には，守備の要とされたサイパン島が陥落し，東条内閣の退陣のきっかけとなった。

(9)　核兵器保有国として，安全保障理事会の常任理事国(アメリカ・中国・ロシア・イギリス・フランス)のほか，インド・パキスタンがあり，北朝鮮は頻繁に核実験を繰り返すことでも知られている。

5　(2)　日本銀行は，紙幣を発行する「発券銀行」，政府の資金を管理する「政府の銀行」，一般の銀行と取引を行う「銀行の銀行」としての役割をもつ。

(3)　現在の日本では，社会保障関係費＞国債費＞地方交付税交付金等，の順に歳出が多い。また，消費税は所得税と並ぶ重要な歳入項目として位置づけられている。以上より，イが正答となる。歳出のグラフ中の「基礎的財政収支」とは，税収・税外収入と，国債費を除く歳出との収支のことである。

(4)　日本国憲法前文のキーワードとなる言葉を覚えておこう。国民主権は，基本的人権の尊重・平和主義と並ぶ日本国憲法の三大原則の一つである。

(5)　三権は行政権・立法権・司法権である。日本で行政権は内閣，立法権は国会，司法権は裁判所がもち，アメリカで行政権は大統領，立法権は連邦議会，司法権は連邦最高裁判所がもつ。

平成 28 年度　解答例・解説

《解答例》

1　(1)①関門　②津軽　(2)ウ　(3)日本橋　(4)ア　(5)利根川　(6)①第三セクター　②ア　(7)イ
(8)沖縄がアメリカから日本に返還された。

2　(1)前田利家　(2)香川　(3)エ　(4)カ　(5)イ　(6)イ　(7)兼六園　(8)ウ　(9)フェアトレード
(10)イ

3　(1)幕の内　(2)吉野　(3)鷹　(4)十二単　(5)イ　(6)エ　(7)漆　(8)十返舎一九　(9)ウ
(10)精進料理

4　(1)ノルマントン号　(2)ウ　(3)イスラム／キリスト　(4)イ　(5)エ　(6)ア　(7)題目
(8)弘法(に)も筆の誤り　(9)金剛力士　(10)空也

5　(1)エ　(2)排他的経済水域　(3)公正取引委員会　(4)最高法規　(5)イギリス／フランス　(6)ギリシャ
(7)ア　(8)倭寇　(9)ウ　(10)ア

《解　説》

1　(1)①関門海峡は，山口県と福岡県を隔てる海峡で，その間には自動車専用の関門橋が架けられている。

(2)ウは，富山県ではなく愛知県の産業について述べた文である。

(3)五街道は，東海道・中山道・日光道中・甲州道中・奥州道中の５つである。

⑷ア．鳥栖(とす)市は佐賀県の都市である。熊本市と水俣市の位置は，右図参照。四大公害病の一つである水俣病が八代(やつしろ)海沿岸(熊本県・鹿児島県)で起こったことから，水俣市の位置が熊本市より南にあると判断しよう。

⑸日本の暴れ川のうち，関東地方を流れる利根川を「坂東太郎」，九州地方を流れる筑後川を「筑後次郎」，四国地方を流れる吉野川を「四国三郎」と呼ぶ。

⑹①国や地方公共団体が第一セクター，民間企業が第二セクターにあたる。

②ア．島の数全国１位から長崎県を，リアス海岸から岩手県を導き出す。

⑺ア．宇宙センターは種子島につくられている。　ウ．黒潮(日本海流)ではなく対馬海流ならば正しい。　エ．三宅島を含む伊豆諸島は東京都に属している。

⑻太平洋戦争が終結し，日本がサンフランシスコ平和条約で独立を回復した後も，沖縄はアメリカによって占領されたままになっていた。アメリカに占領されていた沖縄では，ドル紙幣が流通し，車は右側を走るなど，日本本土とは異なったルールが適用されていた。

2　⑶内陸に位置する旭川市は，最も暖かい月と最も寒い月の気温差が大きいからＣである。太平洋側の沿岸部に位置する釧路市は，冬の降雪量が少ないからＡである。残ったＢが札幌市となるから，エが正答。

⑷カ．人口は，横浜市(約 370 万人)→大阪市(約 266 万人)→名古屋市(約 225 万人)の順となる。(2013 年時点)

⑸青森県はりんごだけでなく米の生産もさかんに行われているから，イが正答。アは野菜の割合から促成栽培がさかんな高知県，ウは農業産出額や畜産の割合から北海道，エは果実の割合から山梨県である。

⑹「郊外」に向かう交通手段は乗用車が主になるので，乗用車を保有している世帯が多い地方都市に大型ショッピングセンターはつくられる傾向にある。

⑻本州四国連絡橋について，右表参照。　エ．淡路島は兵庫県に属する島である。

明石海峡大橋・大鳴門橋ルート(淡路島を経由)	兵庫県神戸市－徳島県鳴門市
瀬戸大橋ルート	岡山県倉敷市－香川県坂出市
しまなみ海道ルート	広島県尾道市－愛媛県今治市

⑽ア．「古代の政治は『祭政一致』と呼ばれ…」以下の内容に反する。　イ．正しい。「文化財に登録されている祭り」は青森ねぶた祭りのこと。　ウ．「勝鬘院の本尊が愛染明王であることが祭りの名の由来」とある。

エ．渋川へそ祭りやさかいで塩まつりは戦後になって始められた祭りである。

3　⑴芝居で，舞台の幕が下がり，次の幕が上がるまでの間を「幕の内」という。

⑵後醍醐天皇は，鎌倉幕府滅亡後，建武の新政を行ったが，公家・天皇中心の政治であったことが武士らの反感を買い，建武の新政は２年あまりで失敗した。京都を追われた後醍醐天皇は，三種の神器を持って奈良の吉野に逃れ，そこで南朝をたてた。京都では足利尊氏がすでに新たな天皇を立てていたため，1392 年に足利義満が南北朝を統一するまで，日本には２つの朝廷が存在していた。

⑶鷹を使って行う狩猟(しゅりょう)を鷹狩(たかがり)という。／⑸イ．興福寺ではなく延暦寺ならば正しい。

⑹アは愛知，イは石川，ウは京都の陶磁器の生産地である。／⑽「禅宗などの寺院で食べられる」より考える。

4　⑴治外法権(領事裁判権)の撤廃は，日清戦争開戦直前の 1894 年に外務大臣陸奥宗光によって達成された。

⑶左の絵画は，磔(はりつけ)にされたイエス(キリスト教)を描いたものであり，右の写真は，聖地メッカに向かって祈りをささげるイスラム教徒の様子である。

⑷イ．源頼政は平治の乱で勝者側につき，朝廷の高い地位に就いていた武将である。アの源義朝は頼朝の父，ウの源義家は後三年合戦で活躍した武将，エの源頼家は鎌倉幕府の第２代将軍である。

⑹承久の乱が起こった時の執権は北条義時である。侍所は御家人の統率や軍事をになう機関，政所は財政をになう機関であり，北条義時によって滅ぼされた和田義盛は侍所の長官の地位にあった。イは５代執権北条時頼，ウは８代執

権北条時宗，エは初代執権北条時政についての説明である。

⑺鎌倉時代の新仏教について，右表参照。

宗派	人物	総本山
浄土宗	法然	知恩院(京都)
浄土真宗(一向宗)	親鸞	本願寺(京都)
時宗	一遍	清浄光寺(神奈川)
日蓮宗(法華宗)	日蓮	久遠寺(山梨)
臨済宗	栄西	建仁寺(京都)
曹洞宗	道元	永平寺(福井)

⑻①にあてはまる僧は空海(弘法大師)である。空海と合わせて，天台宗を開いた最澄(伝教大師)を覚えておこう。

⑼息がぴったりという意味の「阿吽(あうん)の呼吸」ということわざは，この「阿形(あぎょう)」や「吽形(うんぎょう)」がもととなっている。

5 ⑴ア．北米自由貿易協定　イ．新興工業経済地域　ウ．石油輸出国機構　エ．東南アジア諸国連合

⑵排他的経済水域とは，沿岸から 200 海里(約 370 ㎞)以内の水域のこと。この水域内では，沿岸国が水産資源・鉱産資源を優先的に開発・管理することができる。1970 年代後半から各国が経済水域を設定し始めたことで，ほかの国の経済水域内にあたる海洋で行う漁業が制限されるようになり，日本の遠洋漁業は衰退した。

⑶数社で占めるものを寡占(かせん)，１社で占めるものを独占という。公正取引委員会が運用している独占禁止法は，同じ業種の企業同士が，競争を避けるために価格の維持や引き上げの協定を結ぶカルテルなどを禁じている。

⑷違憲審査権が行使され，裁判所によって法律の条文などが違憲と判断されるとその条文が効力を失うのは，憲法が最高法規であるというこの規定に基づいている。

⑸国際連合安全保障理事会の常任理事国はアメリカ・中国・イギリス・フランス・ロシアの５か国である。

⑺イ・エ．このような改定は行われていない。　ウ．1996 年から小選挙区比例代表並立制は導入されている。

⑻倭寇は，前期倭寇(13～15 世紀)と後期倭寇(16 世紀)に分けられ，前期倭寇は日本人が中心であり，後期倭寇は中国人が中心であった。足利義満が倭寇の取りしまりを条件に明との貿易を許されたことは覚えておこう。

⑼ウ．スイスは，イギリスの植民地になったことが無いので，フランス語やドイツ語など，近隣国の言語が公用語となっている。

⑽ア．「重要５項目」は，米・麦・牛肉や豚肉・乳製品・甘味資源作物(砂糖など)である。

《解答例》

1 ⑴①イ　②オ　⑵タイ　⑶エ　⑷佐世保　⑸やませ　⑹ア　⑺輸送用機器〔別解〕自動車　⑻ア　⑼メトロポリス　⑽マグロ

2 ⑴①京都議定書　②持続　⑵オ　⑶霞ヶ浦　⑷E．千葉県　F．愛知県　⑸日本…イ　韓国…ウ　⑹エ　⑺イ　⑻エ

3 ⑴竪穴　⑵オ　⑶ウ　⑷ア　⑸校倉造　⑹イ→エ→ア→ウ　⑺イ　⑻彦根城　⑼エ　⑽ウ

4 ⑴①ロシア　②根室　⑵ウ　⑶①ア　②大森貝塚　⑷ウ　⑸①アヘン戦争　②香港　⑹ラッコ　⑺(鯨)油

5 ⑴①農地改革　②サンフランシスコ　⑵労働組合法　⑶イ　⑷ウ　⑸①朝鮮戦争　②冷戦　⑹田中角栄　⑺①起訴　②ア

《解　説》

1 ⑴①東京都が上位であることに着目して考える。アであれば北海道，ウであれば促成栽培のさかんな宮崎県・高知県，エであれば静岡県・鹿児島県が上位である。

②オ．冬キャベツは，愛知県で生産がさかんである。カ・キであれば北海道，クであれば高知県が1位である。

(2)「インドシナ半島」から，東南アジアの国であることがわかる。タイは日本より人件費が安いため，首都バンコクなどへ製造業の分野を中心に日本の工場が数多く進出している。

(3)神奈川県には，横浜市・川崎市・相模原市の3つの政令指定都市がある。　エ．川崎市では工業がさかんであり，京浜工業地帯の一部である。　ア．静岡県浜松市　イ．岡山県岡山市　ウ．宮城県仙台市

(4)「戦後はアメリカ海軍と海上自衛隊がともに使用しています」から，米軍基地がある市だとわかる。「造船業がさかん」という部分が最大のヒントとなっている。

(6)「山陰本線に入ってから最初に停車し」とあり，さらに「境港（さかいみなと）駅」とあることから，これが鳥取県の駅であることがわかる。Fくんの立ち寄った境港は，鳥取県と島根県の県境付近に位置することから，この港に最も近いアが正答。なお，イの鳥取駅にサンライズ出雲は停車しない。

(7)広島市は世界的な自動車メーカー「マツダ」のある府中町に近く，自動車産業がさかんである。

(8)瀬戸内気候に属する地域は，1年を通して降水量が少ないから，アが正答。

(9)メトロポリスは，中心都市・大都市の意。東京・名古屋・大阪など，東海道沿線に帯状に連なる大都市群を東海道メガロポリスというので，関連して覚えておこう。

(10)沖縄県近海には暖流が流れていることから，⑤には暖流魚が入ると推測できる。沖縄県のまぐろ漁獲量は全国でも上位であり，ビンナガ・メバチ・クロマグロなどがとれる。

2　(2)右表参照。

公害名	原因	発生地域
A．新潟水俣病	水質汚濁（有機水銀）	阿賀野川流域（新潟県）
B．イタイイタイ病	水質汚濁（カドミウム）	神通川流域（富山県）
C．四日市ぜんそく	大気汚染（亜硫酸ガスなど）	四日市市（三重県）
D．水俣病	水質汚濁（有機水銀）	八代海沿岸（熊本県・鹿児島県）

(3)琵琶湖（滋賀県）・霞ヶ浦（かすみがうら）（茨城県）・サロマ湖（北海道）の順に面積が広い。

(4)E．「化学製品や石油製品の出荷額は～第1位」から考える。千葉県に広がる京葉工業地域は，化学工業が特にさかんな地域である。

F．「製造品中京工業地帯を形成する愛知県は，豊田市を中心に輸送用機械（自動車）産業がさかんである。

(5)アは中国，エはアメリカである。イ・ウ・オで，最も二酸化炭素排出量が多いイが日本である。ウ・オで，家庭と産業の電力を石炭火力発電所に依存しているオーストラリアは，1人当たり二酸化炭素排出量がアメリカと並んで多い。したがって，オがオーストラリアであり，残ったウが韓国となる。

(6)ア．地熱発電の発電量世界一はアメリカである。　イ．有害物質を排出しない自動車の開発は進んでいるが，その普及はまだ途上段階である。　ウ．1人あたり自動車保有台数の世界最大なのはアメリカである。

(7)天然ガスはオーストラリアのほか，マレーシアからの輸入量が多いからイが正答。アは石油，ウは石炭である。

(8)エ．4段落目「ところで政府は～公害対策基本法を制定しました。」と，8段落目「一方，～さきほどの公害対策基本法にかえて，環境対策基本法が制定されました。」以下の内容と合致する。

3　(2)弥生時代の遺跡である吉野ヶ里遺跡は佐賀県に位置する。

(3)国ゆずりの神といわれる大国主命は，出雲大社（島根県）にまつられている神である。

(4)厩戸皇子（うまやどのおうじ）とは聖徳太子のこと。　イは聖徳太子の命令を受けた秦河勝（はたのかわかつ）が現在の京都府に建てた寺，ウは天武天皇が奈良に建てた寺，エは藤原鎌足の妻が建てた山階寺（やましなでら）を藤原不比等が現在の奈良に移した寺である。

(6)ア．899年　イ．866年　ウ．999年　エ．884年　アは，遣唐使に任ぜられた菅原道真が894年に遣唐使の停止を進言したことから，イより後のできごとだと推測できる。

(7)イ．源頼家（鎌倉幕府2代将軍）→源実朝（3代将軍）→足利義満（室町幕府3代将軍）→足利義政（8代将軍）

⑼アは８代将軍徳川吉宗，イは５代将軍徳川綱吉，ウは初代将軍徳川家康の意向を受けて２代将軍徳川秀忠が定めたものである。

4　⑴①1904 年に日露戦争が始まった。　②1792 年にラクスマンが漂流民をともなって根室に来航した。

⑵島原・天草一揆(1637～1638 年)を鎮圧した幕府はキリシタンへの弾圧を強め，1639 年にポルトガル船の来航を禁止したから，ウが正答。

⑷ア．小野妹子は遣隋使として派遣された。　イ．新羅軍ではなく高麗軍ならば正しい。　エ．対馬は現在長崎県に属している。

⑸①アヘン戦争は，清がインドから密貿易で輸入されたアヘンを厳しく取り締まったために起こった。

②中国に返還された 1997 年から 50 年間は，香港では中国と異なる政治体制をとる一国二制度が認められており，特別行政区として中国の領土となっている。これは 1999 年にポルトガルから返還されたマカオにも当てはまる。

⑺鯨油(げいゆ)は，灯火(ランプ)用に用いられたほか，ろうそく原料，機械用潤滑(じゅんかつ)油などのためにも用いられた。

5　⑵労働組合法は，憲法で保障された労働組合をつくり，ストライキを行う権利などについて具体的に規定した法律である。これは労働三法の一つであり，労働三法にはほかに，労働条件の最低基準などを定めた労働基準法・労働者と使用者(会社側)との対立の解決を促進するための労働関係調整法がある。

⑶イ．所得税には，所得金額が多くなると税率が高くなる累進課税制度が取り入れられている。

⑷１ドル＝100 円の為替相場が１ドル＝110 円になると，円の価値が安くなっているので，円安である。たとえば１万円の製品を輸出するとき，１ドル＝100 円ならば 100 ドル，１ドル＝110 円ならば約 90.9 ドルとなり，円安の時の方が，現地でより安い価格で販売することができる。よって，ウが正答。

⑸太平洋戦争終結後，ソ連を中心とする社会主義圏とアメリカを中心とする自由主義圏で，実際の戦火をまじえない冷戦が起こった。ソ連は北朝鮮を，アメリカは韓国を支援したため，韓国と北朝鮮の間で対立が激化し，1950 年，北朝鮮が韓国に突如侵攻して朝鮮戦争が始まった。

⑺②ア．裁判員制度を導入したほかの目的として，裁判にかかる時間の短縮化があげられる。

平成 26 年度 解答例・解説

《解答例》

1　⑴伊豆　⑵立山　⑶ウ　⑷ア　⑸エ　⑹フィンランド　⑺オリーブ　⑻環境省　⑼ウ　⑽地熱

2　⑴ウ　⑵ア　⑶イ　⑷エ　⑸イ　⑹少子高齢(化)　⑺一人っ子　⑻移民が増加するから。〔別解〕外国人がたくさんくるから。／他の国の人が移動してくるから。　⑼ア→エ→イ→ウ

3　⑴弓矢　⑵ア　⑶イ，エ　⑷ウ　⑸イ　⑹イ　⑺参勤交代　⑻奥の細道　⑼モールス　⑽エ

4　⑴日米和親　人物…ハリス　⑵オ　⑶同志社　⑷人物…クラーク　記号…イ　⑸エ　⑹カ　⑺ウ　⑻三菱　⑼ウ　⑽絵踏

5　⑴①96　②イ　③知る権利，環境権，プライバシー権などから１つ　⑵デフレ　⑶ア
⑷①女性〔別解〕20 歳以上の男女　②比例代表　③イ　⑸①オ　②民本

《解　説》

1　⑶最北－知床(しれとこ)半島と利尻(りしり)島・礼文(れぶん)島や稚内沿岸の位置関係を把握しよう。最南－屋久島は鹿児島の南，西表島(八重山列島の１つ)は日本の最西端である与那国(よなぐに)島付近に位置する。　⑷天橋立(あまのはしだて)は京都府にあるから，アが正答。イ

は福井県，ウは広島県，エは宮城県に関する文である。 (5)エについて，イエローストーン国立公園は，ロッキー山脈中にある国立公園で，世界自然遺産に登録されている。 (7)オリーブの栽培は，瀬戸内海にある「小豆島・屋島」で行われている。瀬戸内の気候と，夏に乾燥する地中海性気候が比較的似ているため，特に小豆島では乾燥に強いオリーブの生産がさかんである。 (9)沖縄島の西にあるウの慶良間(けらま)諸島の沿岸は珊瑚礁が発達しており，ラムサール条約にも登録されている。 (10)地熱発電は，地下の蒸気を利用して発電する方法。火山付近には地熱発電所が集中し，日本では特に大分県に多く見られる。

2 (1)ウ．胡錦濤(こきんとう)・ブッシュ・メドベージェフはいずれも，2014 年時点で１つ前の指導者である。 (2)ア．日本の工業は軽工業から重工業に移り変わった。現在，愛知県を中心とする中京工業地帯で生産される自動車が，日本の最大の輸出品である。 (3)イ．人口の爆発的な増加の主な要因に，医療の充実や食料事情の改善などで，死亡率が低くなることがあげられる。 (4)日本は，食料の多くを海外からの輸入に頼るようになり，食料自給率は低下したからエが適当でない。 (5)イ．2012 年の合計特殊出生率は，1.41 である。この数値をもとにして考えると，父・母の２人から産まれる子の人数の平均が 1.41 人なので，年を経るごとに自然に人口は減少していくということになる。 (6)少子高齢社会…子どもの割合が低く，高齢者の割合が高い社会 (7)一人っ子政策とは，主に漢族の夫婦が持てる子を１人に限定する政策のこと。この政策により，中国は人口抑制に成功したものの，急速な少子高齢化を招いたため，2016 年に廃止された。 (8)「人種のサラダボウル」とは，さまざまな人種の人がアメリカに集まることから呼ばれるようになった表現。ミックスジュースのように混ざり合わず，サラダボウルの中にある「レタス」や「ナス」のように，それぞれの個性を持って共存している状態をたとえている。 ※(9)ア．北海道 イ．栃木県 ウ．愛知県
エ．島根県 北海道…70.0（人/km²） 栃木県…312.1（人/km²） 愛知県…1435.8（人/km²） 島根県…106.2（人/km²）
島根県で過疎化が大きく進んでいることを踏まえると，エ→イの順番を導くことができる。

3 (1)図は，弓矢の先端に用いられた矢じりである。 (2)アについて，このことが『後漢書』東夷伝に記されている。
イ．飛鳥〜平安時代 ウ．飛鳥時代（聖徳太子の外交） エ．室町時代 (3)ア．古墳時代 ウ．平安時代 オ．明治時代 カ．安土桃山時代 (4)ア．阿倍仲麻呂（古今和歌集） イ．紀貫之（古今和歌集） エ．藤原定家（新古今和歌集）
(5)イ．御成敗式目は，武家社会の慣習や源頼朝以来の法令に基づいて定められたもので，その内容は，京都のきまりや律令に影響を及ぼすものではない。ア・ウ・エはいずれも，手紙の内容に反する内容が含まれている。 (6)ア．浄土宗を開いたのは法然である。 ウ．比叡山に延暦寺を建立したのは，天台宗を開いた最澄である。 エ．南無妙法蓮華経と唱えることを求めた法華宗（日蓮宗）を開いたのは日蓮である。なお，法然・日蓮は中国にわたっていない。
(7)参勤交代は，徳川家光のとき，武家諸法度に加える形で制度化された。 (9)「・」と「－」を組み合わせて作った信号を，モールス信号という。

4 (1)ハリスの要求により，井伊直弼は，朝廷の許可を得ずに日米修好通商条約を結び，アメリカと貿易を始めるため，神奈川（横浜）・兵庫（神戸）・函館・長崎・新潟の５港を開いた。 (2)【あ】会津（現在の福島県） 【い】長州（現在の山口県） 【う】土佐（現在の高知県） 【あ】旧幕府軍と新政府軍の戊辰戦争のさ中，会津藩の処遇をめぐって会津戦争が起こった。会津藩は徹底抗戦するも，新政府軍の前に敗れた。白虎隊の悲劇が知られる。 (4)日露戦争に際し，アの幸徳秋水は社会主義の立場から，与謝野晶子は弟を思う気持ちから，それぞれ戦争に反対した。 (5)問題文から，大磯町が神奈川県の都市であることを見ぬく。 ア．千葉県 イ．山梨県 ウ．長野県 エ．神奈川県
(6)カ．③伊藤博文は，1885 年に内閣制度を創設し，自ら初代内閣総理大臣に就任した。 ④吉田茂は，戦後の混乱期に内閣総理大臣をつとめ，1951 年には内閣総理大臣としてサンフランシスコ平和条約に調印した。 (7)自由党が結成されたのは，政府が国会開設を約束した 1880 年の翌年のことだから，ウが正答。 (9)ア．1950 年 イ．1954 年
ウ．1945 年 エ．1960 年

5　⑴②ア．どちらの院から始めてもよい。　ウ．三分の一以上ではなく過半数。　エ．内閣総理大臣ではなく天皇。　③解答例のほか，尊厳死などにからむ自己決定権も新しい人権の１つである。　⑵デフレは，デフレーションの略称である。デフレに対し，物価が継続的に上昇することをインフレ(インフレーション)という。　⑶ア．人権宣言は，フランス革命のさ中に出されたもので，フランス人権宣言とも呼ばれる。　⑷①戦前に制定された普通選挙法(1925年)では，満 25 歳以上の男子に選挙権が与えられていた。　②衆議院議員選挙で用いられている選挙制度を，小選挙区比例代表並立制という。　③一票の格差は，「一人一票」の平等選挙の原則に関わってしばしば問題となる。よって，平等権に関連するものを選べばよい。　ア．生存権　イ．平等権　ウ．参政権　エ．両議院議員兼職の禁止　⑸①ア．７世紀後半に藤原京に都を移した天皇。　イ．聖徳太子のおばで，６世紀末～７世紀前半の天皇。　ウ．14世紀に建武の新政を行った天皇。　エ．８世紀末に平安京に都を移した天皇。　オ．８世紀半ばに東大寺に大仏を造った天皇。よって，イ→ア→オ→エ→ウの順となる。

※出典…２⑼『日本国勢図会 2012/13』

平成25年度　解答例・解説

《解答例》

1　⑴文化財　⑵ナイル　⑶ア／屋久　⑷紀伊　⑸四国　⑹筑豊　⑺新潟　⑻ウ　⑼インドネシア

2　⑴琵琶(びわ)／ラムサール　⑵イ　⑶黄河　⑷エ　⑸三角州〔別解〕デルタ　⑹国土地理院　⑺2.25　⑻ウ

3　⑴狂言　⑵エ　⑶ア　⑷隼人(はやと)　⑸イ　⑹南蛮　⑺豊臣秀吉　⑻日清　⑼芥川龍之介(あくたがわりゅうのすけ)　⑽イ

4　⑴イ　⑵生麦　⑶平清盛　⑷舞姫(まいひめ)　⑸ア　⑹イ　⑺国際連盟　⑻ウ　⑼ひめゆり　⑽ア

5　⑴①主権　②三権分立〔別解〕権力分立　⑵ユーロ　⑶安全保障　⑷ウ　⑸ア　⑹ウ　⑺イ　⑻エ　⑼エ

《解　説》

1　⑵ナイル川流域にはエジプト文明がさかえた。　⑶ア．法隆寺ではなく興福寺など。法隆寺は飛鳥文化の代表的な寺院である。　⑷「紀伊(きい)山地の霊場(れいじょう)と参詣道(さんけいみち)」は，三重県・奈良県・和歌山県にまたがる。　⑸北海道(知床)，東北(平泉/白神(しらかみ)山地)，関東(日光の社寺/小笠原諸島)，中部(白川郷・五箇山の合掌造り集落)，近畿(古都京都の文化財など計５件)，中国(石見(いわみ)銀山/厳島(いつくしま)神社/原爆ドーム)，九州(屋久島/琉球王国のグスク)。　⑻ア．草薙剣を神体とする愛知県にある神社。　イ．藤原氏の氏神をまつる奈良県にある神社。　エ．富士山を信仰の対象とする神社。

2　⑵イ．果樹園(○)。ウ．115 の数字をともなう線は標高を表している(等高線)。エ．広葉樹林(Q)，針葉樹林(Λ)。　⑷エ．北東→東→南東と流れる方向が変わっている。　⑸扇状地は，河川が山間部から平地に出た付近で土砂を堆積させてでき，三角州は，平野の河口付近で土砂が三角形に積もってできる。　⑹国土地理院は国土交通省の付属機関。　⑺本文３行目「縮尺は２万５千分の１」だから，実際の距離は，６×25000＝150000(㎝)　150000 ㎝＝1500ｍ＝1.5 ㎞　正方形の面積は１辺×１辺で求められるから，1.5×1.5＝2.25(㎢)

3　⑵白村江の戦いより前に起こったものを選ぶ。　ア．710 年，イ．672 年，ウ．701 年，エ．645 年。　⑶ア．「江戸時代の上田秋成」に着目する。　イ・エ．平安時代，ウ．鎌倉時代。　⑷隼人に対し，東北地方でヤマト政権の支配に抵抗した人々を蝦夷(えみし)という。　⑸イ．日光東照宮ではなく湯島聖堂。日光東照宮は徳川家康をまつる神社。　⑺豊臣秀吉による二度の朝鮮出兵は，明の征服をもくろんで行われたもの。　⑻日清戦争の講和条約である下関条約による。下関条約では遼東半島も日本の領土とされたが，ロシアらによる三国干渉により清に返還された。　⑼『今昔物語集』

から題材を取った作品として，『羅生門』『鼻』などがある。

4　(1)ア. 鳩山一郎内閣/1950 年代，東海道新幹線・東京オリンピック/1960 年代。　ウ. 中曽根康弘内閣/1980 年代，四大公害裁判/1970 年代。　エ. 小泉純一郎内閣/2000 年代，ＮＴＴ・ＪＲの民営化/1980 年代。　(2)薩摩藩は薩英戦争，長州藩は４国艦隊による下関砲台の占領などを経て，外国人の排除を目指す攘夷の不可能をさとり，倒幕に向かうようになった。　(6)ア. 福島県，イ. 岩手県，ウ. 宮城県，エ. 岐阜県。　(7)国際連盟はスイスのジュネーブに本部を置いた。創設当初から，経済制裁のみで武力行使ができない・アメリカなどの大国が参加しないなどの問題があり，1930 年代の日本・ドイツの離脱により抑止力を果たせなくなった。　(8)ア. 広島藩，イ. 土佐藩，エ. 長岡藩(越後国)。　(10)ア. 沖縄戦は，1945 年３月のアメリカ軍上陸から始まり，６月 23 日に終わった。　イ. 広島原爆投下，ウ. 太平洋戦争終結，エ. 太平洋戦争開戦。

5　(1)①大日本帝国憲法においては，天皇主権とされていた。　(3)サンフランシスコ平和条約と同時に結ばれた日米安全保障条約は，1960 年に改正され，以後，10 年ごとに自動延長されている。　(4)ウ. 主要国首脳会議とも呼ばれる。　(5)ア. 中江兆民はルソーの著作を翻訳し，フランスの人権思想を日本に広め，自由民権運動に影響を与えた。　(6)ア・イ. 自由権は公共の福祉に反しない範囲で認められる。　エ. 2012 年現在，日本国憲法は一度も改正されていない。　(8)ア. 原則として 14 人。　イ. 内閣ではなく国会。　ウ. 全会一致を原則とする。　(9)エ. 裁判員になる条件は，原則として，満 20 歳以上であることのみである。

平成31年度

北嶺中学校入学試験問題

社　　会

（40分）

（注意）

1　問題用紙が配られても、「はじめ」の合図があるまでは、中を開かないでください。

2　問題は全部で **20** ページで、解答用紙は1枚です。「はじめ」の合図があったら、まず、ページ数を確認してからはじめてください。もし、ページがぬけていたり、印刷されていなかったりする場合は、静かに手をあげて先生に伝えてください。

3　答えはすべて解答用紙の指定された解答らんに書いてください。

4　字数が指定されている場合は、句読点も1字として数えてください。

5　質問があったり、用事がある場合は、静かに手をあげて先生に伝えてください。ただし、問題の考え方や、言葉の意味・読み方などについての質問には答えませんので注意してください。

6　「おわり」の合図で鉛筆をおき、先生が解答用紙を集めおわるまで、静かに待っていてください。

1 次の文を読み、後の問いに答えなさい。

イザベラ・バードという女性を知っているでしょうか。19 世紀後半から 20 世紀初頭にかけて活動した(a)イギリス人の旅行家で、北米やアジア各地など世界中を旅行し、多くの紀行文を著(あらわ)した人物です。その数多くの旅行のなかで、イザベラ・バードは、1878（明治 11）年、47 歳のときに日本を訪れました。彼女は通訳兼従者をともなって(b)東京から北関東を通って北陸へ、そして東北地方の日本海側を通って北海道へと旅行し、その後、関西地方もめぐりました。そして、そのときの体験を『日本奥地紀行』２巻にまとめて出版しました。(c)文明開化を迎えていた明治時代の日本において、彼女はあえて文明開化の影響がまだおよばない地方を旅行し、率直な観察眼で見聞きしたことを記録しています。なかでも、明治政府の支配下におかれつつあった(d)アイヌに関する記録は他の文献には見られないもので、アイヌ研究において貴重な資料となっています。では、『日本奥地紀行』のなかから興味深い記述をいくつか紹介しましょう（以下、引用文は、イザベラ・バード、時岡敬子（訳）『イザベラ・バードの日本紀行　上・下』によっています）。

（　①　）は人口５万人の大都市で、越後という広くて大きい地方の主都である。(e)日本の日本海側にある唯一の開港場で、函館－長崎間にあって、宣教師が住むことを許されており、プロテスタント・キリスト教はこの前哨地(ぜんしょうち)をファイソン氏とパーム医師という２名の力によって確保した。
日本の食材の範囲はほぼ際限がない。とはいえ、最下層の人々の必需食料品を成しているのは、米、粟、塩魚、大根である。(f) 90 種を超える海または川の魚が煮たり、焼いたり、あるいは生のままで食され、その大きさも鰹(かつお)や鯨(くじら)の切り身から、丸々一尾でもひと口より小さい小魚まであるが、小魚はふつう竹串に刺したものを宿屋の台所で多数見ることができる。
(g)米沢の平野は南に繁栄する米沢の町があり、北には湯治客の多い温泉町、赤湯があって、申し分のないエデンの園で、「鋤(すき)ではなく画筆で耕作されて」おり、米、綿、とうもろこし、たばこ、麻、藍、大豆、茄子、くるみ、瓜、きゅうり、柿、あんず、ざくろをふんだんに産します。微笑みかけているような実り豊かな地です。繁栄し、自立した東洋のアルカディアです。
［山形で］ある(h)製糸工場を訪ねました。そこでは、主任も機械係もみんな洋服を着ているのに、ことのほか礼儀が正しくて話し好きでした。明るくて天井が高く、風通しのいい建物で、清潔で身なりもいい 50 人の娘たちが 50 台（近々100 台に増える予定）の紡績機を動かしています。
蝦夷は、日本本土とは津軽海峡に、またサハリンとは（　②　）海峡に隔てられ、東経（　③　）度 30 分から 146 度、北緯（　④　）度 20 分から 45 度 20 分へと不規則な三角形に広がっており、最北点は英国ランズエンド岬よりかなり南にある。
「多毛のアイヌ」と呼ばれてきたこの未開人は、鈍くて、温和で、気立てがよくて、従順である。日本人とはまったく異なった民族である。肌の色はスペインやイタリア南部の人々に似ており、顔の表情や礼儀・好意の表し方は東洋的というよりむしろ西洋的である。
［平取の］崖のまさに縁、ジグザグ道を上がったてっぺんに、木造のお堂が建っています。本州のどこの森や小高い場所でも見られるようなお堂で、明らかに日本式の建て方ですが、この件に関して

アイヌの伝承はなにも語っていません。(中略) 漆の塗ってない簡素なお堂で、奥に奥行きのある棚があり、そこに小さな祭壇があって、象眼を施した真鍮製の鎧を着た歴史的な英雄、(⑤)の像、金属製の御幣、変色した真鍮製の燭台、帆掛け船を描いた中国式の色彩画が納まっています。

以上のように、イザベラ・バードは、19 世紀後半～20 世紀初頭という時代において、世界中を旅行したことに加えて、明治時代の日本、しかも当時あまり外国人が訪れることのなかった北海道に踏み入った女性として、きわめて稀な存在です。その記録は好奇心に満ち、なんでも見てやろうとする彼女の気持ちがよくあらわれています。とくに、アイヌと濃密に接した経験は彼女に強い印象を与えたようで、彼女はアイヌについて非常に貴重な記録を残しました。イザベラ・バードの記録を片手に、当時に思いをはせながら北海道をめぐってみるのもいいかもしれませんね。

(1) 文中の空らん(①)～(②)に適する語句を**漢字**で答えなさい。

(2) 文中の空らん(③)～(④)に適する数字の組み合わせを、次のア～エのうちから1つ選び、記号で答えなさい。

ア (③)―129 (④)―41
イ (③)―139 (④)―41
ウ (③)―129 (④)―31
エ (③)―139 (④)―31

(3) 文中の空らん(⑤)について、この「歴史的な英雄」は、平氏との戦いで活躍し、壇ノ浦の戦いで平氏を滅ぼしたものの、後に兄の頼朝と仲たがいして東北地方に逃れ、現在の岩手県平泉町にある衣川館で藤原泰衡に攻められて死去しました。しかし、後世の人々は、この人物は衣川で死んでおらず、ここから北に逃げたという伝説を生み出しました。東北地方の北部には、この伝説にまつわる遺跡や地名が数多くあり、また北海道の各地にもこの伝説が残されています。イザベラ・バードが平取で見た「木造のお堂」は、江戸時代半ばに創建されたこの人物を祀る神社だと思われます。この人物の名を答えなさい。

(4) 下線部(a)の国について述べた文として正しいものを、次のア～エのうちから1つ選び、記号で答えなさい。

ア 2019 年3月にヨーロッパ連合を脱退することを決めましたが、それに向けた準備が難航しています。
イ 共産党の指導で改革・開放政策が実施され、めざましい経済成長をとげています。
ウ 輸入品への関税を高くするなどの自国第一主義の姿勢が、各国から反発を受けています。
エ 2014年にクリミア半島を併合したことにより、国際社会から経済制裁を受けています。

（5）下線部(b)について、次の都市は、イザベラ・バードの東京から青森までの旅程を示しています。空らん（ ⑥ ）～（ ⑦ ）に適する都市の名の組み合わせとして適当なものを、下のア～エから１つ選び、記号で答えなさい。

東京 → （ ⑥ ） → ［会津］坂下 → 本文中の（ ① ） → 山形 → 天童 → 新庄 → （ ⑦ ） → 秋田 → 大館 → 碇ヶ関 → 青森

ア （ ⑥ ）―甲府　（ ⑦ ）―横手
イ （ ⑥ ）―甲府　（ ⑦ ）―盛岡
ウ （ ⑥ ）―日光　（ ⑦ ）―横手
エ （ ⑥ ）―日光　（ ⑦ ）―盛岡

（6）下線部(c)の「文明開化」という言葉は、1875年に刊行された『文明論之概略』という書物に記されたのが最初と言われています。この書物の著者は、他にも『西洋事情』『学問のすゝめ』などの作品を著し、また、社会のリーダーを育てるため、教育にも力を注ぎ私塾を開きました。この私塾から発展した現在の大学の名として適当なものを、次のア～エのうちから１つ選び、記号で答えなさい。

ア　東京大学　　イ　一橋大学　　ウ　早稲田（わせだ）大学　　エ　慶應義塾（けいおうぎじゅく）大学

（7）下線部(d)に関して、江戸時代の前期の1669年に、日高地方のアイヌ民族の首長が、和人の不正な交易や横暴に不満をいだいていたアイヌの人々を率い、和人との戦いをおこしました。戦いはアイヌ側が優勢のうちに始まりましたが、幕府の介入や鉄砲隊の投入などにより次第に押され、ピポク（いまの新冠（にいかっぷ））で和睦（わぼく）しました。しかし、アイヌの首長は和睦の席でだまし討ちにあい、殺されました。このアイヌの首長の名を答えなさい。

（8）下線部(e)について、この港が実際に開かれたのは明治になってからでしたが、開港することが決められたのは、江戸幕府がある条約を結んだことによりました。この条約の名を**漢字**で答えなさい。

（9）下線部(f)に関して、現在の日本の漁業のうち、次の文で表された漁業は何と呼ばれますか。

日本近海の２～３日で帰れる範囲の海が漁場で、20～150トンくらいの漁船を使い、まきあみ漁などでイワシ、サンマ、サバ、アジ、イカなどをとります。漁獲量では、日本の漁業の中で占める割合は高く、約４割を占めています。しかし、とれ高は1980年代をピークに、1990年代から次第に減少しています。

(10) 下線部(g)について、山形県の農業に関する次の各問いに答えなさい。

i ）山形県は稲作と果樹栽培が盛んですが、そのうち稲作が盛んな平野の名と、その平野を流れる河川の名の組み合わせとして適当なものを、次のア～エのうちから１つ選び、記号で答えなさい。

ア　能代平野―最上川

イ　能代平野―雄物川

ウ　庄内平野―最上川

エ　庄内平野―雄物川

ii ）山形県の内陸の盆地では、夏の気温が高く、また昼と夜の温度差が大きい気候を利用した果樹栽培が盛んです。次の表は、2017 年におけるリンゴ・サクランボ・ブドウの３つの果物の都道府県別収穫量と割合を、全国の上位５位までを表しています。表中の（A）～（C）に当てはまる果物の組み合わせとして適当なものを、下のア～カのうちから１つ選び、記号で答えなさい。

	(A)	(B)	(C)
1位	山形県 14,500t(75.9%)	山梨県 43,200t(24.5%)	青森県 415,900t(56.6%)
2位	北海道 1,520t(8.0%)	長野県 25,900t(14.7%)	長野県 149,100t(20.3%)
3位	山梨県 1,170t(6.1%)	山形県 16,700t(9.4%)	山形県 47,100t(6.4%)
4位	(以下統計データなし)	岡山県 16,700t(9.4%)	岩手県 39,600t(5.4%)
5位		福岡県 8,260t(4.7%)	福島県 27,000t(3.7%)

(農林水産省「作物統計」より作成)

ア　(A) ―サクランボ　(B) ―ブドウ　(C) ―リンゴ

イ　(A) ―サクランボ　(B) ―リンゴ　(C) ―ブドウ

ウ　(A) ―ブドウ　(B) ―サクランボ　(C) ―リンゴ

エ　(A) ―ブドウ　(B) ―リンゴ　(C) ―サクランボ

オ　(A) ―リンゴ　(B) ―サクランボ　(C) ―ブドウ

カ　(A) ―リンゴ　(B) ―ブドウ　(C) ―サクランボ

(11) 下線部(h)に関して、次の文の空らん（　⑧　）～（　⑨　）に適する語句を答えなさい。

> 製糸業とは、蚕(かいこ)の繭(まゆ)から絹織物の原材料となる（　⑧　）を生産する産業です。明治から昭和初期にかけて（　⑧　）と絹製品は、日本の重要な輸出品でした。なお、蚕が繭になるまで飼(か)う産業を養蚕業といいますが、この産業では蚕の餌(えさ)になる（　⑨　）の栽培が必要です。

2　次の文を読み、後の問いに答えなさい。

昨夏は全国的に猛暑日が続きましたが、一昨年(2017年)の夏も猛暑で、いつもは涼しい北海道でも一日の最高気温が30℃を超える真夏日が続き、7月15日には(a)帯広市で37.1℃と、平年より14℃も高い気温に見舞われました。北海道で7月の真夏日が11日連続となったのは23年ぶりだそうです。

気温が上がると、国内経済はどのような影響を受けるのでしょうか。実は、夏になると(b)胃腸薬が普段より多く売れると言われています。暑いときに冷たいものを食べたり飲んだりすることで、お腹の調子をくずしてしまう人が多いのでしょう。また、当然ですが、清涼飲料水やビールなどの冷たい飲み物の売り上げも急増するようです。みなさんが好きなジュースや、お父さんお母さんが好きなビールですが、やはり飲みすぎは良くないですね。

さて、そのジュースやビールですが、みなさんやお父さんお母さんは、それらをどこで買うのでしょうか。もちろん(c)コンビニエンスストアやスーパーマーケットですよね。このような、皆さんが直接買い物に行ってモノを購入するお店を「(　①　)店」と呼びます。一方で、ジュースやビールなどを実際に作っている製造業者（メーカー）の方と（　①　）店との間を仲介する業者を「(　②　)店」と呼びます。商品というのは、「製造業者（メーカー）→（　②　）店 →（　①　）店 → 消費者」という流れで私たちの手に入るのですね。以下に（　①　）店と商品の産地に関して、もう少しくわしく見ていきましょう。

ジュースやビールはどこで作られるのでしょうか。より具体的にいうと、ジュースやビールを作る工場というのは「どこ」に立地するのでしょうか。みなさんがジュース会社やビール会社の社長さんだとしたら、どこに工場を作りますか。考えてみましょう。

(d)企業であれば、作った飲み物の売り上げが少しでも多いところがいいと思いますよね。つまり、ジュースやビールであれば、「買ってくれる人が多いところ」、つまり「人がたくさんいる大都市」に立地するはずです。これを「(e)市場指向型工業」と呼びます(実際には都市部は土地の値段が高く、空いている土地も少ないため、都市の中心部からやや離れた「都市近郊」に立地することが多いようです)。しかし、ジュースでも例えばトマトジュースやオレンジジュースの工場は市場指向型ではありません。同じく、お酒でも国産のワインなどは、(f)市場指向型ではないのです。これはどういう理由なのでしょうか。

ほかにも、例えばみなさんが着ている衣服に注目すると、それを販売している（　①　）店は日本の企業が多いですが、衣服のタグを見ると、「Made in China」（中国製）や「Made in Vietnam」（ベトナム製）が多く見られると思います。衣服の工場が海外にあるわけです。(g)これも理由は明らかですね。

現在日本には、およそ3万の職業があると言われています（厚生労働省による)。みなさんも将来は何らかの仕事に就き、社会に貢献していくと思います。変化が大きい現代社会の中で生きていく上では、多角的な視野を持って、世の中のいろいろなことに興味を持ってほしいと思います。その土台を、北嶺中学校・高校でしっかり身に付けてほしいと思います。

（1）文中の空らん（　①　）～（　②　）に適する語句を答えなさい。

（2）下線部(a)に関して、次の各問いに答えなさい。

ⅰ）次の（A）～（C）の雨温図は、帯広市と、帯広市と姉妹都市の関係を結んでいる松崎町（静岡県）、および富山市（富山県）のいずれかのものです。雨温図の記号（A）～（C）と都市名の組み合わせとして正しいものを、下のア～カから１つ選び、記号で答えなさい。

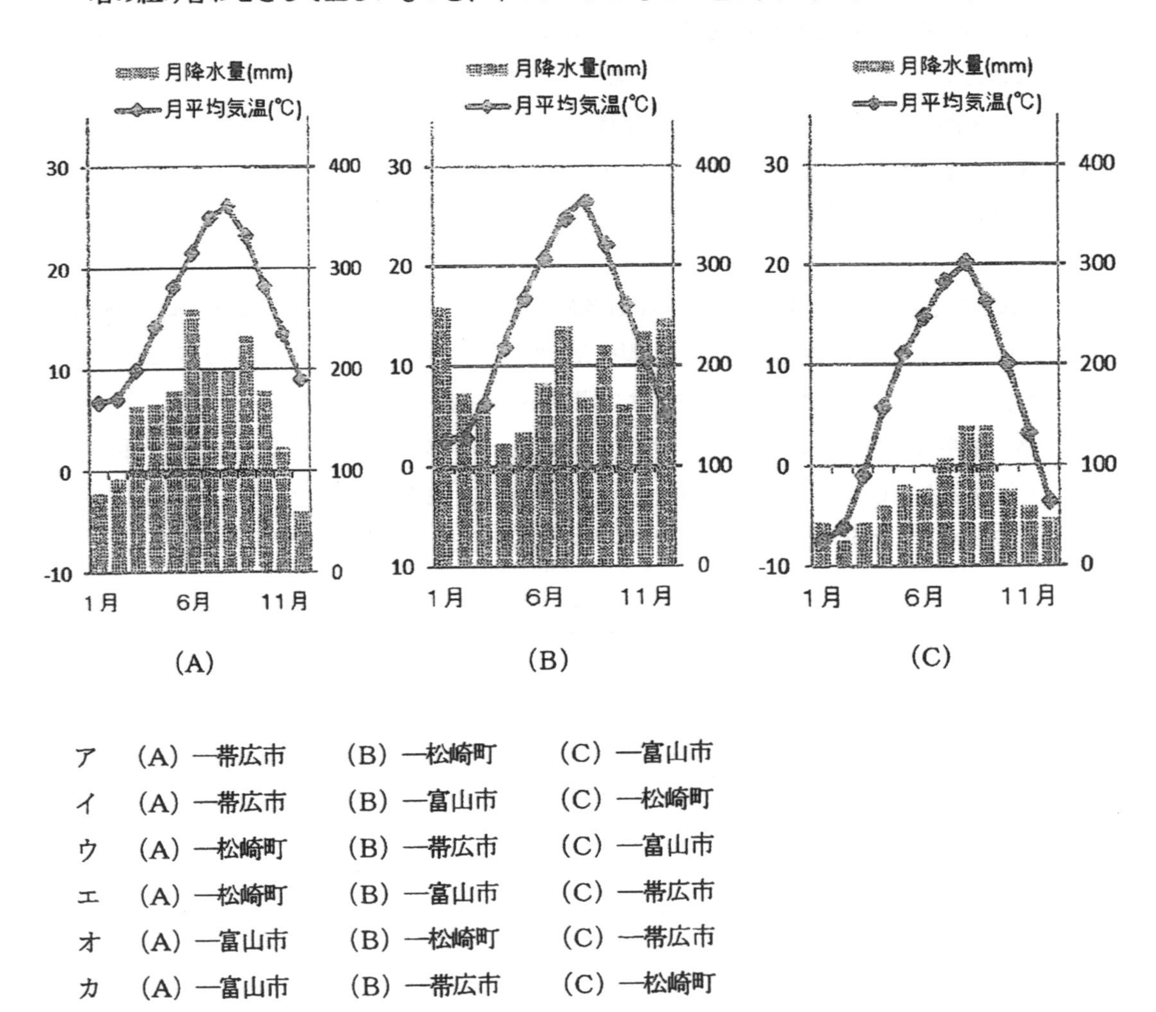

ア　（A）一帯広市　（B）一松崎町　（C）一富山市
イ　（A）一帯広市　（B）一富山市　（C）一松崎町
ウ　（A）一松崎町　（B）一帯広市　（C）一富山市
エ　（A）一松崎町　（B）一富山市　（C）一帯広市
オ　（A）一富山市　（B）一松崎町　（C）一帯広市
カ　（A）一富山市　（B）一帯広市　（C）一松崎町

ⅱ）次の文ア～ウは帯広市・函館市・釧路市の特徴について述べたものです。帯広市について述べた文を１つ選び、記号で答えなさい。

ア　この都市の人口は26万７千人です。暖流の対馬海流の影響を受け、冬でも他の北海道の都市に比べると降雪が少ないです。市街地の南には夜景の美しさで有名な山があり、多くの観光客が訪れます。

イ　この都市の人口は16万７千人です。平地のおよそ半分が農地で、ジャガイモや小麦などの生産が盛んで大規模な畑作地帯となっています。明治期に農耕馬を競走させることから生まれたばんえい競馬が広く知られています。

ウ　この都市の人口は17万6千人です。隣接する平野には日本最大の湿原が広がっています。夏になると濃い霧が発生し、極端な気温の上昇は見られません。また、タラやサンマなどが水揚げされる日本有数の漁港があります。

（3）下線部(b)に関して、胃腸薬などの製品は市場では「医薬品」に分類されて流通します。医薬品を生産しているのは製薬会社ですが、製薬会社の売上世界ランキング（2016年）の上位３社のうち、２社はスイスにあります。スイスに関する次の各問いに答えなさい。

ⅰ）次の表中の（A）～（C）は、ドイツ、スペイン、スイスのいずれかの国の「人口」「面積」「一人あたりＧＮＩ（国民総所得）」を示しています。表中の（A）～（C）の国の名の組み合わせとして適当なものを、下のア～カのうちから１つ選び、記号で答えなさい。

	人口（万人）	面積（万 km^2）	一人あたりＧＮＩ（ドル）
(A)	837	4.1	84,720
(B)	4,606	50.6	29,390
(C)	8,068	35.7	47,590

ア　(A)－ドイツ　(B)－スペイン　(C)－スイス
イ　(A)－ドイツ　(B)－スイス　(C)－スペイン
ウ　(A)－スペイン　(B)－ドイツ　(C)－スイス
エ　(A)－スペイン　(B)－スイス　(C)－ドイツ
オ　(A)－スイス　(B)－スペイン　(C)－ドイツ
カ　(A)－スイス　(B)－ドイツ　(C)－スペイン

ⅱ）スイスは、みずから戦争を始めないこと、またほかの国家間のいかなる戦争にも参加せずにその争いの外に立つ立場であることを宣言しており、他国がそれを保障・承認している国家です。このような立場を宣言している国家のことを何といいますか。**漢字５字**で答えなさい。

（4）下線部(c)に関して、次の表中の（A）～（C）は、「コンビニエンスストア」「総合スーパー」「専門店」のいずれかの「総店舗数」「年間商品販売額」「駅周辺に立地する割合」「住宅地区に立地する割合」を示しています(統計年次はすべて2014年)。表中の（A）～（C）が表す店舗の形態の組み合わせとして適当なものを、下のア～カから１つ選び記号で答えなさい。なお、「総合スーパー」とは、衣食住関連の商品を中心に、各種の商品を幅広く扱っており、量販店とも呼ばれる店舗の形態を示し、「専門店」とは、衣食住いずれかの専門の商品の割合が90%以上を占める店舗の形態を示します。

	総店舗数	年間商品販売額	駅周辺に立地する割合	住宅地区に立地する割合
(A)	35,096	64,805 億円	11.7%	30.4%
(B)	1,413	60,138 億円	22.7%	6.4%
(C)	430,158	431,576 億円	11.2%	22.1%

ア　(A) ―コンビニエンスストア　(B) ―総合スーパー　(C) ―専門店
イ　(A) ―コンビニエンスストア　(B) ―専門店　(C) ―総合スーパー
ウ　(A) ―総合スーパー　(B) ―専門店　(C) ―コンビニエンスストア
エ　(A) ―総合スーパー　(B) ―コンビニエンスストア　(C) ―専門店
オ　(A) ―専門店　(B) ―総合スーパー　(C) ―コンビニエンスストア
カ　(A) ―専門店　(B) ―コンビニエンスストア　(C) ―総合スーパー

（5）下線部(d)に関して、次の各問いに答えなさい。

ⅰ）企業は、利益の追求を目的として経済活動を行いますが、近年は、利益だけを目的とするのでなく、企業が社会に与える影響に責任をもち、社会に対して貢献をしていくべきであるという考え方が広がっています。このような考え方を「企業の社会的責任（英語で略してＣＳＲ)」と呼びますが、次のア～エのうち、企業のＣＳＲ活動として**適当でないもの**を１つ選び、記号で答えなさい。

ア　家具や寝具を製造するメーカーが、地震で被害を受けた地域への支援物資として、毛布や布団(ふとん)を寄贈しました。
イ　地域の企業が、ふるさとの文化や伝統などを継承・発展させる活動として、夏祭りのあんどんを作成する費用を支出しました。
ウ　大手のスーパーマーケットが、再開発された鉄道駅に直結する大規模なショッピングセンターをオープンさせました。
エ　都心部の大手不動産会社が、山間部の小さな小中学校や特別支援学校で、クラシック音楽のコンサートを行い、子どもたちが身近に音楽に触れられる機会をつくりました。

ⅱ）企業はその国の経済の大きな流れを作る、とても重要な組織です。しかし、企業には守らなければならないルールがいくつもあり、それからはみ出したことをしてしまうのは許されません。特に、その企業で働く人たちが、「自分たちの立場は守られるのだろうか」「突然解雇（かいこ）されたりしないだろうか」という不安な気持ちをもつことがあるかもしれません。そのような不安を解消するため、働く人たちは、団結して自分たちの立場を守る団体を結成する権利をもっています。この権利は憲法で保障され、法律でも厚く保護されています。このようにして結成される団体を何といいますか。**漢字４字**で答えなさい。

（６）下線部(e)について、ここでいう「市場」とは「商品を買ってくれる人が多い大消費地」という意味です。現在世界では70億人を超える人々が生活しており、彼らの生活を支える多くの商品が日々生産されています。特に工業製品は、先進国を中心に人々の需要が高く、研究が盛んに行われている製品の一つです。右のグラフは、自動車の生産台数の国別推移を示したものですが、グラフ中の空らん（　Ａ　）に適する国の名を**正式名称**で答えなさい。

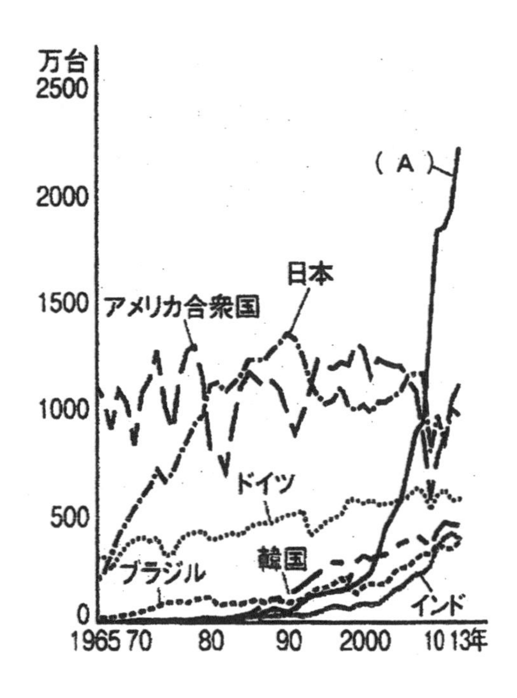

（７）下線部(f)について、国産のワインを生産する工場が、都市にないのはなぜですか。次の文章を参考にして、それらがどこに立てられるのかを含めて、文章にして説明しなさい。

> ビールは麦芽やホップなどを原料にしますが、大部分は水です。水は基本的にどこでも得られる原料ですが、そのような原料を「普遍原料」と呼びます。もし、ビールを都市から遠く離れた工場で生産すると、企業は製品の輸送費に高いお金を払うことになります。したがって、普遍原料を利用する場合には、輸送費を節約するために、市場から近いところを選んで工場を立地させることになるのです。

（８）下線部(g)について、この理由を簡潔に説明しなさい。

（社会の試験問題は次のページに続きます。）

3　次の文を読み、後の問いに答えなさい。

みなさんは、「天下人」という言葉を聞いたことがありますか。天下人とは、全国を統一しようとした人です。それでは、天下人という言葉から、だれを想像しますか。織田信長・豊臣秀吉・徳川家康を考えた人が多いでしょう。その３人について、見ていきましょう。

まず、織田信長は、1534 年に守護代の織田信秀の子として尾張に生まれました。18 歳で家督を継いで、尾張、次いで(a)美濃を攻略します。その直後に「天下布武」の印章を使い始めました。そして、いよいよ 1568 年に、室町幕府の 15 代将軍となる足利義昭をたてて上京しました。その後は、常に政治の中心にあり、右大臣に就任しました。さらに 1573 年、足利義昭を追放し、室町幕府を滅亡させました。1576 年には(b)安土城を築き始めて天下統一を進めていきます。しかし、1582 年に家臣の（　①　）の謀反により、本能寺で死去しました。49 歳でした。

信長の後を受けた秀吉は、信長より３年遅れた 1537 年に尾張の足軽、木下弥右衛門の子として生まれました。信長に出会い、その努力と機転のよさで、めきめきと頭角をあらわして信長の有力武将となっていきます。(c)信長亡き後、織田家の家臣間の争いを勝ち抜き、1585 年に関白となり、翌年には（　②　）にまで上りつめました。そして 1590 年の小田原攻めと、その後の陸奥の会津への遠征により、とうとう(d)天下統一を成しとげるのです。ついで、「唐入り」を掲げて朝鮮に出兵しますが、その夢は果たすことができませんでした。1598 年に(e)伏見城において 62 歳で亡くなりました。

最後に、徳川家康は、秀吉に遅れること５年、1542 年に尾張の隣国である三河で戦国大名、松平広忠の子として生まれました。６歳から織田信秀、ついで今川義元の人質となりましたが、1560 年の織田信長と今川義元の戦いの後に三河へ帰れました。それから、戦国大名として信長と同盟関係を結びますが、秀吉とは対立します。その後、1584 年には秀吉と講和を結び、豊臣政権のもとで重要な地位を占めていきます。秀吉の死後に、(f)関ヶ原の戦いをへて、天下をほぼ治めることになるのです。ついで 1603 年、征夷大将軍に任じられて(g)江戸幕府を開きました。そして 1615 年には、大坂夏の陣で豊臣氏を滅ぼして、徳川の天下を確固たるものとします。翌年に(h)駿府城で 75 歳の生涯を閉じました。

織田信長・豊臣秀吉・徳川家康のそれぞれが天下統一に向けて、関係しているところや違いなどを少し取り上げました。３人の天下取りについて、江戸時代に次のような歌があります。

織田がつき、羽柴（豊臣）がこねし天下もち、座って食うは徳の川

この歌から君はどんなことを考えますか。彼らが思い通りに進められたこともあれば、困難にぶつかって考えを大きく変えざるをえないこともありました。それぞれの場面や生き方から学んでいきましょう。

（1）文中の空らん（　①　）～（　②　）に適する語句を漢字で答えなさい。

(2) 下線部(a)について、このときに戦った武将の斎藤氏の説明として正しいものを、次のア～エのうちから1つ選び、記号で答えなさい。

ア　守護大名として数カ国を領土とし、最強の騎馬隊を持っていました。

イ　僧侶(そうりょ)や油商人から守護代となり、守護大名を追い出しました。

ウ　守護代からのし上がり、5回にわたって川中島の戦いをしました。

エ　出身はわからないところがありますが、関東の数カ国を支配しました。

(3) 下線部(b)に関して、次の史料は安土の城下町で出された「楽市楽座令」の一部です。この法令では、商人が京都へ往復する際は、安土を通らない「上街道」の通行が禁止され、安土を通り、城下町で宿泊することが定められました。この「上街道」とは、江戸時代の五街道では何街道にあたりますか。街道の名を答えなさい。

一、この城下町を楽市とする。座の規制や雑税などの諸税はすべて免除する。 一、商人は<u>上街道</u>の通行を禁止する。京都への往復には安土城下で宿をとること。 一、信長の領国において、借金などの廃棄を行っても、この町は除外する。

(4) 下線部(c)に関して、秀吉は（ ① ）の人物を山崎の合戦で破りました。山崎は京都盆地の西部にあり、古来水陸交通の要地で、山城も築かれました。山崎の合戦では、秀吉と（ ① ）の人物がこの山城をめぐって戦い、勝った秀吉が天下統一を実現していきました。この故事から、現在でもこの山の名が「勝敗や運命の重大な分かれ目」を比喩(ひゆ)する語として用いられます。この山の名を答えなさい。

(5) 下線部(d)に関して、秀吉は1583年に大坂城を築いて、ここを根拠地として天下を統一しました。現在の大阪城の天守閣は、昭和6年に完成した鉄筋コンクリート造りで、高さが54.8mある近代的な建築物です。次の図は、現在の大阪城を上空から撮影したものですが、このように高層建築物や原野などを上空から撮影でき、数年後には遠隔地に荷物を配送する計画もある小型無人機を何といいますか。**カタカナ**で答えなさい。

（6）下線部(e)に関して、伏見城は桃山文化を代表する城郭建築でしたが、当時のものは現存していません。桃山文化を現在に伝える城郭には、姫路城や犬山城があり、京都にある二条城の二の丸御殿も桃山文化を代表する建築です。二条城は、歴代の徳川将軍が京都に上った際の居城になりました。この二条城で、1867年に倒幕の動きが強まる中、第15代将軍の徳川慶喜は、前土佐藩主山内豊信の意見を入れて、どのようなことをしましたか。**漢字**で答えなさい。

（7）下線部(f)について、この戦いが何年にあり、どのような人物を中心とする陣営で戦われ、どのような結果になったかを、文章にして説明しなさい。

（8）下線部(g)に関して、江戸は1868年に東京と改められました。それからおよそ150年が経った2016年に、東京で初めて世界文化遺産の登録がありました。それは、近代建築の巨匠であるフランス人建築家ル・コルビュジエが設計した日本国内唯一の建築作品で、1959年に完成したものでした。次の図は、その建築作品です。世界遺産になったル・コルビュジエの建築作品は7か国17作品にまたがり、日本にある作品は、他の海外の16作品とともに、一括して世界文化遺産に登録されました。この建築作品（建物）の名を答えなさい。

（9）下線部(h)に関して、家康が祀(まつ)られている東照宮は駿府の久能山の他に、日光にもあります。日光東照宮には、無数の彫刻がほどこされた絢爛(けんらん)な国宝の門があります。この門は、2017年に大規模な修復を終え、彫刻などが色鮮やかになりました。この門は、その素晴らしさに見とれて、いつまでも見飽(あ)きないことから、「日暮(ひぐらし)の門」ともいわれます。この門の名を答えなさい。

(社会の試験問題は次のページに続きます。)

4 次の文を読み、後の問いに答えなさい。

(あ)

(い)

(う)

日本各地には、戦乱や災害などで亡くなった人々を供養する慰霊塔、首塚などと呼ばれるものが多くあります。図（あ）は蘇我入鹿の首塚とされている五輪塔で、(a)大化の改新の際、当時の都であった飛鳥板蓋宮で中大兄皇子らに殺害された時、入鹿の首が飛んできた場所、入鹿の首が（　①　）を追いかけてくるので、供養のために埋めた場所など諸説あります。しかし、五輪塔そのものは鎌倉時代から室町時代前半に建てられたと考えられています。この五輪塔は、奈良県高市郡明日香村にある蘇我氏の氏寺である(b)飛鳥寺の西門から約 100m のところにありますが、同じ明日香村の茂古森という所にも入鹿の首塚があり、ここも入鹿の首が飛んできたとの言い伝えがあります。さらに、奈良県の橿原市小綱町には入鹿神社があります。入鹿は、中国から帰国した南淵請安の開いた塾で儒教を学び、そこで（　①　）に並ぶ秀才であったことから、この神社で入鹿は(c)学問の神として祀られていますが、神社のある小綱町にも、やはり入鹿の首が飛んできたという言い伝えがあります。入鹿は鶏の鳴き声を合図に中大兄皇子や（　①　）が襲って首をはねたので、昔の小綱では鶏を飼わない、小綱で生まれた人が（　①　）を祀る談山神社のある奈良県桜井市多武峰に行くと腹痛を起こす、さらに入鹿の首が飛んできたことから、入鹿神社にお参りすると、首から上の病気にご利益があるともされています。橿原市は「蘇我」「曽我」という地名が残り、蘇我氏との縁の深さを物語ると同時に、694 年に(d)持統天皇が唐の（　②　）を模倣し、

大和三山に囲まれた藤原京が営まれた地でもあります。さらに入鹿の首塚は、奈良県にとどまらず、三重県(e)松阪市飯高町(いいたかちょう)にも入鹿の首塚と呼ばれる五輪塔があります。言い伝えでは、奈良県との境にある高見山に入鹿の首が飛んできたのを祀ったということですが、鎌を持って高見山に登ると、（　①　）を連想させるので禁じられており、禁を破ると必ずケガをする、また五輪塔に詣(もう)でると頭痛が治るなどとも言われているそうです。

図（い）は東京都千代田区にある（　③　）の首塚です。（　③　）の本拠は現在の茨城県猿島(さしま)郡と考えられ、一族と争いを繰り返すうちに、国司とも対立するようになり、939 年に反乱を起こしました。（　③　）は東国の大半を占領し、自らを新皇と称しましたが、同じ東国武士によって討たれました。首は平安京に運ばれてさらされましたが、首塚のある地に飛んできた、縁のある人が祀ったとも言われますが、(f)1923 年の関東大震災により損壊しました。現在はオフィスビルに囲まれていますが、首塚一帯は木が茂り、多くの蛙(かえる)の置物があります。平安京から飛んで帰ってきたという言い伝えから、「帰る」を「蛙」にかけているとされ、周辺のオフィスビルでも、首塚を見下ろすような窓を設けない、尻を向けて座らないようデスクの配置がされていたなどと言われていました。

鎌倉幕府の打倒を目指す後醍醐天皇が、「ある日、うたた寝をしていると、夢の中に広い庭が現れ、多くの役人や武士が庭園内の宴席に着いていく光景が見えた。自分の席を探していると、どこからともなく現れた美しい童子(どうじ)が、『主上(しゅじょう)の御座(おざ)は、南向きのあの立派な大樹(たいじゅ)の下に御座(ござ)います』と言った。目を覚ました天皇は、これを神のお告(つ)げと考えて謎解(なぞと)きを行ったところ、あの夢は『南の木』すなわち『楠』という者を頼りとせよという神意(しんい)に違いない、との心証を得た。側近に聞けば、この近くに（　④　）という武勇の者が住んでいるという。さっそくこの者を召し出すこととなった。」と『太平記』に記されています。図（う）はその（　④　）の首塚で、大阪府河内長野市の観心寺にあります。（　④　）は鎌倉時代の後半、近畿を中心に現れた荘園領主や幕府などの支配層に対して武力で抵抗する新興武士勢力の一人で、奇襲戦法を得意とし、「寡兵(かへい)(少ない兵力)よく大軍を破る」を具現化した代表的な存在と言えるでしょう。

全国には慰霊塔や首塚だけでなく、さまざまな歴史的遺物や場所などがあります。言い伝えなど真実かどうか分からないものも多いですが、逆に分からないからこそ、想像したり調べたりする楽しみが、歴史にはあるのではないでしょうか。

（1）下線部(a)について述べた文として正しいものを、次のア～エのうちから1つ選び、記号で答えなさい。

ア　神の意志を聞くことに長(た)けていたと考えられる巫女(みこ)が、その呪術(じゅじゅつ)的権威を背景に政治を行うようになりました。

イ　中央・地方の豪族を大王(おおきみ)中心の支配体制に組み入れるため、氏姓制度と呼ばれる家柄を重視する制度を定めました。

ウ　豪族たちに国家の官僚としての自覚を求めるとともに、仏教が新しい政治理念として重んじられました。

エ　公地公民制への移行を目指す政策方針が示され、中央への権力の集中を進める諸改革が実行されました。

（2）文中の空らん（　①　）に関して、1934 年、大阪府高槻市の阿武山(あぶやま)古墳から、60 歳くらいの金糸のきらびやかな装飾をまとった男性の遺骨が発見され、「貴人の墓」と話題を集めました。1982 年には、発見当時のX線写真が見つかり、また男性は肋骨(ろっこつ)を 3 本折っていたことがわかり、『日本書紀』に（　①　）の人物は、落馬後に亡くなったという記述があること、また、金糸の装飾は歴史上（　①　）にしか与えられていない「大織冠(たいしょくかん)」の可能性があることから、阿武山古墳に埋葬されていたのは、（　①　）ではないかという説へと発展しましたが、いまだ特定されるには至っていません。いずれにしても、中大兄皇子と協力して蘇我氏を倒し、死に際して天皇から「大織冠」という位と、「藤原」という姓を与えられたのが（　①　）の人物です。この人物の名を**藤原という姓を使わずに漢字**で答えなさい。

（3）下線部(b)の寺は 596 年、入鹿の祖父にあたる蘇我馬子によって建立（こんりゅう）された日本で最初の本格的な寺院で、3 つの金堂が塔を囲む大寺で、法興寺（ほうこうじ）・元興寺（がんごうじ）とも呼ばれます。平城京の遷都に際し、奈良の地に新たに元興寺が建立されて以降は、本元興寺（もとがんごうじ）と呼ばれました。1196 年の落雷で発生した火災によって金堂と塔を焼失、現在の本堂は江戸時代後半の 1825 年に再建されました。本尊の釈迦如来像（しゃかにょらいぞう）は日本で最古の仏像であるとともに、「飛鳥大仏」の名で親しまれています。次のア～エのうちから、飛鳥寺釈迦如来像（飛鳥大仏）を 1 つ選び、記号で答えなさい。

（4）下線部(c)に関して、右大臣であった菅原道真の建議によって、長く続いた遣唐使が 894 年に廃止されました。遣唐使が廃止された理由には、どのようなことがありましたか。簡潔に説明しなさい。

(5) 下線部(d)に関して、鎌倉時代の歌人である藤原定家が、京都の小倉山(おぐらやま)の別荘で、百人の歌人の和歌を一人一首ずつ選んでまとめたものを「小倉百人一首」といい、1番の天智天皇の歌から100番の順徳上皇の歌まで、おおむね年代順に番号が付けられています。2番が持統天皇の詠んだ歌ですが、次のア～エのうちから、持統天皇の詠んだ歌を1つ選び、記号で答えなさい。

ア　田子の浦に　うち出(い)でて見れば　白妙(しろたへ)の　富士の高嶺(たかね)に　雪は降りつつ
イ　国々の　防人つどひ　船乗りて　別(わか)るを見れば　いともすべ無し
ウ　春過ぎて　夏来(き)にけらし　白妙の　衣ほすてふ　天(あま)の香具山(かぐやま)
エ　わが妻は　いたく恋(こ)ひらし　飲み水に　影さへ見えて　世に忘られず

(6) 文中の空らん（　②　）に入る中国の古都は、藤原京だけでなく平城京・平安京の都造りの模範となりました。また、中国を統一した漢の首都となって以降、多くの王朝の都となり、唐の時代に最も栄え、人口は100万人以上になったとされます。この古都は、シルクロードの起点ともされ、国際色豊かな都市でもありました。この都市の名を**漢字**で答えなさい。

(7) 下線部(e)に関して、1730年に松坂の商人の家に生まれながら医師となり、医師として生活するかたわら、『源氏物語』など日本の古典や言葉を研究し、自宅を私塾「鈴の屋」として多くの弟子に講義しました。また『古事記』の研究に力を注ぎ、約35年かけて全44巻からなる『古事記伝』を作成しました。この人物の名を答えなさい。

(8) 文中の空らん（　③　）と同じころ、瀬戸内海の海賊と結んで、元国司だった藤原純友(すみとも)が西国で反乱を起こしました。（　③　）と藤原純友の反乱を合わせて当時の元号から「承平(じょうへい)・天慶(てんぎょう)の乱」と言います。（　③　）に入る人物の名を**漢字**で答えなさい。

(9) 下線部(f)に関して、次の各問いに答えなさい。

i）1923年は大正12年ですが、大正～昭和初期にかけて都市化が進み、大衆文化と称されるように一般大衆が文化の担(にな)い手となりました。また、大正デモクラシーの風潮の下で欧米諸国の思想や文学などが紹介され、人々の間に広まりました。このころの社会や文化について、次のア～エのうちから**適当でないもの**を1つ選び、記号で答えなさい。

ア　電灯が農村部も含めて一般家庭に広く普及し、都市では水道やガスの供給事業が本格化しました。
イ　「サンデー毎日」や「週刊朝日」などの週刊誌、「主婦之友」などの女性雑誌のほか、一般の投資家向けに「週刊ダイヤモンド」なども刊行されました。
ウ　それまでの太陰暦が廃止され、欧米諸国にならって太陽暦を採用し、1日を24時間とし、日曜を休日とするなど、長く続いた慣習が改められました。
エ　東京の銀座、大阪の心斎橋などでは、断髪(だんぱつ)にスカート、山高帽(やまたかぼう)にステッキといったファッションのモダンガールやモダンボーイが現れました。

ⅱ）９月１日は関東大震災が起きた日であること、1959 年９月の紀伊半島から東海地方を中心とした台風で全国的に大きな被害が出たことから、1960 年に「政府、地方公共団体等関係諸機関をはじめ、広く国民が台風、高潮、津波、地震等の災害についての認識を深め、これに対処する心構えを準備する」という目的で、防災の日と定められました。防災の日を定める原因となった 1959 年９月の台風を何といいますか。正しいものを次のア～エのうちから１つ選び、記号で答えなさい。

ア　洞爺丸（とうや）台風　　イ　伊勢湾台風　　ウ　狩野川台風　　エ　沖永良部（おきのえらぶ）台風

ⅲ）地震や台風などの自然現象を監視・予測し、的確な情報を国民に伝達する官庁で、国土交通省に所属する機関の名を**漢字３字**で答えなさい。

ⅳ）1921 年～22 年にかけて開かれた初の軍縮に関する会議であるワシントン会議で、太平洋地域の平和に関する条約が結ばれました。この際に、1902 年に日本がある国と結んだ同盟が廃棄されることになり、1923 年８月に失効しました。この同盟の名を**漢字**で答えなさい。

(10)（　④　）の人物についての説明として正しいものを、次のア～エのうちから１つ選び、記号で答えなさい。

ア　御家人の統率や軍事を担当する侍所の長官でしたが、北条氏と対立し、鎌倉で市街戦を展開しました。しかし、敗れて一族はほぼ滅亡しました。

イ　源氏の血を引く御家人でしたが、幕府に反旗を翻（ひるがえ）し、1333 年に鎌倉を攻めました。その際、稲村ケ崎（いなむらがさき）で太刀（たち）を海に投じると、龍神が潮を引かせたという伝説もあります。

ウ　源氏の血を引く御家人でしたが、幕府に反旗を翻し、1333 年に六波羅探題を滅ぼしました。後醍醐天皇が亡くなると、冥福を祈るため天龍寺を建てました。

エ　赤坂城や千早城で鎌倉幕府の大軍を相手に奮戦した悪党で、1333 年の幕府打倒の立役者の一人になりましたが、1336 年の湊川の戦いで敗死しました。

2019(H31) 北嶺中
K 教英出版

2019(H31) 北嶺中
K 教英出版

■ ご使用にあたってのお願い・ご注意

（1）問題文等の非掲載

著作権上の都合により，問題文や図表などの一部を掲載できない場合があります。

誠に申し訳ございませんが，ご了承くださいますようお願いいたします。

（2）過去問における時事性

過去問題集は，学習指導要領の改訂や社会状況の変化，新たな発見などにより，現在とは異なる表記や解説になっている場合があります。過去問の特性上，出題当時のままで出版していますので，あらかじめご了承ください。

（3）配点

学校等から配点が公表されている場合は，記載しています。公表されていない場合は，記載していません。

独自の予想配点は，出題者の意図と異なる場合があり，お客様が学習するうえで誤った判断をしてしまう恐れがあるため記載していません。

（4）無断複製等の禁止

購入された個人のお客様が，ご家庭でご自身またはご家族の学習のためにコピーをすることは可能ですが，それ以外の目的でコピー，スキャン，転載（ブログ，ＳＮＳなどでの公開を含みます）などをすることは法律により禁止されています。学校や学習塾などで，児童生徒のためにコピーをして使用することも法律により禁止されています。

ご不明な点や，違法な疑いのある行為を確認された場合は，弊社までご連絡ください。

（5）けがに注意

この問題集は針を外して使用します。針を外すときは，けがをしないように注意してください。また，表紙カバーや問題用紙の端で手指を傷つけないように十分注意してください。

（6）正誤

制作には万全を期しておりますが，万が一誤りなどがございましたら，弊社までご連絡ください。

なお，誤りが判明した場合は，弊社ウェブサイトの「ご購入者様のページ」に掲載しておりますので，そちらもご確認ください。

■ お問い合わせ

解答例，解説，印刷，製本など，問題集発行におけるすべての責任は弊社にあります。

ご不明な点がございましたら，弊社ウェブサイトの「お問い合わせ」フォームよりご連絡ください。迅速に対応いたしますが，営業日の都合で回答に数日を要する場合があります。

ご入力いただいたメールアドレス宛に自動返信メールをお送りしています。自動返信メールが届かない場合は，「よくある質問」の「メールの問い合わせに対し返信がありません。」の項目をご確認ください。

また弊社営業日（平日）は，午前９時から午後５時まで，電話でのお問い合わせも受け付けています。

2025春

教英出版

株式会社教英出版

〒422-8054　静岡県静岡市駿河区南安倍３丁目 12-28

TEL　054-288-2131　　FAX　054-288-2133

URL　https://kyoei-syuppan.net/

MAIL siteform@kyoei-syuppan.net

教英出版　2025　28の1　北嶺中７年分

平成 31 年度

北嶺中学校入学試験問題

算　　数

(60分)

（注意）

1　問題用紙が配られても、「はじめ」の合図があるまでは、中を開かないでください。

2　問題は全部で **10** ページで、解答用紙は 1 枚です。「はじめ」の合図があったら、まず、ページ数を確認してからはじめてください。もし、ページがぬけていたり、印刷されていなかったりする場合は、静かに手をあげて先生に伝えてください。

3　答えはすべて解答用紙の指定された解答らんに書いてください。答えが分数になるときは、約分して答えてください。

4　コンパス、定規、分度器は使用できません。机の上にはおかないでください。

5　質問があったり、用事がある場合は、静かに手をあげて先生に伝えてください。ただし、問題の考え方や、言葉の意味・読み方などについての質問には答えませんので注意してください。

6　「おわり」の合図で鉛筆をおき、先生が解答用紙を集めおわるまで、静かに待っていてください。

1　次の $\square$ に当てはまる数を求めなさい。

(1) $6.5 \div (0.5 + 0.8) + 2.2 \times (8.4 - 3.4) = \square$

(2) $1 \div 8 \times (20 \times 24 + 20 \times 23 - 20 \times 22 - 20 \times 21 + 20 \times 20 + 20 \times 19) \div 100$
$= \square$

(3) $\frac{1}{5} \div \left(\frac{1}{2} - \frac{1}{3} + \frac{1}{4}\right) \times \frac{1}{6} = \square$

(4) $\left(\frac{3}{8} + 0.56\right) \times 2 - \left(1\frac{2}{5} + 3\frac{1}{4}\right) \div \frac{31}{4} = \square$

計算用紙

2　次の各問いに答えなさい。

(1)　ある学校の男子は全体の生徒数の $\frac{2}{5}$ より 86 人多く，女子は全体の生徒数の $\frac{4}{9}$ より 40 人多いです。男子は何人いるか求めなさい。

(2)

$$\frac{2}{99},\ \frac{4}{97},\ \frac{6}{95},\ \frac{8}{93},\ \frac{10}{91},\ \cdots\cdots$$

のように一定の規則で分数を並べます。このとき，0.75 に最も近い分数を求めなさい。

(3)　図 1 のような直角三角形 ABC と辺 AB 上に頂点 D，辺 BC 上に頂点 E，辺 CA 上に頂点 F がある長方形 DECF があり，AF の長さが 7 cm，BE の長さが 4 cm になっています。このとき，三角形 ADE の面積を求めなさい。

図 1

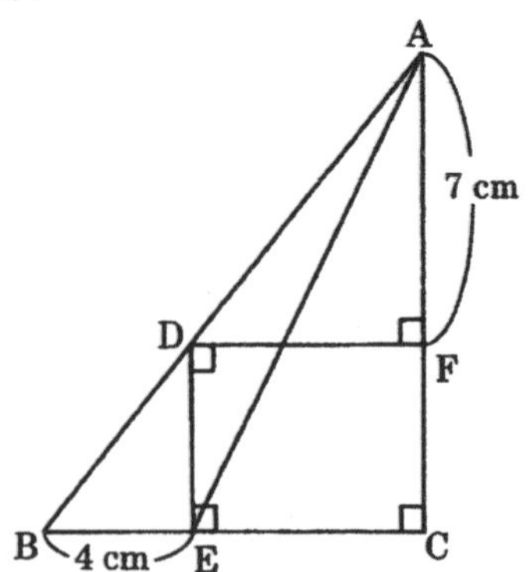

(4)　図2のように，点Oを中心として半径4 cmの円㋐，半径5 cmの円㋑があります。点Aは円㋐，点Bは円㋑の周上にあり，3点O，A，Bがこの順に一直線上に並んでいます。2点A，Bは同時に動き出し，それぞれの円周上を同じ速さで時計まわりに動きます。図3は動きはじめてすぐの2点A，Bの様子を表したものです。次の各問いに答えなさい。

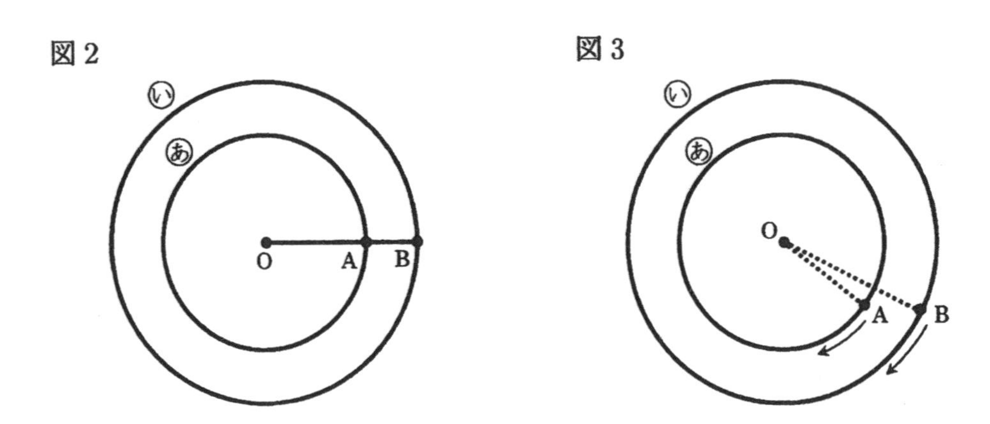

①　点Aが20周するとき，点Bは何周しますか。

②　3点O，A，BがA，O，Bの順にはじめて一直線上に並ぶのは，2点A，Bが同時に動き出してから，Bが何周したときですか。

3 6で割ると1余る整数と，6で割ると5余る整数を小さい順に並べます。

1, 5, 7, 11, ……

このとき，次の各問いに答えなさい。

(1) 10番目の数を答えなさい。

(2) 9361は何番目の数ですか。

(3) はじめの数から順番に足していくとき，□を足したときにはじめて2019をこえました。□に当てはまる数を答えなさい。

計算用紙

4

次の各問いに答えなさい。ただし，円周率は3.14とします。

(1)　次の図1は，円と正方形を組み合わせたものです。斜(しゃ)線部分の面積を求めなさい。

図1

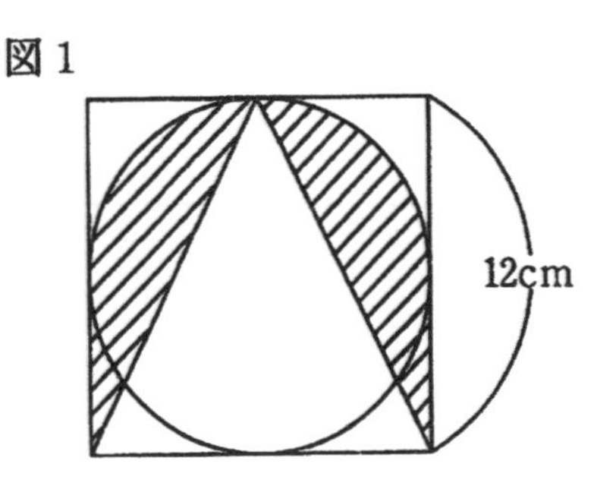

(2)　図2のように，2つの合同な正方形㋐と㋑が接しています。正方形㋐を矢印の方向に，正方形㋑のまわりを図3の位置まですべることなく回転して移動させたとき，正方形㋐の辺ABが通過した部分の面積を求めなさい。

図2

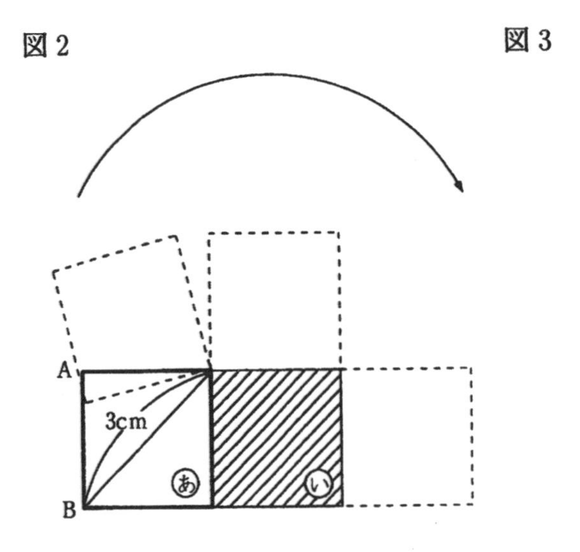

図3

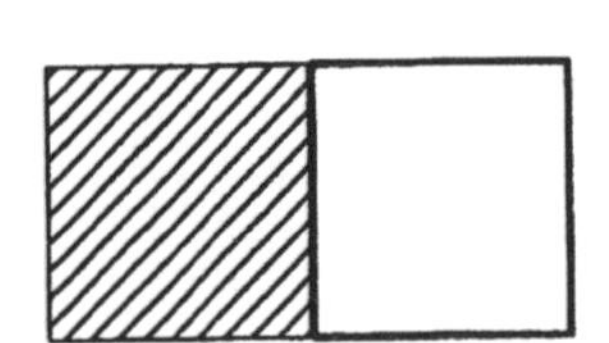

2019(H31) 北嶺中

K 教英出版

(3)　図４のように，２つの合同な正六角形㋒と㋓が接しています。正六角形㋒を矢印の方向に，正六角形㋓のまわりを図５の位置まですべることなく回転して移動させたとき，正六角形㋒の辺 AB が通過した部分の面積を求めなさい。

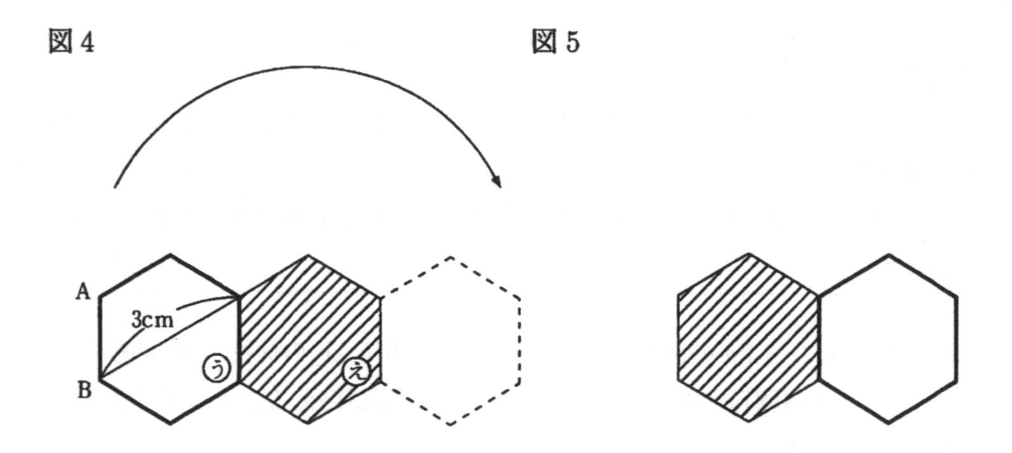

5

Aさんと B さんは H 中学校の 1 年 1 組の生徒です。ある日，2人は担任の先生から，台車を1台ずつ与えられ，これを使って教室にある荷物を体育館に運び出す作業をたのまれました。そこで2人は，荷物をいくつか台車にのせて同時に教室を出発し，体育館ですべての荷物を降ろしてから同時に教室にもどるという流れを1回の「往復」とし，教室と体育館の往復をくり返しながら作業を進めることにしました。また，作業中のルールを以下のように決めました。

【作業中のルール】
- 1回の往復において，A さんはちょうど 45 kg，B さんはちょうど 30 kg の荷物を運びます。
- すべての荷物を教室から体育館に運んだあと，2人が教室に戻ったとき，作業を終えます。

いま，1個当たり 3 kg の荷物が 50 個，1個当たり 5 kg の荷物が 45 個教室にあります。このとき何回目かの往復でちょうど荷物を運び終えることができます。次の各問いに答えなさい。

(1) 下の表は1回の往復において A さんと B さんが運ぶ荷物の個数として考えられるものをすべて示し，まとめたものです。解答用紙の表にある空欄(らん)に適切な数字を書き，これを完成させなさい。

	3 kgの荷物(個)	5 kg の荷物(個)	合計(個)
Aさん	15	0	15
	(　　)	3	(　　)
	(　　)	6	(　　)
	0	(　　)	(　　)
Bさん	(　　)	0	(　　)
	5	(　　)	(　　)
	(　　)	6	(　　)

(2)　(1) の表から，1回の往復において2人が運ぶ荷物の個数の合計が19個であるとき，Aさんが運ぶ荷物の個数は全部で何通り考えられますか。

(3)　作業を始めてから何回目の往復で作業は終了しますか。

(4)　次の文において，空欄【　あ　】～【　か　】に当てはまる数を答えなさい。
「作業を始めてから終えるまでにAさんが運ぶ荷物の個数の合計は，最小で【　あ　】個，最大で【　い　】個であり，その個数の合計は全部で【　う　】通り考えられます。一方，作業を始めてから終えるまでにBさんが運ぶ荷物の個数の合計は，最小で【　え　】個，最大で【　お　】個であり，その個数の合計は全部で【　か　】通り考えられます。」

(5)　作業を始めてから終えるまでにAさんが運ぶ荷物の個数の合計がBさんが運ぶ荷物の個数の合計よりも少なくなる場合，Aさんが運ぶ荷物の個数の合計は全部で何通りか答えなさい。少なくなることがない場合，解答欄に「0」と書きなさい。

2019(H31) 北嶺中
K 教英出版

平成31年度

北嶺中学校入学試験問題

理　　科

（40分）

（注意）

1　問題用紙が配られても、「はじめ」の合図があるまでは、中を開かないでください。

2　問題は全部で **9** ページで、解答用紙は1枚です。「はじめ」の合図があったら、まず、ページ数を確認してからはじめてください。もし、ページがぬけていたり、印刷されていなかったりする場合は、静かに手をあげて先生に伝えてください。

3　答えはすべて解答用紙の指定された解答らんに書いてください。

4　字数が指定されている場合は、句読点も1字として数えてください。

5　質問があったり、用事がある場合は、静かに手をあげて先生に伝えてください。ただし、問題の考え方や、言葉の意味・読み方などについての質問には答えませんので注意してください。

6　「おわり」の合図で鉛筆をおき、先生が解答用紙を集めおわるまで、静かに待っていてください。

1 次の問いに答えなさい。

(1) アブラナと同じ時期に花がさく植物として、最も適するものを次の**ア**～**オ**から一つ選び、記号で答えなさい。

ア コスモス　**イ** ヘチマ　**ウ** ヒマワリ　**エ** サクラ　**オ** アサガオ

(2) アサガオの種子に傷をつける「芽切り」という作業は、発芽においてどのような利点がありますか。最も適するものを、次の**ア**～**オ**から一つ選び、記号で答えなさい。

ア 酸素が内部に入りやすくなる。
イ 光が内部に入りやすくなる。
ウ 肥料が内部に入りやすくなる。
エ 熱が内部まで伝わりやすくなる。
オ 重力を感知しやすくなる。

(3) 次の図はセキツイ動物（背骨を持つ動物）の心臓を表しています。両生類の心臓として、最も適するものを、次の**ア**～**エ**から一つ選び、記号で答えなさい。

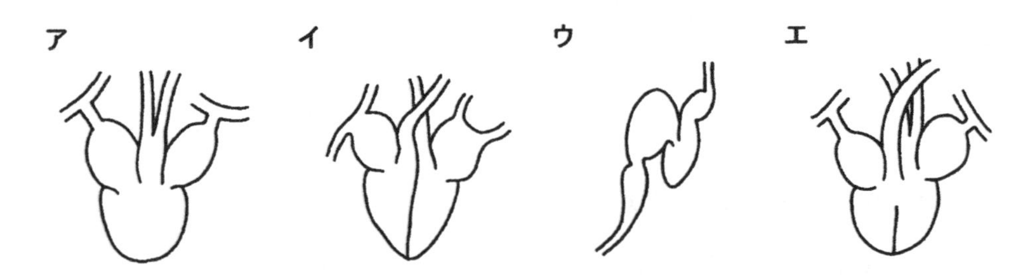

(4) ある魚の心臓の1分間での収縮回数は水温によって異なり、水温が15 ℃では60回、20 ℃では100回です。1回の収縮で送られる血液の量は水温によって変わらず1 mLで、血液1 mLの重さは1 gです。この魚の体重は1 kgで、体内にある血液の量は体重の6 %です。これと同じ量の血液が、心臓から全身に送り出されるのにかかる時間が何秒かを、水温が15 ℃と20 ℃のときでそれぞれ答えなさい。ただし、答えが小数になるときは、小数第一位を四捨五入して、整数で答えること。

(5) 図のように、セロハンでできたふくろの中にデンプンとブドウ糖を水にとかした 37 ℃ の溶液(ようえき)と、デンプンをブドウ糖に分解するのに必要な消化液を入れ、37 ℃ に保った水の中にしずめました。ふくろを水の中にしずめてから 10 分ごとに、ふくろの中の溶液を少量取り出して 2 本の試験管に分け、検出液としてヨウ素液とベネジクト液をそれぞれ加えました。同じように、ふくろの外の溶液も取り出して検出液を加えました。下の表はそのときの溶液の色の変化を調べた結果です。表の中の「＋」は色が変わったことを、「－」は変わらなかったことを表しています。次の①と②に答えなさい。ただし、ベネジクト液はブドウ糖があると色が変わる検出液です。

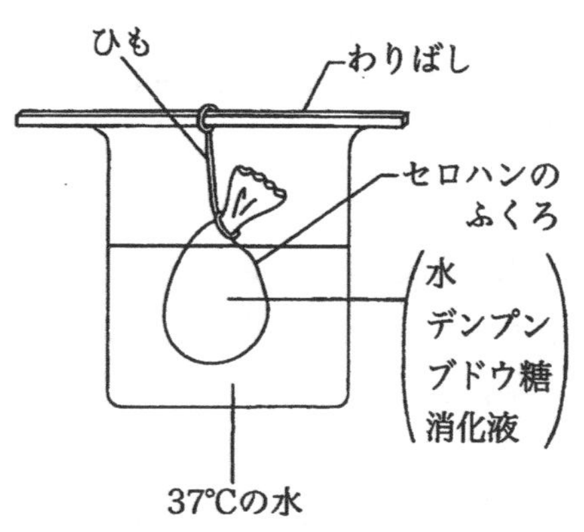

	検出液	0 分	10 分	20 分	30 分	40 分
ふくろの中の溶液	a 液	＋	＋	＋	－	－
	b 液	＋	＋	＋	＋	＋
ふくろの外の溶液	a 液	－	－	－	－	－
	b 液	－	＋	＋	＋	＋

① 表の中の検出液 a 液はヨウ素液とベネジクト液のどちらですか。

② 溶液の色の変化を調べた結果からわかることとして適するものを、次の**ア**～**カ**から二つ選び、記号で答えなさい。

ア セロハンはデンプンを通すがブドウ糖は通さない。
イ セロハンはブドウ糖を通すがデンプンは通さない。
ウ セロハンはデンプンもブドウ糖も通す。
エ ふくろを水の中にしずめてから 30 分後には、ふくろの中のすべてのデンプンが分解されている。
オ ふくろを水の中にしずめてから 30 分後には、ふくろの中のすべてのブドウ糖がなくなっている。
カ ふくろを水の中にしずめてから 30 分後には、消化液のはたらきは失われている。

2 次の問いに答えなさい。

(1) 虹(にじ)の中にある次のア～カの色から、虹の最も内側と最も外側の色を一つずつ選び、記号で答えなさい。ただし、内側と外側を区別して答える必要はありません。

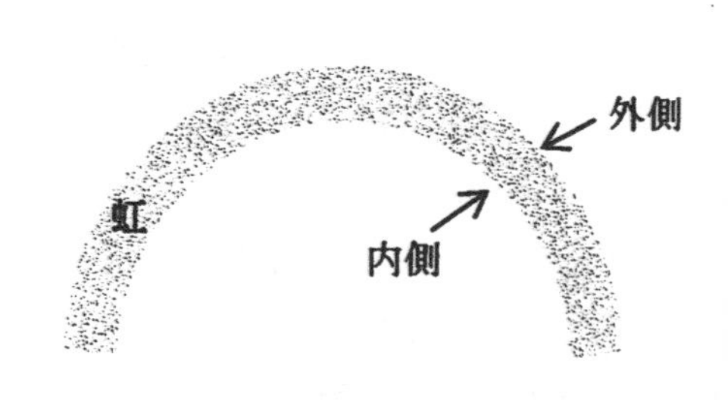

ア 青　**イ** 緑　**ウ** 赤　**エ** 紫(むらさき)　**オ** 黄　**カ** 橙(だいだい)

(2) 照明器具として使用する電化製品には、白熱電球、蛍光灯(けいこうとう)、LED電球などがあります。さらに、今後、普及(ふきゅう)していくと予想されているものに「有機 ☐ 」と呼ばれるものがあります。これは照明器具以外にも、テレビなどに使われています。☐ に適する語句を**アルファベット2文字**で答えなさい。

(3) 電気の利用に関する次のア～カの文について、**まちがっているもの**を一つ選び、記号で答えなさい。

ア 乾電池(かんでんち)に電熱線をつないだとき、電熱線の長さが同じであれば、細い電熱線の方が太い電熱線よりも、はやく温度が上がる。

イ ソーラーパネルにモーターをつないだとき、ソーラーパネルに当てる光の強さを変えても、モーターの回転の向きは変わらない。

ウ 手回し発電機にモーターをつないだとき、手回し発電機を回す向きを逆にすると、モーターの回転の向きも逆になる。

エ 乾電池に豆電球をつないで点灯させたとき、乾電池の＋極と－極を逆につないでも、豆電球は点灯する。

オ 乾電池に発光ダイオードをつないで点灯させたとき、乾電池の＋極と－極を逆につなぐと、発光ダイオードは消灯する。

カ 電気のエネルギーはコンデンサーや携帯(けいたい)電話のバッテリーにたくわえることができる。

(4) 音は秒速340 mの速さで空気中を伝わります。しかし、風がふくと空気が移動する影響(えいきょう)を受けて、風の速さの分だけ音の進む速さが速くなったり、おそくなったりします。次のページの図のように、A君とB君が700 mはなれて立っていて、二人のちょうど中間にスピーカーがあります。A君を風上、B君を風下として、秒速10 mの風がふいています。スピーカーから音を出してから、A君とB君に音が伝わるまでにかかる時間が何秒かをそれぞれ答えなさい。ただし、答えが小数になるときは、小数第二位を四捨五入して、**小数第一位**まで答えること。

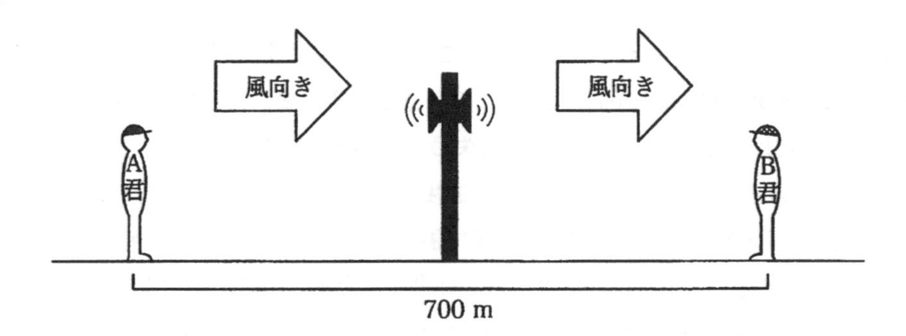

(5) コップに水を入れて、氷を浮(う)かべると、氷は体積の 8 %が水面の上に出た状態になりました。水 1 cm³ の重さは 1 g であり、水面よりも下にある氷の体積は、氷全体の重さと同じ重さの水の体積に等しいことがわかっています。次の①と②に答えなさい。

① コップに水を入れて、水があふれる直前の状態にしました。そこに 100 cm³ の氷をゆっくりと浮かべると、図のように、水があふれ出て、水に氷が浮いた状態になりました。コップからあふれ出た分の水の体積を答えなさい。ただし、答えが小数になるときは、小数第一位を四捨五入して、**整数**で答えること。

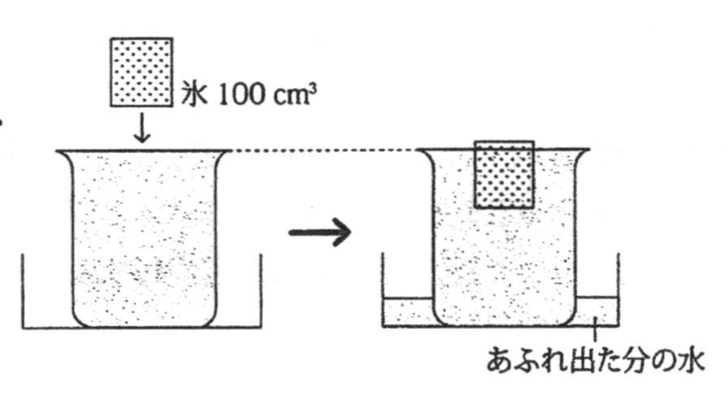

② 100 g の氷の体積を答えなさい。ただし、答えが小数になるときは、小数第一位を四捨五入して、**整数**で答えること。

(6) フタのない 2 L のペットボトルにたくさんの水を入れ、側面に対して垂直に A、B の二つの小さな穴をあけました。このときの水のふき出し方として、最も適するものを、次の**ア**～**オ**から一つ選び、記号で答えなさい。

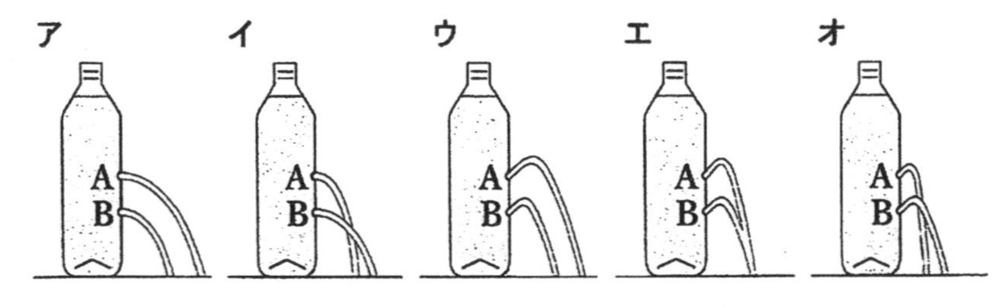

3

(あ)ビーカーに水を入れて(い)ガスバーナーで加熱すると、水の温度が上がります。また、氷を入れて加熱すると、氷は(う)とけて水に変化します。このように、物質の温度や状態を変化させる原因になるものを「熱」といいます。熱の量を「熱量」といい、単位はcal（カロリー）で表します。1 calは水1 gを1 ℃上げるのに必要な熱量です。例えば、水100 gの温度を10 ℃上げるには、水が1000 cal（100 g×10 ℃）の熱量を得る必要があります。逆に、水100 gの温度を10 ℃下げるには、水が1000 calの熱量を失う必要があります。

高温の水を冷やしたいとき、低温の水を加えると温度を下げることができます。これは、高温の水が熱を失って温度が下がり、低温の水は熱を得て温度が上がって、両者の温度が等しくなるからです。このことは、高温の水から低温の水へ熱が移動したと考えることができます。例えば、80 ℃の水10 gと20 ℃の水20 gを混ぜると、温度は40 ℃で一定になります。このとき、80 ℃の水は

$$10\ \text{g} \times (80-40)\ ℃ = 400\ \text{cal}$$

の熱量を失っています。また、20 ℃の水は

$$20\ \text{g} \times (40-20)\ ℃ = 400\ \text{cal}$$

の熱量を得ています。このことから、高温の物質が失う熱量と低温の物質が得る熱量は等しいことがわかります。これを(え)熱量保存の法則といいます。

(1) 下線部（あ）について、ビーカーを作っているガラスの原料は、岩石にふくまれている石英という鉱物の主成分となる物質です。この物質は太陽電池や半導体の原料にもなります。このようなガラスの原料となる物質の名称(めいしょう)として最も適するものを、次の**ア**～**カ**から一つ選び、記号で答えなさい。

ア　炭酸カルシウム　　**イ**　塩化カルシウム　　**ウ**　二酸化マンガン
エ　二酸化ケイ素　　**オ**　塩化ナトリウム　　**カ**　水酸化ナトリウム

(2) 下線部（い）について、ガスバーナーの燃料の一つは、近年、未来のエネルギーとして注目されている資源から取り出すことができます。この資源は日本近海にたくさん埋(う)まっていると考えられていて、見た目が氷に似ているため「燃える氷」とも呼ばれています。この資源の名称として最も適するものを、次の**ア**～**オ**から一つ選び、記号で答えなさい。

ア　レアメタル　　**イ**　バイオエタノール　　**ウ**　バイオディーゼル
エ　シェールオイル　　**オ**　メタンハイドレート

(3) 次の**ア〜オ**の波線部の「とけて」について、下線部（う）の「とけて」と同じ意味で用いられているものを、**ア〜オ**から一つ選び、記号で答えなさい。

ア　アルミニウムが塩酸にとけて水素が発生した。

イ　雨水には空気中の二酸化炭素がとけている。

ウ　酸性雨によってブロンズ像の表面がとけてしまった。

エ　鉄を高温にするととけて液体になった。

オ　石灰水(せっかいすい)には水酸化カルシウムという物質がとけている。

(4) 下線部（え）を用いて、次の①〜③に答えなさい。ただし、熱は水や氷の間でだけ移動するものとして、ビーカーや空気などの周囲の物質との間では熱のやりとりがないものとします。

① ある温度の水 60 g に 15 ℃ の水 160 g を混ぜてしばらくすると、水の温度は 30 ℃ で一定になりました。混ぜる前の水 60 g の温度を答えなさい。ただし、答えが小数になるときは、小数第一位を四捨五入して、**整数**で答えること。

② 40 ℃ の水 100 g に 0 ℃ の氷 50 g を入れたところ、氷がすべてとけた時点で全体の温度は 0 ℃ で一定になりました。このことから、40 ℃ の水 100 g から移動した熱のすべてが氷をとかすことに使われたことがわかります。0 ℃ の氷 1 g を 0 ℃ の水 1 g に変化させるのに必要な熱量を答えなさい。ただし、答えが小数になるときは、小数第一位を四捨五入して、**整数**で答えること。

③ 20 ℃ の水 100 g を三つのビーカーに入れ、それぞれに 0 ℃ の氷を 5 g、10 g、15 g ずつ入れました。しばらくすると、氷はすべてとけて、それぞれのビーカーごとに温度は一定になりました。このときのそれぞれの温度を求め、入れた氷の重さと一定になったときの温度の関係を表すグラフを示しなさい。ただし、解答用紙のグラフには、氷を入れないときの温度（20 ℃）を示す点があらかじめ描(えが)かれているので、入れた氷の重さと一定になったときの温度を示す点を**3 点**描き、となり合う点と点を直線で結びなさい。また、温度を計算するときには、②で求めた値を使用し、温度の値が小数になるときは、小数第一位を四捨五入して、**整数**にしてからグラフに点を描くこと。

4

昔、オリオン座のそばにとても明るい星が突然(とつぜん)現れて、数週間は昼間でも見える明るさでした。しかし、この星は数年後には見えなくなりました。これは「[a]星爆発(ばくはつ)」がおきて、短い期間だけ星が強い光を出したことによります。「[a]星爆発」は星の最後の姿の一つだと考えられています。自ら光を出している星のことを[b]星といい、太陽は[b]星の一つです。金星や地球のように[b]星の周りを(あ)公転する星を[c]星といいます。さらに、月のように[c]星の周りを公転する星を[d]星といいます。金星と地球はほとんど同じ大きさですが、環境(かんきょう)はまったく異なります。日本の[e]は金星を調査するために、探査機「あかつき」をのせたH-IIAロケットを打ち上げました。

(1) 文中の[a]～[e]に入る、最も適する語句を答えなさい。ただし、[a]～[d]は**ひらがな**で、[e]は「宇宙航空研究開発機構」の略称(りゃくしょう)を**アルファベット4文字**で答えなさい。

(2) 下線部(あ)について、地球は地軸(ちじく)(北極点と南極点を結ぶ線)を公転軌道(きどう)のつくる平面(公転面)に対して、垂直な方向から23.4度傾(かたむ)いた状態で、地軸を中心として自転しながら、太陽の周りを公転しています。もし、地球が公転だけをしなくなったとすると、札幌ではどのようなことがおきますか。適するものを、次のア～カから**三つ**選び、記号で答えなさい。ただし，太陽に対する地球の位置は変化せず、地球はそこで1日に1回自転しているものとします。

ア　四季がなくなる。
イ　太陽がしずまなくなる。
ウ　太陽がのぼらなくなる。
エ　日の出の時刻が変わらなくなる。
オ　日の入りの時刻が変わらなくなる。
カ　南半球でしか見ることができない星座が見えるようになる。

太陽系をわかりやすく考えるために、図1のように、地球の北極側から見たときの太陽、金星、地球、火星の位置を考えます。図1はそれらが一直線上に並んだ日を表しています。

金星、地球、火星は太陽を中心に円を描いて太い矢印の向きに、同じ平面上を公転しているものとします。**金星は240日、地球は360日、火星は720日かけて、それぞれ太陽の周りを1回公転するものとします。また、地球は地軸が公転面に対して垂直で、細い矢印の向きに1日に1回自転しているものとします。**

ある時期に、毎日同じ時刻に札幌で星空を見て、火星と周

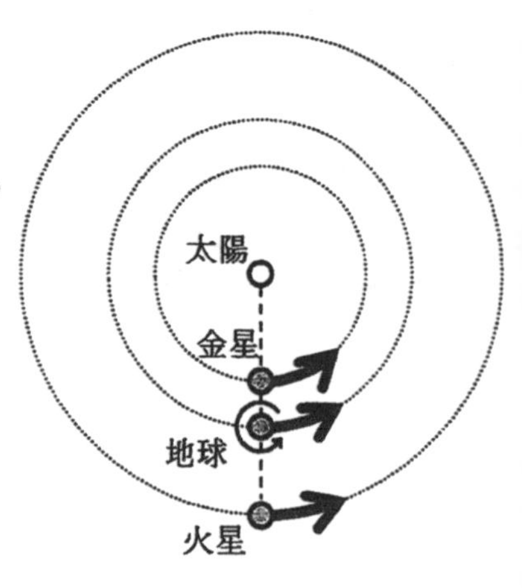

図1

辺の星座を観察すると、火星は星座の移動に対して同じ向きに移動していました。しかし、星座の移動に対して火星が逆向きに移動する時期もありました。この逆向きの動きを(い)逆行といい、公転によって地球と火星の距離(きょり)が近づく時期に見られる現象です。

以下にある図2〜図4も、地球の北極側から見たときの太陽、金星、地球、火星の位置を表しています。

(3) 図2は金星、地球、火星の公転軌道を45度ずつ8等分に区切り、それぞれの区域を**ア**〜**ク**と表したものです。図1の太陽、金星、地球、火星が一直線上に並んだ日から、金星が太陽の周りを1回公転したとき、地球と火星の中心はどの区域にありますか。最も適するものを、**ア**〜**ク**からそれぞれ一つずつ選び、記号で答えなさい。ただし、このとき、地球や火星の中心が区域の境界線上には位置しないことがわかっています。また、同じ記号を二度答えてもよいものとします。

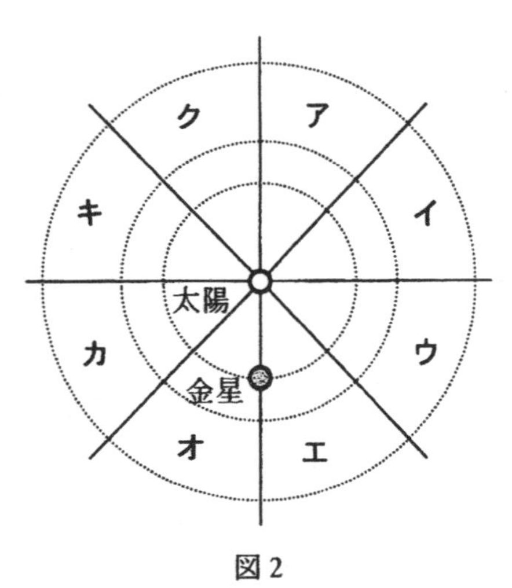

図2

(4) 図1の太陽、金星、地球、火星が一直線上に並んだ日から810日後に、札幌で金星を見ると、金星はいつ、どの方角で見ることができますか。最も適するものを、次の**ア**〜**カ**から一つ選び、記号で答えなさい。

ア 明け方の東の空　　**イ** 真夜中の南の空　　**ウ** 夕方の東の空

エ 明け方の西の空　　**オ** 真夜中の北の空　　**カ** 夕方の西の空

(5)と(6)は次のページにあります。

(5) 日の出の時刻に札幌で空を見上げると、火星が真南に見えました。太陽と地球が図3のような位置関係にあるときの火星の位置を、解答用紙の図の火星の公転軌道上に●で描きなさい。

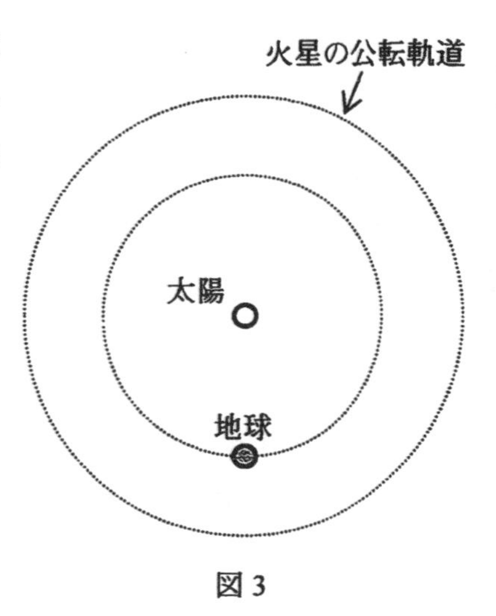

図3

(6) 下線部（い）について、地球と火星が図4に示すような位置にありました。この日から始まって、最初に火星の逆行がおきる時期として最も適するものを、次の**ア**～**キ**から一つ選び、記号で答えなさい。

ア　翌日から180日後の間
イ　181日後から300日後の間
ウ　301日後から420日後の間
エ　421日後から540日後の間
オ　541日後から660日後の間
カ　661日後から780日後の間
キ　781日後以降

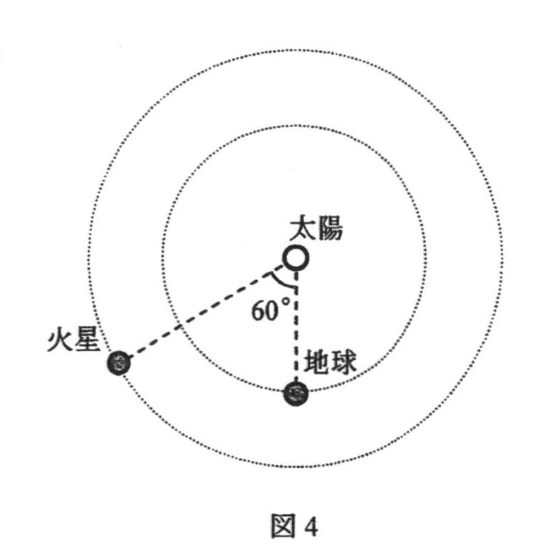

図4

理科の試験問題はこれで終わりです。

計算用紙

2019(H31) 北嶺中
K 教英出版

	3 kgの荷物(個)	5 kg の荷物(個)	合計(個)
Aさん	15	0	15
	(　　)	3	(　　)
	(　　)	6	(　　)
	0	(　　)	(　　)
Bさん	(　　)	0	(　　)
	5	(　　)	(　　)
	(　　)	6	(　　)

通り

回目

(4)						(5)
【あ】 個	【い】 個	【う】 通り	【え】 個	【お】 個	【か】 通り	通り

受験番号	小学校名	氏　　名
	小学校	

※120点満点
(配点非公表)

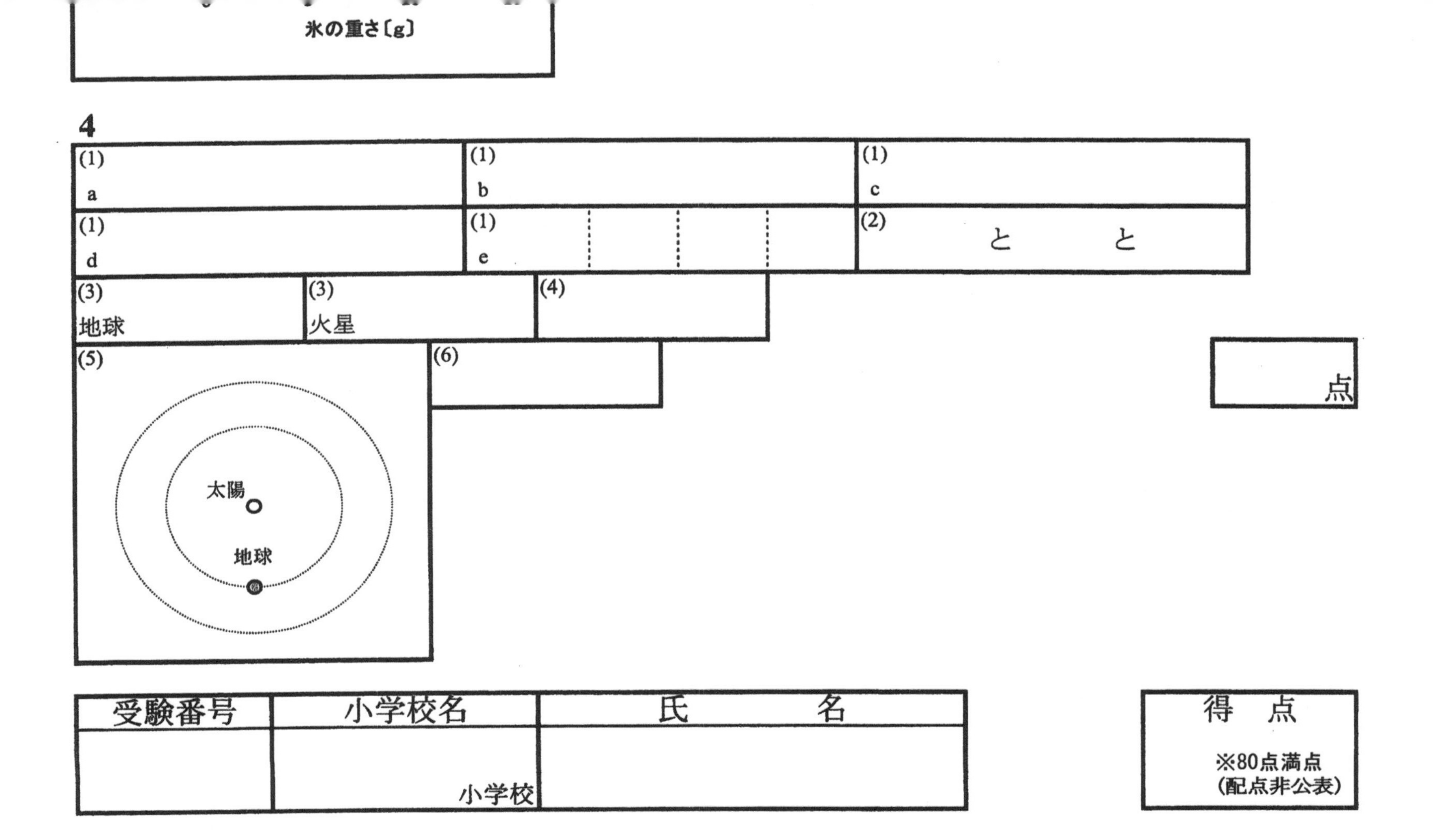
氷の重さ〔g〕
4
(1) a
(1) b
(1) c
(1) d
(1) e
(2) と と
(3) 地球
(3) 火星
(4)
(5)
太陽
地球
(6)
点
受験番号
小学校名
氏 名
小学校
得 点
※80点満点
(配点非公表)

(3)　(4)　(5)

(6)

(7)

(8)　(9)

4　(1)　(2)　(3)

(4)

(5)　(6)　(7)

(8)　(9) i)　ii)

iii)　iv)　(10)

得　点
※80点満点 (配点非公表)

受験番号	小　学　校　名	氏　　　名
	小学校	

平成31年度　**入学試験問題社会解答用紙**　北嶺中学校

1

（1）①　②　（2）

（3）　（4）　（5）　（6）

（7）　（8）

（9）　（10）ⅰ）　ⅱ）

（11）⑧　⑨

2

（1）①　②　（2）ⅰ）

ⅱ）　（3）ⅰ）　ⅱ）

（4）　（5）ⅰ）　ⅱ）

（6）

（7）

（8）

【解答

平成31年度　入学試験問題理科解答用紙　北嶺中学校

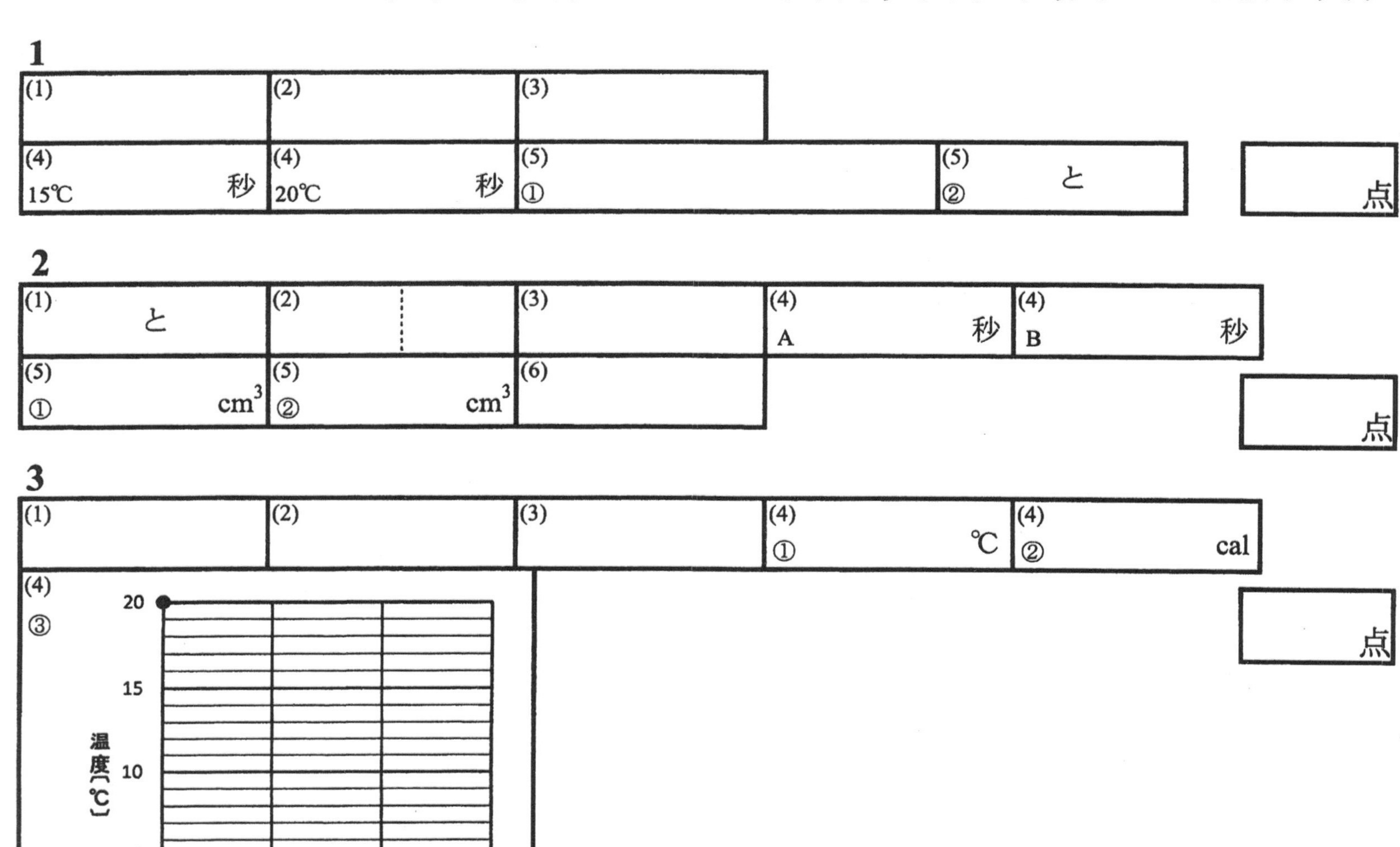

1

(1)	(2)	(3)		
(4) 15℃　秒	(4) 20℃　秒	(5) ①	(5) ②　と	点

2

(1)　と	(2)	(3)	(4) A　秒	(4) B　秒
(5) ①　cm^3	(5) ②　cm^3	(6)		点

3

(1)	(2)	(3)	(4) ①　℃	(4) ②　cal
(4) ③				点

平成 31 年度　　入学試験問題算数解答用紙　　北嶺中学校

入学試験問題算数解答用紙

1

(1)	(2)	(3)	(4)

2

(1)	(2)	(3)	(4)	
			①	②
人		cm²	周	周

3

(1)	(2)	(3)

4

(1)	(2)	(3)
cm²	cm²	cm²

平成30年度

北嶺中学校入学試験問題

算　　数

（60分）

（注意）

1　問題用紙が配られても、「はじめ」の合図があるまでは、中を開かないでください。

2　問題は全部で **10** ページで、解答用紙は1枚です。「はじめ」の合図があったら、まず、ページ数を確認してからはじめてください。もし、ページがぬけていたり、印刷されていなかったりする場合は、静かに手をあげて先生に伝えてください。

3　答えはすべて解答用紙の指定された解答らんに書いてください。答えが分数になるときは、約分して答えてください。

4　コンパス、定規、分度器は使用できません。机の上にはおかないでください。

5　質問があったり、用事ができた場合には、だまって手をあげて先生に伝えてください。ただし、問題の考え方や、言葉の意味・読み方などについての質問には答えられませんので注意してください。

6　「おわり」の合図で鉛筆をおき、先生が解答用紙を集めおわるまで、静かに待っていてください。

1 次の $\square$ に当てはまる数を求めなさい。

(1) 654321 を 1234 で割った余りは $\square$ です。

(2) $496 \div 2 + 496 \div 4 + 496 \div 8 + 496 \div 16 + 496 \div 31 + 496 \div 62 + 496 \div 124 + 496 \div 248 + 496 \div 496 = \square$

(3) $6 \div 4 \div 2 + 72 \div 48 \div 12 - 57 \div 5 \div 19 = \square$

(4) $3 + 1 \times 1 \div \left[6 + 3 \times 3 \div \left\{ 6 + 5 \times 5 \div (6 + 7) \right\} \right]$
を計算し，小数第 3 位を四捨五入した値は $\square$ です。

計算用紙

2 次の各問いに答えなさい。

(1) Aさん，Bさん，Cさん，Dさんの4人の貯金額を比べたところ，Aさん，Bさん，Cさんの3人の平均は7250円，Bさん，Cさん，Dさんの3人の平均は6100円，AさんとDさんの2人の合計は16250円でした。Aさんの貯金額はいくらですか。なお，この条件ではわからない場合は×と書きなさい。

(2) 図1のように，ある1点を通る，半径がいずれも4cmの円が4つあります。円の中心を結んだ図形が図2のように正方形になるとき，色のついた部分の面積を求めなさい。ただし，円周率を3.14とします。

図1

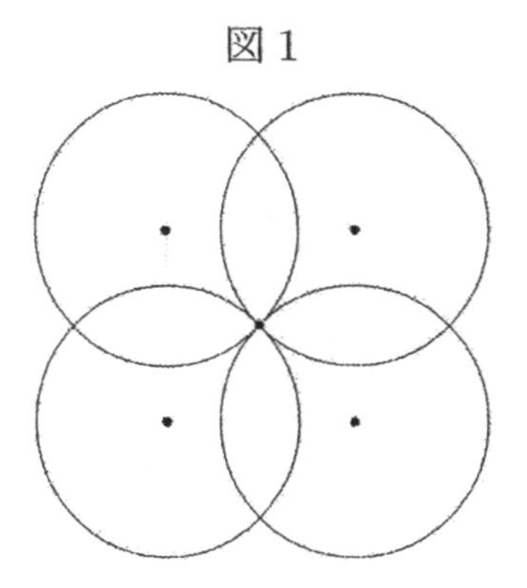

図2

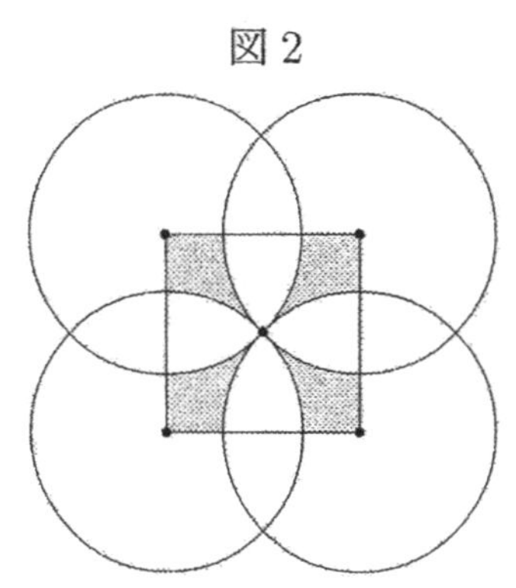

(3) 同じ人数の班を中学生と高校生でそれぞれつくります。例えば，中学生12人，高校生15人のとき，班の人数を3人とすると，中学生4つと高校生5つの班ができます。

今，中学生286人，高校生598人で，同じ人数の班をそれぞれつくります。班の数をできるだけ少なくするとき，中学生と高校生でそれぞれいくつの班をつくることができますか。班の数をそれぞれ答えなさい。

(4) $\frac{5}{9}$ と $\frac{5}{8}$ の間にある，分子が 9 になる分数のうち，約分ができない分数の分母は $\square$ です。$\square$ にあてはまる数を答えなさい。

(5) 1 から数字を

1 2 3 4 5 6 7 8 9 1 0 1 1 1 2 ……

と順に並べていきます。11 番目の数字は「0」になります。105 番目の数字を答えなさい。

3

図のように，直方体の形をした水そうの中に，鉄製で中身のつまった，水そうの縁(ふち)より低い四角柱㋐が置いてあります。さらに，底面が１辺の長さ２cm の正方形で上側があいている四角柱の容器㋑を水そうに入れました。この容器㋑の高さは，鉄製の四角柱㋐の高さと水そうの深さの中間です。容器㋑はその周りに水が入っても浮(う)いたりしません。ただし，容器㋑の底面や側面の厚さは考えないこととします。容器㋑に直接入らないように，毎秒一定の量の水を，水そうに注ぎました。グラフは，時間の経過にともなう，水そうの水面の高さの変化の様子を，水を注ぎ始めてから，水そうがちょうど満杯(ぱい)になるまで示したものです。次の各問いに答えなさい。

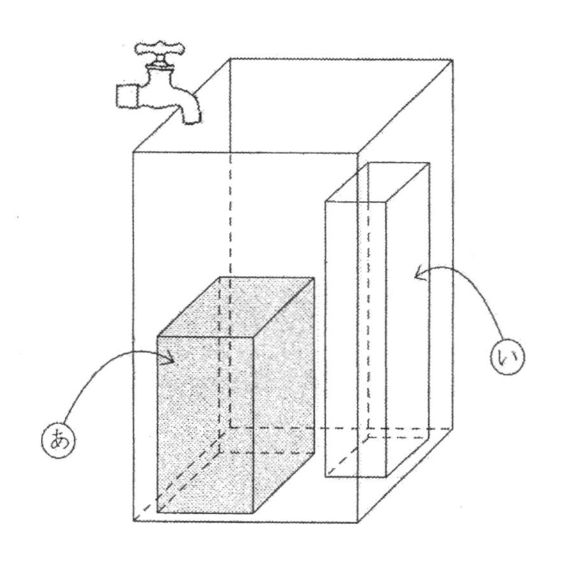

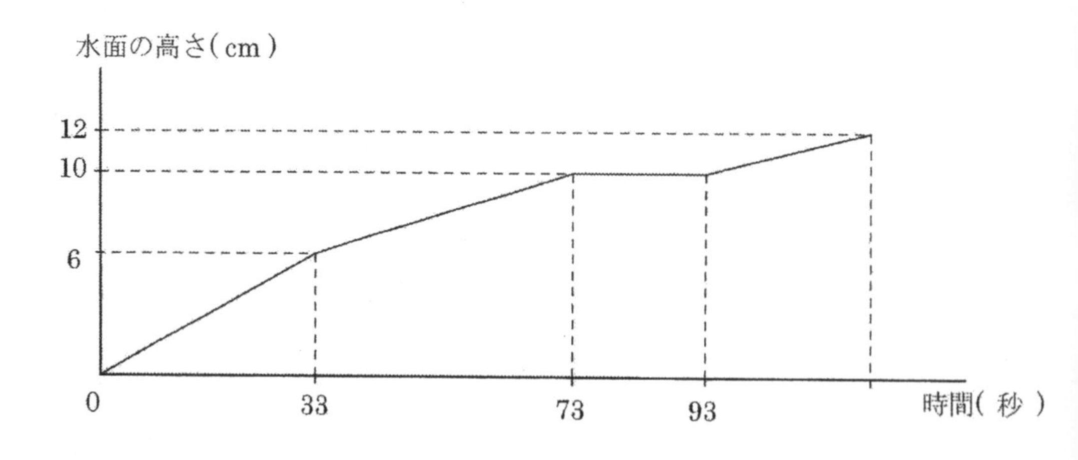

平成30年度

北嶺中学校入学試験問題

理　　　科

（40分）

（注意）

1　問題用紙が配られても、「はじめ」の合図があるまでは、中を開かないでください。

2　問題は全部で **14** ページで、解答用紙は1枚です。「はじめ」の合図があったら、まず、ページ数を確認してからはじめてください。もし、ページがぬけていたり、印刷されていなかったりする場合は、静かに手をあげて先生に伝えてください。

3　答えはすべて解答用紙の指定された解答らんに書いてください。

4　字数が指定されている場合には、特に指示のないかぎり句読点も数えてください。

5　質問があったり、用事ができた場合には、だまって手をあげて先生に伝えてください。ただし、問題の考え方や、言葉の意味・読み方などについての質問には答えられませんので注意してください。

6　「おわり」の合図で鉛筆をおき、先生が解答用紙を集めおわるまで、静かに待っていてください。

1　次の問いに答えなさい。

(1) 地震(じしん)のゆれには、始めにカタカタと小さくゆれる［ a ］と、しばらくたってから大きくゆれる［ b ］の二つがあります。二つのゆれはそれぞれＰ波（秒速 8 km）、Ｓ波（秒速 4 km）という異なる速さの地震波により伝わります。緊急(きんきゅう)地震速報は、大きくゆれる［ b ］に備えるために、地震計で［ a ］をとらえて、［ b ］が始まる前に発表されます。

① 文中の［ a ］、［ b ］に入る、最も適する語句を**ひらがな**で答えなさい。

② ある地震が発生して、震源(しんげん)からの距離(きょり)が 10 km の地点にあった地震計が［ a ］をとらえました。その地震計が［ a ］をとらえた 3 秒後に、震源からの距離が 50 km の地点で緊急地震速報が発表されました。震源からの距離が 50 km の地点で、緊急地震速報が発表されてから、［ b ］が始まるまでの時間を答えなさい。ただし、答えが小数になるときは、小数第二位を四捨五入して、**小数第一位**まで答えること。

(2) 次の文中の［ c ］～［ e ］に入る、最も適する語句を答えなさい。ただし、［ c ］と［ d ］は**ひらがな**で、［ e ］は**漢字**で答えなさい。

図 1 のように、ゆるやかに蛇行(だこう)した川があったとします。この後、川の外側では［ c ］が起き、川の内側では［ d ］が起きて、しだいに、図 2 のように大きく蛇行した川になります。蛇行が大きくなると、川はまっすぐに流れようとして、流れる道筋が変わり、図 3 のように取り残された［ e ］湖ができます。

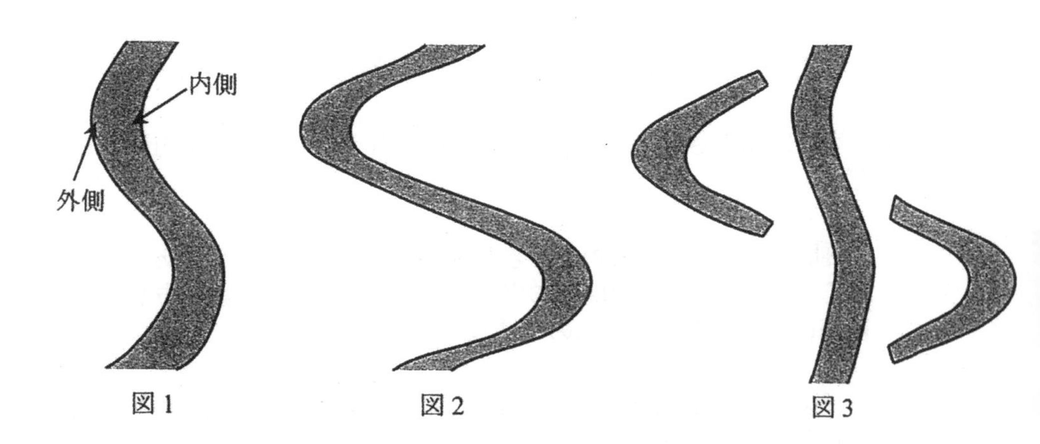

図 1　　図 2　　図 3

(3) 札幌にある北嶺中・高等学校と、ニュージーランドのオークランドにあるケルストンボーイズハイスクールは兄弟校です。両校で見られる自然現象のちがいについて、**下線部がまちがっている**ものを、次のア～エから一つ選び、記号で答えなさい。

ア　札幌が夏のときは、オークランドは冬である。

イ　札幌では日の出の方角は東だが、オークランドでは日の出の方角は西になる。

ウ　札幌付近の台風では中心に向かって風が反時計回りに吹(ふ)きこむが、オークランド付近のサイクロンでは中心に向かって風が時計回りに吹きこむ。

エ　札幌で見ることができる星座の中には、オークランドでは見ることができない星座がある。

(4) 現在の太陽系の惑星(わくせい)のうち、地球・火星・水星・金星を太陽に近い順に左から並べ、惑星の大きさ（体積）のちがいを模式的に表した図として最も適するものを、次の**ア**～**カ**から一つ選び、記号で答えなさい。

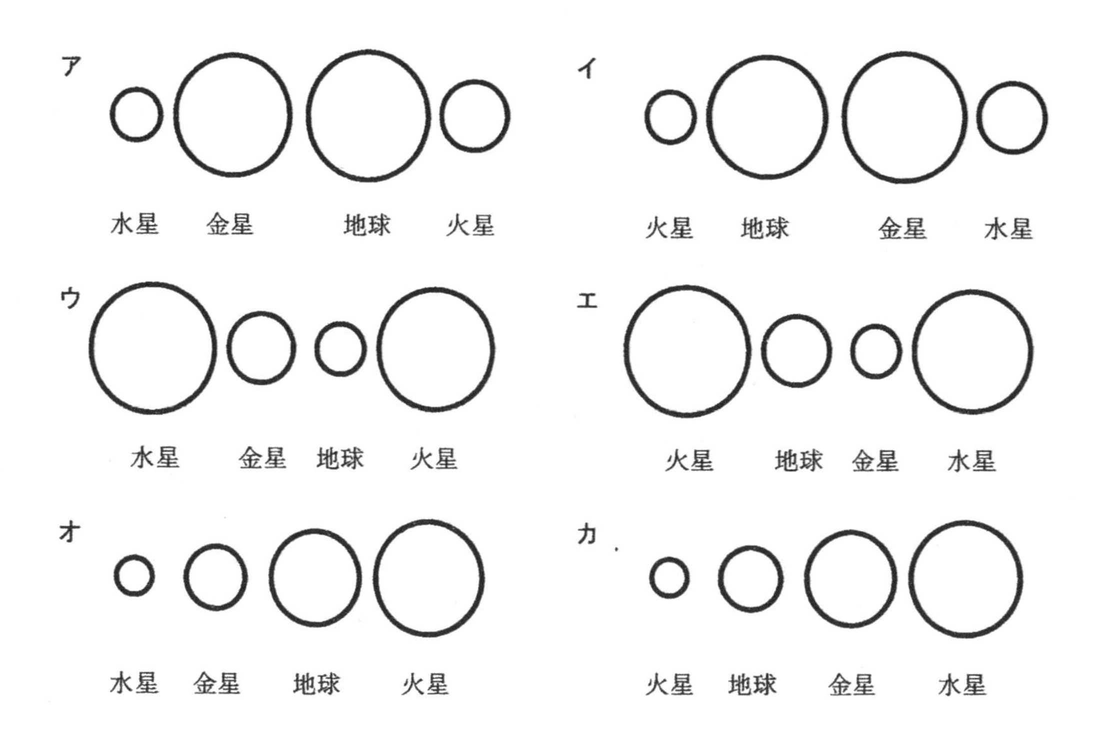

(5) 地球上から見た月食の見え方として最も適するものを、次の**ア**～**エ**から一つ選び、記号で答えなさい。ただし、点線は満月の大きさを表し、月の明るい部分を白色、暗い部分を黒色で表しています。また、明るい部分と暗い部分の境界は、実際よりもわかりやすく表しています。

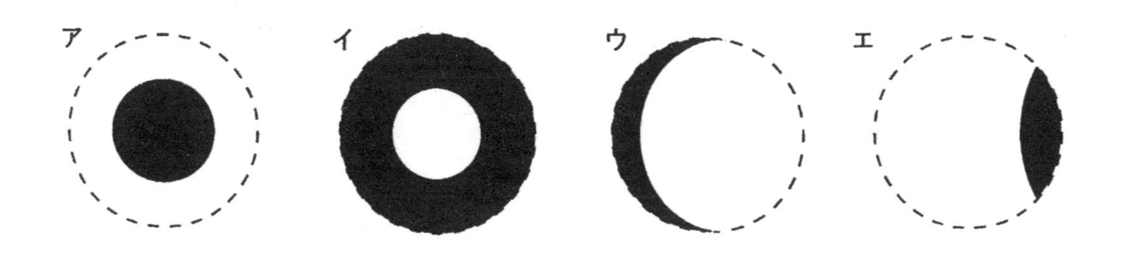

2　次の問いに答えなさい。

(1) 同じ豆電球と乾電池(かんでんち)をたくさん用意して、いろいろな回路をつくりました。**ア～カ**はこれらの回路を図で表したもので、図中の直線は導線、⊗ は豆電球、┤├ は乾電池（長いたて線が＋極、短いたて線が－極）を表しています。それぞれの回路について、乾電池が消耗(しょうもう)し、回路に電流が流れなくなって、豆電球が消えるまでの時間を測定しました。この時間が①**最も短い**回路と②**最も長い**回路を、**ア～カ**からそれぞれ一つずつ選び、記号で答えなさい。

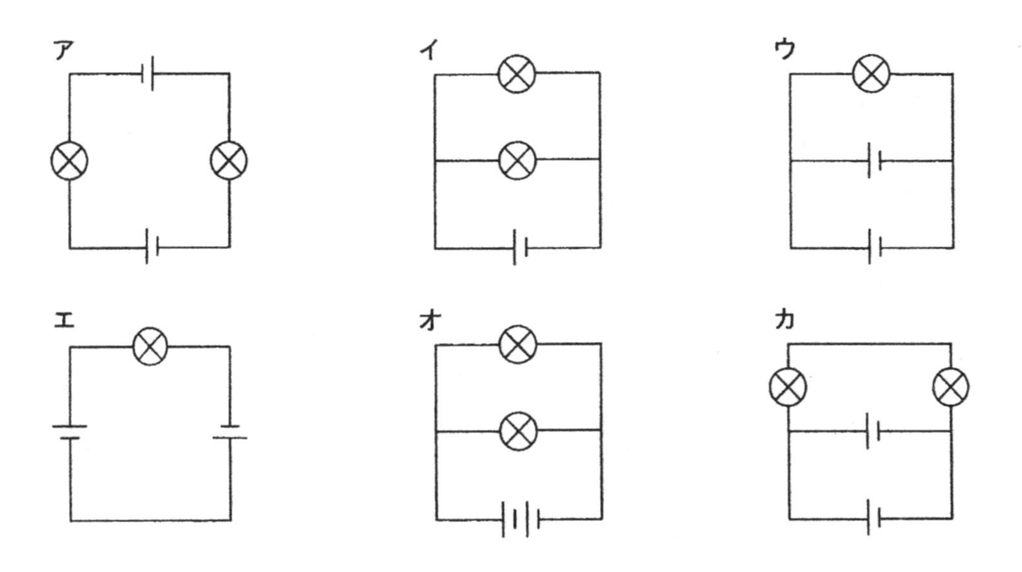

(2) 図1のように、棒に糸を使って三つのおもりをつるして、棒を水平につりあわせました。また、図2のように、おもりAの代わりに、棒に糸を使って二つのおもりをつるして、二つの棒を水平につりあわせました。おもりA～Cの重さをそれぞれ答えなさい。ただし、棒と糸は重さがないものとし、答えが小数になるときは、小数第二位を四捨五入して、**小数第一位**まで答えること。

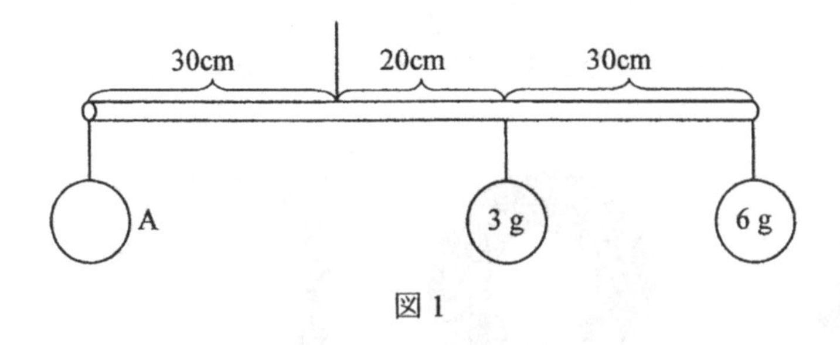

図1

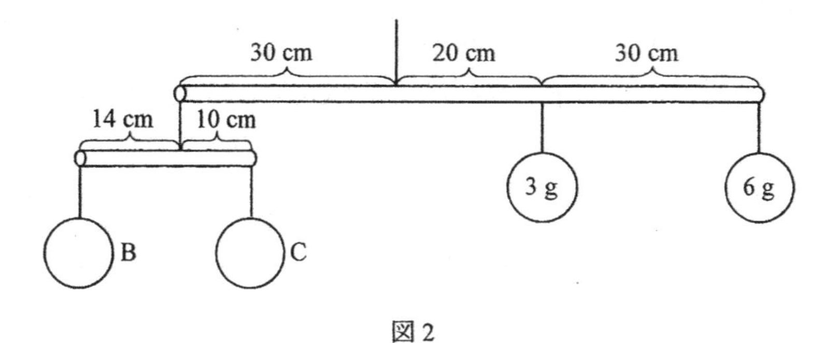

図 2

(3) は次のページにあります。

(3) 図 3 のように、天井(てんじょう)から糸でつるしたおもりを A までもち上げてから静かにはなすと、おもりは A から B まで移動し、B を通ったときに糸がくぎにひっかかって曲がり、おもりは C に移動しました。その後、おもりは運動を続けて、再び A までもどってきました。この運動の説明として適するものを、次の**ア**～**エ**から<u>二つ</u>選び、記号で答えなさい。

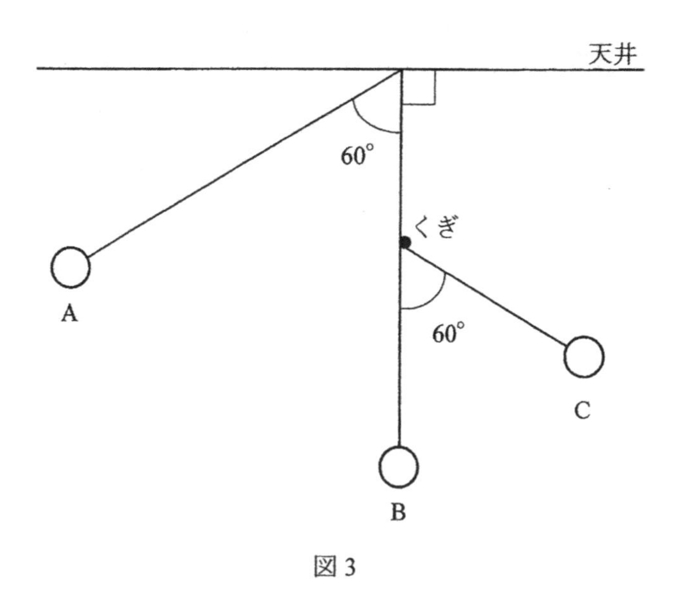

図 3

ア おもりは B を通るときに最も速くなる。

イ おもりは C で折り返し、B にもどっていく。

ウ おもりが折り返すところの B からの高さは、くぎがあるなしにかかわらず変わらない。

エ おもりの重さを 2 倍にすると、B を通るときの速さが 2 倍になる。

(4) 図4のような実験装置をつくり、スクリーンに映る像を観察しました。

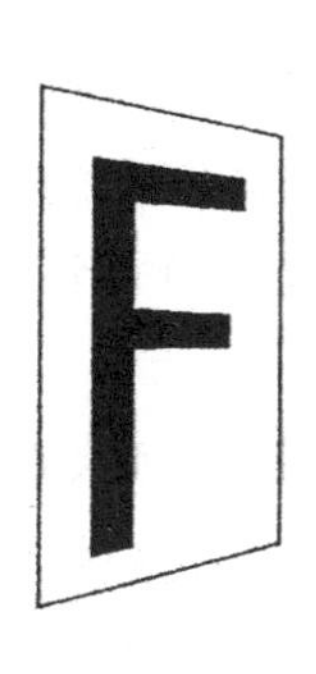

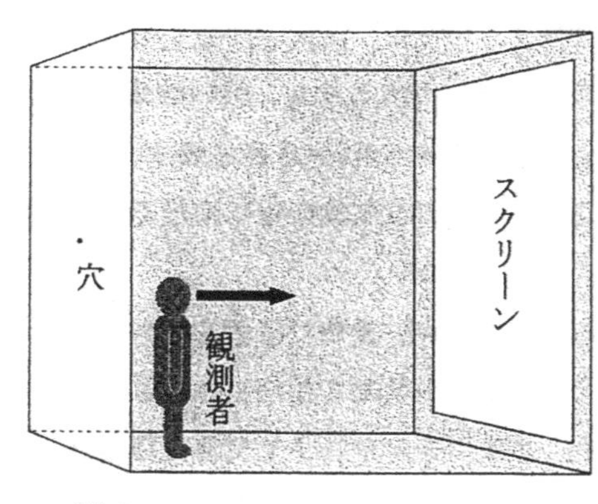

図4

【図4の説明】

① 屋外に、外から光の入らない真っ暗な部屋を用意して、部屋の壁(かべ)の真ん中に小さな穴を一つだけ開ける。

② 穴を開けた壁の反対側の壁に、正方形のスクリーンを設置する。

③ よく晴れた日に、壁に開けた穴の正面に、「F」を書いた正方形の白い板を置く。

④ 暗い部屋の中にいる観測者がスクリーンを見る。

観測者が見た、スクリーンに映る「F」の見え方として最も適するものを、次の**ア**～**ク**から一つ選び、記号で答えなさい。

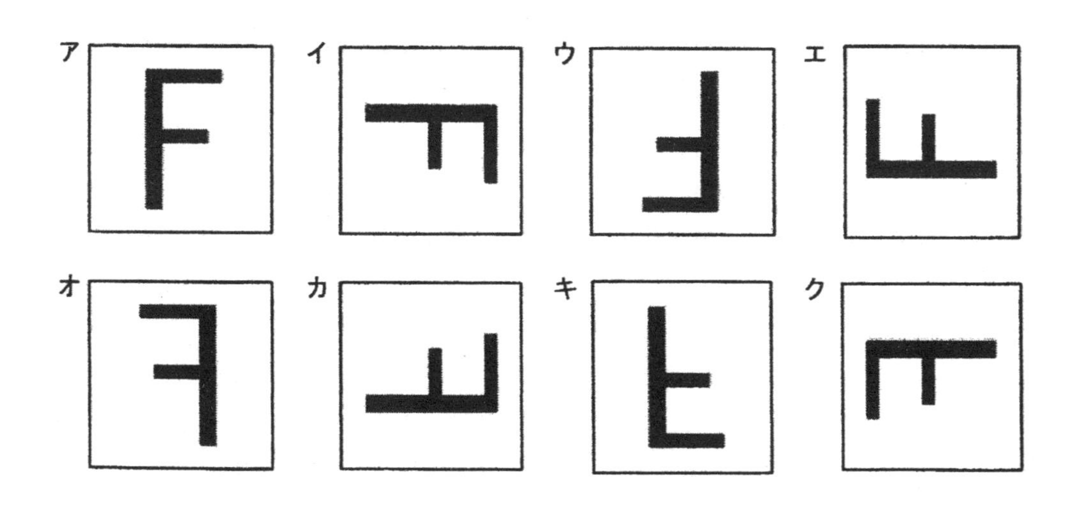

3 物質が水に溶(と)けたものを(あ)水溶液(すいようえき)といいます。水溶液はその性質によって、酸性・中性・アルカリ性に分類することができます。例えば、二酸化炭素が水に溶けた水溶液は酸性になります。雨水には空気中の二酸化炭素が溶けているので、雨水は酸性の水溶液になります。通常の雨水よりも、強い酸性になった雨は(い)酸性雨といいます。石油や石炭などを燃やしたときに排出(はいしゅつ)される煙(けむり)には、硫黄(いおう)や窒素(ちっそ)を成分とする気体がふくまれます。そのような気体は水に溶けると、強い酸性の水溶液になります。これが酸性雨の原因と考えられています。

温泉地でわき出るお湯も、地中で硫黄を成分とする気体が溶けて、酸性が強くなることがあります。このような温泉水が流れこむ川の水は強い酸性となって、魚が生きていくことができなくなります。また、鉄やコンクリートでできた橋脚(きょうきゃく)や堤防(ていぼう)が、川の水に少しずつ溶けてしまいます。そのようなことを防ぐため、川に石灰石(せっかいせき)を投入して川の水を(う)中和することで酸性を弱くしています。

(1) 下線部(**あ**)について、水溶液についての説明として**まちがっている**ものを、次の**ア**～**オ**から一つ選び、記号で答えなさい。

ア 食塩水を加熱すると、100 ℃よりも高い温度で沸騰(ふっとう)する。
イ 食塩水を冷却(れいきゃく)しても、0 ℃では凍(こお)らない。
ウ 水にミョウバンを溶かした水溶液は電流を通す。
エ 水の温度が高くなるほど、ミョウバンは水にたくさん溶ける。
オ 水の温度が高くなるほど、二酸化炭素は水にたくさん溶ける。

(2) 下線部(**い**)について、酸性雨の原因となる気体として適するものを、次の**ア**～**ク**から二つ選び、記号で答えなさい。

ア 水素　**イ** 酸素　**ウ** フロン　**エ** メタン
オ アンモニア　**カ** 二酸化窒素　**キ** 二酸化硫黄　**ク** アルゴン

平成30年度

北嶺中学校入学試験問題

社　　　会

（40分）

（注意）

1　問題用紙が配られても、「はじめ」の合図があるまでは、中を開かないでください。

2　問題は全部で **17** ページで、解答用紙は1枚です。「はじめ」の合図があったら、まず、ページ数を確認してからはじめてください。もし、ページがぬけていたり、印刷されていなかったりする場合は、静かに手をあげて先生に伝えてください。

3　答えはすべて解答用紙の指定された解答らんに書いてください。

4　字数が指定されている場合には、特に指示のないかぎり句読点も数えてください。

5　質問があったり、用事ができた場合には、だまって手をあげて先生に伝えてください。ただし、問題の考え方や、言葉の意味・読み方などについての質問には答えられませんので注意してください。

6　「おわり」の合図で鉛筆をおき、先生が解答用紙を集めおわるまで、静かに待っていてください。

1　次の文を読み、後の問いに答えなさい。

みなさんは、移動する時の交通機関には、何を利用しますか。自動車や鉄道が多いでしょうか。しかし、長い距離を早く移動する場合には、飛行機が一番ですね。その飛行機を利用する場所である空港は、(a)国内に100カ所近くあります。ここでは飛行機と空港について考えてみましょう。

まず飛行機について、(b)日本で最初に飛行機で空を飛んだのは、1910年、陸軍の徳川大尉と日野大尉の二人といわれています。彼らはヨーロッパで操縦の技術を学び、持ち帰った飛行機で東京の代々木練兵場、現在の代々木公園で初めて空を飛びました。民間の飛行では、1922年に水上飛行機により、大阪府の堺と、四国地方の中で大阪府から一番近い（　①　）県の小松島間で、郵便を輸送したのが最初でした。

次に空港について、現在の空港は、だれもが仕事や旅行などで(c)航空機を利用する施設、つまり(d)民間の旅客航空機を利用する施設になっており、様々な場所に作られています。日本で最初の飛行場は、1911年に(e)埼玉県の所沢に作られました。この所沢飛行場は、(f)陸軍のものでしたが、初めのころは民間の飛行機も使用できました。所沢飛行場は現在、航空記念公園となって「航空発祥記念館」という博物館が建てられています。また、最初に旅客を乗せた民間の飛行機が飛んだのは1929年でした。その旅客機は、東京都の立川と(g)大阪府の間を週に3～12回往復し、定員は6名、所要時間は約6時間でした。この旅客機の発着も、陸軍の立川飛行場でした。

日本で最初に、(h)国が設置・管理する民間航空専用の飛行場として東京飛行場が建設されたのは1931年でした。東京飛行場は、のちに東京国際空港、一般的には「羽田空港」とよばれるようになります。この羽田空港は、国内で最も大きい空港だといわれます。4本の滑走路と3つの旅客ターミナルビルを持ち、空港の敷地面積は約1,522ヘクタールあり、東京都の渋谷区よりやや大きいくらいです。2010年に、羽田空港は32年ぶりに本格的に国際線が就航し、直接世界と往来できる空港に復活しました。

そして羽田空港は、日本で最も忙しい空港でもあります。航空関係の行政を担当する省庁である（　②　）省のデータ（2015年）によると、航空輸送の旅客数は1年間で約7,500万人、1日当たり約20万人にのぼり、航空機の発着回数は1年間で約44万回、1日当たり約1,200回に達しています。2020年の東京オリンピックに向けて、今後も羽田空港の乗降客数や発着便数は増加していくと予想されます。

長距離移動でも時と場合、場所などによって交通手段は変わるでしょう。例えば、旅行の時は、早ければ良いというのではなく、くつろぎながらのんびりと景色を見ながら移動する方を選ぶこともあるでしょう。みなさんも(i)いろいろな交通機関で旅を楽しんでください。

（1）文中の空らん（　①　）～（　②　）に適する語句を**漢字**で答えなさい。

（2）下線部(a)に関連して、民間の旅客機が発着する国内の空港で、最も東にある空港と、最も西にある空港の組合せとして正しいものを、次のア～エのうちから１つ選び、記号で答えなさい。

ア　稚内（わっかない）　―　与那国　　　イ　稚内　―　石垣
ウ　中標津（なかしべつ）　―　与那国　　　エ　中標津　―　石垣

（3）下線部(b)に関連して、アメリカ合衆国ではこれより７年前の1903年に、機体にエンジンを載せて人がそれを操縦する飛行に成功しました。この世界最初の動力飛行に成功した兄弟の名を答えなさい。

（4）下線部(c)に関連して、アメリカ合衆国の航空会社が、日本への航空機の売り込みに際して、日本の政界などに多額の賄賂（わいろ）を贈った事件が1976年に発覚し、日本側では田中角栄前首相らが逮捕・起訴されました。これは、何事件とよばれますか。解答らんにあわせて**カタカナ**で答えなさい。

（5）下線部(d)に関連して、2012年に日本でも航空運賃が大幅に安い航空会社の飛行機が就航し、国内や海外の旅行に、安い料金の航空便を選択できるようになりました。このような格安航空会社を何とよびますか。**アルファベット３字**で答えなさい。

（6）下線部(e)に関連して、現在の埼玉県には旅客機が発着する空港はありませんが、関東地方の７都県の中には、埼玉県の他にも空港のない県がいくつかあります。それらの県のうち、夏の冷涼な気候を活かしたキャベツや白菜などの高原野菜の栽培がさかんな嬬恋（つまごい）村のある県の県庁所在地を**漢字**で答えなさい。

（7）下線部(f)に関連して、旧日本軍の軍用飛行場は、戦後に在日アメリカ軍の飛行場になったり、自衛隊の飛行場になったりしました。とくに沖縄県には、在日アメリカ軍の基地が集中し、大規模な軍用飛行場が何か所かあります。そのうち、宜野湾（ぎのわん）市にあり、基地の周りに住宅地が密集している状況にありながら、垂直離着陸機オスプレイなどが配備されて、「世界一危険な基地」とよばれることもある基地の名を答えなさい。

（8）下線部(g)について、この時の飛行場は、大阪市の木津川沿いにあった大阪飛行場を使用していました。その後、伊丹市に大阪国際空港が建設され、1994年には関西国際空港も開港しました。関西国際空港は、日本で初めての海を完全に埋め立てた人工島からなる大規模な海上空港でした。この空港では、今までは他の空港ではほぼ不可能であった運用が可能になりました。それはどのようなことですか。空港の立地面から考えて、文章にして説明しなさい。

(9) 下線部(h)に関連して、このような空港の他、地方公共団体や法律で定められた会社などによって設置・管理されている空港もあります。北海道には現在14の空港がありますが、そのうち７つの空港を、2020年にまとめて民営化し、会社の管理に移そうとする計画があります。この７つの空港のある都市の中で、北海道のほぼ真ん中に位置しており、製材や家具、パルプ工業、酒造業などが発達している都市の名を**漢字**で答えなさい。

(10) 下線部(i)に関連して、ＪＲ北海道は2017年に設立30年を迎えましたが、1987年に国鉄が分割民営化されてＪＲとなった時の内閣総理大臣の名として正しいものを、次のア～エのうちから１つ選び、記号で答えなさい。

ア　中曽根康弘　　イ　竹下登　　ウ　森喜朗　　エ　小泉純一郎

(社会の試験問題は次のページに続きます。)

2 次の文を読み、後の問いに答えなさい。

みなさんが普段不自由なく生活する上で、電気は絶対に欠かすことができない重要なものの一つですね。普段目にする電灯のほか、テレビやパソコン、冷蔵庫、電子レンジ、充電器など、これらを動かすエネルギーが電気だということは知っていると思いますが、そもそも電気はどのようにして作られるのでしょうか。ここで発電について、少し考えてみましょう。

まずは火力発電についてです。火力発電は、石油や石炭、天然ガスなどの（ ① ）燃料を燃やした熱で水を水蒸気に変え、その力を利用してタービン（羽根車）を回して発電する方法です。日本では、1960年代半ばから火力発電による発電量が最も多くを占めるようになりました。そのころは、石油を利用した火力発電が主流でした。しかし、(a)1973年に石油危機が起こると、火力発電でも石油への依存を弱めざるを得なくなり、石炭やＬＮＧ（液化天然ガス）を多く利用するようになりました。この傾向は、現在まで続いています。

次に水力発電です。水力発電は、水が高い所から低い所へ流れ落ちる力を利用して水車を回して発電する方法です。日本では、火力発電がさかんになった1960年代半ばより前に、最も普及していた発電方法でした。富山県にある（ ② ）ダムは、水力発電を目的として1960年代初頭に建設され、高さは日本一を誇り、世界的に見ても大規模な(b)ダムとして知られています。

一方、1980年代ころから原子力エネルギーが、徐々に存在感を増していきました。原子力発電は、ウランなどを核分裂させ、その際に発生する熱で水を水蒸気に変え、その力でタービンを回して発電する方法です。日本は積極的に原子力発電に取り組んできましたが、東日本大震災による福島第一原子力発電所の事故の後、廃炉（はいろ）や操業を停止するものが多くなり、現在までに稼働した原子力発電所は、(c)愛媛県の伊方（いかた）原子力発電所や（ ③ ）県の川内（せんだい）原子力発電所などの数か所にとどまっています。

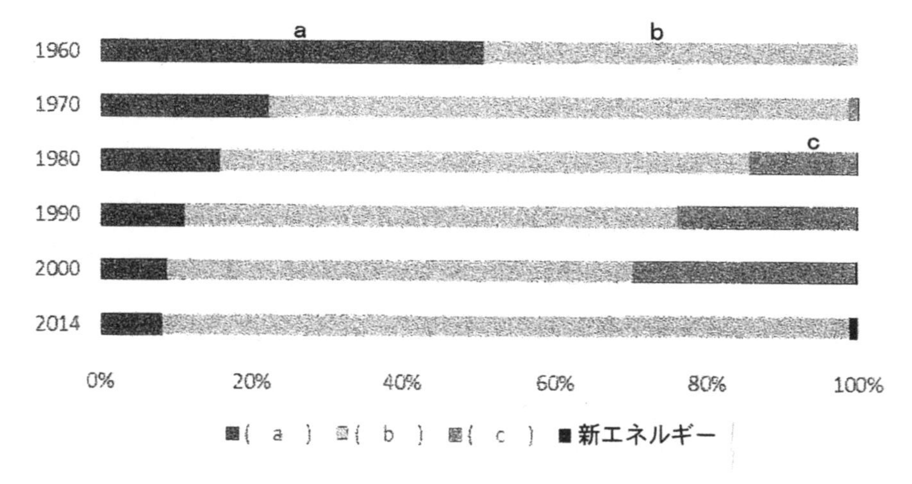

（『データブックオブザワールド2017』より作成）

さて、目を世界に転じると、世界の総発電量は226,373億kWh（2012年）ですが、このうちおよそ70%が火力発電でまかなわれ、続いて水力発電(16.5%)、原子力発電(10.9%)、(d)新エネルギー(3.0%)となっています。新エネルギーを除く発電の効率や問題点、発電所の立地条件などについて、次の表のようにまとめました。

	火力	水力	原子力
エネルギー源	石炭・石油・LNG	流水	ウランなど
立地	消費地付近	山間部	地方の臨海部
経費	設備・送電費が安い 燃料費が高い	設備・送電費が高い	設備・補償費が高い
効率	大容量の発電が可能 供給の調整も可能	水量に左右される	大容量の発電が可能だが、出力の調整は困難で、たえず最大出力で供給
問題点	大気汚染 (e)二酸化炭素の排出	ダムの堆砂(たいさ) 自然環境の破壊	人体に有害な物質の流出、事故の危険、廃棄物の処理など

（『新編地理資料2018』より作成）

表を見てわかるとおり、どの発電方法にも利点と欠点があり、完璧ではありません。(f)世界の人口は、今もなお増加を続けていますが、それにつれて(g)電力の需要も大きくなります。どの国の人にとっても安全で安定した電気を供給できるようなしくみを整えていくことが、今後ますます大事な課題になっていくことでしょう。

（1）文中の空らん（ ① ）～（ ③ ）に適する語句を答えなさい。

（2）下線部(a)について、これはある戦争によるものでした。この石油危機の原因となった戦争の名を答えなさい。

（3）下線部(b)に関して、ダムには発電の他にも、洪水の防止、上水道や農業・工業用水の供給、さらにダム湖でのレクリエーションなど多くの利点があります。しかしその反面、ダムの建設による生態系への悪影響や、村落の水没による住民への負担などの問題もあります。とくに環境に対しては、ダムの建設による影響を事前に調査し、評価することが法律で義務づけられていますが、この環境に対する影響評価を何といいますか。**カタカナ6字**で答えなさい。

（4）下線部(c)に関連して、次の①～③の雨温図は愛媛県（松山市）、高知県（高知市）、鳥取県（鳥取市）のいずれかのものです（1980年～2010年の統計値）。それぞれの都市と雨温図の正しい組み合わせを、下のア～カから１つ選び、記号で答えなさい。

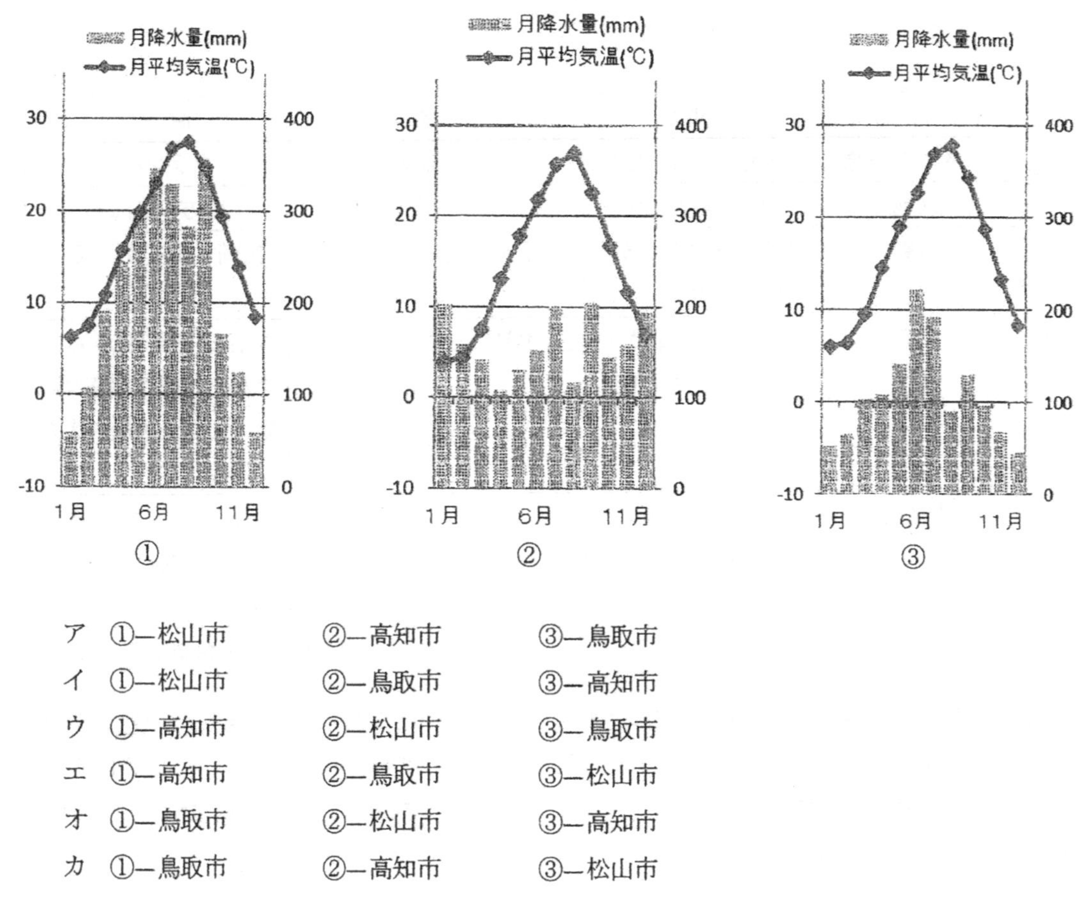

ア	①―松山市	②―高知市	③―鳥取市
イ	①―松山市	②―鳥取市	③―高知市
ウ	①―高知市	②―松山市	③―鳥取市
エ	①―高知市	②―鳥取市	③―松山市
オ	①―鳥取市	②―松山市	③―高知市
カ	①―鳥取市	②―高知市	③―松山市

（5）下線部(d)について、現在消費量が多い石炭や石油などのエネルギーに対して、今後に開発や利用が期待されるエネルギーをまとめて「新エネルギー」とよびます。現在までに実用化されている新エネルギーに、風力、太陽光、地熱などがありますが、これらは石炭や石油に対して大きな利点がある一方で、欠点も指摘され、今後の解決が待たれる問題も存在します。このような新エネルギーのうち、風力、太陽光、地熱に共通する利点を１つあげ、文章で説明しなさい。

（6）下線部(e)に関連して、火力発電による環境問題の一つとして、多量の二酸化炭素の排出と、それにともなう地球温暖化があげられます。地球温暖化に対しては、1997年に署名された京都議定書をふまえ、世界中の国々が一丸となって対策を考えようという新たな枠組みが話し合われ、京都議定書の下に新たな特別作業部会を立ち上げるという合意が、2007年にバリ島で採択されました。バリ島のある国は、赤道にまたがる１万3000以上の島々によって構成され、イスラム教徒の人口が世界最大の国であることでも知られています。この国の名を答えなさい。

（7）下線部(f)に関連して、2016年現在、人口が第1位の国は中国（13.8億人）、第2位はインド（13.3億人）で、これらの国々を含むアジアには発展途上国が多く、今後も人口の増加が予想されています。世界には、アジアのように人口が増加する地域もあれば、停滞や減少を始めている地域もあります。次のア～ウの地域について、現在（2000年～2015年）の人口増加率が**大きい順**に並べ替えて答えなさい。

ア　ヨーロッパ　　イ　アフリカ　　ウ　南アメリカ

（8）下線部(g)に関連して、現在、電気自動車が注目を集めています。これは、走行中に排出ガスが出ない、騒音が小さい、振動が少ないなどの利点があり、その普及が期待されています。一方、従来の石油から精製するガソリンと、サトウキビやトウモロコシを原料にしたアルコールを混ぜ合わせて、自動車燃料として利用する動きもあります。これは環境問題や石油の値上がりへの対応策の1つとされています。この植物を原料にした燃料を何といいますか。

（9）近年、日本などの先進国では、発電の際に発生する熱（外に出ていく熱＝排熱）をなんとか利用できないかとする考えが生まれてきました。さまざまな努力の結果、現在では排熱を給湯や冷暖房に利用するシステムが普及してきました。このように電力と熱を同時に生産するしくみを何といいますか。次のア～エから1つ選び記号で答えなさい。

ア　パークアンドライド
イ　ハイブリッドシステム
ウ　プランテーション
エ　コジェネレーション

(10) 問題文を参考にして、図「日本の発電割合の推移」の中の（　a　）～（　c　）にあてはまる発電方法の組み合わせとして適当なものを、次のア～カのうちから1つ選び、記号で答えなさい。

ア　a－火　力　　b－水　力　　c－原子力
イ　a－火　力　　b－原子力　　c－水　力
ウ　a－水　力　　b－火　力　　c－原子力
エ　a－水　力　　b－原子力　　c－火　力
オ　a－原子力　　b－水　力　　c－火　力
カ　a－原子力　　b－火　力　　c－水　力

3　次の文を読み、後の問いに答えなさい。

2016年、(a)平城京から出土した765年の(b)木簡に「破斯清通（はしのきよみち）」という名前が記されていることが発見されました。「破斯」もしくは「波斯（はし）」とは「ペルシア（イラン）」を意味する言葉で、つまりペルシア人が平城京で働いていたと考えられるのです。また、歴史書『続日本記』には、736年に遣唐使が連れ帰った「唐の人三人、波斯一人」が（　①　）天皇に会ったという記録があります。この「波斯一人」と「破斯清通」が同一人物である可能性、もしくは両者には何らかの関連がある可能性も考えられています。いずれにせよ、この木簡の発見は、奈良時代の平城京の国際色豊かな姿を私たちに垣間（かいま）見せてくれました。

さて、古代・中世において、日本とペルシアを含む西アジアの間にはどのような接触があり、お互いをどのくらい認識していたのでしょうか。古代ペルシア文化が日本に及んだ例として最も有名なものは、なんといっても奈良時代の（　①　）天皇の遺品などを納めた(c)正倉院でしょう。そのなかには、古代ペルシアの美術品やその影響を受けた文様などが知られており、古代ペルシア文化が日本にまで及んだことをよく示しています。

ただし、このころの日本のペルシアに関する知識はまだ正確なものではありませんでした。そのことを示す興味深い話があります。(d)鎌倉時代の仏僧の慶政上人が中国に渡って仏教の修業をしたときの話です。慶政上人はある港の船上で三人の外国人に出会い、仏教の聖地であるインド（天竺（てんじく））へのあこがれから、「南番文字」で仏教の経典の一部を書いてもらい、それを日本に持ち帰ったのです（右図）。しかし、慶政上人が経典の一部と信じたものは、じつはペルシア語の詩だったのです。慶政上人が出会ったのは、当時貿易のために中国を訪れていたペルシア商人だったと思われます。日本人とペルシア人が接触したと思われる貴重な歴史の一幕なのですが、(e)当時の日本のペルシア（波斯）に関する知識のあいまいさのために興味深い勘違いが生じたのです。

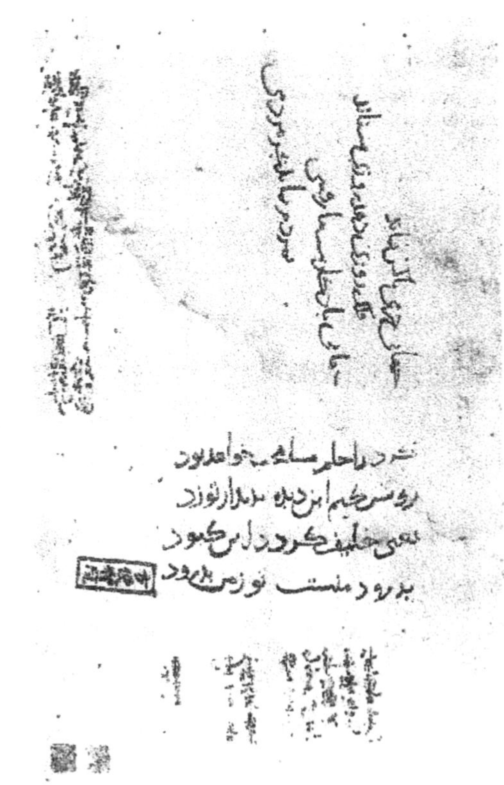

高山寺方便智院旧蔵「紙本墨書南番文字」（杉田英明『日本人の中東発見』より）

一方、ペルシアを含む西アジア側は日本をどのように認識していたのでしょうか。９世紀のアラビア語の地理書には、次のような記述があります。「中国の東方にはワークワークの国がある。黄金に富むため、その住人は犬の鎖や猿の首輪にまで黄金を用い、黄金で織った衣服をもってきて売るほどである」。この「ワークワーク」こそ、日本の古いいい方である「倭国」のことだと考えられているのです。つまり、西アジアの人びとも、おぼろげながら日本のことを認識していたことになります。また興味深いのは、黄金に関する記述です。のちに、(f)モンゴル帝国時代の中国を訪れたとされるイタリア人の（　②　）が、日本を「(g)黄金の国ジパング」とよんだことが知られていますが、日本と黄金を結びつけるイメージが、早くも９世紀の西アジアにあったことになります。

以上、古代・中世における日本とペルシア、西アジアの相互の認識について見てきました。(h)両者がより具体的な知識をもち、直接に接するようになるのはまだ後の話ですが、具体的な知識がないからこそ形成されるイメージというのも興味深いものですね。

（1）文中の空らん（　①　）～（　②　）に適する語句を、（　①　）は**漢字**で、（　②　）は**カタカナ**で答えなさい。

（2）下線部(a)について、この都に遷都(せんと)されたのは、710年のことでした。このころ、しばしば都が遷(うつ)されましたが、遷都の順番として正しいものを、次のア～エのうちから１つ選び、記号で答えなさい。

ア　藤原京　→　平城京　→　平安京　→　長岡京
イ　平城京　→　藤原京　→　平安京　→　長岡京
ウ　藤原京　→　平城京　→　長岡京　→　平安京
エ　平城京　→　藤原京　→　長岡京　→　平安京

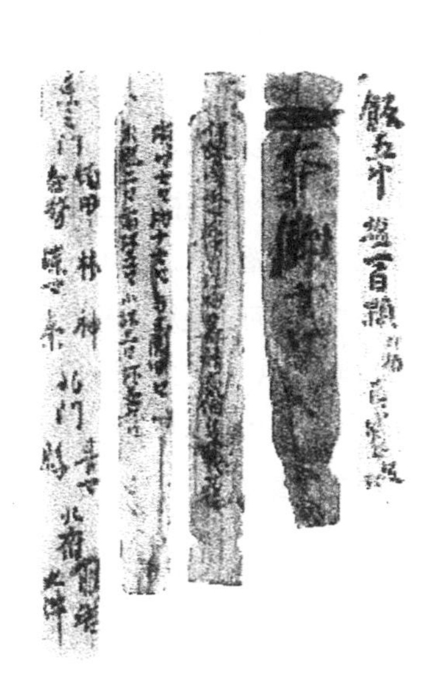

（3）下線部(b)に関連して、奈良時代には右図のような木簡が多く利用されました。右図は、各地から都に届けられる特産物を記録する札として用いられたものです。こうした木簡の記録からは、当時の人びとが各地の特産物を税として納めていた様子がわかります。特産物を税として納めるほかに、律令によって定められていた奈良時代の人びとの負担を**３つ**、文章にして説明しなさい。

（4）下線部(c)について、次のア～エのうち、**正倉院の宝物ではないもの**を１つ選び、記号で答えなさい。

ア　白瑠璃碗(るり)

イ　漆胡瓶(しっこへい)

ウ　伎楽面(ぎがく)

エ　玉虫厨子(ずし)

（5）下線部(d)について、この時代について述べた文として正しいものを、次の文ア～エのうちから１つ選び、記号で答えなさい。

ア　源頼義が、子の源義家とともに陸奥の豪族安倍氏と戦い、出羽の豪族清原氏の助けを受けて安倍氏を滅ぼしました。

イ　親鸞(しんらん)が、だれでも阿弥陀(あみだ)仏を信じる心があれば救われるとして、浄土真宗を開きました。

ウ　北条泰時が、武家社会のしきたりをもとに、御家人に対する裁判の基準を定めた武家諸法度を定めました。

エ　コシャマインが、蝦夷地において和人に対して蜂起しましたが、蠣崎(かきざき)氏によってしずめられました。

（6）下線部(e)に関連して、このような興味深い勘違いは歴史上にいくつかあります。例えば、祇園精舎(ぎおんしょうじゃ)（インドにある仏教の聖地）の見取り図（右図）が水戸市に伝わっていますが、実は、これはカンボジアの寺院遺跡アンコール・ワットを描いたものなのです。そして、アンコール・ワットの柱に江戸時代初期の森本右近太夫(うこんだゆう)という人による落書きがあり、この人物が右の祇園精舎図の作者である可能性が指摘されています。つまり、江戸時代初期において、アンコール・ワットを祇園精舎と勘違いしてそこにお参りした日本人がいたということです。興味深い勘違いですね。このことについて、次の①～②の設問に答えなさい。

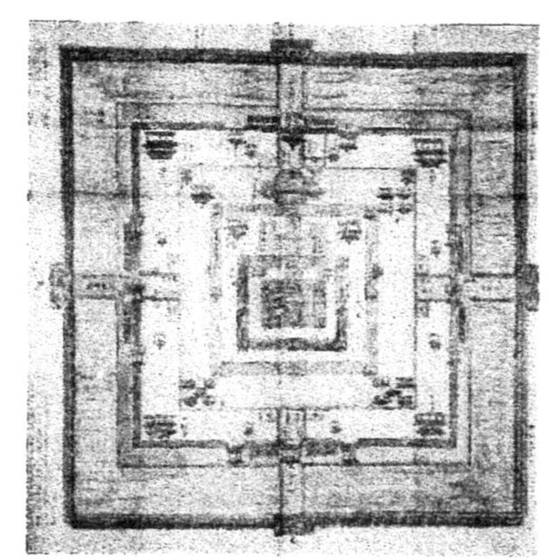

①　江戸幕府が厳しい貿易制限を行うまで、森本右近太夫のように東南アジア各地を訪れる日本人が多くいました。それは、豊臣秀吉の時代から江戸時代初期にかけて渡航許可証を得た船による海外貿易が行われていたからです。このような船を何といいますか。**漢字３字**で答えなさい。

②　現在は、交通機関の発達により日本から海外に渡航するのはずいぶん簡単になりました。ただし、海外渡航は完全に自由なわけではなく、行き先の国によってはある証書が必要になります。日本からロシアに行く場合は、基本的にこの証書が必要ですが、いわゆる北方領土に関しては、この証書なしに日本人が北方領土を訪問する交流事業が1992年以来行われてきています。このような証書を何といいますか。**カタカナ２字**で答えなさい。

（7）下線部(f)に関連して、モンゴル帝国のうち中国を支配した元では、交鈔(こうしょう)という紙幣が発行されていました。しかし、紙幣の乱発が経済の混乱をまねき、このことが元の衰退の一因になったといわれています。こうした現象は現代社会にもみられます。通貨量が増加して物価が上昇する経済現象を何といいますか。**カタカナ**で答えなさい。

（8）下線部(g)について、文中の（　②　）は、「(ジパングの) 宮殿は屋根が純金でおおわれ、床も金の板がしきつめられ、窓も同様である」と伝えています。（　②　）の記述がどこまで正確かというのは難しい問題ですが、もしかしたら、12世紀に陸奥の平泉につくられたある阿弥陀堂のことが、何らかのかたちで伝わったのかもしれません。このことについて、次の①～②の設問に答えなさい。

①　12世紀に平泉につくられた阿弥陀堂の名を、「堂」「寺」の字を含めて**漢字６字**で答えなさい。

②　この阿弥陀堂をつくった人物を、次のア～エのうちから１人選び、記号で答えなさい。

ア　藤原清衡　　　イ　藤原頼通　　　ウ　藤原道長　　　エ　藤原泰衡

（9）下線部(h)に関連して、江戸時代には厳しい貿易制限が行われ、海外からの情報は制限されていましたが、長崎出島のオランダ商館長が幕府に提出する海外情報（『オランダ風説書』）や蘭学・洋学のおこりによって海外の情報が増え、西アジアに関する知識も深まっていきました。新井白石は、中国の地理書や日本に潜入したイタリア人宣教師シドッチの尋問によって得た情報をもとにして『采覧異言（さいらんいげん）』『西洋紀聞』を著しました。新井白石は学者であり政治家でもありましたが、次の文ア～エのうちから、新井白石が行った政策として正しいものを１つ選び、記号で答えなさい。

ア　犬や各種の動物、捨て子や行き倒れ人を保護しました。
イ　良質の正徳小判を発行し、長崎貿易を制限しました。
ウ　株仲間を積極的に公認し、かわりに税金を徴収しました。
エ　都市に出た農民を村に返し、飢饉（ききん）にそなえて各地に米をたくわえさせました。

4 次の文を読み、後の問いに答えなさい。

日本をはじめ世界では科学の進歩にともない、私たちの生活が便利になる一方、紛争や貧困、差別などさまざまな問題が解決されないまま、苦しみのなかにいる人たちも多く、個人としての尊厳が脅(おびや)かされている現状があります。日本で生活していると、なかなか実感がわかないかも知れませんが、そういったことに目を向け、現実を知ることは、これからを生きる私たちの使命ではないでしょうか。

個人が尊重される前提として、個人が相互に平等な存在であることを認める必要があり、これを否定する身分や性、人種などによる差別は禁止されなければなりません。

日本国憲法では、(a)大日本帝国憲法下での（　①　）制度などを否定し、「すべて国民は法の下に平等であつて、人種、信条、性別、社会的身分又は門地(もんち)により、政治的、経済的又は社会的関係において、差別されない」(14条1項)との規定により、社会生活上のあらゆる差別を禁止しています。しかし、現実にはさまざまな社会的不平等が存在し、その解決が望まれています。

その一つに女性差別があります。国連は 1979 年に女子差別撤廃条約を採択し、日本はこの条約を 1985 年に批准(ひじゅん)しました。そのため国内の法整備が必要となり、同年に働く上での男女の平等に関する法律を定め、1999 年には社会生活全般の性別による差別的取り扱いの解消をはかるため、（　②　）が成立しました。

では、歴史的にはどうだったのでしょうか。いくつかの時代を見てみましょう。鎌倉時代の武士の家制度においては、財産（土地）を一族の男女に分け隔(へだ)てなく与える分割相続が一般的で、女性が地頭になる例もあることなどから、女性の地位は比較的高かったといえるでしょう。鎌倉時代を代表する女性としては、源頼朝の妻で、承久の乱に際して御家人の結束を呼びかける演説で幕府軍の勝利に貢献した（　③　）が挙げられます。しかし、13 世紀後半の元寇のころから、相続形態が分割相続から単独相続へと変化し始め、家を継ぐ男子（多くは長男）への相続となったため、経済力を失った女性の地位はしだいに低下していきました。

江戸時代には、武士や一部の有力農民・商人の家では、家の主である男性の権限が強く、家の主やその後継者以外の家族は軽んじられる傾向があり、とくに上級の武士の家庭では、女性が一生のうちに３人の男性に従う(b)「三従(さんじゅう)の教(おしえ)」が心構えとされていました。また、夫婦が離縁(りえん)（離婚）する際は、夫から妻へ「三下り半(みくだりはん)（三行半）」という離縁状が渡されました。江戸時代には、妻からの離縁ができないことになっていたのです。では、妻に何の救済措置もなかったのかといえばそうではなく、幕府公認の「駆込寺(かけこみでら)」または「縁切寺」と呼ばれる寺院がありました。俳優の大泉洋さん主演で、2015 年 5 月に公開された映画『駆込み女と駆出し男』の原作は、井上ひさしの『東慶寺(とうけいじ)花だより』という小説で、この東慶寺は幕府公認の駆込寺となっていました。ただし、寺に入れば離縁となるわけではなく、駆込寺は夫婦間の仲裁を行うなど、現在の裁判所のような役割も担っていました。つまり駆込寺は女性が再出発するための場所と見ることもできるでしょう。

近代に入ると、1898 年に施行された民法で家の主を頂点とする家族の制度が定められ、男女の不平等が法制化されました。この民法によって女性は江戸時代までと比べ、厳格に男性に従属する立場と位置付けられ、「良妻賢母(りょうさいけんぼ)」となることが女性の理想とされました。そんな状況下、明治時代末から大正時代にかけて、社会運動が盛り上がり、婦人解放運動も同様に高まりました。1911年に平塚らいてう（雷鳥）らを中心に(c)青鞜(せいとう)社が結成され、さらに女性の参政権を求める運動へと発展していきました。そんな(d)大正デモクラシーと呼ばれる風潮のなかでおこったのが、働く女性と子育てに関する「母性保護論争」です。この論争において、平塚らいてうは、国家による母子の生活保障を主張したのに対し、女性歌人として有名な（　④　）は11人の子育ての経験から、国家による保護は男性への隷属(れいぞく)と反対し、夫婦による子育てと女性の経済的・人格的自立が必要と唱えました。この論争を女性社会主義者の山川菊栄(きくえ)は、平塚を「現実的改革を望む母権主義」、（　④　）を「反封建の女権(じょけん)主義」と、それぞれの主張の一部を認めながらも批判し、平塚のいう「保護」も（　④　）のいう「自立」も、差別のない社会であることが前提であると主張しました。どの主張が正しいかは別として、女性の立場が弱い時代に、女性自らが「自分たちはどうあるべきか」を考えたという点で興味深い論争です。

敗戦後、(e)連合国の占領下に置かれた日本では、1945年12月に衆議院議員選挙法が大幅に改正され、戦前には実現しなかった女性参政権が認められました。満20歳以上の成人男女に選挙権が与えられた結果、有権者数はそれまでの3倍近くに拡大し、翌1946年4月に戦後初の総選挙が行われ、39名の女性議員が誕生しました。そして、その後に制定・施行された日本国憲法で「法の下の平等」が規定され、女性の立場や権利は男性と同等とされました。しかし、現実の社会では「法の下の平等」が文字通り運用されているとはいえない現状があります。

北嶺中学校は男子校ですが、世の中は男性だけで成り立っている訳ではありません。女性の歴史や現状にもしっかり目を向け、諸問題をともに考える必要があるのではないでしょうか。

（1）文中の空らん（　①　）について、この制度は1884年に、旧大名や貴族、明治維新の功労者などに、家格や功績に応じた爵位(しゃくい)を与えて特権身分とし、貴族院の構成員とする目的で定められました。爵位には、公爵・侯爵・伯爵・子爵・男爵の5つがあり、男性の親から男性の子へ受け継がれました。（　①　）にあてはまる語を答えなさい。

（2）文中の空らん（　②　）にあてはまる法律を、次のア～エのうちから1つ選び、記号で答えなさい。

ア　男女雇用機会均等法　　　イ　育児・介護休業法
ウ　男女共同参画社会基本法　エ　労働基準法

（3）文中の空らん（　③　）には「尼将軍」といわれた人物があてはまります。その人物の名を**漢字**で答えなさい。

（4）文中の空らん（　④　）には、日露戦争の際、戦地におもむいた弟を嘆き、「君死にたまふことなかれ」と歌う作品を雑誌『明星』に発表した女性歌人があてはまります。この人物の名を答えなさい。

（5）上の（4）の女性歌人が発表した「君死にたまふことなかれ」には、日露戦争の激戦地の包囲軍の中にいる弟を嘆くという意の副題があります。この副題に詠（よ）まれた激戦地を、次のア～エのうちから1つ選び、記号で答えなさい。

ア　ソウル　　イ　ウラジオストク　　ウ　南京　　エ　旅順

（6）下線部(a)について、この憲法の特徴を、次の語を用いて、文章で説明しなさい。

ドイツ　　天皇

（7）下線部(b)について、この言葉の「三」が意味する男性を、次のア～エのうちから1つ選び、記号で答えなさい。

ア　祖父・父・夫　　イ　父・夫・子　　ウ　父・兄弟・夫　　エ　父・子・孫

（8）下線部(c)に関して、次の図は青鞜社の結成を受けて発刊された雑誌『青鞜』で、創刊号の表紙は長沼智恵子という女性が描きました。のちに智恵子の夫となった人物は画家でもありましたが、詩人としても有名で、とくに智恵子との出会いから結婚、死別までをまとめたものが『智恵子抄』という作品です。『智恵子抄』の他『道程（どうてい）』などの作品を残した智恵子の夫の名を、下のア～エのうちから1つ選び、記号で答えなさい。

ア　夏目漱石　　イ　高村光太郎　　ウ　島崎藤村　　エ　宮沢賢治

（9）下線部(d)に関して、大正時代から昭和時代初期には市民生活が大きく変化し、大衆が文化に参加するようになりました。そのころの社会の様子をあらわした資料として**適当でないもの**を、次のア～オのうちから**2つ**選び記号で答えなさい。

ア「東洋唯一の地下鉄道」

イ「三越呉服店の新館落成」

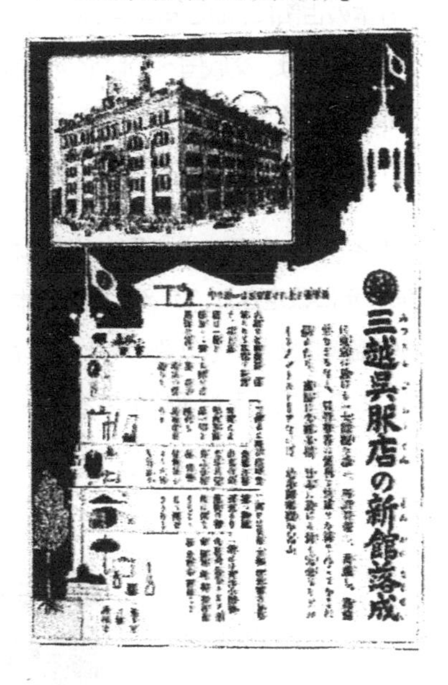

ウ「NHKテレビジョン放送開始」

エ「全国優勝野球大会」

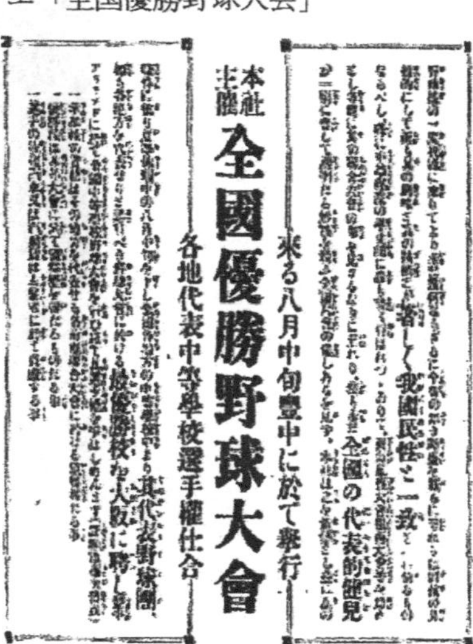
本社主催
全國優勝野球大會
各地代表中等學校選手權仕合
來る八月中旬豐中に於て擧行

オ「鉄道馬車往復図」

(10) 下線部(e)に関連して、次の①～③の設問に答えなさい。

① マッカーサーが最高司令官となった連合国軍最高司令官総司令部は東京に設置され、日本政府に指令・勧告を行いました。この連合国軍最高司令官総司令部は省略して何とよばれますか。**アルファベット３字**で答えなさい。

② 日本の占領は、1952年４月28日にサンフランシスコ平和条約が発効したことによって終わりました。この条約では、交戦国への賠償金が軽減されましたが、日本の領土には厳しい制限が加えられ、領土の一部はアメリカが占領したままでした。そのうち1953年12月までに全島が返還され、鹿児島県に編入された地域の名を、解答らんにあわせて答えなさい。

③ サンフランシスコ平和条約が結ばれた直後に、日本とアメリカはある条約を結びました。この条約は1960年に改定され、アメリカの日本防衛義務や、在日米軍と日本との東アジアでの軍事行動に関する事前協議制などが取り決められました。次の図は、この条約の改定に反対する国民の様子を示しています。この国民の反対運動を何といいますか。**漢字４字**で答えなさい。

2018(H30) 北嶺中
K 教英出版

平成29年度

北嶺中学校入学試験問題

算　　数

（60分）

（注意）

1　問題用紙が配られても、「はじめ」の合図があるまでは、中を開かないでください。

2　問題は全部で **10** ページで、解答用紙は1枚です。「はじめ」の合図があったら、まず、ページ数を確認してからはじめてください。もし、ページがぬけていたり、印刷されていなかったりする場合は、静かに手をあげて先生に伝えてください。

3　答えはすべて解答用紙の指定された解答らんに書いてください。答えが分数になるときは、約分して答えてください。

4　コンパス、定規、分度器は使用できません。机の上にはおかないでください。

5　質問があったり、用事ができた場合には、だまって手をあげて先生に伝えてください。ただし、問題の考え方や、言葉の意味・読み方などについての質問には答えられませんので注意してください。

6　「おわり」の合図で鉛筆をおき、先生が解答用紙を集めおわるまで、静かに待っていてください。

1 次の $\square$ に当てはまる数を求めなさい。

(1) $321+323+325+685+687+689=\square$

(2) $\left(4.1-\dfrac{11}{5}\times 0.5\right)\div 0.2=\square$

(3) $2.5\times 2.5\times 40+3.25\times 3.25\times 16-1.125\times 1.125\times 64=\square$

(4) $\left[1-\left\{1-\left(1-\dfrac{1}{5}\right)\right\}\right]\times(6-9\div 2-\square)\div 2\dfrac{4}{5}=\dfrac{4}{21}$

計算用紙

2 次の各問いに答えなさい。

(1) 同じ大きさの立方体をいくつか積み上げて，縦（たて）30 cm，横 54 cm，高さ 36 cm の直方体を作ろうとしています。立方体の個数を最も少なくするとき，立方体は何個必要ですか。

(2) 1 本 40 円のえんぴつと 1 個 65 円の消しゴムを，合わせて 3500 円分買いました。これらを何人かの子どもに配るとき，えんぴつを 5 本ずつ配ると 3 本不足し，消しゴムを 3 個ずつ配ると 1 個余ります。買ったえんぴつの本数は何本ですか。

(3) 下のような正方形と半円とおうぎ形を組み合わせた図形があります。このとき，色のついた部分の面積を求めなさい。ただし，円周率は 3.14 とします。

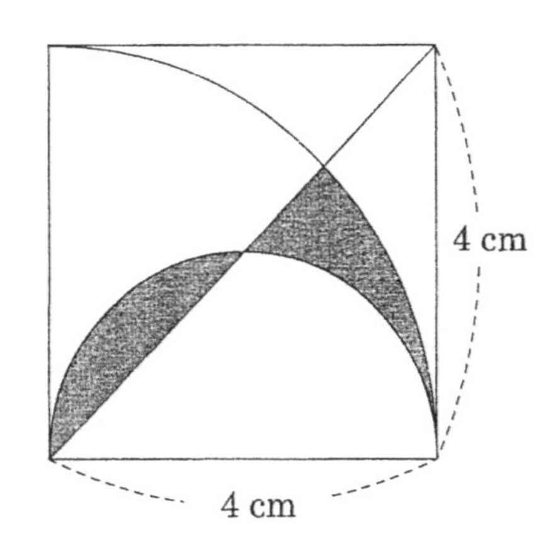

(4) 下の図のように，数字が書いてあるカードを並べます。1 段目には [1] ，2 段目には [2] [3] ，3 段目には [3] [4] [5] のカードを置き，4 段目以後も，左から右へ，段の数から順に 1 ずつ大きくなる整数が並ぶように，段の数と同じ枚数のカードを置いていきます。この作業を順に 20 段目まで行いました。

1 段目	[1]			
2 段目	[2]	[3]		
3 段目	[3]	[4]	[5]	
4 段目	[4]	[5]	[6]	[7]
⋮		⋮		

① [25] のカードは何枚あるかを求めなさい。

② 同じ数字が書かれたカードが，ちょうど 10 枚であるような数をすべて求めなさい。

3　$\{1, 2, 3\}$ の3つの数字を $\{1, 2, 3\}$ の3つの数字に対応させる方法として，次の A〜F の6通りを考えます。

A	B	C	D	E	F
1 2 3	1 2 3	1 2 3	1 2 3	1 2 3	1 2 3
↓ ↓ ↓	↓ ↓ ↓	↓ ↓ ↓	↓ ↓ ↓	↓ ↓ ↓	↓ ↓ ↓
1 2 3	1 3 2	2 1 3	2 3 1	3 1 2	3 2 1

例えば C は，1を2に，2を1に，3を3に対応させています。

次に，A〜F の中から同じものを選ぶことを許して2つ選び，それらを X, Y とします。そして $X*Y$ を「Y を対応させたのち，X を対応させる」という対応を表すとします。例えば，$B*C$ は

1	2	3
↓	↓	↓
2	1	3
↓	↓	↓
3	1	2

となり，1を3に，2を1に，3を2に対応させています。この対応は E と同じですから，

$$B*C=E$$

と表すことにします。このとき，次の各問いに答えなさい。

(1) $E*B$ は A〜F のどれと同じ対応ですか。

(2) B〜F の中から1つ選び，それを X とします。

$$X*X=A$$

が成り立つ X を，B〜F の中からすべて選びなさい。

(3) B〜F の中から異なる2つを選び，それらを X, Y とします。

$$X*Y=Y*X$$

が成り立つとき，この2つを答えなさい。

(4) A〜F の中から異なる3つを選んでグループを作ります。このグループから同じものを選ぶことを許して自由に2つ選び，それらを X, Y とします。$X*Y$ が，常にこのグループの中のひとつと同じ対応になるとき，このグループに選ばれた3つを答えなさい。

(1)　容器Ⓘの容積は何 cm^3 ですか。

(2)　毎秒何 cm^3 の水を注いでいますか。

(3)　鉄製の四角柱Ⓐの底面積は何 cm^2 ですか。

(4)　水そうの底面積は何 cm^2 ですか。

(5)　水そうの水がちょうど満杯になるのは，水を注ぎ始めてから何秒後ですか。

4 次の各問いに答えなさい。

(1) 1辺の長さが6 cmの正方形ABCDがあります。この正方形において，2辺AB，ADのまん中の点をそれぞれI，Jとするとき，三角形AIJの面積を求めなさい。

図1

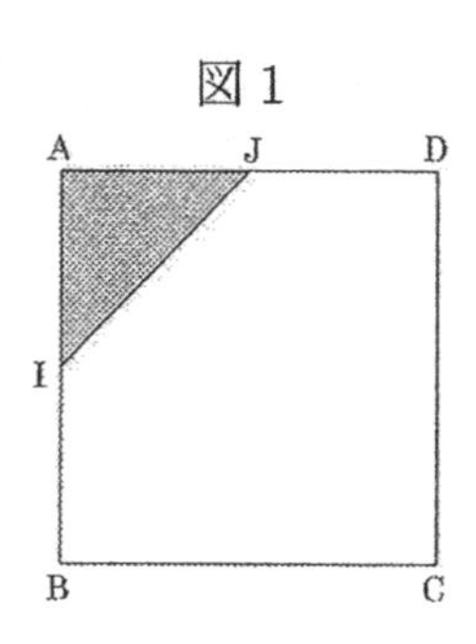

(2) 1辺の長さが6 cmの立方体ABCD-EFGHについて，3辺AB，AD，AEのまん中の点をそれぞれI，J，Kとします。また，正方形ABFEの対角線BEのまん中の点をL，正方形ADHEの対角線DEのまん中の点をMとします。このとき，三角柱AIJ-KLMの体積を求めなさい。

図2

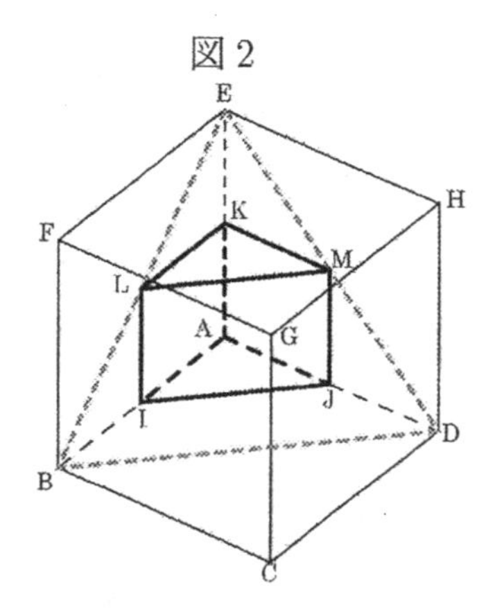

(3)　1辺の長さが 6 cm の立方体8個を図3のように積むと1辺の長さが 12 cm の立方体ができます。この1辺の長さが 12 cm の立方体の各面の正方形の十文字になっている点（図の・印のところ）を図4のように線で結ぶと，ある立体ができます。この立体の名称は正八面体といい，中学校で学ぶことになります。さらに，この立体（正八面体）において，図5のように8本の辺のまん中を線で結ぶと，ある立体ができます。この立体の体積を求めなさい。

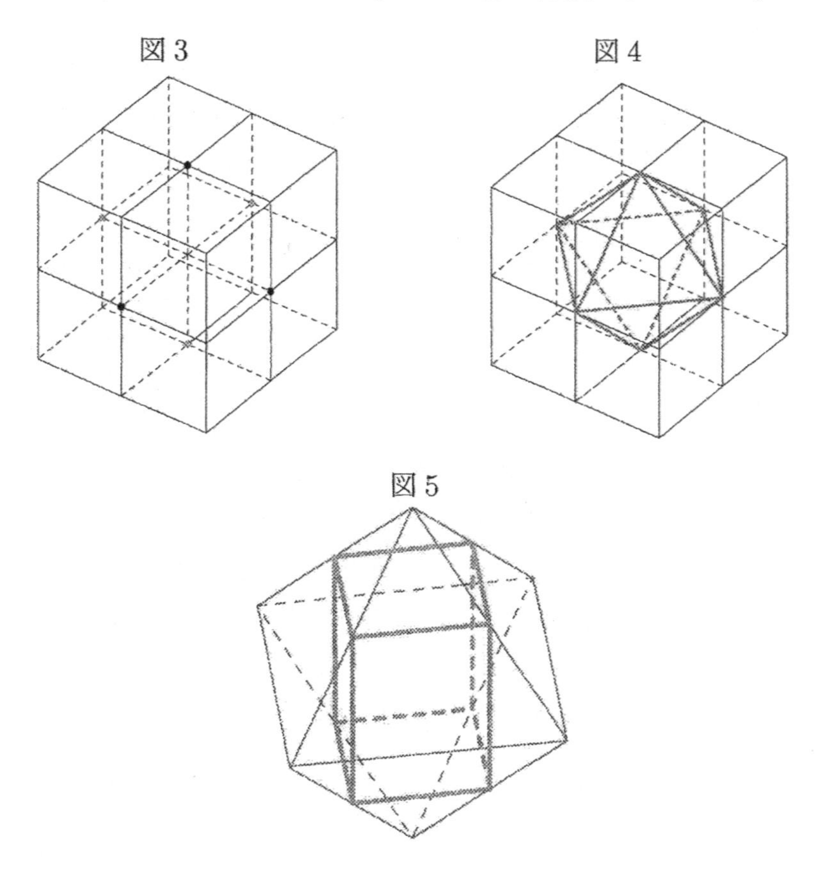

(4)　1辺の長さが 12 cm の立方体の体積は，(3) で求めた立体の体積の何倍になるか求めなさい。

5　物事の処理の流れなどを表した図をフローチャート（流れ図）と言います。この問題のフローチャートでは，矢印の向きに処理を実行していきますが，条件によって，処理する内容を変えたり同じ処理を何度もくり返し実行したりすることもあります。図1，図2のフローチャートの中にあるAやNに，ある整数を当てはめることで処理が始まり，表示される記号はテレビなどの画面に映し出されると考えて下さい。

(1)　図1は，Aに当てはめた整数がある条件を満たすかどうかを判定することができるフローチャートです。例えばAに18を当てはめると「◎」が，6を当てはめると「○」が，5を当てはめると「×」が表示されます。

①　Aに3001071015を当てはめたときに，表示される記号を答えなさい。

②　異なる2つの整数をそれぞれAに当てはめてフローチャートの処理を実行したとき，それぞれ表示された記号を確認したあと，その2つの整数の和をAに当てはめました。次のア，イ，ウのうち，常に正しいと言えるものを，すべて選びなさい。ただし，常に正しいと言えるものがない場合は，解答らんに「なし」と書きなさい。

ア：2つの整数が両方「×」と表示されたとき，その2つの整数の和は「×」と表示される。

イ：1つの整数が「◎」，1つの整数が「○」と表示されたとき，その2つの整数の和は「○」と表示される。

ウ：2つの整数が両方「○」と表示されたとき，その2つの整数の和は「○」と表示される。

図1

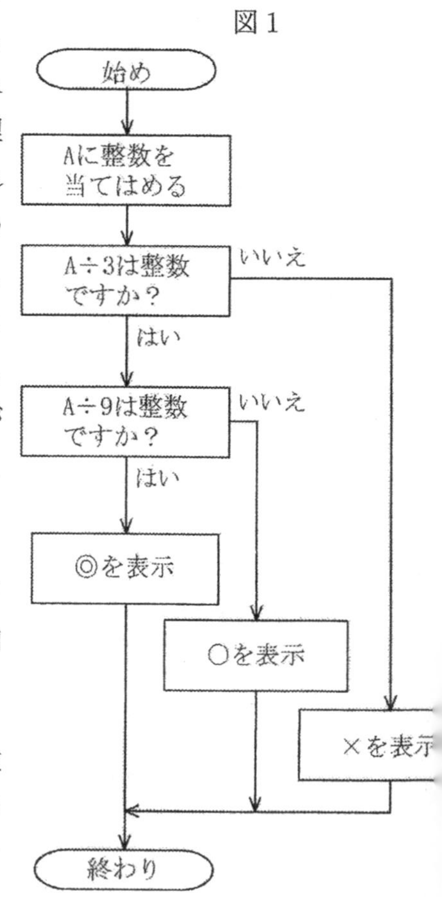

(2)　図2は，Nに当てはめた整数がある条件を満たすかどうかを判定することができるフローチャートです。フローチャートの中のKには、始め2を当てはめます。そのあとの処理でKの値は1ずつ大きくなっていきます。

図2

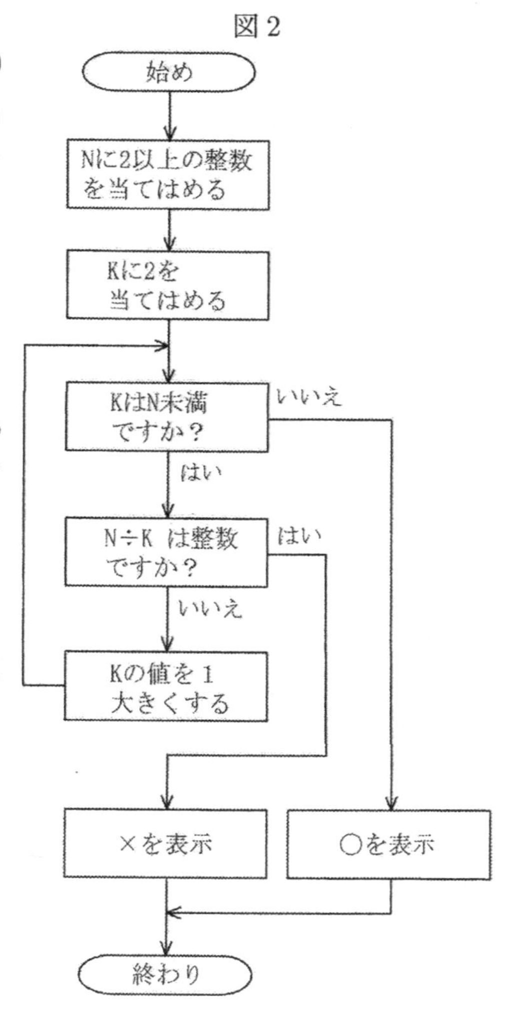

①　Nに51から60までの整数10個をそれぞれ当てはめたとき，「○」と表示される整数をすべて答えなさい。

②　Nに2つの連続する整数 a，b（b は a より1だけ大きい数）をそれぞれ当てはめます。例えば，連続する整数とは「80と81」のような2つの数のことを指します。

すべての整数において，2つの連続する整数が両方とも「○」と表示されるのはただ1組しかありません。その2つの連続する整数を「80と81」のように答えなさい。

③　3よりも大きい整数のうち，3つの連続する整数 a，b，c（b は a より1大きく，c は a より2大きい整数）をそれぞれNに当てはめたとき，a と c は「○」と表示され，b は「×」と表示されました。この条件を満たす3つの連続する整数は，どんなときでもまん中の b が必ず□の倍数になります。□に当てはまる最も大きい整数を答えなさい。

2018(H30) 北嶺中
K 教英出版

平成29年度

北嶺中学校入学試験問題

理　　科

（40分）

（注意）

1　問題用紙が配られても、「はじめ」の合図があるまでは、中を開かないでください。

2　問題は全部で **12** ページで、解答用紙は1枚です。「はじめ」の合図があったら、まず、ページ数を確認してからはじめてください。もし、ページがぬけていたり、印刷されていなかったりする場合は、静かに手をあげて先生に伝えてください。

3　答えはすべて解答用紙の指定された解答らんに書いてください。

4　字数が指定されている場合には、特に指示のないかぎり句読点も数えてください。

5　質問があったり、用事ができた場合には、だまって手をあげて先生に伝えてください。ただし、問題の考え方や、言葉の意味・読み方などについての質問には答えられませんので注意してください。

6　「おわり」の合図で鉛筆をおき、先生が解答用紙を集めおわるまで、静かに待っていてください。

1 次の問いに答えなさい。

(1) 地球上とISS（国際宇宙ステーション）の中で、同じ実験をしたときの結果として、**まちがっている**ものを、次の**ア**～**エ**から一つ選び、記号で答えなさい。

ア 地球上では、水と油を混ぜると二層に分かれるが、ISSの中では、均一に混ざり合う。

イ 地球上では、ろうそくの炎(ほのお)はたてに細長い形になるが、ISS の中では、球に近い形になる。

ウ 地球上では、水を吸わせたタオルをゆっくりしぼると、大半の水がしたたり落ちるが、ISSの中では、大半の水が小さな球状の粒(つぶ)となって四方八方に飛び散る。

エ 地球上では、水を入れたコップをゆっくりかたむけていくと、水は床(ゆか)に流れ落ちるが、ISSの中では、流れ落ちない。

(2) 図1のような器具を**「二また試験管」**といいます。この試験管はかたむけることで、気体の発生量を調節することができる器具です。この試験管の A 側には小さなくぼみがついているので、このくぼみのことを考えて A 側と B 側に物質を入れなければなりません。この試験管を用いて二酸化炭素を発生させるとき、A 側と B 側に入れる物質として、最も適する組み合わせを、次の**ア**～**キ**から一つ選び、記号で答えなさい。

	A側	B側
ア	塩酸	石灰石(せっかいせき)
イ	酢(す)	ベーキングパウダー
ウ	石灰水	酢
エ	オキシドール	鳥の肝臓(かんぞう)
オ	貝がら	塩酸
カ	二酸化マンガン	オキシドール
キ	アルミはく	水酸化ナトリウム水溶液

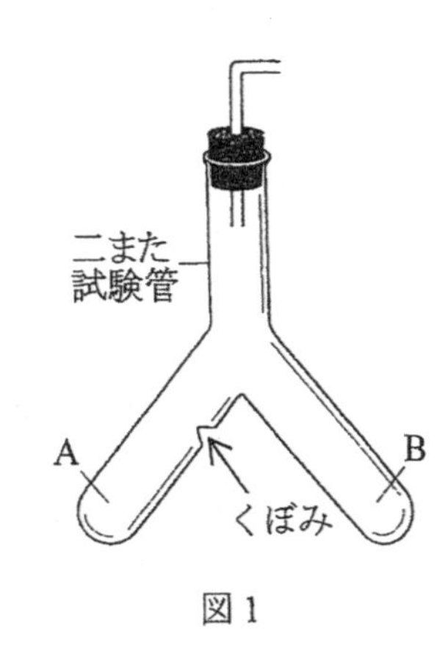

図1

(3) 2016年11月30日に、国際純正・応用化学連合によって正式に決定された、周期表の113番目の元素の名称(めいしょう)を、解答らんにしたがって**カタカナ5文字**で答えなさい。

(4) 塩酸（A液とします）50 mLにフェノールフタレイン溶液を2、3滴(てき)加えて、水酸化ナトリウム水溶液（B液とします）を少しずつ加えました。すると、加えたB液の量が80 mLを超(こ)えたときに、A液とB液の混合液の(あ)色の変化が起きました。次に、40 mLのB液を水でうすめて80mLにしました（C液とします)。そして、10mLのA液にフェノールフタレイン溶液を2、3滴加えて、(い) C液を0.6 mLずつ加えました。

① 下線部（あ）について、このときのA液とB液の混合液の色は、何色から何色に変化しましたか。色群の中からそれぞれ一つずつ選び、漢字で答えなさい。

【 色群： 黄 赤 青 緑 黒 無 】

② 下線部（い）について、A液とC液の混合液の色が変化するのは、C液を何回加えたときですか。**整数**で答えなさい。

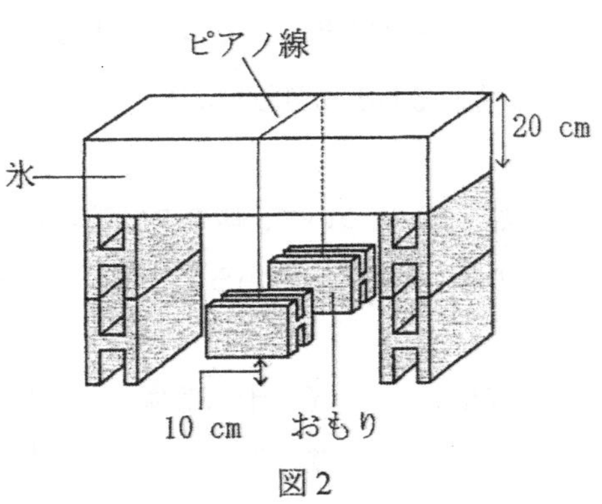

図2

(5) 図2のように、気温がマイナス5 °Cの部屋に厚さが20 cmの氷を置き、その氷の真ん中に細いピアノ線をかけて、その両端(りょうたん)におもりを地上から10 cmの高さにつるしました。しばらくそのまま放っておいた後に、おもりをピアノ線から外して片付けました。【ヒント】を参考に、このときの氷とピアノ線のようすとして、最も適するものを、次の**ア**～**カ**から一つ選び、記号で答えなさい。

【ヒント】
① 図2のように、ピアノ線がピンと張った状態では、氷の上面のピアノ線との接触(せっしょく)部分に大きな圧力がかかり、氷は体積の小さな状態に変化する。
② 水に氷を入れると氷は浮(う)く。
③ 部屋の温度は0 °Cより低いため、ピアノ線による圧力がかからなければ、水は氷になる。

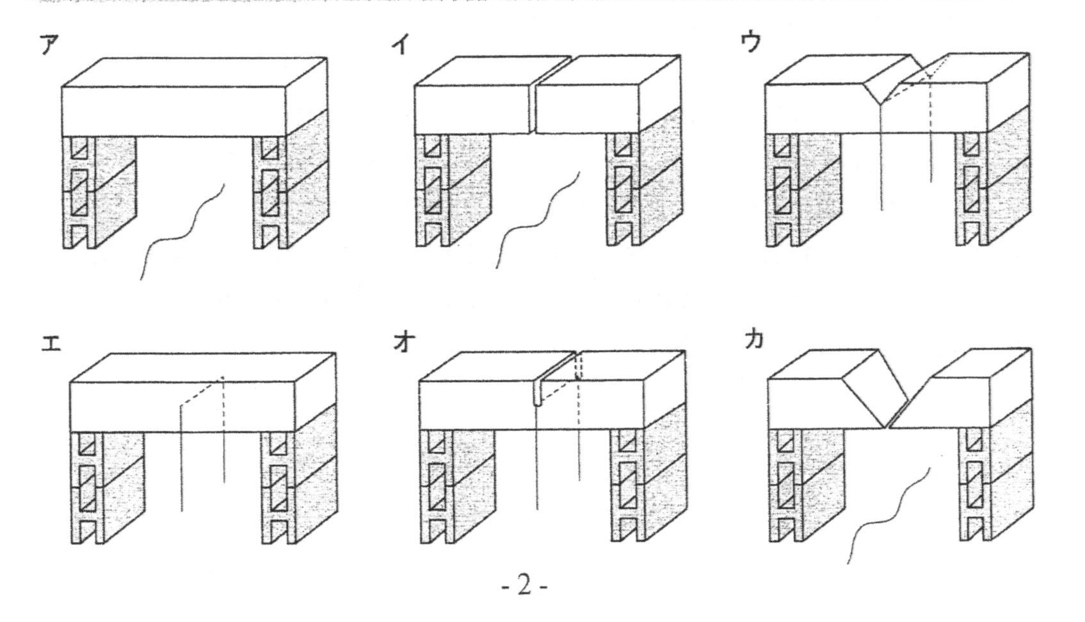

2 (あ)デンプンは、消化管内のさまざまな消化液により、最終的にブドウ糖にまで分解されて、小腸でヒトの体内に吸収されます。吸収された(い)ブドウ糖は、肝臓をはじめ、体のいろいろなところに取りこまれます。もしも、この取りこみが低下してしまうと、血液中のブドウ糖の量（血糖量）が多くなってしまいます。ヒトは血糖量が増えると、のどがかわいて大量に水を飲んだり、尿(にょう)の量を減らしたりします。すると、今度は血液内の水分量が増えてしまい、血管を押(お)し広げようとする力（血圧）が大きくなります。血圧は血管内の水分量だけでなく、(う)心臓の収縮によっても値が変化します。血糖量が増えすぎた状態が続くと「糖尿病(とうにょうびょう)」となり、毛細血管がたくさん集まっている目や脳や(え)腎臓(じんぞう)などで、さらなる病気が引き起こされるおそれがあります。

(1) 下線部（**あ**）について、体の中でデンプンを分解する消化液を合成する部位として、最も適するものを、次の**ア**～**カ**から二つ選び、記号で答えなさい。

ア だ液せん　**イ** 十二指腸　**ウ** 小腸
エ 肝臓　**オ** 胆(たん)のう　**カ** すい臓

(2) 下線部（**い**）について、ヒトは血糖量を一定に保つために、ブドウ糖を肝臓などに取りこむはたらきを強める物質を体内で作っています。この物質が多く作られるのは、どのようなときだと考えられますか。最も適するものを、次の**ア**～**エ**から一つ選び、記号で答えなさい。

ア 起床(きしょう)時　**イ** 睡眠(すいみん)中　**ウ** 運動後　**エ** 食後

(3) 下線部（**う**）について、ヒトの心臓はどのように収縮しますか。最も適するものを、次の**ア**～**カ**から一つ選び、記号で答えなさい。

ア 右心房(ぼう)と左心房が同時に収縮し、次に右心室と左心室が同時に収縮する。
イ 右心房と右心室が同時に収縮し、次に左心房と左心室が同時に収縮する。
ウ 右心房と左心室が同時に収縮し、次に右心室と左心房が同時に収縮する
エ まず右心房が収縮し、次に右心室、その次に左心室、最後に左心房と順に収縮する。
オ まず右心房が収縮し、次に左心房、その次に左心室、最後に右心室と順に収縮する。
カ 右心房、左心房、右心室、左心室のすべてが同時に収縮する。

(4) 下線部（**え**）について、ヒトは腎臓のはたらきが低下すると、体内の不要物を排出(はいしゅつ)しにくくなります。このときに行われる治療(ちりょう)法の一つに、「血液を一度体外に出し、不要物や過剰(かじょう)な水分を取り除いて、再び体内にもどす。」というものがあります。この治療法の名称として、最も適するものを、次の**ア**～**ケ**から一つ選び、記号で答えなさい。

ア　血液検査	**イ**　再生医療	**ウ**　骨髄移植(こつずいいしょく)
エ　腎移植	**オ**　放射線治療	**カ**　ワクチン接種
キ　人工透析(とうせき)	**ク**　DNA 鑑定(かんてい)	**ケ**　出生前診断(しんだん)

(5) ヒトの血液を、顕微鏡(けんびきょう)を用いて観察しました。最初に、15 倍の接眼レンズと 10 倍の対物レンズを使用したところ、視野内に小さな粒が見えました。次に、接眼レンズの倍率は変えずに、対物レンズの倍率を変えると、視野内の小さな粒の面積は 16 倍になりました。このときの対物レンズの倍率を、整数で答えなさい。

3 地球は太陽系の惑星(わくせい)の一つで、今からおよそ [a] 億年前に誕生しました。誕生して間もないころは表面が 1000 ℃以上の溶岩(ようがん)でおおわれていましたが、しだいに表面が冷えて生物が生息できる環境(かんきょう)に変化していきました。表面の温度が低下すると、大気中に含(ふく)まれていた水蒸気が雨となって降りそそぎ、海が生まれました。(あ)最初の生物はおよそ [b] 億年前に誕生したと考えられていて、発見されている最古の(い)生物の化石は約35億年前の生物のものです。化石は主に岩石の破片(はへん)でできた土砂(どしゃ)が積もった地層の中から発見されます。地層をくわしく調べていくと、(う)それができた時代やその当時の環境がわかります。また、大地や気候の変化のほか、生物の進化など数多くのことを知ることができます。これまでの地球の長い歴史を学び、長期的な視野で物事を考えることは、(え)環境と人間の活動との関(かか)わりを考えていく上で重要です。

(1) 文中の [a] と [b] にあてはまる数値として、最も適するものを、次の**ア**～**ク**からそれぞれ一つずつ選び、記号で答えなさい。ただし、同じ記号を二度答えてもよいものとします。

ア 40　**イ** 46　**ウ** 52　**エ** 58
オ 64　**カ** 70　**キ** 76　**ク** 82

(2) 下線部（**あ**）について、最初の生物は陸上ではなく海中で誕生したと考えられています。その理由として、最も適するものを、次の**ア**～**エ**から一つ選び、記号で答えなさい。

ア 海中には陸上よりも、十分な量の酸素がとけこんでいたため。
イ 海中では陸上よりも、紫外線(しがいせん)が届きやすいため。
ウ 海中には陸上よりも、高温で圧力の大きな場所があったため。
エ 海中では陸上よりも、重力の大きさが小さくなるため。

(3) 下線部（**い**）について、生物の化石の年代を測定するには、地球上にわずかに存在している不安定な炭素の数を利用します。図1のように、その不安定な炭素は次々と壊(こわ)れて安定な別の物質に変化する性質をもっていて、その数が半分に減るまでに**「ある一定の時間」**がかかることが知られています。残った半分の不安定な炭素は、その数が半分に減るまでに、また同じ**「ある一定の時間」**がかかり、その後もこれをくり返していきます。この不安定な炭素は大気中の二酸化炭素にも含まれています。生物は光合成や呼吸などによって二酸化炭素を体内に吸収したり、排出したりしています。そのために、生きている生物の体内に含まれる不安定な炭素の割合と、大気中に含まれる不安定な炭素の割合は等しくなっています。大気中に含まれる不安定な炭素は、宇宙からの放射線によって作られているので、その割合はいつも変わることがありません。したがって、この生物が死んで、大気中との二酸化炭素のやりとりが止まると、生物の体内の不安定な炭素の割合が大気中よりも減っていきます。このことから、化石となった生物の体内に残っている不安定な炭素の割合を調べることで、この生物が生きていた年代を推定することができます。

ある地層から採取された生物の化石に含まれる不安定な炭素の割合は、この生物が生きていたときの$\frac{1}{64}$でした。それにもとづいて、この化石の年代は今から34500年前であったことがわかりました。以上のことから、不安定な炭素が半分の数に減る**「ある一定の時間」**が何年なのかを答えなさい。ただし、答えが小数になるときは、小数第一位を四捨五入して、**整数**で答えること。

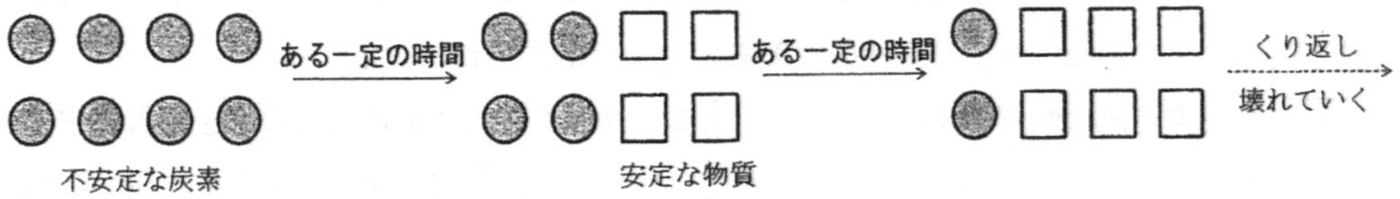

図 1

(4) は次のページにあります。

(4) 下線部（う）について、次の文中の [c] 〜 [f] には、水蒸気をのぞいた現在の大気の主な四つの成分があてはまります。これらの気体の名称として、最も適するものを、【気体の名称】のア〜クからそれぞれ一つずつ選び、記号で答えなさい。また、これらの気体の説明として、正しいものを、【気体の説明】のケ〜タからそれぞれ一つずつ選び、記号で答えなさい。

地球が誕生したころの大気は水蒸気と [c] が主な成分でした。これらは地球の材料となった惑星に含まれており、惑星の衝突(しょうとつ)によって放出されて大気になりました。そして、海ができると、[c] は海水に吸収され、石灰岩に変化したり、生物に利用されたりして、大きく減少しました。そのため、現在の大気の主な四つの成分の中で、最も少なくなっています。一方、[d] は光合成を行う生物の出現により急激に増加しました。そして、海水中に含まれる鉄と反応したことにより、しま状の鉄鉱石の地層が形成されました。

[e] は安定で他の物質と反応しにくく、水にとけにくいため地球誕生のときに大気中にあったものが、そのまま残っていると考えられています。[e] は現在の大気の主な四つの成分の中で、最も多くなっています。

[f] は地球が誕生した当時から存在していただけではなく、地球内部からも少しずつ放出されました。この気体も安定で他の物質と反応しにくく、重いため、宇宙空間に逃(に)げずに大気中にとどまったと考えられています。

【気体の名称】

ア　水素	イ　酸素	ウ　窒素(ちっそ)	エ　二酸化炭素
オ　塩素	カ　アルゴン	キ　メタン	ク　二酸化硫黄(いおう)

【気体の説明】

ケ　無色で刺激臭(しげきしゅう)があり、酸性雨の原因になっている。

コ　温室効果があり、固体にしたものは冷却剤(れいきゃくざい)として利用されている。

サ　最も軽い気体であり、液体にしたものはロケットの燃料として利用されている。

シ　肥料の原料となり、液体にしたものは冷却剤として利用されている。

ス　さまざまな金属と反応するため、地球の表面をおおう岩石の成分として多く含まれている。

セ　水にとけたものは殺菌(さっきん)作用があるため、水道水の殺菌に利用されている。

ソ　天然ガスの主成分として産出され、都市ガスとして利用されている。

タ　蛍光灯(けいこうとう)や電球の中に封入(ふうにゅう)されている。

(3) 下線部（**う**）について、中和の反応として最も適するものを、次の**ア**～**オ**から一つ選び、記号で答えなさい。

ア　火山の噴気口（ふんきこう）では、黄色の硫黄の固体が生成する。
イ　打ち上げた花火では、さまざまな色が見られる。
ウ　石灰水に二酸化炭素を通すと、石灰水が白くにごる。
エ　乾燥剤（かんそうざい）として利用されているシリカゲルは水を吸収する。
オ　酸素に紫外線（しがいせん）を当てると、オゾンが生成する。

(4) は次のページにあります。

下線部（う）について、塩酸を中和する次の【実験】を行いました。

【実験】

塩酸 10 mL を入れたビーカーを 9 個用意しました。それぞれのビーカーに水酸化ナトリウム水溶液 0 mL、5 mL、10 mL、15 mL、20 mL、25 mL、30 mL、35 mL、40 mL を別々に加えた 9 種類の水溶液をつくりました。これらの水溶液を十分に乾燥させて、ビーカーに残った固体の重さを調べた結果を下の表とグラフに表しました。

水酸化ナトリウム水溶液の体積［mL］	0	5	10	15	20	25	30	35	40
残った固体の重さ［g］	0	1	2	3	4	4.7	5.4	6.1	6.8

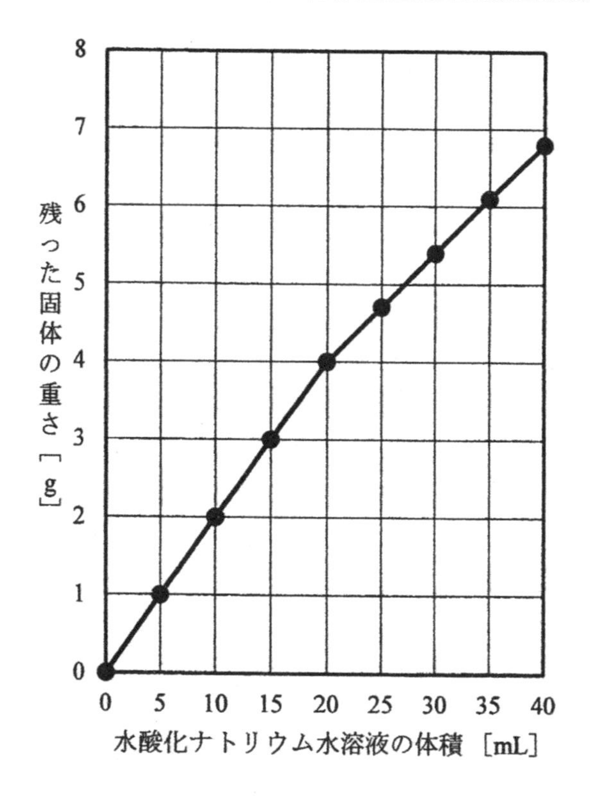

(4)【実験】で用いた塩酸 20 mL を入れたビーカーを 2 個用意しました。それぞれのビーカーに【実験】で用いた水酸化ナトリウム水溶液 20 mL と 40 mL を別々に加えて**2 種類の水溶液**をつくりました。これらの水溶液に緑色の BTB 溶液を加えると何色になりますか。次の**ア〜ウ**からそれぞれ一つずつ選び、記号で答えなさい。ただし、同じ記号を二度答えてもよいものとします。

ア　緑色　　　**イ**　黄色　　　**ウ**　青色

(5) (4) の下線部の水溶液を、BTB 溶液を加えずに十分に乾燥させたとき、ビーカーに残った固体の重さをそれぞれ答えなさい。ただし、答えが小数になるときは、小数第二位を四捨五入して、**小数第一位**まで答えること。

(6)【実験】で用いた水酸化ナトリウム水溶液 70 mL を入れたビーカーを用意しました。そのビーカーに【実験】で用いた塩酸を 1.5 倍の濃(こ)さにして、それを 20 mL 加えた水溶液をつくりました。この水溶液を十分に乾燥させたとき、ビーカーに残った固体の重さを答えなさい。ただし、答えが小数になるときは、小数第二位を四捨五入して、**小数第一位**まで答えること。

(7)【実験】で用いた水酸化ナトリウム水溶液を 4 倍の濃さにして、それを 100 mL 入れたビーカーを用意しました。そのビーカーに【実験】で用いた塩酸を 1.5 倍の濃さにして、それを 20 mL 加えた水溶液をつくりました。この水溶液を十分に乾燥させたとき、ビーカーに残った固体の重さを答えなさい。ただし、答えが小数になるときは、小数第二位を四捨五入して、**小数第一位**まで答えること。

4 野生動物によって、農作物や森林が荒(あ)らされたり、人に危害が加えられたりすることが増えています。日本の森林被害(ひがい)の多くは(あ)シカによる食害が原因といわれており、このような被害を防ぐためにも、被害をもたらす野生動物の駆除(くじょ)が必要となっています。

シカと同様、イノシシもさまざまな害をもたらします。イノシシは家畜(かちく)動物のブタの祖先です。現在のブタは、人が長い年月をかけて(い)特別な特徴(とくちょう)をもったイノシシどうしを交配（子をつくること）して誕生させたといわれています。人類は多くの有用な家畜や作物を、このような交配でつくりだしてきました。これを選抜育種(せんばついくしゅ)といいます。

近年は、生物の体の情報（遺伝子(いでんし)）を解読する［a］プロジェクトが行われ、生物がもつさまざまな情報を知ることができました。その中でも有用な情報を利用し、より良い特徴をもつ生物をつくりだすことも可能となっています。また、いくつかの遺伝子を利用して［b］細胞(さいぼう)をつくりだすことに成功した［c］は、2012 年にノーベル生理学・医学賞を受賞しました。この細胞は万能(ばんのう)細胞として再生医療(いりょう)の分野で注目を集めています。

(1) 文中の［a］～［c］に入る、最も適する語句や人名を答えなさい。ただし、［a］は**カタカナ3文字**、［b］は**アルファベット3文字**、［c］は人名を**ひらがな7文字**で答えること。

(2) 下線部（**あ**）について、日本各地でシカが増えた理由として**まちがっている**ものを、次の**ア**～**エ**から一つ選び、記号で答えなさい。

ア　日本各地にシカの天敵がほとんどいないため。
イ　日本各地でシカを捕獲(ほかく)する人が減ったため。
ウ　日本各地に放置された耕作地が増えたため。
エ　日本各地の積雪量が増えたため。

(3) 下線部（**い**）について、イノシシとブタの特徴の説明として最も適するものを、次の**ア**～**エ**から一つ選び、記号で答えなさい。ただし、ブタがイノシシから選抜育種でつくられたことを参考にすること。

ア　ブタはイノシシよりも一度に子を産む数が多い。
イ　ブタはイノシシよりも胴(どう)や腸の長さが短い。
ウ　イノシシはブタよりも体がはやく大きくなる。
エ　イノシシは草食であるが、ブタは肉食である。

生物は、交配が行われるときに、親のもつ情報のどちらか一つが子に伝えられて、生まれた子は両親から一つずつ受け継(つ)いだ二つの情報をもちます。

例えば、体の大きさという特徴では、「大きくなる」、「大きくならない」のように対立する情報があって、この組み合わせによって体の大きさが決まります。「大きくなる情報」を **A**、「大きくならない情報」を **a** と表すと、体の大きいイノシシは **AA** または **Aa**、体の小さいイノシシは **aa** という二つの情報をもちます。**Aa** という二つの情報をもつイノシシでは、**A** と **a** という 2 種類の情報をもっていますが、 **A** の方が優先されるしくみになっていて、体は大きくなります。

ここで、オスは **Aa**、メスは **aa** という二つの情報をもつ親どうしの交配をし、生まれてくる子が受け継ぐ二つの情報の組み合わせをすべて考えてみます。これを表 1 のように表します。すると、「大きくなる子」と「大きくならない子」の数の比が 2 : 2 となり、最も簡単な整数の比で表すと 1 : 1 になることがわかります。

表 1

	親（メス）	aa	
親（オス）	子が受け継ぐ情報	a	a
Aa	A	Aa	Aa
	a	aa	aa

(4) オスもメスも **Aa** という二つの情報をもつ親どうしの交配で、生まれてくる子が受け継ぐ二つの情報の組み合わせをすべて考えると、「大きくなる子」と「大きくならない子」の数の比はどのようになりますか。**最も簡単な整数の比**で答えなさい。

体の大きいイノシシどうしを、次の【交配実験】のように何世代にもわたって交配させると、生まれる子の中の「大きくなる子」における **AA**、**Aa** の割合に、ある変化が起こり、選抜育種の効果があらわれてきます。

【交配実験】は次のページにあります。

【交配実験】

二つの情報として **AA** をもつイノシシと、**Aa** をもつイノシシが同じ数だけいる体の大きいイノシシの集団があり、これを親世代とします。この集団内のオスとメスの数は同じです。この集団内で交配をしました。表2のように、生まれてくる子が受け継ぐ、二つの情報の組み合わせをすべて考えて、「大きくなる子」と「大きくならない子」の数の比を、最も簡単な整数の比で表すと

「大きくなる子」:「大きくならない子」= 15 : 1

になることがわかります。このような、親世代から生まれた子の集団を第一世代とします。また、「大きくなる子」における **AA** と **Aa** の数の比を、最も簡単な整数の比で表すと

AA : **Aa** = 3 : 2

となることもわかります。

表2

	親(メス)	AA		Aa	
親(オス)	子が受け継ぐ情報	A	A	A	a
AA	A	AA	AA	AA	Aa
	A	AA	AA	AA	Aa
Aa	A	AA	AA	AA	Aa
	a	Aa	Aa	Aa	aa

第一世代の中の「大きくなる子」(**AA** : **Aa** = 3 : 2 の集団)が成長した、体の大きいイノシシの集団があります。この集団内でもオスとメスの数は同じとし、オスとメスそれぞれにおける **AA** と **Aa** の数の比も 3 : 2 になっているとします。この集団内でも交配をしました。生まれてくる子が受け継ぐ、二つの情報の組み合わせをすべて考えて、「大きくなる子」と「大きくならない子」の数の比を、最も簡単な整数の比で表すと

「大きくなる子」:「大きくならない子」= [d]

となります。このような、第一世代から生まれた子の集団を第二世代とします。また、「大きくなる子」における **AA** と **Aa** の数の比を、最も簡単な整数の比で表すと

AA : **Aa** = [e]

となります。

さらに同じように考えて、(う)<u>第二世代の中の「大きくなる子」(**AA** : **Aa** = [e] の集団)どうしを交配して生まれた子の集団を第三世代とし</u>、第三世代の中の「大きくなる子」どうしを交配して生まれた子の集団を第四世代というように、何世代にもわたって交配をくり返しました。

(5) 文中の [d] と [e] に入る、最も適する比を、次の**ア**～**コ**からそれぞれ一つずつ選び、記号で答えなさい。ただし、同じ記号を二度答えてもよいものとします。

ア 1:1　**イ** 2:1　**ウ** 3:1　**エ** 5:1　**オ** 8:1
カ 12:1　**キ** 15:1　**ク** 18:1　**ケ** 24:1　**コ** 36:1

(6) 下線部（**う**）について、**第三世代の「大きくなる子」（AA と Aa の集団）**の中における **AA** の割合［%］を答えなさい。ただし、答えが小数になるときは、小数第一位を四捨五入して、**整数**で答えること。

(7) 【交配実験】では、親世代の中の、体の大きいイノシシにおける **Aa** の割合は 50 %ですが、第一世代ではその割合が 40 %となります。【交配実験】で第四世代までつくったとき、各世代の中の「大きくなる子」における **Aa** の割合［%］を、解答用紙のグラフ上に点で示し、となり合う点を直線で結びなさい。ただし、解答用紙のグラフには、親世代と第一世代を示す点とそれらを結ぶ線がすでに描(えが)かれています。また、割合［%］が小数になるときは、小数第一位を四捨五入して、**整数**にしてから点を描くこと。

2018(H30) 北嶺中
K 教英出版

(1)	(2)		
時速 km	① 時刻 :	距離 km	② 時速 km 以上

5

Ⓐ	Ⓘ	Ⓤ
cm^2	cm^2	cm^2

受験番号	小学校名	氏名
	小学校	

※100 点満点
（配点非公表）

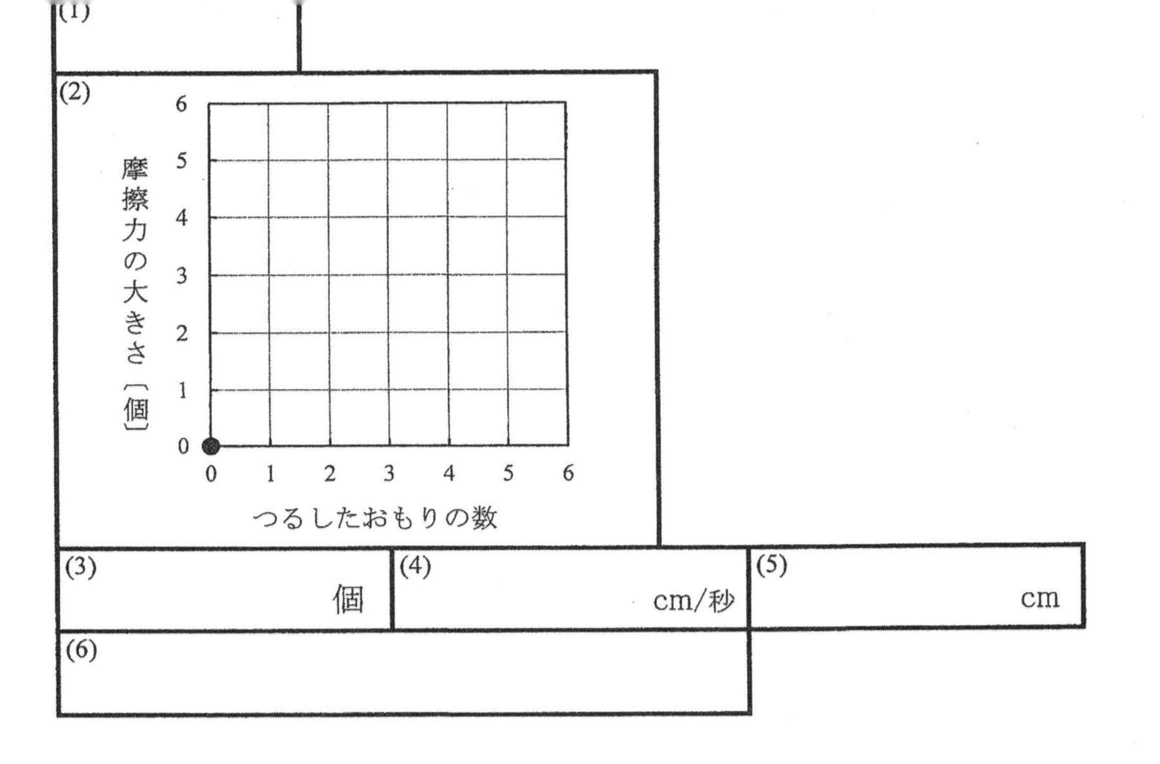

点

受験番号	小学校名	氏　　名
	小学校	

得　点
※50 点満点 （配点非公表）

2017(H29) 北嶺中
K 教英出版

(5) (6) (7) (8)

4 (1) (2) (3)

(4) 城 (5)

(6) ① ② ③ 権

(7) 島 (8) (9)

5 (1) (2)

(3) (4) (5) 権

受験番号	小　学　校　名	氏　　　　名
	小学校	

得　点

※50 点満点
（配点非公表）

平成29年度　# 入学試験問題社会解答用紙　北嶺中学校

1

(1) ① ② (2)

(3) (4) 島名　島　金属

(5) 納税 (6)

(7)

(8) (9)

2

(1) ① ② ③

(2) (3) (4) ① ②

(5) (6) (7) (8)

3

(1) ① ② (2)

(3) ① ②

【解答

平成29年度　**入学試験問題理科解答用紙**　北嶺中学校

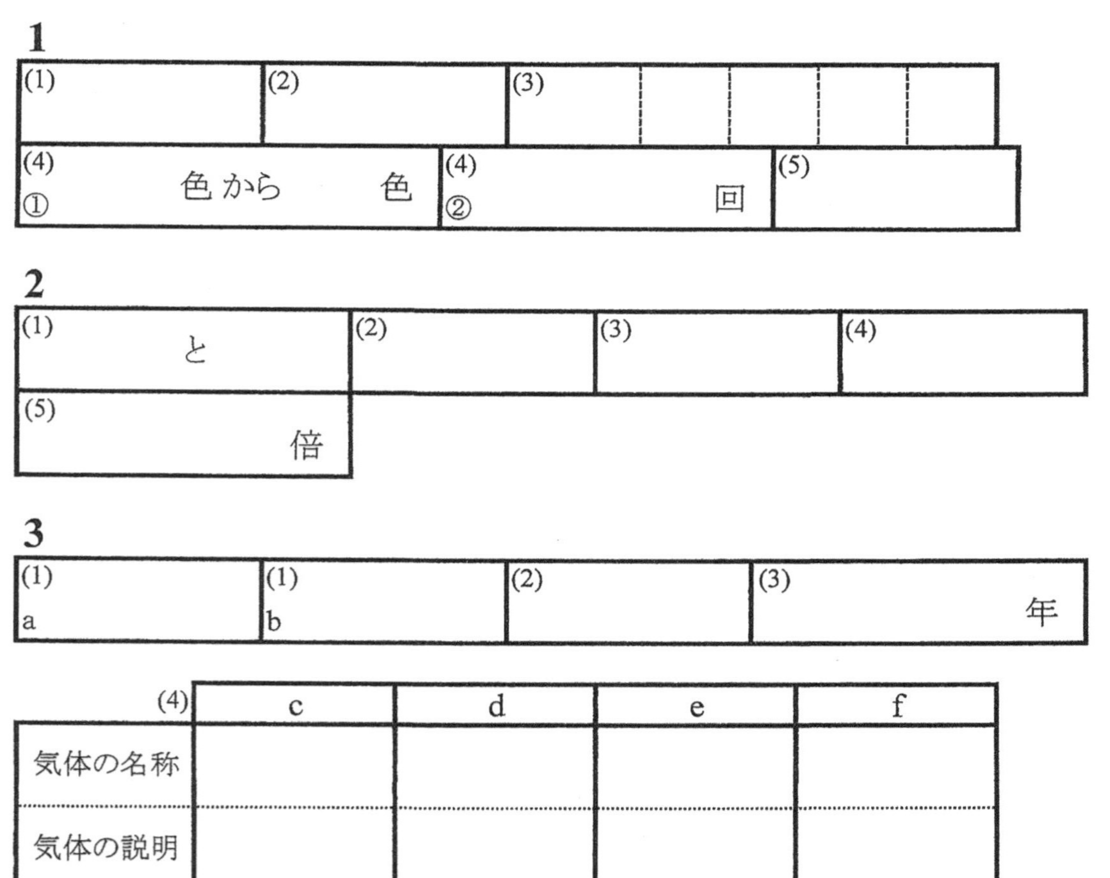

1

(1)	(2)	(3)				

(4) ① 色から 色	(4) ② 回	(5)

点

2

(1) と	(2)	(3)	(4)
(5) 倍			

点

3

(1) a	(1) b	(2)	(3) 年

(4)	c	d	e	f
気体の名称				
気体の説明				

(5) と

【解答

平成 29 年度　# 入学試験問題算数解答用紙　北嶺中学校

1

(1)	(2)	(3)	(4)

2

(1)	(2)	(3)	(4)	
個	本	cm^2	① 枚	②

3

(1)	(2)	(3)

(4)

【解答

平成29年度

北嶺中学校入学試験問題

社　　　会

（40分）

（注意）

1　問題用紙が配られても、「はじめ」の合図があるまでは、中を開かないでください。

2　問題は全部で **16** ページで、解答用紙は1枚です。「はじめ」の合図があったら、まず、ページ数を確認してからはじめてください。もし、ページがぬけていたり、印刷されていなかったりする場合は、静かに手をあげて先生に伝えてください。

3　答えはすべて解答用紙の指定された解答らんに書いてください。

4　字数が指定されている場合には、特に指示のないかぎり句読点も数えてください。

5　質問があったり、用事ができた場合には、だまって手をあげて先生に伝えてください。ただし、問題の考え方や、言葉の意味・読み方などについての質問には答えられませんので注意してください。

6　「おわり」の合図で鉛筆をおき、先生が解答用紙を集めおわるまで、静かに待っていてください。

1　次の文を読み、後の問いに答えなさい。

みなさん、ジオパークという言葉を聞いたことがありますか。ジオパークは英語のジオとパークを合わせた造語です。パークは公園であることは知っていると思いますが、ジオはジオグラフィ（地理学）やジオロジー（地質学）からとっています。つまり、ジオパークは大地の公園、または地球の公園という意味です。ジオパークとは、多くの人が地質や地形など地球のことを知り、楽しむことができる大地の公園です。

いつも見ている山河や台地・海岸などはそれぞれに異なった成り立ちがあって今の形になっています。また、身の回りの(a)岩石や地層から地球の歴史や、地球の内部で起こっている現象を知ることができます。ジオパークについてみていきましょう。

ジオパークが誕生したのは、今から約25年前の1991年に糸魚川（いといがわ）が世界で最初です。糸魚川市には、日本列島を東西に二分する大断層の(b)糸魚川―静岡構造線と、その東側にある周囲より標高の低い（　①　）と呼ばれる大地溝帯があります。また、ヒスイなどの鉱石や(c)海底火山の噴出物が多くあり、1991年から地域の地質資源をジオパークと呼んで(d)まちおこしや観光に生かしてきました。それより後の2004年にユネスコ（国連教育科学文化機関）の支援を受け、研究者らの世界的な集まりである世界ジオパークネットワークが設立され、各国のジオパークを審査し世界ジオパークに登録するようになりました。日本では、2008年に日本ジオパーク委員会がつくられ、日本ジオパークの加盟認定と世界ジオパークネットワークへの登録申請を行っています。そして、2009年８月に(e)洞爺湖有珠山・糸魚川・(f)島原半島の３地域が国内で初めて世界ジオパークに登録されました。

日本列島の地質は複雑で地形も変化に富み、独特の美しい風景があります。その理由の一つは、日本列島の大地が活発に動く場所に位置しているからです。(g)日本全国にある多くの火山。波などによって侵食された崖（がけ）。(h)波や風が砂を運び、できた砂浜や砂丘。隆起が続く山脈の高い峰と深い谷。そこから流れ出る川が広い平地に出たところに土砂が積もってできた地形である（　②　）など。ジオパーク、大地の公園は日本にはたくさんあります。また、身近な地形を眺めてみると、その土地の歴史を学ぶことにもつながります。

（１）文中の空らん（　①　）～（　②　）に適する語句を答えなさい。

（２）下線部(a)について、旧石器時代の人びとが狩りの道具などに使った石器の材料で、「天然のガラス」と言われる岩石の名を答えなさい。

（３）下線部(b)について、この構造線を日本海側から太平洋側へ移動した場合にその近辺にある地形の順番として正しいものを、次のア～エのうちから１つ選び、記号で答えなさい。

ア　長野盆地　→　諏訪湖　→　富士川
イ　長野盆地　→　天竜川　→　浜名湖
ウ　甲府盆地　→　諏訪湖　→　富士川
エ　甲府盆地　→　天竜川　→　浜名湖

2017(H29) 北嶺中
K 教英出版

（4）下線部(c)に関連して、日本の東端にある島周辺の排他的経済水域には、自動車やパソコンなどの電子製品の材料となるマンガンなどの希少な金属が大量にあることがわかっています。日本の東端となる島の名を**漢字**で答えなさい。また、このような希少な金属をまとめて何と言いますか。**カタカナ５字**で答えなさい。

（5）下線部(d)に関連して、地方では人口が減るなどして財政が厳しい市町村があります。「生まれ育った市町村に貢献したい」、「自分の意思で自治体を応援したい」という人びとが都道府県や市町村へ寄付する制度を何といいますか。解答らんにあわせて**ひらがな４字**で答えなさい。

（6）下線部(e)について、洞爺湖は火山が噴火した後にできたくぼ地に水がたまったものです。この大きなくぼ地となった地形を何といいますか。

（7）下線部(f)について、この半島の北側に広がる有明海は、絶滅の危機にあるムツゴロウがおり、また海苔(のり)の養殖が行われている豊かな海ですが、この海に続いている諫早(いさはや)湾には、湾の奥を閉め切る堤防が設けられています。この堤防が建設された理由を農業の面から考えて、文章にして説明しなさい。

（8）下線部(g)に関連して、日本列島には110もの活火山があり、世界有数の火山国です。これらの火山のうち、小笠原諸島には、2013年の噴火によって火山の溶岩が流出し、面積が何倍にも大きくなった島があります。この島の名として正しいものを、次のア～エのうちから１つ選び、記号で答えなさい。

ア　父島　　イ　母島　　ウ　西之島　　エ　硫黄島

（9）下線部(h)に関連して、砂によってできた地形と、その地形がある都道府県名の組み合わせとして**適当でないもの**を、次のア～エのうちから１つ選び、記号で答えなさい。

ア　天橋立　―　京都府　　イ　男鹿半島　―　秋田県
ウ　中海　―　島根県　　エ　三保の松原　―　愛媛県

2 次の文を読み、後の問いに答えなさい。

みなさんは今朝、朝ごはんに何を食べましたか。一般的な和食の朝ごはんを考えてみましたので、下に示してみようと思います。

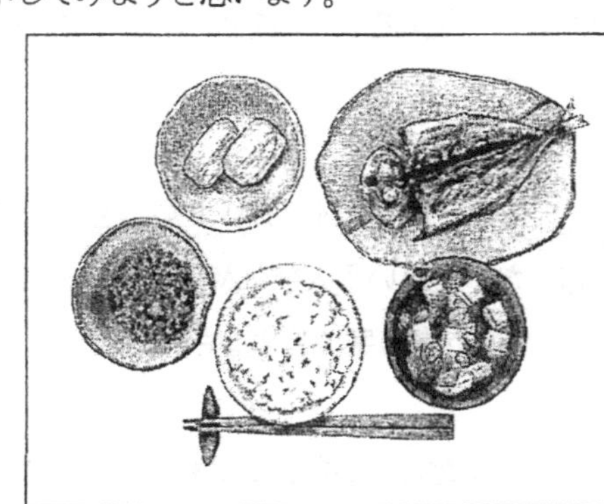

・ご飯
・納豆(ネギ入り)
・卵焼き(砂糖入り)
・アジの干物
・味噌汁(豆腐、ネギ、ワカメ入り)

次に、以下のデータを見てみましょう。

○米 … 97%　○大豆 … 7%　○魚介類(アジなど)… 55%　○鶏卵 … 95%
○砂糖類 … 31%　○野菜 (ネギなど) … 79%　○海藻類 (ワカメなど) … 67%
(平成26年度 品目別食料自給率、農林水産省HPより抜粋)

これらは日本の食料自給率です。米や鶏卵、野菜の自給率が比較的に高いのに対し、大豆や砂糖の自給率の低さが目を引きます。さらに言うと、みなさんが良く食べるラーメンやパンの原料となる小麦の自給率は10%程度にとどまっています。なぜ品目ごとに大きく自給率が異なるのでしょうか。

その国の農業のあり方を決定する大きな要因はなにかと考えると、最も大きい要因は気候条件であり、その他に歴史的・文化的背景も考えられます。世界を見渡してみると、例えば(a)小麦は収穫期に少しでも雨が続いてしまうと芽が出てしまい、大きく味が落ちて売り物にはならないといわれています。そのため高温多湿な地域では栽培が難しく、降水量が比較的少ないヨーロッパの (①) などの国で古い時代から栽培されてきました。また、大豆は一粒あたりの値段が安く、一度に大量に作れないと採算が合わないといわれています。日本は国土のわりに山林が多く、したがって、(b)耕地の面積は小さいです。ですから(②)やブラジルなどのように大規模な農場がないと、国際競争に勝てないのです。

このように、それぞれの国にそれぞれの気候条件や歴史的・文化的背景があり、得意な農作物と不得意な農作物があるということです。得意なものを輸出し、不得意なものを輸入することで貿易というものが成り立っているわけです。

さて、日本の農業は一般的に「土地生産性が高い」と言われます。日本の農家は、狭(せま)い農地にたくさんの費用をかけて、できるだけ多くの収穫をしようと努力しています。そのような日本の農業には多様な形態が見られます。少し紹介してみましょう。

米の生産量は北海道で多いですが、北海道と毎年生産量トップを争っているのは新潟県です。その新潟県の中でも魚沼地区は、(③) のブランドで有名な米の産地です。魚沼地区の (③) は、

K 教英出版

日本穀物検定協会による米の食味ランキングで平成元年以来27回連続「特A」の評価を受けていますが、ここがなぜ日本を代表する米どころとして発展したのかについては、いくつかの理由があげられます。一つめは、魚沼地区では(c)栄養を豊富に含んだ水がたくさん得られるということです。二つめは、(d)夏には昼間の高温に比べて夜間の気温が低くなることが、食味の良い米の育成に最適だったということです。三つめは、やませによる冷害の被害を受けにくいということがあげられます。これらの気候条件をいかして努力を重ねてきた先人たちの苦労があるからこそ、私たちはおいしいお米を食べることができるのですね。

一方、(e)リンゴの生産で有名な青森県ですが、なぜ青森県ではリンゴの栽培が盛んになったのでしょうか。実はこれも気候条件が大きいのです。リンゴの生産には、少ない降水量、一日の中での大きい気温の差、10度前後の年平均気温の３点が重要な要素だとされています。これらすべてを満たすのが青森県なのです。それ以外にも、鮮度が重要なリンゴを素早く首都圏に輸送できるＪＲ東北本線が開通したこと、やませにより稲作が困難であること、などの要因もあります。青森県産のリンゴは全国各地のみならず、海外でも人気があります。とても誇らしいことですね。

ところが、日本のＧＤＰ（国内総生産）に占める農業の割合は、わずか１％に過ぎません。また、(f)日本の就業人口に占める農業人口の割合は年々減少しており、現在ではわずか５％前後です。(g)国際的にも、農家を取り巻く情勢は厳しいものがあります。日本が世界に誇る農業、これを維持していくことが今後の私たちの課題になるといえるでしょう。

（1）文中の空らん（ ① ）～（ ③ ）に適する語句を答えなさい。ただし、（ ① ）、（ ② ）には国名が入りますが、次の文章を参考にして答えなさい。

（ ① ）：人口およそ7000万人で、西ヨーロッパ最大の小麦の生産国です。南西部の町ツールーズにはエアバスの本社があり、航空機産業が盛んです。

（ ② ）：人口３億人を超える世界最大の工業国です。多くの民族が居住しており、隣国メキシコからの移民や、中国を中心とするアジア系移民が増加しています。

（2）下線部(a)について、次の図ア～エは小麦、大豆、米、モロコシのいずれかのイラストです。このうち小麦に該当するものを１つ選び、記号で答えなさい。

（『データブック・オブ・ザ・ワールド2016』より）

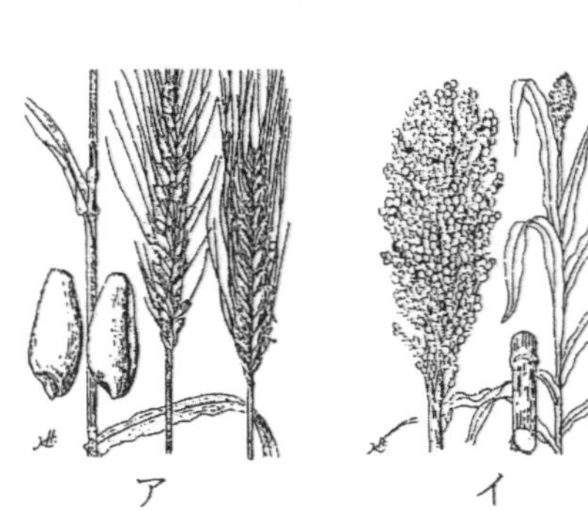

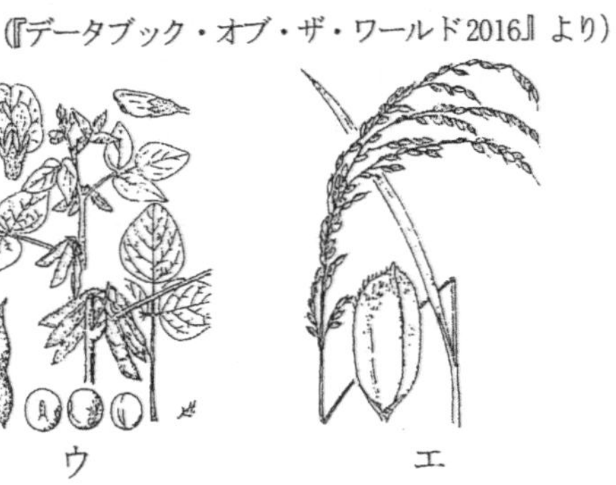

ア　イ　ウ　エ

（3）下線部(b)に関連して、次の表は北海道、青森県、新潟県の田・畑の作付延べ面積を示したものです。表中のａ～ｃと道・県の名の組み合わせとして正しいものを、下のア～カのうちから１つ選び、記号で答えなさい。

	田	畑
a	134	15
b	210	936
c	71	58

※田・畑の単位はいずれも千ha

（『データブック・オブ・ザ・ワールド2016』より作成）

ア　ａ一北海道　ｂ一青森県　ｃ一新潟県
イ　ａ一北海道　ｂ一新潟県　ｃ一青森県
ウ　ａ一青森県　ｂ一北海道　ｃ一新潟県
エ　ａ一青森県　ｂ一新潟県　ｃ一北海道
オ　ａ一新潟県　ｂ一北海道　ｃ一青森県
カ　ａ一新潟県　ｂ一青森県　ｃ一北海道

（4）下線部(c)について、この地区で栄養を多く含んだ水がたくさん得られるのはなぜですか。それを説明した次の文の空らん（　①　）、（　②　）に適する語句を答えなさい。

> 大量の水を必要とする田植えの時期に、（　①　）山脈から流れ出る豊富な（　②　）水が得られるから。

（5）下線部(d)について、この地区では、なぜこのような気候になるのですか。その理由を述べた文として適当なものを、次のア～エのうちから１つ選び、記号で答えなさい。

ア　魚沼地区は内陸に位置しており、標高が高くて夏でも涼しい高地になっているから。
イ　魚沼地区は内陸に位置しており、周囲を山や丘に囲まれた盆地になっているから。
ウ　魚沼地区は沿岸に位置しており、一年を通して寒流の影響を強く受けるから。
エ　魚沼地区は沿岸に位置しており、夏には北西の季節風の影響を強く受けるから。

（6）下線部(e)に関連して、国内のリンゴの生産量のうち、およそ55％を青森県が占めており、ふじ、つがるなどのブランドが生産されています。リンゴと同様に、青森県の生産量が国内で第１位になっている農産物を、次のア～エのうちから１つ選び、記号で答えなさい。

ア　きゅうり　　イ　ぶどう　　ウ　きく　　エ　にんにく

（7）下線部(f)に関連して、日本の農業人口は減少し続けていますが、各地域で特色のある農業が行われています。日本の各地域の農業の特色について述べた次の文ア～エのうち、**誤りを含むもの**を１つ選び、記号で答えなさい。

ア　北海道は日本の都道府県の中で最大の農業産出額を誇っており、その金額の内訳は米がもっとも多いです。

イ　関東地方は野菜の栽培が盛んですが、これは大消費地である首都圏向けに多く生産されているものです。

ウ　静岡県と鹿児島県では茶の生産が盛んですが、２県の生産量を合わせると日本全体の生産量のおよそ７割になります。

エ　近畿地方では畜産が盛んですが、兵庫県の但馬(たじま)牛、三重県の松阪牛などのブランド牛が飼育されていることで知られています。

（8）下線部(g)に関連して、日本の農業のあり方を大きく変える可能性がある国際協定にＴＰＰがあります。ＴＰＰとは「環太平洋戦略的経済連携協定」のことで、加盟国間の経済の自由化を目指しています。こういった経済の自由化のための動きは最近に始まったものではなく、たとえばヨーロッパでは第二次世界大戦後すぐに地域連合が結成されています。それが徐々に加盟国を増やし、経済規模を拡大していったのが現在のＥＵです。ＥＵは通貨の統合をはじめ、域内での関税を撤廃するなど経済的な統合を目指し、さらには政治的な統合をも見すえています。さて、2017年１月現在、ＥＵに加盟している国のなかで、**共通通貨を利用していない国**の組み合わせとして正しいものを、次のア～エのうちから１つ選び、記号で答えなさい。

ア　イタリア　―　デンマーク　　　イ　イタリア　―　ベルギー

ウ　イギリス　―　デンマーク　　　エ　イギリス　―　ベルギー

3　次の文を読み、後の問いに答えなさい。

私たちは、ふだん何気なく「日本」という言葉を口にしたり、耳にしたりしていると思います。ところで、「日本」という言葉、難しくいえば国号は、いったいいつから、どのような意味で用いられるようになったのでしょうか。いっしょに考えてみましょう。

(a)『続日本紀』によれば、(b)702（大宝２）年に遣（　①　）使として出発した粟田真人（あわたのまひと）が（　①　）に着いたとき、「どこの国の使いか」とたずねられ、「日本国の使いである」と答えたそうです。おそらく、これが中国に対して正式に「日本」という国号を用いた最初の例です。一方、「日本」という国号を聞いた中国側は、その由来について次のような説を記録しています。「日本国は（　②　）国の別種である。その国は、日辺（太陽の昇る方）にあるために日本という名をとった」、「（　②　）国はみずからその名がよろしくないことを嫌い、あらためて日本とした」、「日本はもと小国であり、（　②　）国の地をあわせた」などです。つまり、中国側はこれまで（　②　）と認識していた国が「日本」と名乗ったことでややとまどったようなのです。興味深い話です。それでは、なぜこのころ「日本」という国号を使うようになったのでしょうか。

「日本」という国号が使用され始めたのは、おそらく７世紀後半の天武天皇の時代と考えられています。(c)壬申の乱の後に即位した(d)天武天皇は中央集権国家の建設をめざしてさまざまな政策を行いました。(e)「天皇」という称号を使用し始めたのもこの時代と考えられています。こうした新しい国家体制をつくろうとする気運が、（　②　）にかえて「日本」という国号を使用し始めた背景にあったと考えられます。

「日本」という国号の意味については諸説があります。まず、皇祖神アマテラスの神話をもとにして日神（にっしん）の国「日本」という国号が成立したという説があります。これに関連して、アマテラスを(f)仏教の大日如来と同一視して、大日如来の国なので「大日本国」とする説もあります。一方、さかのぼって、推古天皇の時代に隋の皇帝にあてた国書では、「日出ずるところの天子、書を日没するところの天子にいたす」という表現を用いています。この国書についてもさまざまな解釈がありますが、「日出ずるところ」とは東方を意味すると考えられます。すなわち、中国から見て東方であり、(g)中国を中心とした国際関係のなかで「日本」という国号が用いられるようになったと考えられるのです。

以上見てきたように、「日本」という国号がいったいいつから、どのような意味で用いられるようになったのかという問いへの答えは、残念ながら、意外と明確ではありません。ですが、この国の歴史を考えるうえで大変重要な問題です。この問題については、ぜひみなさんと北嶺中学でいっしょに考えていきたいですね。

（1）文中の空らん（　①　）～（　②　）に適する語句を**漢字**で答えなさい。

(2) 下線部(a)に関連して、『続日本紀』は六国史(りっこくし)と呼ばれる6つの日本の歴史書の2番目にあたり、六国史の最初にあたる『日本書紀』に続けて書かれました。『日本書紀』について述べた次の文ア～エのうちから、正しいものを1つ選び、記号で答えなさい。

ア　文武天皇から桓武天皇までの歴史を記述しました。
イ　各国の地名の由来・産物・言い伝えなどを、国ごとにまとめて記述しました。
ウ　藤原時平・菅原道真らを編者として、当時の天皇3代の歴史を記述しました。
エ　神話の時代から持統天皇までの歴史を記述しました。

(3) 下線部(b)の前年の701（大宝元）年には大宝律令が成立し、日本は律令という法令によって運営される律令国家のわく組みを整えました。律令のうち、律は刑法、令は行政法にあたります。このことに関連して、次の①～②の設問に答えなさい。

① 平安時代になると、律令の規定への補足・修正、実施する際の細かい決まりが制定されました。これらの補足・修正および実施の際の細かい決まりを何といいますか。次のア～エのうちから1つ選び、記号で答えなさい。

ア　法度　　イ　式目　　ウ　御触書(おふれがき)　　エ　格式(きゃくしき)

② 刑法の内容というのは、時代によって変化します。現在の刑法も、第二次世界大戦後の1947年に一部改正されました。次のア～エの罪のうち、このときの改正で**削除されたもの**を1つ選び、記号で答えなさい。

ア　不敬罪　　イ　公務執行妨害罪　　ウ　脅迫(きょうはく)罪　　エ　名誉毀損(きそん)罪

(4) 下線部(c)について、乱の原因、関わった人物の名前、乱の結果をあきらかにしながら、文章にして説明しなさい。

(5) 下線部(d)に関連して、天武天皇の時代のできごととして正しいものを、次のア～エのうちから1つ選び、記号で答えなさい。

ア　中臣鎌足らとともに、蘇我蝦夷・入鹿父子を滅ぼしました。
イ　皇后の病気回復を祈願するために、薬師寺を建てました。
ウ　国ごとに国分寺・国分尼寺を建て、都には東大寺を建てました。
エ　坂上田村麻呂を征夷大将軍に任命し、蝦夷征討に派遣しました。

(6) 下線部(e)に関連して、「天皇」という称号が用いられる以前にヤマト（大和）政権の首長は何と呼ばれましたか。**漢字2字**で答えなさい。

（7）下線部(f)に関連して、次の図は仏教のなかでも密教における宇宙の真理を表すもので、中央に大日如来を配置しています。この図のようなものを何といいますか。下のア～エのうちから１つ選び、記号で答えなさい。

ア　曼荼羅（まんだら）　　イ　水墨画　　ウ　来迎図（らいごうず）　　エ　大和絵

（8）下線部(g)に関連して、のちの室町時代にはある人物が「日本国王」として中国の明王朝に対して勘合貿易を行いました。この人物の名を**漢字**で答えなさい。

(社会の試験問題は次のページに続きます。)

4 次の図を見て、また下の文を読んで、後の問いに答えなさい。

(a)長野県上田市は、昨年の大河ドラマで、(b)戦国武将のなかでも人気のある真田幸村(信繁)を主人公にした『真田丸』の舞台となりました。その効果もあって観光客も増加し、にぎわったようですが、上田市には「無言館」という美術館があり、太平洋戦争中、戦局の悪化にともない実施された学徒出陣で徴兵された美大生などの未完の作品などが展示されています。2010年のテレビドラマ『帰国(きこく)』の登場人物の一人に、新婚の妻をモデルにした絵が未完成のまま軍に招集され、(c)沖縄戦で戦死した美大生がいました。そういった戦没画学生たちの作品から、みなさんは何を感じるでしょうか。これから上田市を訪れる機会があれば、真田氏関連の史跡だけでなく、無言館へ足を運ぶのもよいのではないでしょうか。

上の図は絵画『ゲルニカ』です。1937年4月、(d)スペインの都市ゲルニカを(e)ドイツ軍機が空爆し、数百人の死者を出しました。これは一般市民を巻き込んだ都市に対する最初の本格的な無差別爆撃で、当時スペインでは、人民戦線政府とファシズム勢力の内戦がおき、ファシズム勢力を支援するドイツが爆撃を行いました。スペイン出身の画家(　①　)は、この無差別爆撃への激しい抗議として『ゲルニカ』を描きました。

1937年に日中戦争がはじまると、日本軍は中国の都市に対して無差別爆撃を繰り返しました。とくに中国の首都となっていた重慶に対する爆撃は激しく、1940年に行われた爆撃では1万人以上の死者を出しました。しかし、中国側は日本への徹底抗戦を続け、戦争は長期・泥沼化していきました。さらに、第二次世界大戦がはじまると、ヨーロッパでドイツとイギリスが相互に都市爆撃を行い、大戦の途中から参戦したアメリカもドイツの都市に対する無差別爆撃を行いました。大戦末期になると、爆撃はより大規模なものとなり、(f)アメリカの爆撃機B29が日本の都市を襲い、爆弾の雨を降らせ、とくに1945年3月10日の東京大空襲では、10万人以上の死傷者を出しました。

こうした無差別爆撃の繰り返しが、広島・長崎への(g)原子爆弾の投下へとつながり、街のほとんどが破壊され、多くの一般市民が死傷、さらに放射能による後遺症に苦しむことになりました。しかし、日本人の被爆は戦争が終わっても続きました。1954年3月1日、マーシャル諸島ビキニ環礁(かんしょう)でアメリカが水爆実験を行いましたが、その爆心地より160 km東方の海上で操業していたマグロ漁船第五福竜丸は、突如西に閃光(せんこう)を見、地鳴りのような爆発音に襲われ、やがて実験により生じた「死の灰」(放射性降下物)が、第五福竜丸に降りそそぎ、乗組員23人全員が被爆しました。

現在も世界のどこかで戦争が起き、(h)核の脅威(きょうい)も依然としてあります。私たち日本人は、日本が唯一の被爆国であることを踏まえ、同じような悲劇を繰り返さないため、たゆまぬ努力が必要ではないでしょうか。

（1）文中の空らん（　①　）に入る人物は、1881年にスペイン南部で生まれ、後にフランスのパリに移り、絵画・版画・彫刻などの作品を生涯で10万点以上も制作しました。20世紀最大の芸術家とも言われる（　①　）の名を、次のア～エのうちから１つ選び、記号で答えなさい。

ア　ゴッホ　　イ　ミケランジェロ　　ウ　ピカソ　　エ　レオナルド・ダ・ヴィンチ

（2）下線部(a)に関連して、次の図の人物は、現在の長野県上水内（かみみのち）郡信濃町に生まれた江戸時代を代表する俳人で、「雪とけて村いっぱいの子どもかな」など、生涯でおよそ２万２千もの句を詠みました。代表的な句集に『おらが春』などがあり、農民を題材とした素朴な作品を多く残しました。この俳人の名を**漢字**で答えなさい。

（3）下線部(b)に関連して、各地の戦国武将は城を築きましたが、昨年４月の大地震で石垣が崩れるなどの大きな被害を受けた熊本城を、江戸時代のはじめに築いたとされる戦国武将はだれですか。次のア～エのうちから１人選び、記号で答えなさい。

ア　石田三成　　イ　加藤清正　　ウ　毛利輝元　　エ　福島正則

（4）下線部(c)に関連して、沖縄県は1879年に設置されましたが、江戸時代までは、琉球王国という日本とは異なる国でした。琉球王国は貿易が盛んで、その中心は那覇港でしたが、現在の那覇も沖縄県の空と海の玄関口となっています。また、現在の那覇は県庁所在地で、沖縄県の政治・経済の中心になっていますが、琉球王国の時代は、那覇港を見下ろす丘陵地に造られた城を中心に政治が行われていました。次の図は、この城の正殿（再建されたもの）です。この城の名を**漢字**で答えなさい。

（5）下線部(d)に関連して、日本に初めてキリスト教を伝えたのは、スペイン人の宣教師でした。この人物はイエズス会の創設メンバーの一人で、インドのゴアに派遣され、その後1549年に来日して、鹿児島で最初の布教をしました。この宣教師の名を答えなさい。

（6）下線部(e)に関連して、次の①～③の設問に答えなさい。

① ドイツは第二次世界大戦中にユダヤ人の大量殺戮（さつりく）を行いました。次の文は、あるユダヤ人少女がドイツの迫害から身を隠し、アムステルダムの隠れ家で書いた日記の一部です。この日記は、現在まで世界中で読み継がれてきましたが、この日記を記した少女の名を答えなさい。

> 1942年10月9日 金曜日　　親愛なるキティー注1へ
>
> 今日は悲しくゆううつなニュースばかりです。たくさんのユダヤ人のお友達がいっぺんに10人、15人と検束されています。この人たちは、ゲシュタポ注2からこれっぽっちの人間らしいあつかいも受けず、家畜車につめこまれて、ドレンデにあるオランダ最大のユダヤ人収容所、ベステルボルクに送られていきます。
>
> 注1 架空の友達　　注2 ドイツの国家秘密警察

② 日本と関係の深いドイツ人として、江戸時代に長崎オランダ商館の医師として来日し、長崎郊外に鳴滝塾を開設した人物がいます。そのドイツ人医師は、1828年に帰国する際、持ち出し禁止となっていた日本地図が積荷の中に入っていることが発覚し、江戸幕府によって国外追放とされてしまいました。このドイツ人医師の名を答えなさい。

③ 第一次世界大戦後の1919年、ドイツでワイマール憲法が制定されました。この憲法は「人間らしく生きる権利」が初めて定められた憲法といわれます。1947年に施行された日本国憲法でも同様の権利が保障され、「すべて国民は、健康で文化的な最低限度の生活を営む権利を有する（第25条）」と定められています。ワイマール憲法や日本国憲法で保障されたこの権利を何といいますか。

（7）下線部(f)に関連して、アメリカ軍は日本の本土を空襲する拠点として、マリアナ諸島の攻略を1944年6月に開始しました。日本政府はこの地域を、太平洋戦争を遂行する上で絶対に確保すべき圏域、つまり「絶対国防圏」と位置づけ、襲来するアメリカ軍と激しく戦いました。なかでも、北マリアナ諸島のある島をめぐる攻防は、民間人を巻き込んだ激しいものとなり、追い詰められた日本兵や民間人は、島の最北端の岬から身を投げて自決しました。このため島の最北端の岬は、現在では平和記念公園として整備され、慰霊塔などが建てられています。この島の陥落は、当時の東条英機内閣が総辞職する要因になりましたが、この島の名を答えなさい。

(８) 下線部(g)に関連して、次の図は相対性理論で有名な物理学者です。この物理学者は原子爆弾の開発に直接関わったわけではありませんが、アメリカ大統領に宛てた「近いうちにウランの研究が進み、強力な新しい兵器になる可能性がある」という内容の手紙に署名していたことから、この人物が原子爆弾を開発したと思われることも多いようです。この人物は、戦後は核兵器の廃絶や、科学の平和への利用を主張しました。この物理学者の名を答えなさい。

(９) 下線部(h)に関連して、世界には核兵器を保有する国が何か国かありますが、次のア～エのうちから、**核兵器保有国ではない国**を１つ選び、記号で答えなさい。

ア　インド　　イ　ロシア　　ウ　中華人民共和国　　エ　オーストリア

5　次の各問いに答えなさい。

（1）北嶺中学校のある札幌市は、人口 200 万弱の政令指定都市です。この札幌市の首長である札幌市長は、どのようにして選ばれますか。適当なものを、次のア～エのうちから１つ選び、記号で答えなさい。

ア　札幌市の首長である市長は、札幌市議会で多数を占める政党の代表が指名されて選ばれます。
イ　札幌市は政令指定都市なので、市長は内閣の定める政令によって選ばれます。
ウ　札幌市の首長である市長は、選挙権を持つ札幌市民の直接選挙によって選ばれます。
エ　札幌市は政令指定都市なので、市長は 10 人いる区長の中から北海道知事の任命によって選ばれます。

（2）私たちが毎日使っているお金には、金属のお金（硬貨）と紙のお金（紙幣）があります。このうち硬貨は、「日本国」と刻まれているのでわかるように、日本政府が発行しています。それでは、もう一方の紙幣は、どこが発行するものですか。**漢字４字**で答えなさい。

（3）下の２つのグラフは、平成 28 年度の一般会計予算の歳出・歳入です。現在の日本の財政は、（　①　）、（　②　）、地方交付税交付金等で歳出の７割強を占めており、歳入の約３分の１が借金でまかなわれています。２つのグラフ中の空らん（　①　）～（　③　）に適する項目の組み合わせとして正しいものを、下のア～エのうちから１つ選び、記号で答えなさい。

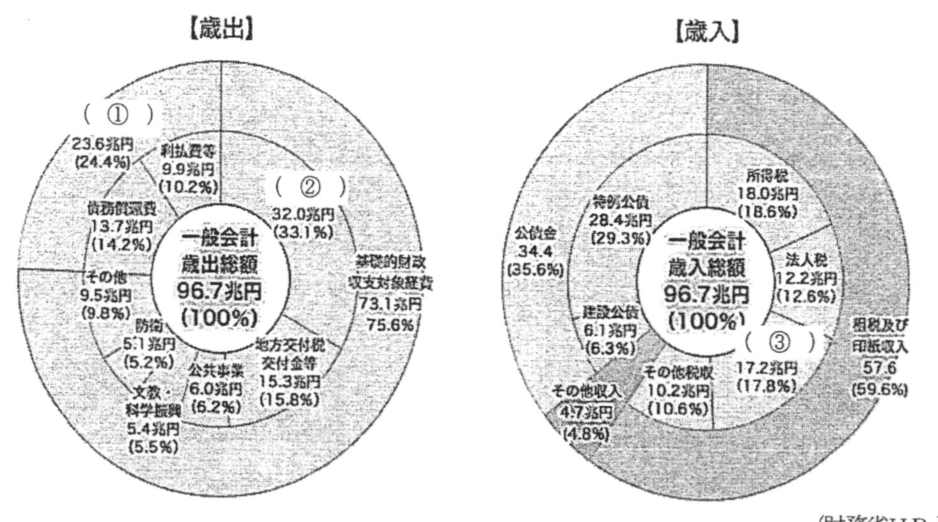

（財務省ＨＰより）

ア	①―国債費	②―社会保障関係費	③―相続税
イ	①―国債費	②―社会保障関係費	③―消費税
ウ	①―社会保障関係費	②―国債費	③―相続税
エ	①―社会保障関係費	②―国債費	③―消費税

(4) 日本国憲法は、国民と政治との関わりについて、前文の冒頭で次のように述べています。空らん（ ① ）に適する語句を**漢字**で答えなさい。

> 日本国民は、正当に選挙された国会における代表者を通じて行動し、われらとわれらの子孫のために、諸国民との協和による成果と、わが国全土にわたつて自由のもたらす恵沢を確保し、政府の行為によつて再び戦争の惨禍が起ることのないやうにすることを決意し、ここに（ ① ）が国民に存することを宣言し、この憲法を確定する。そもそも国政は、国民の厳粛な信託によるものであつて、その権威は国民に由来し、その権力は国民の代表者がこれを行使し、その福利は国民がこれを享受する。これは人類普遍の原理であり、この憲法は、かかる原理に基くものである。
>
> ※言葉づかいは原文の通り。

(5) 昨年５月に、当時アメリカ合衆国大統領であったオバマ氏が広島を訪問し、核兵器のない世界の実現を訴えました。現職のアメリカ合衆国大統領が被爆都市である広島を訪問するのは初めてのことでした。ところで、アメリカ合衆国の政治は、三権分立が厳密に運用されています。この三権のうち、大統領がもつのは何権ですか。

(社会の試験問題は以上です。)

2017(H29) 北嶺中
K 教英出版

1　次の $\boxed{}$ に当てはまる数を求めなさい。

（１）$(48-33)\times(2\times24-11\times3)+6\times(45+74)\div7-21\times133\div19=\boxed{}$

（２）$\dfrac{5}{6}-\dfrac{4}{5}+\dfrac{3}{4}-\dfrac{2}{3}=\boxed{}$

（３）$(3.52-2.27)\times5+(15.6-11.85)\times9=\boxed{}$

（４）$\left(4\times\boxed{}+15\right)\times\dfrac{2}{27}=(14\times31-11\times27)\div\dfrac{9}{2}$

2　次の各問いに答えなさい。

（1）ある小学校で、今年2013年に卒業する卒業生をお祝いするために，折り紙で2013羽のツルを折ることになりました。

1人【ア】羽ずつ，【イ】人の児童が毎日ツルを折ると，【ウ】日目で合計してちょうど2013羽のツルができます。

【ア】，【イ】，【ウ】に入る数を答えなさい。

ただし，【ア】，【イ】，【ウ】には2以上の整数が入り，【ア】，【イ】，【ウ】の順で数が大きくなります。

（2）日本の硬貨(こうか)は，1円，5円，10円，50円，100円，500円の6種類があります。

今，さいふの中に，1円玉が4枚，10円玉が13枚，50円玉が5枚，100円玉が4枚入っています。

366円の品物を買っておつりをもらい，さいふにもどしたとき，さいふの中の硬貨の枚数がもっとも少なくなるような払(はら)い方をしました。はじめに持っていた硬貨の枚数から何枚減らすことができたかを答えなさい。

ただし，おつりは硬貨の枚数が最も少なくなるようにもらえます。

（3）A君とB君が，1周400mのコースを25周走って，かかった時間を競いました。

A君とB君が同じ位置から，同時に同じ向きに走りはじめました。A君とB君がそれぞれ一定の速さで走ったとき，A君はちょうど50分，B君はちょうど60分で走り終えました。

A君が走り終えるまでにB君を追いこした回数を答えなさい。

ただし，「A君がB君を追いこす」とは，A君がB君の後ろから追いついて，B君の前に出ることをさします。

4 右の図のような，全ての角が直角になっている容器が，平らな床（ゆか）の上に置かれています。この容器に，左側の面と同じ大きさのしきりを，左側の面と平行になるように入れて，容器を 2 つに分けます。

はじめに，しきりを左側の面から 3 cm はなれたところに入れ，しきりの左側に 1800 cm^3，しきりの右側に 2400 cm^3 の水を入れました。このとき，次の各問いに答えなさい。

ただし，しきりの厚さは考えないものとし，しきりは左側の面から最大 23 cm はなれたところまで動かすことができます。また，しきりの左右の水の量はしきりを動かしても変化しないものとします。

（1）はじめの状態のとき，左右の水面の高さのちがいを求めなさい。

（2）はじめの状態からしきりを右に動かすと左右の水面の高さが同じになりました。このとき，しきりは左側の面から何 cm はなれているかを求めなさい。

（3）（2）の状態からさらにしきりを右に動かすと，左の水面と右の水面の床からの高さの比が 12 : 35 になりました。このとき，しきりは左側の面から何 cm はなれているかを求めなさい。

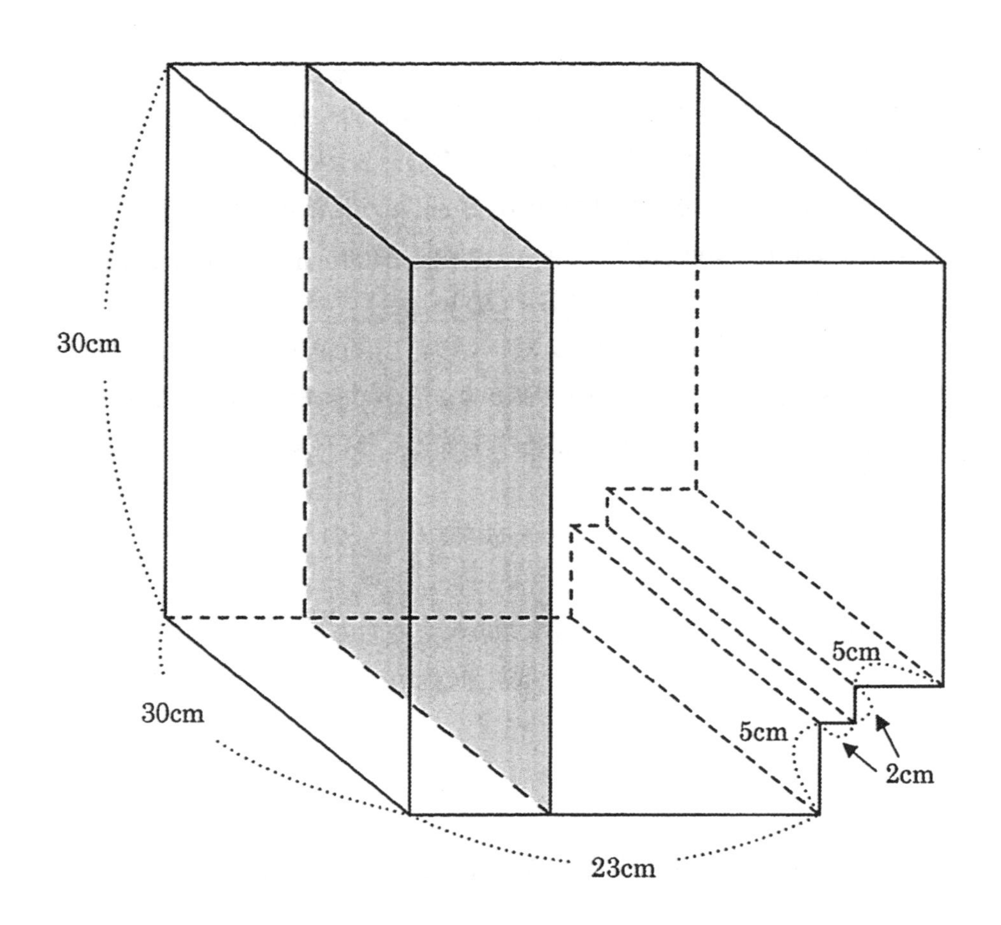
30cm
30cm
23cm
5cm
5cm
2cm

1　次の問いに答えなさい。

(1) 加熱して水をすべて蒸発させたときに、あとに**何も残らないもの**を、次の**ア**〜**カ**から**二つ**選び、記号で答えなさい。

ア　塩酸　　**イ**　ミョウバン水溶液（すいようえき）　　**ウ**　水酸化ナトリウム水溶液
エ　炭酸水　　**オ**　石灰水（せっかいすい）　　**カ**　ホウ酸水溶液

(2) うすい塩酸を加えたときに、**気体が発生しないもの**を、次の**ア**〜**カ**から**二つ**選び、記号で答えなさい。

ア　亜鉛（あえん）　　**イ**　食塩　　**ウ**　石灰石
エ　鉄　　**オ**　アルミニウム　　**カ**　ミョウバン

(3) 32 %の濃（こ）い塩酸と水を使って、3 %のうすい塩酸 160 g をつくるには、少なくとも何 g の 32 %の濃い塩酸が必要になりますか。ただし、答えが小数になるときは、小数第一位を四捨五入して、**整数**で答えること。

(4) ［A］と［B］にあてはまる数値をそれぞれ入れなさい。ただし、答えが小数になるときは、小数第一位を四捨五入して、**整数**で答えること。

　硝酸（しょうさん）カリウムは 60 ℃ の水 100 g に最大で 110 g までとけ、20 ℃ の水 100 g に最大で 40 g までとけます。硝酸カリウムを 60 ℃ の水 400 g にとけるだけとかした水溶液を、20 ℃ まで冷やしたところ、［A］g の硝酸カリウムがとけきれずに出てきました。次に、そこから上ずみ液 300 g を取り出し、上ずみ液から水 100 g を蒸発させ、20 ℃ にしたとき、水溶液中にとけている硝酸カリウムは［B］g でした。

2 次の問いに答えなさい。

(1) 川の下流についての説明として最も適するものを、次の**ア**～**ク**から一つ選び、記号で答えなさい。

ア 水の流れが急なので、流れが曲がりやすく、川底には小石が多い。
イ 水の流れが急なので、流れが曲がりやすく、川底には角張った石が多い。
ウ 水の流れが急なので、流れがまっすぐで、川底には小石が多い。
エ 水の流れが急なので、流れがまっすぐで、川底には角張った石が多い。
オ 水の流れがゆるやかなので、流れが曲がりやすく、川底には小石が多い。
カ 水の流れがゆるやかなので、流れが曲がりやすく、川底には角張った石が多い。
キ 水の流れがゆるやかなので、流れがまっすぐで、川底には小石が多い。
ク 水の流れがゆるやかなので、流れがまっすぐで、川底には角張った石が多い。

(2) 図1の地層ができるまでの**ア**～**カ**のできごとを、古いものから新しいものへと並べなさい。ただし、最も古いできごとを**ア**、最も新しいできごとを**カ**とします。

ア ①層が堆積(たいせき)した。
イ ①層が陸地になり、浸食(しんしょく)された。
ウ ①層が曲がった。
エ ②層が堆積した。
オ 陸地だった層が海の中に入った。
カ A－B面で断層ができた。

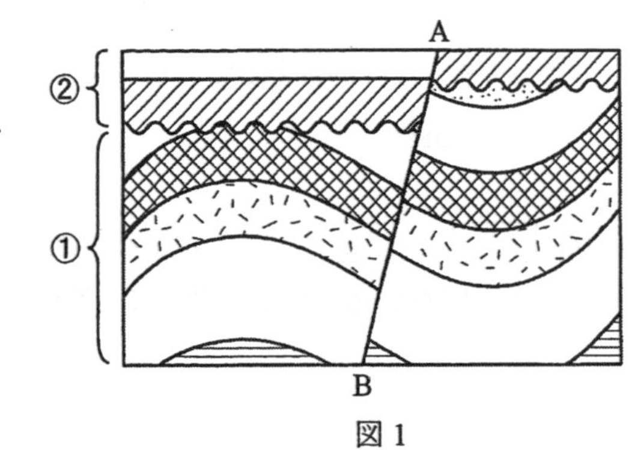

図1

(3) 百葉箱に金具があまり使われない理由として最も適するものを、次の**ア**～**エ**から一つ選び、記号で答えなさい。

ア 金具はさびやすく、長持ちしないため。
イ 金具は変形しやすく、故障しやすいため。
ウ 金具は熱を伝えやすく、測定結果に影響(えいきょう)があるため。
エ 金具は電気を通しやすく、カミナリや静電気の影響があるため。

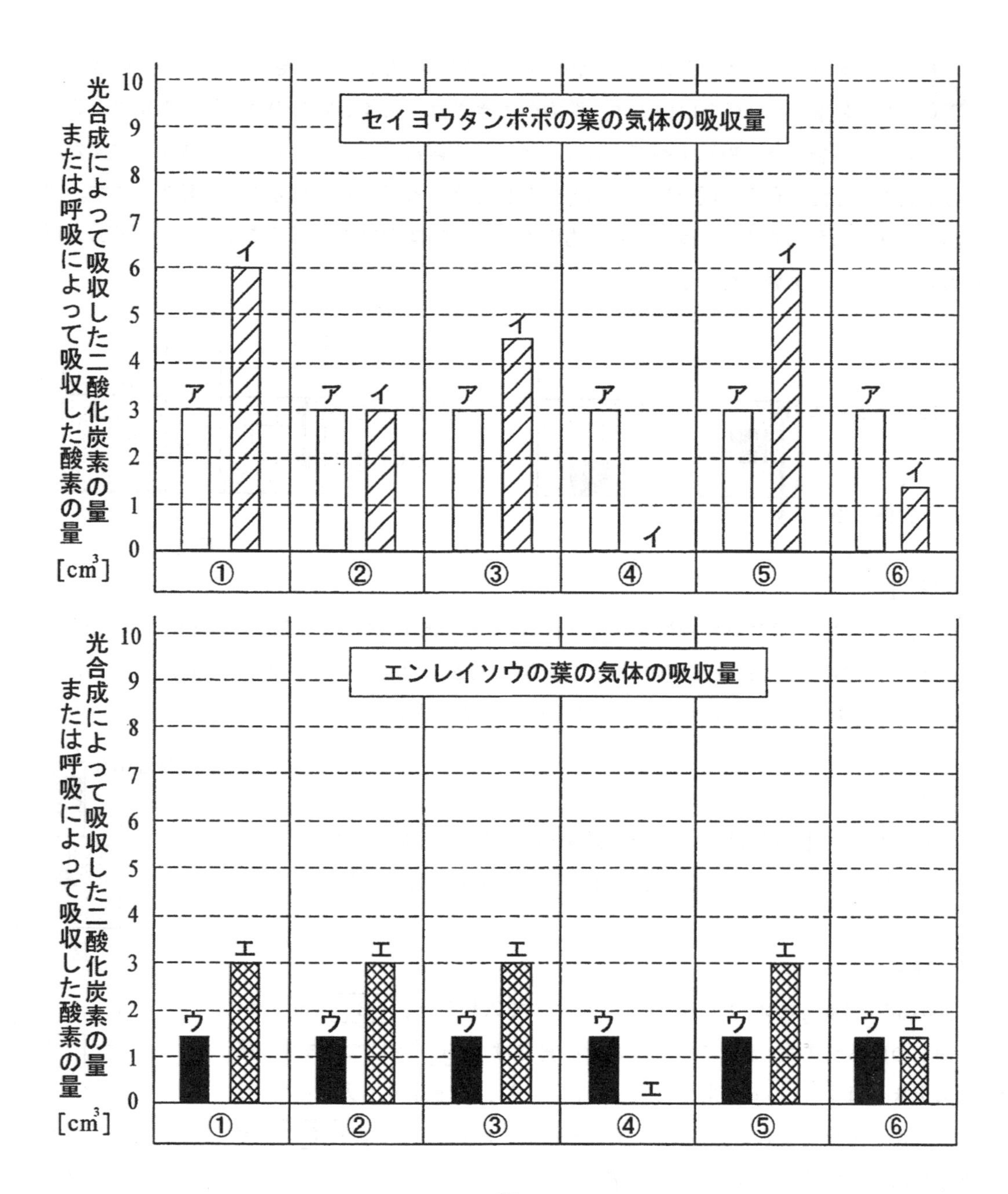

図3

(5) 図3について、④の光の強さはどのような状態と考えられますか。簡潔に答えなさい。

(6) この実験と同じ条件で、光の強さを図3の①の1.5倍にして、セイヨウタンポポの葉に当ててみました。このとき、**ア**と**イ**のグラフはそれぞれどのようになると考えられますか。図3のグラフを参考にして、解答らんに適するグラフをかきなさい。

4

液体の中に物体を入れると、物体には上向きの力がはたらきます。この上向きの力のことを浮力(ふりょく)といいます。浮力の大きさは、物体がおしのけた液体の重さと等しくなります。物体を液体の中にすべて入れたときに、物体にはたらく浮力の大きさより物体の重さの方が大きいと沈(しず)み(図 1)、小さいと浮(う)き上がってからしばらくして静止します。浮き上がって静止した物体では、はたらく浮力の大きさと物体の重さは同じになります(図2)。浮力について、以下の実験を行いました。

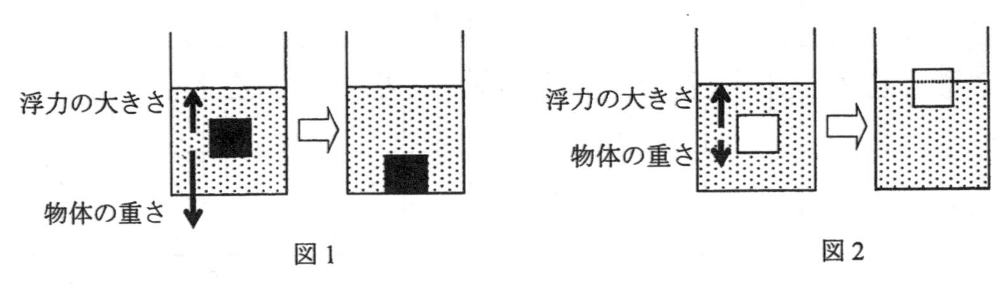

図 1　　図 2

【実験 1】

$40\ cm^3$ で 320 g の鉄球を水中にすべて入れると、$40\ cm^3$ の水がおしのけられます。水 $1\ cm^3$ の重さは 1 g であるため、おしのけられた水の重さは 40 g になります。浮力の大きさは 40 g の水の重さと同じとなり、320 g よりも小さいので、鉄球は沈みました。

【実験 2】

ばねはかりに【実験 1】で用いた鉄球をつり下げて、図 3 のように、水中にすべて入れたところ、ばねはかりは [A] g を示しました。

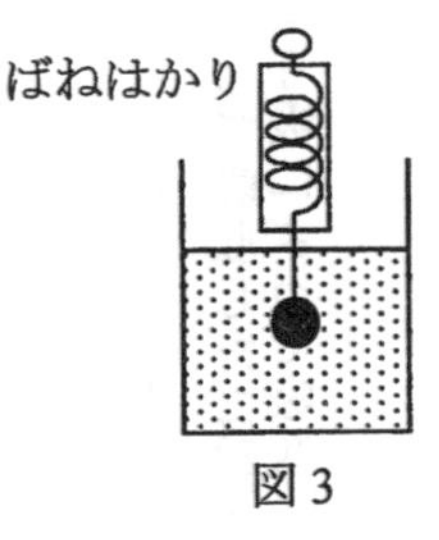

図 3

【実験 3】

$300\ cm^3$ で 180 g の木片(もくへん)を水中にすべて入れると、[B] cm^3 の水がおしのけられます。おしのけられた水の重さは [B] g になります。浮力の大きさは [B] g の水の重さと同じとなり、180 g よりも大きいので、木片は浮き上がりました。しばらくすると図4のように、木片は [C] cm^3 が水中に入った状態で浮かんだまま静止しました。

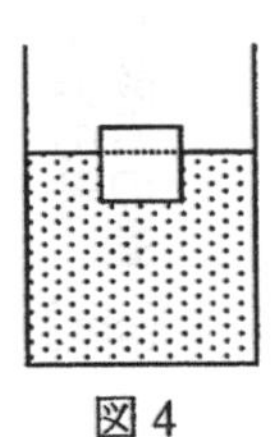
図 4

(1) [A] ～ [C] にあてはまる数値をそれぞれ入れなさい。ただし、答えが小数になるときは、小数第一位を四捨五入して、整数で答えること。

1 次の文を読み、後の問いに答えなさい。

2012年は、(a)1972年にユネスコ世界遺産条約が採択されてから40周年にあたる年でした。この条約で国際的に保護されることになった「世界遺産」について見ていきましょう。

世界遺産とは、地球と人類の歴史によって生み出され、過去から現在まで引き継がれてきた貴重な宝物であり、すべての人々が共有して、次の世代に伝えていかなくてはならない人類共通の財産です。

世界遺産という考え方が具体的に進んだのは、第二次世界大戦後のことでした。1960年代にエジプトでアスワン・ハイ・ダムの建設が予定され、(b)川の上流の遺跡群に水没の危険が高まりました。そこで、ユネスコ（国際連合教育科学文化機関）が中心となって遺跡を救おうと世界に呼びかけ、多くの国々からたくさんのお金と技術などの援助が寄せられて、遺跡は無事に高台へ移設されました。次の図は、水没を避けるために古代の神殿を解体して高台に移す作業の様子です。

これは１つの国では難しいことでも、国際的に協力すれば成しとげられるという素晴らしい例となり、人類共通の遺産という考え方につながったと言われています。

世界遺産には、歴史的建造物や遺跡などの「文化遺産」と、特別な地形や動植物の生息地などの「自然遺産」、そして文化遺産と自然遺産を合わせ持った「複合遺産」の３種類があります。(c)日本の世界遺産は、2012年までに(d)文化遺産が12件、自然遺産が４件、合計で(e)16件が登録されています。

ユネスコは世界遺産の他に、「記憶遺産」と「無形文化遺産」の保護活動も進めています。(f)記憶遺産とは、後世に伝える価値のある記録物で、代表的なものでは、『アンネの日記』やフランスの『人権宣言』などが登録されています。また、無形文化遺産とは、世代から世代へ伝承される慣習や伝統、芸能、技術などで、日本からは能楽や歌舞伎の他、(g)伝統工芸技術も登録されています。

(h)これからも世界遺産が増えるのは喜ばしいことですが、登録されると、国や住民にそれを保護していく義務と責任が生じます。私たちも世界遺産のことをよく知って、(i)紛争や自然災害・開発から守り、将来へ伝えていきましょう。

（1）下線部(a)について、日本がこの条約を締結したのは、採択から20年たった1992年で、世界で125番目の締結国でした。20年もの間、日本が締結を見送っていた理由は、すでに国内に世界遺産条約と目的が似ている〔　　　〕保護法があったためと言われます。この法律は、法隆寺金堂の炎上を契機として1950年に定められ、歴史上、学術上に価値あるものを、土地や植物、動物などをも含めて保護する、というものでした。〔　　　〕にあてはまる語句を**漢字３字**で答えなさい。

(2) 下線部(b)について、この川の流域には、文中の図で示した神殿などをつくりだした高度な古代文明が誕生しました。この川の名を答えなさい。

(3) 下線部(c)について、日本で最初に登録された世界遺産は４件で、２件の文化遺産と２件の自然遺産でした。文化遺産は「法隆寺地域の仏教建造物」と「姫路城」、自然遺産は「白神山地」とある「島」でした。このうち法隆寺について説明した文として**適当でないもの**を、下のア～エのうちから１つ選び、記号で答えなさい。また、自然遺産に登録された「島」は、1000メートル以上の山々が30以上もあり、亜熱帯から亜寒帯にわたる多様な植物が生育するため、「日本列島の気候のすべてが詰め込まれている」といわれる島です。この島の名を**漢字**で答えなさい。

ア　法隆寺は天平文化の代表的な寺院で、碁盤(ごばん)の目のようにつくられた平城京の中にある。
イ　法隆寺は聖徳太子が創建した寺院で、世界最古の木造建築である。
ウ　法隆寺にはギリシア建築の影響で、柱の中ほどがふくらんだエンタシスの柱がある。
エ　法隆寺には朝鮮半島の百済や中国大陸にあった国々の影響を受けた仏像がある。

(4) 下線部(d)について、この中には、世界に２件しか例がない、珍しい「道」の世界遺産もあります。この道は、独特な自然環境に根ざした信仰の場である神社や寺院などを結ぶもので、道とともに寺院、神社、さらに山や森林、滝などが同時に登録されています。この道がある地域は、日本有数の多雨地帯である半島で、2011年９月には台風による暴風雨によって、この道とともに登録されている神社が大きな被害を受けました。この道がある半島の名を**漢字**で答えなさい。

(5) 下線部(e)について、日本を８つの地方区分（北海道・東北・関東・中部・近畿・中国・四国・九州）に分けた場合、2013年１月現在までに登録されている世界遺産が**存在しない**地方が１つあります。その地方の名を答えなさい。

(6) 下線部(f)について、日本で初めて記憶遺産に登録されたのは、山本作兵衛が描いた炭坑画でした。次の図はその一部です。ここに描かれた炭鉱は、福岡県北部を中心とする炭田にありました。この炭田は日本一の石炭産出量をほこり、産出された石炭は八幡製鉄所でも大量に使われました。この炭田の名を答えなさい。

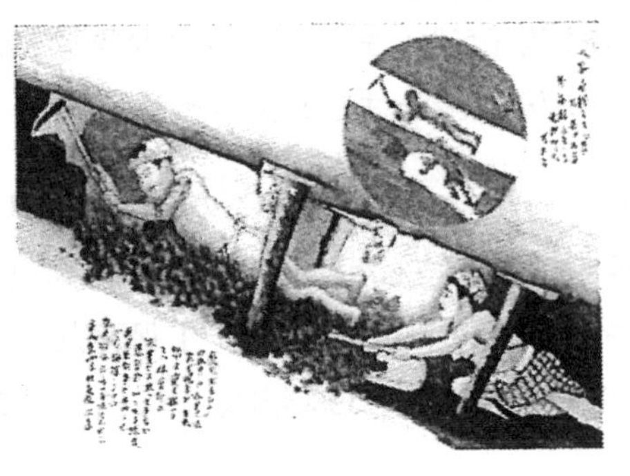

地図を読み解くと、その土地のさまざまな様子がわかります。そのためには、地図を丁寧に見て、そこから読み取ったことを整理していく必要があります。この地図は、滋賀県の「百瀬川（ももせ）」付近の地形図で、2000年に作成されたものです。縮尺は2万5千分の1です。この地図では上が北の方角になっています。

まず地図を大まかに見ると、右下に大きな湖があり、左側に山、中央に住宅地があることなどが読み取れます。また、くねくねとカーブしながら縦断する太い道路や、「百瀬川」の流れも読み取れます。ここでは「百瀬川」に注目して、地図を読み解いていきましょう。

「百瀬川」は、地図の左側に連なる山から流れ出て、右下側にある(a)大きな湖に注いでいます。この川が山から流れ出るところには、(b)扇状地（せんじょうち）とよばれる地形が見られます。川の流れが急にゆるやかになったところに、川が運んできた土砂が積もってつくられる地形です。扇状地の川下側の端を扇端（せんたん）とよびますが、この扇状地の扇端には、「マキノ町新保」「マキノ町中庄」「マキノ町大沼」「今津町深清水」などの住宅地が広がっています。

山から流れ出た「百瀬川」は右上に向かって流れますが、地図中の A では川の流れが点線になっています。これは、川が地下を流れていることを表しています。このような川の流れを伏流（ふくりゅう）とよびます。川の流れは、B の地点で再び地表に現れます。

川と道路が交わるところは、たいてい橋をかけて川の上に道路を渡しますが、地表を流れるようになった「百瀬川」が道路と交わる C の地点では、川が道路の上を渡り、道路は川の下につくられたトンネルを通っています。これは、「百瀬川」の川底に土砂がたまり、洪水を防ぐために堤防を高くすることを繰り返したため、周囲の土地より川底が高くなっていることによります。このような地形を天井川（てんじょうがわ）といいます。天井川は、北海道にない地形ですが、国内の各地に見られ、また(c)世界的にも珍しくない地形です。

この後、「百瀬川」は(d)流れる方向を変え、住宅地を通って(e)湖に注ぎます。

このように地図を読み解くと、その土地のさまざまな様子がわかってきます。この地図は、地形図とよばれるもので、(f)国の機関が測量して作成し、発行しています。この機関が発行する地図には、他にも地勢図や土地利用図などの種類があり、縮尺も多様です。(g)縮尺とは、その名のとおり、実際の大きさを縮めた割合のことを言います。札幌市の一部を見たいとき、日本全図を見たいとき、または世界全体の地図を見たいとき、というように、どの縮尺の地図を用いるかは、用途によって異なります。また、同じ地区を描いた地図でも、現在のものと100年前につくられたものを比べると、地形や土地の利用などに大きな変化があることがわかります。それらを比較するのも、その地域を深く知るためには大事なことですね。

（1）下線部(a)について、この大きな湖の名を答えなさい。また、この湖は、多様な生態系を持つ湿地の保全を目的とした条約に登録されています。この条約は、1971年にイランで採択され、2012年3月までに世界の160か国が加盟し、1997か所（日本国内は37か所）が登録されています。この条約の名を答えなさい。

（2）下線部(b)について、次の図は、地図中の扇状地の部分を拡大したものです。これから読み取れる扇状地の様子を述べた文として適当なものを、次のア～エのうちから１つ選び、記号で答えなさい。

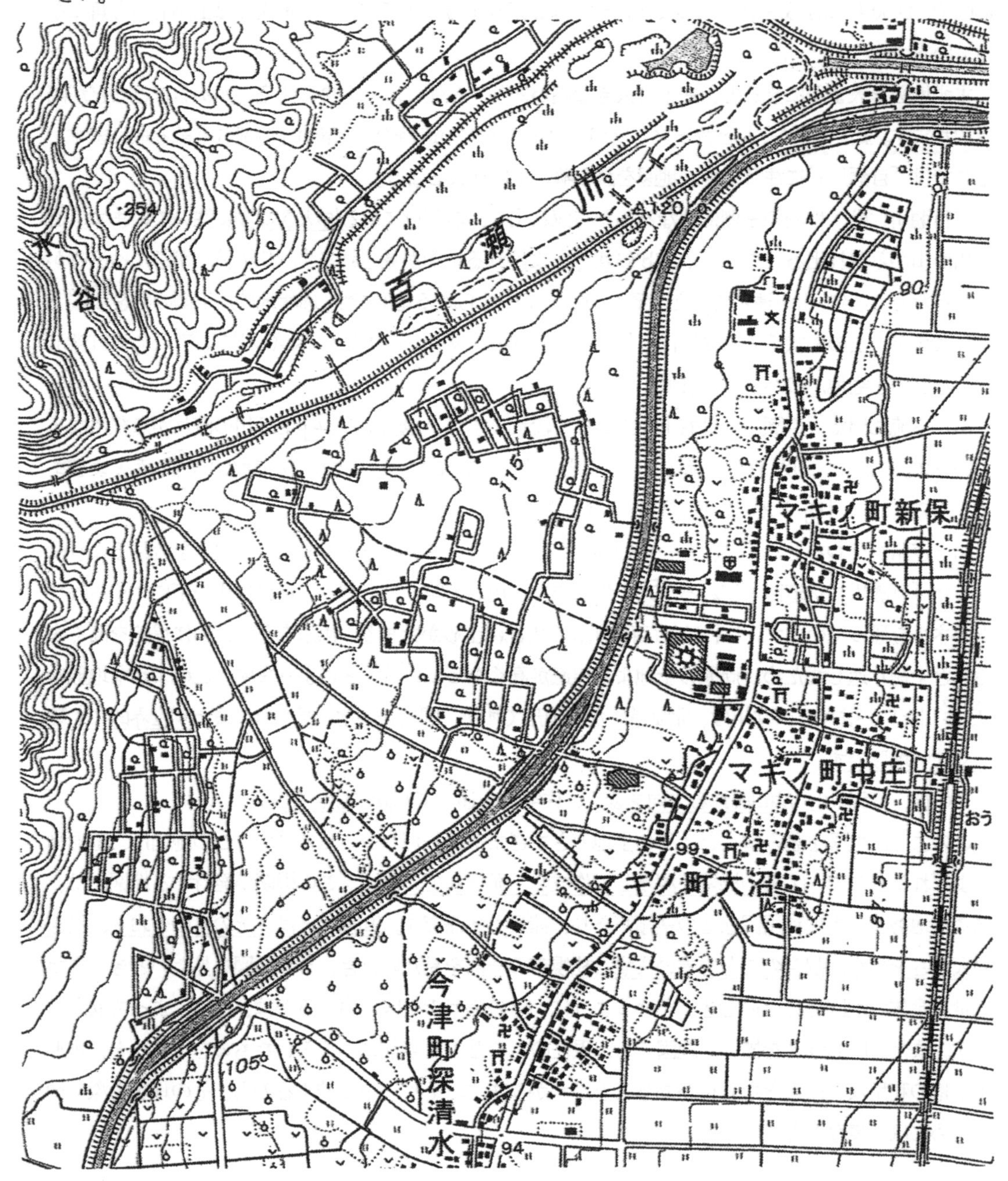

ア　扇状地の部分には住宅はまったく見られない。

イ　川が山を出るところに果樹園は見られないが、住宅地に近づくにつれて多くなっている。

ウ　扇状地のほぼ中心に「１１５」の数字が読み取れるが、これは国道 115 号線を表している。

エ　広葉樹林が多く植えられているが、針葉樹林は見られない。

以上のように、子供のころに慣れ親しんだおとぎ話には、もしかしたらさまざまな「歴史」がひそんでいるのかもしれないのです。今回は「桃太郎」を取り上げましたが、(i)その他のおとぎ話、あるいは神話などについても同じようなことがいえるでしょう。昔の人が残した記録から歴史を調べる作業が歴史研究の主要な仕事ですが、こうした物語から歴史を探ることも、歴史研究の一こまなのです。

(1) 下線部(a)について、おとぎ話の成立にみられるように、室町時代は、武家や公家だけでなく、民衆による文化が数多く生まれた時代でした。室町時代の民衆に愛好された、能のあいだに演じられた風刺（ふうし）性の強い喜劇を何といいますか。

(2) 下線部(b)について、じつは温羅がいたといわれる山中には山城の遺跡があります。といっても、これは朝鮮式山城の遺跡です。朝鮮式山城とは、663 年に倭国がある戦いで唐・新羅連合軍に敗れた後に、西日本各地に築かれた軍事施設のことです。この戦いの前後にはさまざまな出来事があいついで起こりましたが、次の出来事ア～エのうちから、**この戦いより前に起こったもの**を１つ選び、記号で答えなさい。

ア　平城京への遷都　　イ　壬申の乱　　ウ　大宝律令の完成　　エ　大化の改新

(3) 下線部(c)について、このとき、温羅の首を釜殿（かまどの）と呼ばれる建物のなかのかまどの下に埋めたそうですが、以後ここには不思議な力が宿り、ここの釜を炊いたときの音で吉兆を占うようになったそうです。これが吉備津神社の釜鳴（かまなり）神事の由来とされるもので、この神事を題材とした怪談「吉備津の釜」が江戸時代の上田秋成の作品におさめられています。この上田秋成の作品を、次のア～エのうちから１つ選び、記号で答えなさい。

ア　『雨月物語』　　イ　『竹取物語』　　ウ　『平家物語』　　エ　『伊勢物語』

(4) 下線部(d)のようにヤマト政権に服属しなかった人びとは各地に存在していましたが、およそ 6 世紀頃までには、関東地方から九州中部にいたる地域はヤマト政権の支配下に入っていったと考えられます。その後、ヤマト政権は南九州そして東北地方に支配を拡大していきますが、当時、南九州においてヤマト政権の支配に抵抗した人びとを何と呼びましたか。

(5) 下線部(e)について、犬は古来より人間に近しい存在で、日本の歴史においても犬にまつわるエピソードをもつ人物が多くいます。なかでも、江戸時代に生類憐（しょうるいあわれ）みの令を出し、「犬公方（くぼう）」とも呼ばれた５代将軍徳川綱吉は有名でしょう。次の文ア～エは徳川綱吉の時代について述べたものですが、このうち**誤りを含むもの**を１つ選び、記号で答えなさい。

ア　武家諸法度（はっと）の内容が、武芸を重んじるものから忠孝や礼儀を重んじるものに改められた。
イ　儒教を重視し、孔子をまつる日光東照宮（とうしょうぐう）を建てるとともに、林鳳岡（ほうこう）を大学頭（だいがくのかみ）に任じた。
ウ　幕府財政が悪化したため、荻原重秀（しげひで）の案により貨幣に含まれる金の量を減らした。
エ　赤穂（あこう）藩主である浅野長矩（ながのり）が吉良義央（きらよしなか）を斬（き）りつけ、翌年浅野家の家臣だった者たちが吉良を討った赤穂事件が起こった。

(6) 下線部(f)のヨーロッパの国ぐにとしては、ポルトガルやスペインがあげられます。当時の日本では、これらのポルトガル人やスペイン人を何と呼びましたか。**漢字**で答えなさい。

(7) 文中の空らん（　①　）に適する人名を**漢字**で答えなさい。

(8) 下線部(g)について、いくつかの戦争によって日本が海外領土を獲得していった結果、「桃太郎」はそうした地域にも広まりました。そうした地域の1つとして台湾があります。台湾では「桃太郎」は比較的知られており、1987年には「桃太郎」をモチーフとした『新桃太郎』という映画も制作されました。台湾は、ある戦争に日本が勝利して結んだ講和条約によって日本の領土になりました。この戦争を**漢字**で答えなさい。

(9) 下線部(h)について、こうした時代の風潮に対して、おもに大正時代に活躍したある作家は短編『桃太郎』のなかで、鬼たちが平和に暮らす鬼が島への侵略者として桃太郎を描きました。この作家は、『今昔物語集』などの古典から題材をとった作品を多く発表し、作家の死後にはその名を冠した新人文学賞が設けられました。この作家を答えなさい。

(10) 下線部(i)について、近年、アイヌの人たちのあいだに伝わってきた叙事詩(じょじし)（詩の形式でつくられた神や英雄の物語）のなかに歴史をさぐる研究が進められています。これらの叙事詩はおもに口伝えに語り継がれてきたもので、「ポイヤウンペ」と呼ばれる孤児の少年を主人公とする英雄叙事詩や、神（カムイ）が登場する神話的なものなどがあります。こうした叙事詩をまとめて何といいますか。次のア～エのうちから1つ選び、記号で答えなさい。

ア　チャシ　　イ　ユーカラ　　ウ　コタン　　エ　ムックリ

（6）下線部(f)について、『遠野物語』の舞台となった遠野市は、四方を山に囲まれた人口約３万人の市で、民間伝承に由来するカッパ淵（ぶち）や伝承園、とおの昔話村などの観光地があります。また、遠野城下町資料館や城跡につくられた鍋倉（なべくら）公園など、かつては盛岡藩支配下の城下町であったことをしのばせるところもあります。この遠野市のある都道府県の形を示した図として正しいものを、次のア～エのうちから１つ選び、記号で答えなさい。なお、図の縮尺はそれぞれ変えてあります。

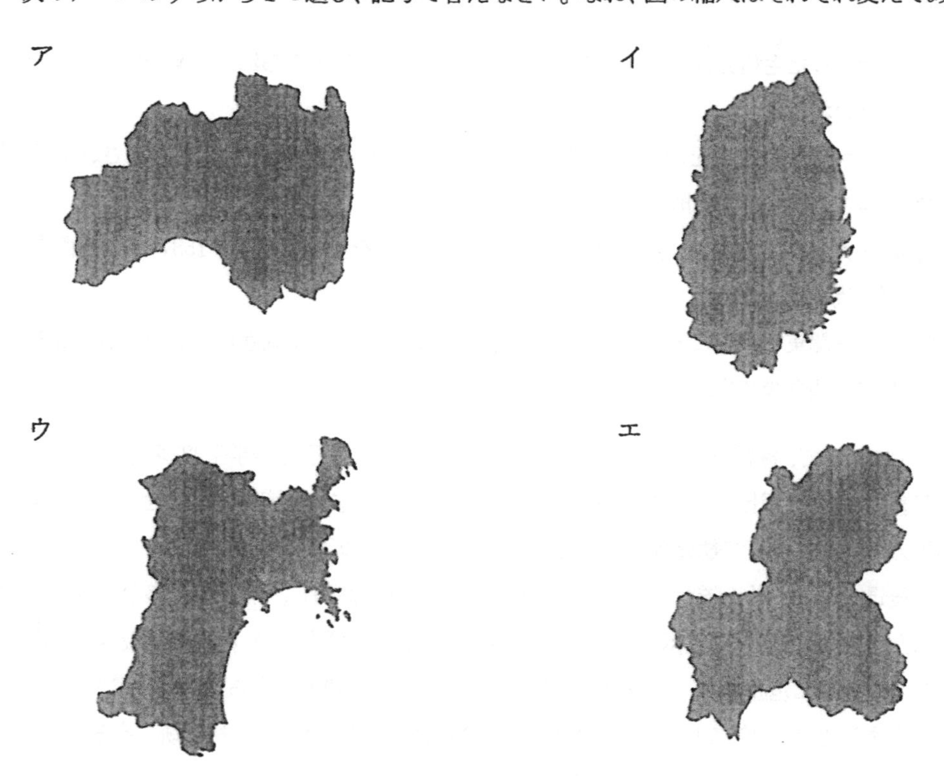

（7）下線部(g)について、新渡戸稲造は柳田国男と同じ1862年に生まれ、著書の『武士道』は各国語に翻訳され、世界的なベストセラーとなりました。アメリカなどへの海外留学も長く、京都帝国大学や東京帝国大学などで教鞭（きょうべん）をとった後、1918年に東京女子大学初代学長に就任しました。その後、第一次世界大戦後の1920年に創設された国際機関の事務次長にも選ばれ、活躍の場は日本だけでなく、世界へと広がりました。新渡戸稲造が事務次長となった国際機関の名称を**漢字４字**で答えなさい。

(8) 下線部(h)について、琉球処分とは、一般に、1872～79年にかけて日本が武力を背景に琉球王国を併合し、沖縄県を設置した一連の政策のことをいいます。琉球王国は長い間中国に従属する立場の国でしたが、江戸時代の初期に薩摩藩が軍事侵攻によって征服したので、琉球王国は中国と日本の両方の支配下におかれました。琉球王国を征服した薩摩藩主の家柄についての説明として、正しいものを次のア～エのうちから１つ選び、記号で答えなさい。

ア　地方武士だった毛利元就(もうりもとなり)が中国地方一帯に勢力を広げ、息子たちに「三本の矢」の話で結束を説いたといわれる。

イ　地方武士から長宗我部元親(ちょうそかべもとちか)の代に勢力を広げ、1585 年には四国を統一したとされるが、同年の豊臣秀吉の四国征伐に敗北・降伏した。

ウ　守護から大名へと成長し、島津義久の代に九州の大半を支配したが、1587 年の豊臣秀吉による九州征伐を受けて降伏した。

エ　守護代(しゅごだい)から関東管領(かんれい)となり、上杉謙信は毘沙門天(びしゃもんてん)の化身(けしん)として周囲から恐れられ、武田信玄と川中島で激闘を繰り広げた。

(9) 下線部(i)について、沖縄県立第一高等女学校と沖縄師範学校女子部の学生222名と仲宗根政善を含む引率教員18名の合計240名の学徒隊は、アメリカ軍の沖縄本島上陸が間近にせまると、南風原(はえばる)陸軍病院の看護要員として動員されました。その後、アメリカ軍の圧倒的な攻撃によって日本軍が南部に後退すると、学徒隊も第一～第三外科に分散されて移動し、南部の凄惨(せいさん)な戦闘に巻き込まれました。仲宗根は砲弾で重傷を負いながら学生とともに逃げまどい、沖縄本島最南端の喜屋武(きゃん)海岸でアメリカ軍に包囲され、捕虜となりました。学徒隊は240名のうち136名が犠牲になって終戦をむかえましたが、翌年の1946年に、最も多くの犠牲者を出した第三外科壕(ごう)跡に慰霊塔が建立(こんりゅう)されました。仲宗根は、この塔の除幕式に「いはまくら　かたくもあらむ　やすらかに　ねむれとぞいのる　まなびのともは」という戦死した女学生たちへの慰霊の歌をささげました。沖縄が本土に復帰した後の1989年には、この慰霊塔に隣接して平和祈念資料館が開設されました。この学徒隊は２つの学校の学生からなるため、両校の校友会誌の名を組み合わせた名前がつけられていました。この学徒隊の名を**ひらがなの言葉**を使って答えなさい。

(10) 下線部(j)について、沖縄戦は、日本軍の司令官牛島満(みつる)中将が自決したことで組織的な戦闘が終わりました。沖縄県は、この日を「慰霊の日」と定めていますが、これが条例で定められたのは、沖縄が本土に復帰した２年後の1974年のことでした。条例では、「戦争による惨禍(さんか)が再び起こることのないよう、人類普遍(ふへん)の願いである恒久(こうきゅう)の平和を希求する」と、日本国憲法の平和主義を改めて確認しています。この「慰霊の日」は何月何日ですか。次のア～エのうちから１つ選び、記号で答えなさい。

ア　6月23日　　イ　8月6日　　ウ　8月15日　　エ　12月8日

4

(1)	(2)	(3)
cm	cm	cm

5

(1)	(2)	(3)
cm^2	cm^2	cm^2

受験番号	小学校名	氏　　名
	小学校	

※100点満点
（配点非公表）

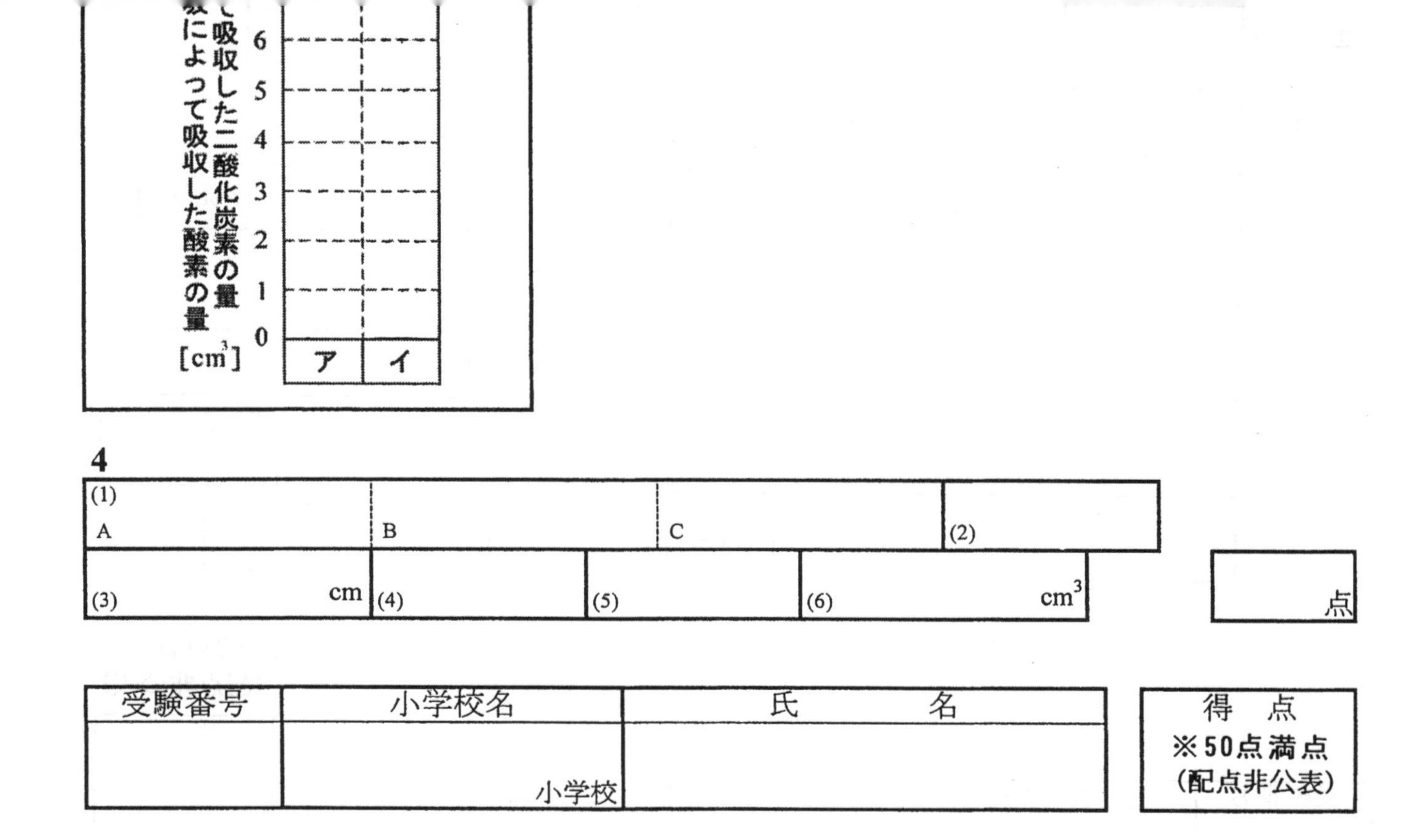

…吸収した二酸化炭素の量

…吸によって吸収した酸素の量

[cm^3]

	ア	イ
6		
5		
4		
3		
2		
1		
0		

4

(1) A	B	C	(2)

(3) cm	(4)	(5)	(6) cm^3

点

受験番号	小学校名	氏　　名
	小学校	

得　点
※50点満点 (配点非公表)

4 (1) (2) 事件 (3)

(4) (5) (6)

(7) (8) (9) 学徒隊

(10)

5 (1) ① ② (2)

(3) (4) (5)

(6) (7) (8) (9)

※50点満点
(配点非公表)

得　点

受験番号	小　学　校	氏　　　名
	小学校	

平成25年度

入学試験問題社会解答用紙

北嶺中学校

1

(1)
(2) 川
(3) 島
(4) 半島
(5) 地方
(6) 炭田
(7) 県
(8)
(9)

2

(1) 湖 条約
(2)
(3)
(4)
(5)
(6)
(7) ㎢
(8)

3

(1)
(2)
(3)
(4)
(5)
(6) 人
(7)
(8) 戦争
(9)

平成25年度　入学試験問題理科解答用紙　北嶺中学校

1

(1) と	(2) と	(3) g
(4) A	B	

点

2

(1)	(2) → → → → →	(3)
(4)	(5)	

点

3

I (1) と と	(2)	(3)
II (4) と		
(5)		
(6)		

光合成
10
9

点

平成 25 年度　入学試験問題算数解答用紙　北嶺中学校

1

(1)	(2)	(3)	(4)

2

(1)			(2)	(3)	(4)	(5)
【ア】	【イ】	【ウ】	枚	回		cm^2

3

(1)	(2)	(3)
通り	通り	通り

平成 25 年度

北嶺中学校入学試験問題

理　　　科

（40分）

（注意）

1　問題用紙が配られても、「はじめ」の合図があるまでは、中を開かないでください。

2　問題は全部で　8　ページで、解答用紙は 1 枚です。「はじめ」の合図があったら、まず、ページ数を確認してからはじめてください。もし、ページがぬけていたり、印刷されていなかったりする場合は、静かに手をあげて先生に伝えてください。

3　答えはすべて解答用紙の指定された解答らんに書いてください。

4　字数が指定されている場合には、特に指示のないかぎり句読点も数えてください。

5　質問があったり、用事ができた場合には、だまって手をあげて先生に伝えてください。ただし、問題の考え方や、言葉の意味・読み方などについての質問には答えられませんので注意してください。

6　「おわり」の合図で鉛筆をおき、先生が解答用紙を集めおわるまで、静かに待っていてください。

(4) 図２の矢印①は日本が春分のときに、南半球のある都市（南緯(なんい) 45 度）で、地平線から太陽がのぼる道すじを表しています。では、日本が夏至(げし)のときに、この都市で、太陽がのぼる道すじを表しているものとして最も適するものを、図２の**ア**～**ク**から一つ選び、記号で答えなさい。

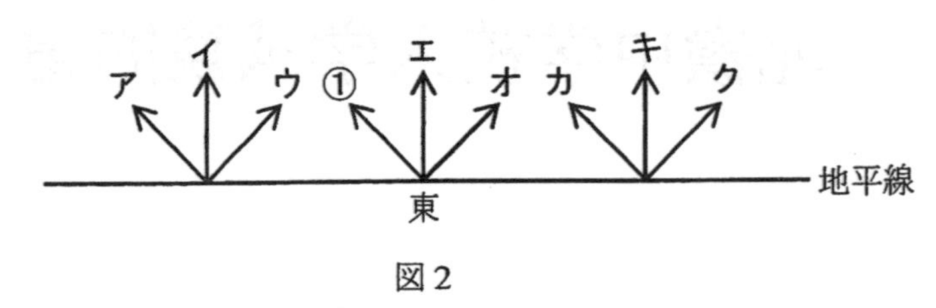

図２

(5) 遠くない未来に、あなたが月で生活できるようになったとします。月から地球を観察した様子(ようす)として最も適するものを、次の**ア**～**エ**から一つ選び、記号で答えなさい。

ア　地球は満ち欠けをし、観察できる地球の部分はいつも同じである。
イ　地球は満ち欠けをし、観察できる地球の部分は変化する。
ウ　地球は満ち欠けをせず、観察できる地球の部分はいつも同じである。
エ　地球は満ち欠けをせず、観察できる地球の部分は変化する。

3　次のⅠ、Ⅱに答えなさい。

Ⅰ

図1は、ある植物の葉の断面です。また、図2は葉の裏面の一部を拡大したものです。

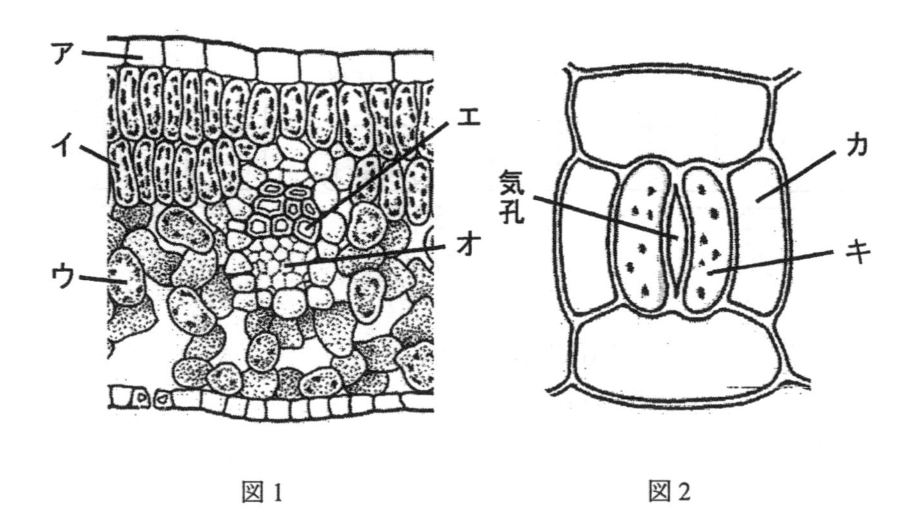

図1　　　　図2

(1) 図1、図2の**ア**～**キ**の中から、光合成をするものを三つ選び、記号で答えなさい。

(2) 図1、図2の**ア**～**キ**の中から、**光合成も呼吸もしないもの**を一つ選び、記号で答えなさい。

(3) 図2の**気孔**(きこう)では、いろいろな気体が出入りします。植物の体温を下げるために、**気孔**から放出される気体を漢字で答えなさい。

Ⅱ

日当たりのよい場所で育つセイヨウタンポポの葉と、日当たりのよくない場所で育つエンレイソウの葉に、いろいろな強さの光を当てる実験をしました。図3はこの実験の結果です。

図3の**ア**～**エ**は光合成によって吸収した二酸化炭素の量［cm^3］や、呼吸によって吸収した酸素の量［cm^3］を表しています。①～⑥は6段階の光の強さを表していますが、①～⑥は光の強さの順番に並んでいるとは限りません。また、④の**イ**と**エ**は、吸収された気体が0［cm^3］であることを表しています。この実験では、使用した葉の種類と光の強さ以外の条件は、すべて同じにしました。

(4) 図3について、呼吸によって吸収した酸素の量を表しているものはどれですか。図3の**ア**～**エ**から二つ選び、記号で答えなさい。

(2) 図5は、同じビーカーに同じ高さまで水を入れ、上皿てんびんにのせて、つりあっている状態です。図6と図7は、図5の状態から鉄球と木片を右側のビーカーに入れたあとに水をぬいて、左側のビーカーと水面の高さを同じにして、皿の上にのせたところです。このあと、図6と図7の上皿てんびんはそれぞれどうなりますか。最も適するものを、次の**ア**～**ケ**から一つ選び、記号で答えなさい。

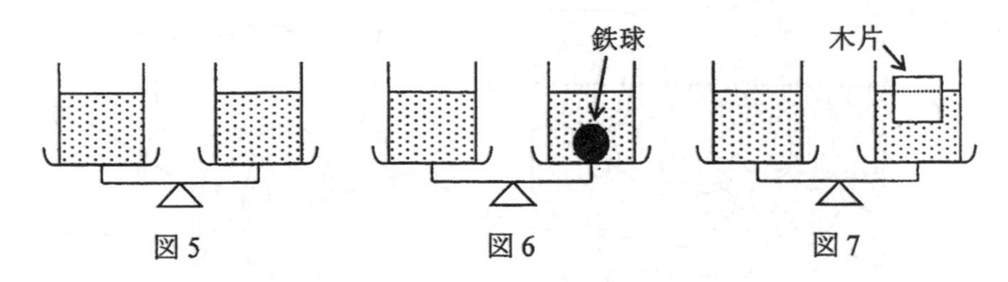

図5　図6　図7

ア　図6は左側が下がり、図7も左側が下がる。

イ　図6は左側が下がり、図7は右側が下がる。

ウ　図6は左側が下がり、図7はつりあう。

エ　図6は右側が下がり、図7は左側が下がる。

オ　図6は右側が下がり、図7も右側が下がる。

カ　図6は右側が下がり、図7はつりあう。

キ　図6はつりあい、図7は左側が下がる。

ク　図6はつりあい、図7は右側が下がる。

ケ　図6はつりあい、図7もつりあう。

(3) 図8は直方体の氷を表しています。この氷の斜線(しゃせん)部の面を下にして水中に入れると、図4と同じように、斜線部の面を下にして、浮き上がって静止しました。このとき、氷の水面から出ている部分の高さを答えなさい。ただし、氷1 cm^3の重さは0.9 gとし、実験中に氷はとけなかったものとします。また、答えが小数になるときは、小数第一位を四捨五入して、<u>整数</u>で答えること。

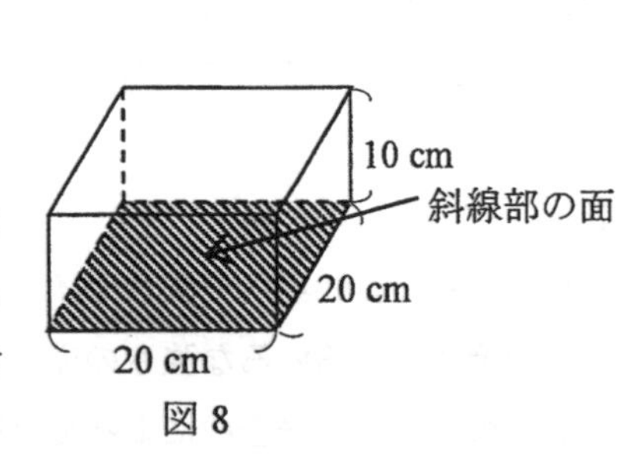

図8

(4) (3) の実験のあと、この氷はすべてとけてしまいました。このときの水面の高さは、氷が浮かんでいるときと比べてどうなりますか。最も適するものを、次の**ア**～**ウ**から一つ選び、記号で答えなさい。

ア　上がる　　**イ**　下がる　　**ウ**　変わらない

(5) 同じビーカーに同じ高さまで、水・食塩水・エタノールの3種類の液体をそれぞれ入れ、上皿てんびんにのせたところ、図9と図10のような結果になりました。この結果をもとに、【実験2】を水の代わりに食塩水やエタノールを使って行ったとき、ばねはかりの示す値の大小関係として最も適するものを、次の**ア**～**キ**から一つ選び、記号で答えなさい。

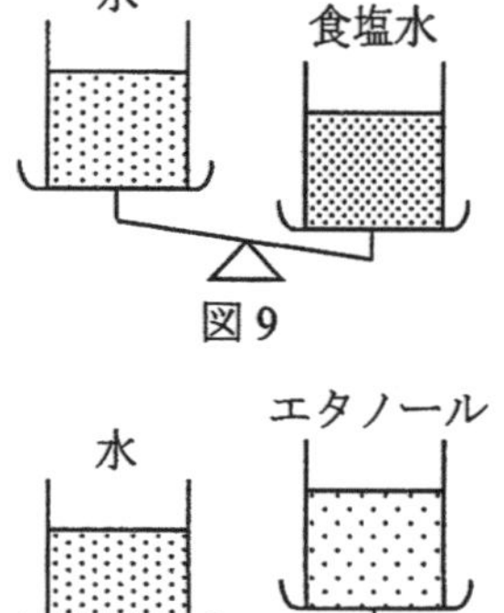

図9

水
エタノール

図10

ア　ばねはかりの値は、水＞エタノール＞食塩水となる。
イ　ばねはかりの値は、水＞食塩水＞エタノールとなる。
ウ　ばねはかりの値は、食塩水＞エタノール＞水となる。
エ　ばねはかりの値は、食塩水＞水＞エタノールとなる。
オ　ばねはかりの値は、エタノール＞食塩水＞水となる。
カ　ばねはかりの値は、エタノール＞水＞食塩水となる。
キ　ばねはかりの値は、3種類とも同じとなる。

(6) 図11は、1000 cm^3 の立方体の鉄を**食塩水中**に入れて沈んでいる様子を表しています。次に、立方体の鉄を取り出して、中身をくりぬいて鉄の器(うつわ)にしました。図12のように、鉄の器が**食塩水の液面ぎりぎりで静止する**ためには、少なくとも鉄の立方体を何 cm^3 くりぬけばよいですか。ただし、鉄1 cm^3 の重さは8 g、食塩水1 cm^3 の重さは1.2 gとし、答えが小数になるときは、小数第一位を四捨五入して、**整数**で答えること。

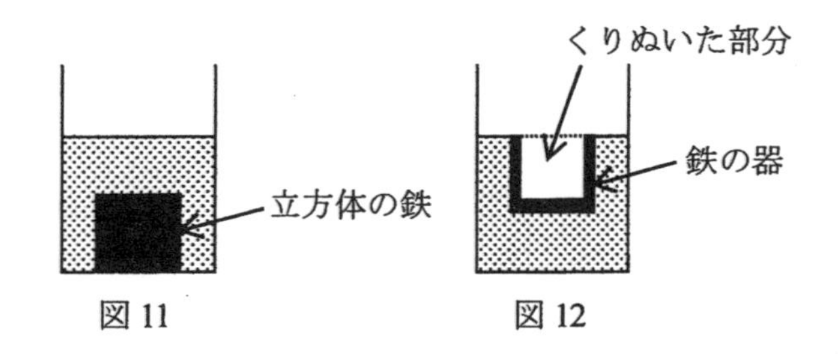

図11　　図12

平成25年度

北嶺中学校入学試験問題

社　　会

（40分）

（注意）

1　問題用紙が配られても、「はじめ」の合図があるまでは、中を開かないでください。

2　問題は全部で 16 ページで、解答用紙は 1 枚です。「はじめ」の合図があったら、まず、ページ数を確認してからはじめてください。もし、ページがぬけていたり、印刷されていなかったりする場合は、静かに手をあげて先生に伝えてください。

3　答えはすべて解答用紙の指定された解答らんに書いてください。

4　字数が指定されている場合には、特に指示のないかぎり句読点も数えてください。

5　質問があったり、用事ができた場合には、だまって手をあげて先生に伝えてください。ただし、問題の考え方や、言葉の意味・読み方などについての質問には答えられませんので注意してください。

6　「おわり」の合図で鉛筆をおき、先生が解答用紙を集めおわるまで、静かに待っていてください。

K 教英出版

（7）下線部(g)について、2009年に小千谷縮（おぢやちぢみ）と越後上布（じょうふ）が無形文化遺産に登録されました。これらは、雪国の農家の副業として古くから伝えられてきた麻織物の技術です。次の図は、「雪さらし」といわれる工程で、織りあがった布を雪の上に広げて太陽の光にさらしています。この工程によって布地が白くなり、織った柄（がら）が鮮やかに浮き立ちます。このような雪国の自然環境と風土が生みだした小千谷縮と越後上布を生産している都道府県の名を答えなさい。

（8）下線部(h)について、これから世界遺産への登録を目指すものを暫定（ざんてい）候補と呼んでいますが、その中から、政府は2012年に「富士山」と「武家の古都・鎌倉」を世界遺産委員会へ推薦しました。この２件は、今年６月にカンボジアのプノンペンで開かれる世界遺産委員会で審議される予定です。このうち鎌倉は、日本で最初に武家政権が誕生した「武家の古都」ですが、ここには源氏と鎌倉幕府の守り神をまつった神社が建てられました。この神社の名として正しいものを、次のア～エのうちから１つ選び、記号で答えなさい。

ア　熱田神宮　　イ　春日大社　　ウ　鶴岡八幡宮　　エ　浅間（せんげん）大社

（9）下線部(i)について、地域紛争や森林伐採などによって危機にさらされている世界遺産を「危機遺産」と言います。危機遺産は世界中に30件以上も登録され、その中に「スマトラ島の熱帯雨林」があります。スマトラ島は、ほぼ中央を赤道が通る大きな島で、面積は日本の1.3倍もあります。スマトラ島の東にはジャワ島があります。ジャワ島は日本の本州の半分ほどの面積に、日本の人口より多い１億3000万人以上の人が住んでいるため、人口密度がきわめて高いです。このスマトラ島やジャワ島などの島々を領土とする国の名を答えなさい。

2 次の地図と、これに関する文を読み、後の問いに答えなさい。

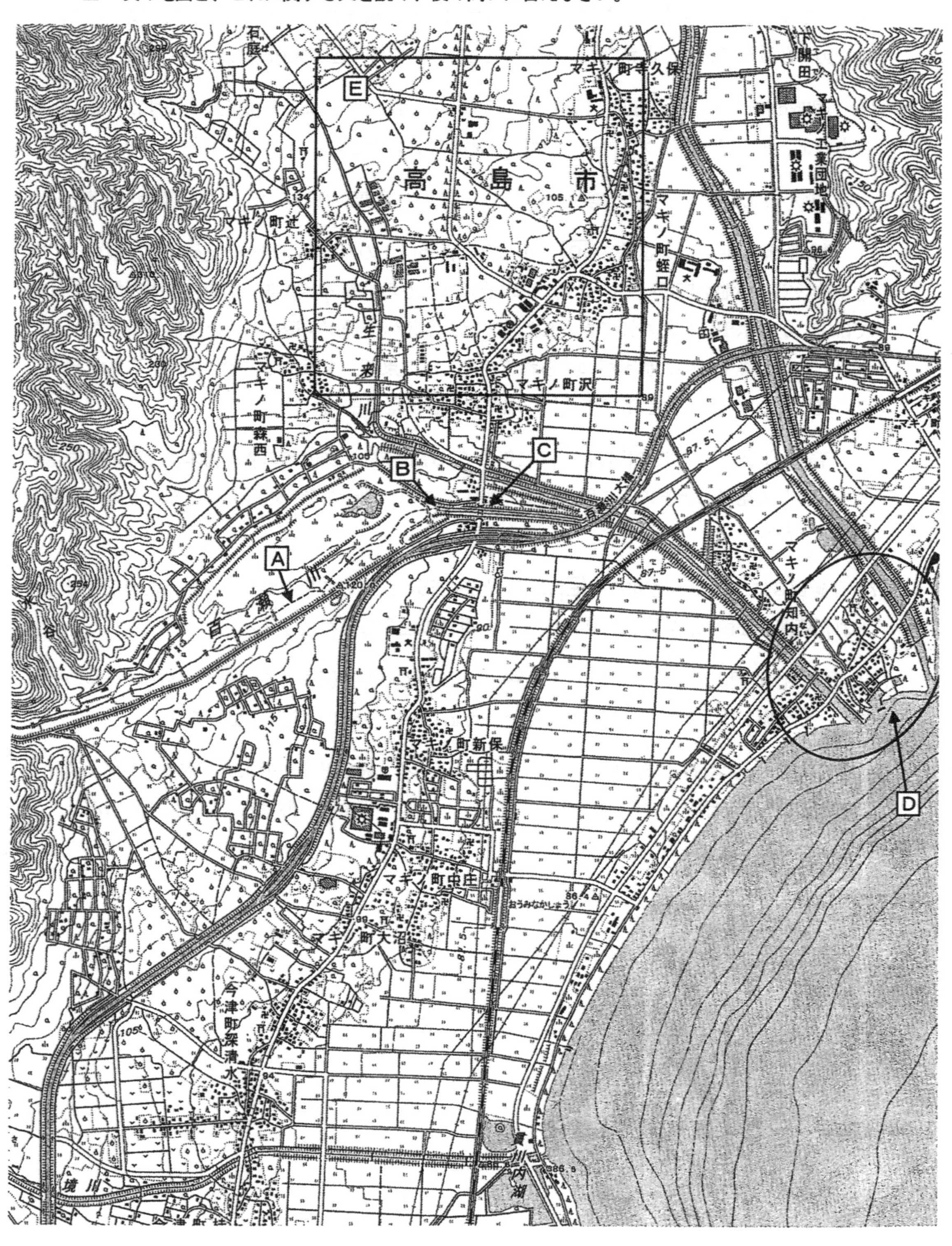

(3) 下線部(c)について、中国にも天井川として有名な川があります。この川の下流では、川底の最も高い所が周囲の平地より10mも高くなっているそうです。ですから、大雨などによって堤防が壊れてしまうと、大洪水が引き起こされ、非常に大きな被害をおよぼすことになります。この川は中国で2番目に長く、世界でも7番目の長さです。この中国の大河の名を**漢字**で答えなさい。

(4) 下線部(d)について、「百瀬川」は地表に現れてから流れをどのように変えていますか。最も適当なものを、次のア～エのうちから1つ選び、記号で答えなさい。

ア 北から北西　　イ 南西から北　　ウ 南東から西　　エ 東から南東

(5) 下線部(e)について、地図中の D で示した「百瀬川」の河口は、細かい土砂などが積もってできた地形で、平地が広がっています。この地形は、土の栄養分が豊富で水を得やすいため、日本では古くから水田に利用されてきました。また、水陸の交通が発達することで商工業もさかんになり、人口が集中して大都市がつくられてきました。東京、大阪、名古屋、福岡、広島などは、この地形につくられた大都市です。この地形の名を答えなさい。

(6) 下線部(f)について、この機関は、2001年までは建設省に、2001年の省庁再編後は建設省や運輸省を統合して発足した省の下に置かれています。この土地の測量や地図の作成を行う国の機関の名を答えなさい。

(7) 下線部(g)について、地図中の E に示した正方形は、1辺の長さが6cmです。この正方形で囲まれた範囲の面積は、実際には何km^2ですか。**単位に注意して**答えなさい。

(8) 滋賀県は周囲が海に面していない内陸県で、4つの府県に囲まれています。次のア～エのうちから、滋賀県が接している府県の組合せとして正しいものを1つ選び、記号で答えなさい。

ア 福井県、大阪府、奈良県、岐阜県　　イ 岐阜県、和歌山県、京都府、福井県
ウ 三重県、京都府、岐阜県、福井県　　エ 三重県、岐阜県、京都府、大阪府

3 次の文を読み、後の問いに答えなさい。

「おじいさんは山へしば刈りに、おばあさんは川へ洗たくに」といえば、誰もが知っている昔話の「桃太郎」です。「桃太郎」や「一寸法師」「浦島太郎」などの昔話はおとぎ話とも呼ばれます。(a)多くのおとぎ話の原型は室町時代ころから成立していったと考えられ、江戸時代にはこれらのうち23編を選んだ『御伽文庫』が刊行されました（ただし、「桃太郎」は『御伽文庫』には入っていません）。おとぎ話は不思議に満ちていて、当然、それらすべてを事実と考えることはできません。ただし、おとぎ話が何らかの「歴史」を背景にして成立した可能性は考えられます。今回は、「桃太郎」にひそむ「歴史」を探ってみましょう。

まず、「桃太郎」の舞台はどこなのでしょうか。これには諸説がありますが、一番有名なのは、岡山県とする説でしょう。ＪＲ岡山駅の前には桃太郎一行の像が立ち、瀬戸内海に浮かぶ女木島を鬼が島とする説もあります。きび団子の「きび」と、吉備地方（岡山県）の「吉備」の音が同じであることも、この説を後押ししているようです。さて、岡山県の吉備津神社には非常に興味深い伝承が伝えられています。それによると、(b)百済から温羅という鬼がやってきて、山中に城をかまえました。そこで、(c)朝廷はイサセリヒコノミコトをつかわして温羅を討ち、以後、ミコトは大吉備津彦と呼ばれるようになったそうです。この伝承が、「桃太郎」の成立に大きな影響を与えたと考えられているのです。

ところで、この伝承には、さらなる歴史がひそんでいる可能性があります。かつて、吉備地方にはヤマト政権に服属しない人びとがいたと考えられますが、『日本書記』によれば、ヤマト政権は吉備津彦をつかわして吉備地方をふくむ西国を征服したといいます。この歴史と吉備津神社の伝承を比較してみると、(d)もともと吉備地方にいてヤマト政権に服属しなかった人びとに対して、のちの時代に温羅という鬼のイメージが重ねられていった可能性が出てくるわけです。この考えによるならば、「桃太郎」は、歴史→伝承→おとぎ話というプロセスをへて成立していったということになります。

では、「桃太郎」はいつ、どのようにして成立したのでしょう。この問いに対する明確な答えはありませんが、おそらくは室町時代後期〜戦国時代ころに成立したと考えられています。興味深い説としては、桃太郎の従者として現れる猿・キジ・(e)犬は十二支の申・酉・戌にあたり、方角でいえば西を意味する、というものです。もし、「桃太郎」が何らかの出来事をきっかけに成立したとするならば、この場合、当時の日本社会において西方の鬼にあたる存在は何になるでしょうか。朝鮮や中国、あるいは(f)当時日本にやってくるようになっていたヨーロッパの国ぐにもあてはまるかもしれません。想像をたくましくするならば、このころに（　①　）が二度（1592〜93年、1597〜98年）にわたって西方の朝鮮に出兵したことが、「桃太郎」成立のきっかけになったとも考えられるかもしれません。

「桃太郎」の話は江戸時代以降に広まり、明治時代に教科書に採用されて以降、非常にポピュラーなものになっていきます。また、(g)日本がいくつかの戦争を経験していくなかで、桃太郎は徐々に勇ましい戦装束をまとうようになっていきます。すなわち、(h)桃太郎は、周辺および欧米諸国と戦いながら対外進出をはたしていく日本の象徴ととらえられていったのです。戦時中（1945年）に製作されたアニメ映画『桃太郎・海の神兵』は、桃太郎が「鬼畜米英」をこらしめるというストーリーであり、このことをよく表しているでしょう。

4 次の文を読み、後の問いに答えなさい。

民間伝承を人々の生活や文化を通して研究する学問を民俗学といいます。例えば、マスクをした若い女性が学校帰りの子どもに「わたし、きれい？」とたずね、子どもが「きれい」と答えると、「これでも？」と言いながらマスクをはずす。するとその口は耳元まで大きく裂(さ)けていた。「きれいじゃない」と答えると鎌やハサミで斬(き)り殺されるという(a)1970 年代後半に全国に広がった「口裂け女」。この都市伝説がなぜうまれ、どのように広まり、どうして信じられたのかといったことを研究するのも民俗学です。

(b)1862 年に現在の(c)兵庫県中部で生まれた柳田国男(やなぎたくにお)は、(d)森鷗外(おうがい)と親交があり、学生時代には『文学界』や『国民之友(こくみんのとも)』といった文芸雑誌に作品を投稿したりしていましたが、東京帝国大学（現在の東京大学）に進んでからは農政学を専攻し、卒業後は政府の官僚となりました。

1908 年、九州を旅行した時に訪れた宮崎県北西部の椎葉(しいば)村で、山村に住む人々の狩猟(しゅりょう)について関心をもち、(e)鉄砲が使われる以前の狩猟に関する伝承（言い伝え）を『後狩詞記(のちのかりことばのき)』としてまとめて出版しました。このころ日本では怪談ブームがおきており、民話や妖怪(ようかい)に関する小説を発表し始めた佐々木喜善(きぜん)を訪問し、佐々木が語った民話を柳田が筆録・編集して(f)『遠野(とおの)物語』を出版しました。『遠野物語』は河童(かっぱ)や座敷童子(ざしきわらし)などの妖怪、神隠(かみかく)しなどの怪談、さらに信仰や儀式など 119 の話からなり、つづいて発表された続編には 299 の話が収められました。柳田は、さらに郷土研究に興味を持ち、(g)新渡戸稲造(にとべいなぞう)らと『郷土研究』という雑誌を刊行するなど、日本の民俗学の基礎をつくりました。

1920 年からは東京朝日新聞の論説を担当しつつ、全国各地へ調査旅行に行き、1921 年には沖縄を訪問しました。その時、「沖縄学の父」と称された伊波普猷(いはふゆう)らと交流しました。沖縄は、(h)琉球処分によって日本に組み込まれてから、さまざまな差別を受ける一方、日本への同化が進められました。そういった中で、明治時代末ころから、沖縄の歴史・伝統・文化などの研究を通じて、「沖縄人(ウチナーンチュ)」としての独自性を探求していこうとする沖縄学がおこりました。1876 年生まれの伊波は、沖縄の古い歌謡を集めた『おもろさうし』を研究し、また言語を中心に沖縄の歴史・民俗・文学を探求した『古琉球(こりゅうきゅう)』を著すなど、高揚(こうよう)する沖縄学の中心的な学者でした。柳田が沖縄を訪問したのは、そのような時期でした。

東京帝国大学で言語学を研究し、柳田や伊波に教えを受ける機会に恵まれたのが、沖縄各地の方言を研究した仲宗根政善(なかそねせいぜん)です。仲宗根は(i)沖縄県立第一高等女学校・沖縄師範学校女子部で教職についていましたが、第二次世界大戦が勃発し、その末期に、(j)「醜(みにく)さの極致(きょくち)」といわれた沖縄戦に、女学生とともに巻き込まれました。

戦後の仲宗根は琉球大学の教授として、沖縄の教育復興に力をつくす一方、沖縄言語センターの代表となり、方言の研究を中心に、戦後の沖縄学の発展や研究者の育成などに尽力しました。

学問の研究というと難しいと思いがちですが、何気ない私たちの生活の中にあるものや起こったことに疑問をもったり、小さなことに関心を持ったりすることが、すでに民俗学の研究をしていると言ってもいいのかも知れませんね。

(1) 下線部(a)について、1970年代の日本の内閣と、その時期の出来事の組合せとして正しいものを、次のア～エのうちから1つ選び、記号で答えなさい。

ア　鳩山一郎内閣 — 東海道新幹線の開通と、東京オリンピックの開催
イ　田中角栄内閣 — 日中共同声明が調印され、中華人民共和国との国交が正常化
ウ　中曽根康弘内閣 — 水俣病や足尾鉱毒などの四大公害裁判が行われ、患者側が勝訴
エ　小泉純一郎内閣 — 電電公社と国鉄が民営化され、ＮＴＴとＪＲが発足

(2) 下線部(b)について、1862年に江戸を出発した薩摩(さつま)藩の行列が、現在の神奈川県横浜市鶴見区付近にさしかかった際、乗馬していたリチャードソンら4人のイギリス人と行き会いました。薩摩藩士は、彼らが乗馬したままであったことを無礼(ぶれい)な行為とみなして刀などで斬りつけ、1人を斬殺、2人に重傷を負わせるという事件が起こりました。イギリスは謝罪と賠償金を求め、幕府はこれを受け入れましたが、薩摩藩が拒否したので、薩英戦争を引き起こすことになりました。この薩英戦争の原因となった薩摩藩士によるイギリス人殺傷事件の名を**漢字**で答えなさい。

(3) 下線部(c)について、兵庫県には、日本の主要国際貿易港の1つで、国際戦略港湾に指定されている神戸港があります。この港の記録は奈良時代からみられ、かつては兵庫津(ひょうごのつ)や大輪田泊(おおわだのとまり)とよばれていて、奈良時代～鎌倉時代にかけて瀬戸内海を航行する船舶が停泊する5つの港、五泊(ごとまり)の1つでした。この大輪田泊を修築し、中国(宋)との貿易の拠点とした人物の氏名を**漢字**で答えなさい。

(4) 下線部(d)について、森鷗外は本名を森林太郎といい、島根県津和野(つわの)町に生まれました。森鷗外は、夏目漱石と並んで日本を代表する文豪ですが、代々津和野藩医をつとめる家柄だったことから、東京帝国大学では医学を学び、卒業後は陸軍の軍医となって陸軍省派遣留学生として、当時医学の最先進国であったドイツに4年間留学しました。このドイツ留学を題材として執筆された、日本人の官僚の太田豊太郎(モデルは鷗外自身ともいわれています)とドイツ人女性エリスとの愛と離別をロマン的に描いた文学作品の名を答えなさい。

(5) 下線部(e)について、鉄砲は1543年、種子島に漂着したポルトガル人から、種子島時尭(たねがしまときたか)が購入したのをきっかけに日本国内でも生産が始まり、戦国大名の戦法や城の築き方を変化させ、統一事業を加速させる要因となりました。なかでも織田信長は鉄砲を有効に活用した戦国大名として代表的です。その信長が大量の鉄砲を用い、1575年の長篠の戦いで破った戦国大名を次のア～エのうちから1つ選び、記号で答えなさい。

ア　武田氏　　イ　浅井氏　　ウ　朝倉氏　　エ　今川氏

5 **次の文を読み、後の問いに答えなさい。**

わたしたちが暮らしている日本のこんにちの政治は、民主政治と呼ばれるものです。この民主政治の基本となる考え方を民主主義と呼びます。

民主政治は、まず(a)ヨーロッパで始まりました。それが次第に広まっていき、今では(b)アメリカ合衆国や日本など、(c)先進国とよばれるさまざまな国で行われるようになっています。(d)日本にその考え方が紹介されたのは明治時代ですが、現在のような民主政治が行われるようになったのは、第二次世界大戦が終わって、日本国憲法が制定された後のことです。

一口に民主政治と言っても、具体的なしくみは、それぞれの国や時代によって異なります。しかし、その原理的なしくみは共通しています。民主政治の原理は、次の５つにまとめられます。

１つ目は、国民が（　①　）をもつことです。（　①　）とは、その国のあり方を最終的に決める力です。２つ目は、国民の(e)基本的人権が守られていることです。３つ目は、政治は法に基づいて行われることです。４つ目は、国のもつ力をいくつかに分ける（　②　）の制度です。これについて、日本国憲法は、立法権が(f)国会に、行政権が(g)内閣に、司法権が(h)裁判所に属すると定めています。そして５つ目は、間接民主制です。これについて、憲法は前文で「日本国民は、正当に選挙された国会における代表者を通じて行動」する、と定めています。

では、「憲法が民主政治の原理を定めているから、日本の民主政治は安心だ」と考えていいのでしょうか。そうではありません。現在の民主政治は、私たちの先人の長年にわたる努力によって実現してきたものですから、私たちは、それに無関心であったり、人まかせにしたりしないで、先人と同じように努力を続けなければならないのです。

民主政治とは、簡単にいうと、「自分たちのことは、自分たちで考え、話し合い、自分たちで決定して行動する」政治ということができます。逆にいえば、自分たちで考えることを止めたり、人まかせにしたり、政治に無関心になったり、行動しなかったりすると、民主政治はあっという間に崩れてしまうということを、忘れないようにしましょう。

（1）文中の空らん（　①　）（　②　）に適する語句を**漢字**で答えなさい。

（2）下線部(a)について、現在ヨーロッパの多くの国で民主政治が行われています。それらの国が加盟するヨーロッパ連合（ＥＵ）が結成されてから10年以上がたちました。これに加盟する多くの国が用いている共通通貨を何といいますか。**カタカナ**で答えなさい。

（3）下線部(b)について、日本には多くのアメリカ軍が駐留しています。これは日本とアメリカ合衆国との間に結ばれている日米〔　　　　〕条約にもとづいています。〔　　　　〕にあてはまる語句を**漢字４字**で答えなさい。

（4）下線部(c)について、先進国の大統領や首相が集まり、経済的な問題だけでなく、世界のさまざまな問題を話し合う会議を何といいますか。次のア～エのうちから１つ選び、記号で答えなさい。

ア　アセアン　　イ　Ｇ２０　　ウ　サミット　　エ　ＴＰＰ

(5) 下線部(d)について、明治時代に日本に民主政治の考え方を紹介しようとした人物として最も適当なものを、次のア～エのうちから１つ選び、記号で答えなさい。

ア　中江兆民　　イ　西郷隆盛　　ウ　東条英機　　エ　吉田茂

(6) 下線部(e)について、日本国憲法で認められている基本的人権について説明した文として最も適当なものを、次のア～エのうちから１つ選び、記号で答えなさい。

ア　法律の範囲内で、内閣が承認した権利に限られる。
イ　いかなる場合も、無条件で無制限に認められる権利である。
ウ　すべての国民に、侵(おか)すことのできない永久の権利として認められている。
エ　近年、プライバシーの権利や知る権利などが憲法の条文に加えられた。

(7) 下線部(f)について、国会に関して述べた文として最も適当なものを、次のア～エのうちから１つ選び、記号で答えなさい。

ア　衆議院の総議員の過半数の賛成と、参議院の総議員の過半数の賛成があれば、憲法を改正することができる。
イ　参議院は内閣の大臣に対する問責決議ができるが、内閣総理大臣の不信任を決議できるのは衆議院だけである。
ウ　条約の締結や予算の審議は、衆議院と参議院のどちらが先に行ってもよいが、法律案の議決と内閣総理大臣の指名は衆議院が先に行われなければならない。
エ　内閣の大臣は衆議院か参議院かどちらかの国会議員であればよいが、内閣総理大臣は衆議院議員でなければならない。

(8) 下線部(g)について、内閣に関する文として最も適当なものを、次のア～エのうちから１つ選び、記号で答えなさい。

ア　内閣の大臣の人数は、内閣総理大臣の判断により、何人任命してもよい。
イ　内閣は、必要に応じて弾劾(だんがい)裁判所を設置できる。
ウ　閣議の議決方法は、過半数が原則である。
エ　内閣は、天皇の国事行為に助言と承認を与える。

(9) 下線部(h)について、裁判員制度が導入されて３年がたちました。裁判員は、重大な刑事裁判に関して、裁判官とともに審理に参加し、有罪か無罪かの事実認定と刑の重さを判断します。この裁判員になる条件として最も適当なものを、次のア～エのうちから１つ選び、記号で答えなさい。

ア　国会議員または地方議会議員の経験があること。
イ　何らかの形で裁判に関わった経験があること。
ウ　裁判員になることを希望する成人で、そのための研修を修了していること。
エ　衆議院議員の選挙権を有していること。

平成 30 年度　入学試験問題算数解答用紙　北嶺中学校

1

(1)	(2)	(3)	(4)

2

(1)	(2)	(3)		(4)	(5)
円	cm^2	中学生	高校生		

3

(1)	(2)	(3)	(4)	(5)
cm^3	毎秒 cm^3	cm^2	cm^2	秒後

【解答

平成30年度　# 入学試験問題理科解答用紙　北嶺中学校

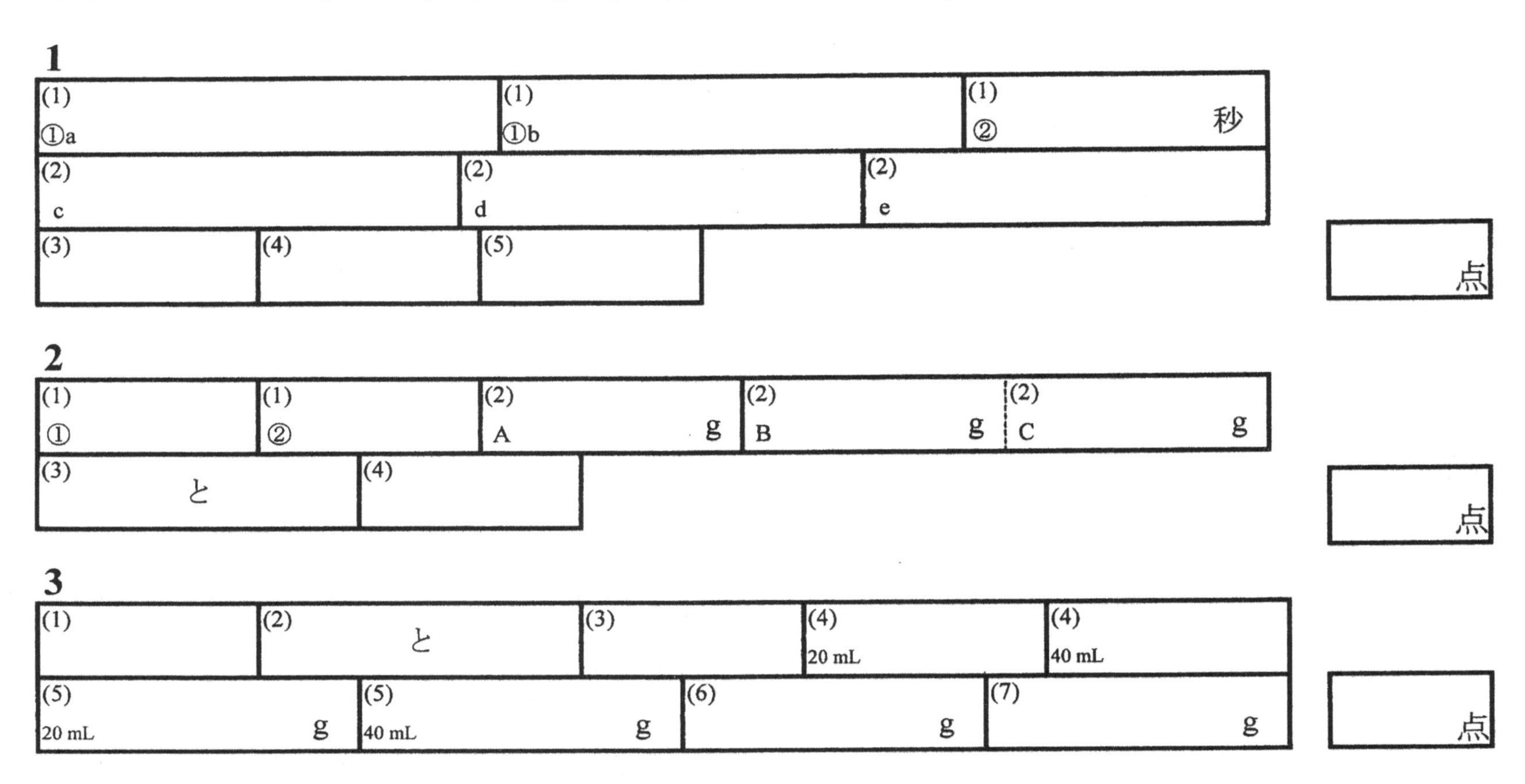

1

(1) ①a	(1) ①b	(1) ② 秒
(2) c	(2) d	(2) e
(3)	(4)	(5)

点

2

(1) ①	(1) ②	(2) A g	(2) B g	(2) C g
(3) と	(4)			

点

3

(1)	(2) と	(3)	(4) 20 mL	(4) 40 mL
(5) 20 mL g	(5) 40 mL g	(6) g	(7) g	

点

4

(1)	(1)	(1)

平成30年度　# 入学試験問題社会解答用紙　北嶺中学校

1

(1) ① 県 ② 省　(2)

(3) 兄弟　(4) 事件

(5)　(6)　(7) 基地

(8)

(9)　(10)

2

(1) ① 燃料 ② ダム ③ 県

(2)　(3)

(4)

(5)

(6)　(7) 大 → → 小

(8)　(9)　(10)

3

(1) ① 天皇 ②　(2)

(3)

(4)　(5)　(6) ①　②

(7)

(8) ①　②　(9)

4 (1)　(2)　(3)

(4)　(5)

(6)

(7)　(8)　(9)

(10) ①　② 諸島 ③

得　点
※80点満点 (配点非公表)

受験番号	小　学　校　名	氏　　　　名
	小学校	

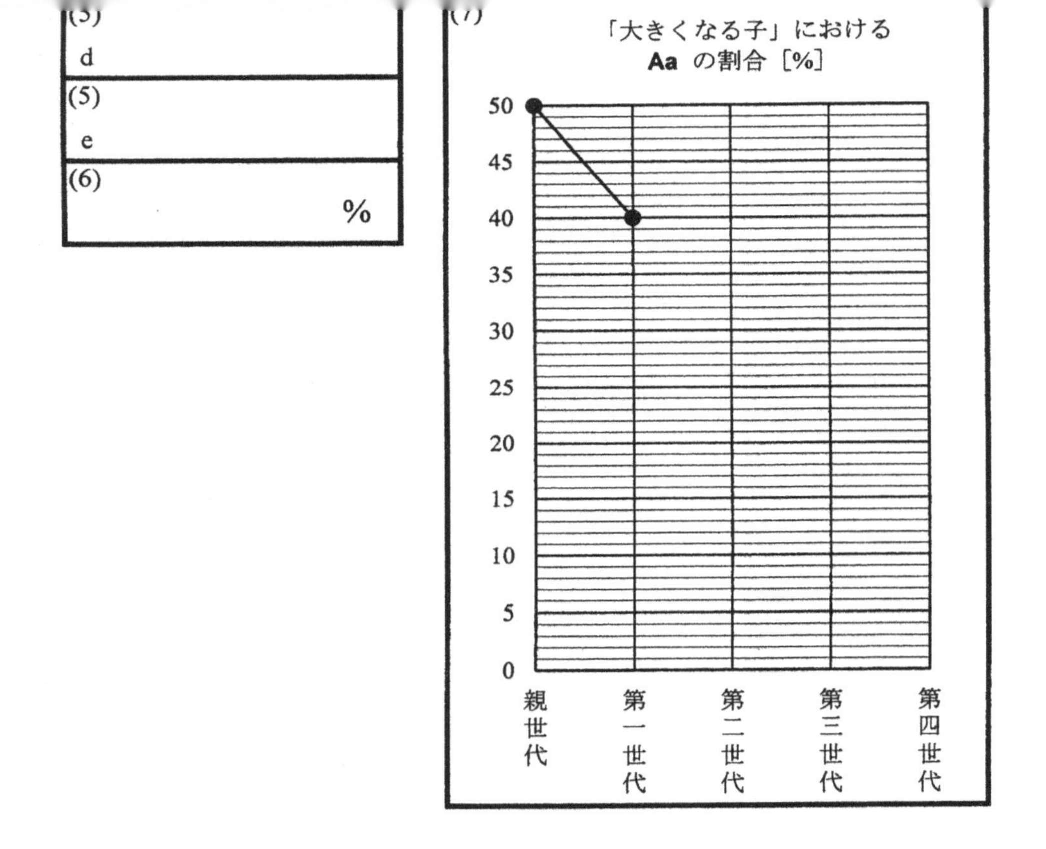

点

受験番号	小学校名	氏　　　名
	小学校	

得　点
※80点満点 (配点非公表)

cm^2	cm^3	cm^3	倍

5

(1)	
①	②

(2)		
①	② と	③

受験番号	小学校名	氏　　名
	小学校	

※120点満点
(配点非公表)

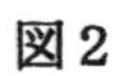

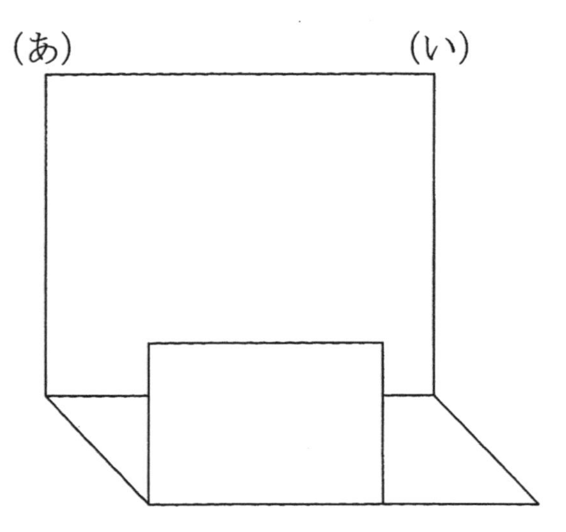

図3

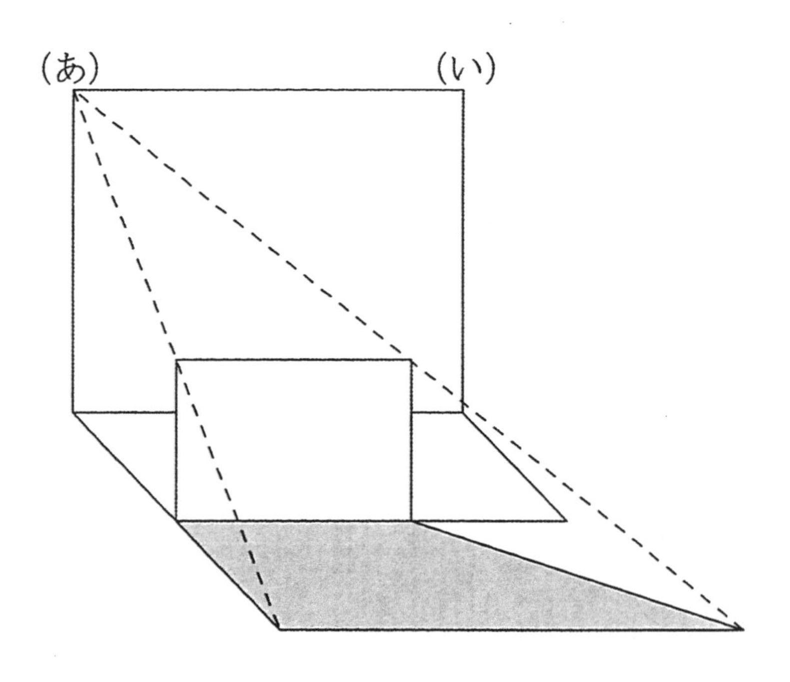

5 図１の縦 25 cm，横 40 cm の長方形の紙から，斜(しゃ)線のついた部分を切り取ります。次に点線の部分を図２のように直角に折り，平らな机の上におきました。部屋を真っ暗にしてから，下の実験１，２をしました。なお，図の角の部分を（あ），（い）とします。

実験１　図２の（あ）の部分から光を発したところ，机の上に図３のような影(かげ)ができました。

実験２　図２の（い）の部分から光を発したところ，机の上に図３の影とはちがう形の影ができました。

次の各問いに答えなさい。

（１）実験１のときにできた影の部分の面積を答えなさい。

（２）実験２のときにできた影の部分の面積を答えなさい。

（３）実験１，２のどちらにおいても影だった部分の面積を答えなさい。

図１

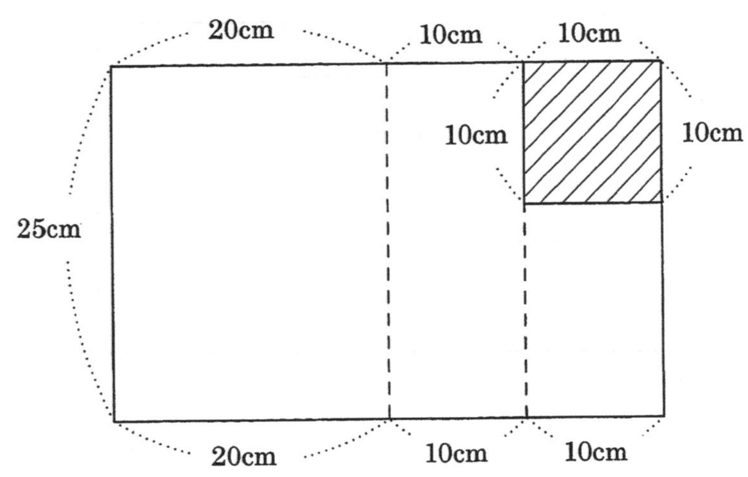

3　ある野球場の入り口に，6段の階段があります。「1段ずつ上がる」，「1段飛ばしで上がる」，「2段飛ばしで上がる」の3種類の上がり方を使って，この階段を上がります。

次の各問いに答えなさい。

ただし，次の各問いにおいて，使わない上がり方があってもよいものとします。

（1）3種類の上がり方が使えるとき，ちょうど3回目で上がりきるには，全部で何通りの上がり方がありますか。

（2）「1段ずつ上がる」と「1段飛ばしで上がる」の2種類の上がり方が使えるとき，全部で何通りの上がり方がありますか。

（3）3種類の上がり方が使えるとき，全部で何通りの上がり方がありますか。

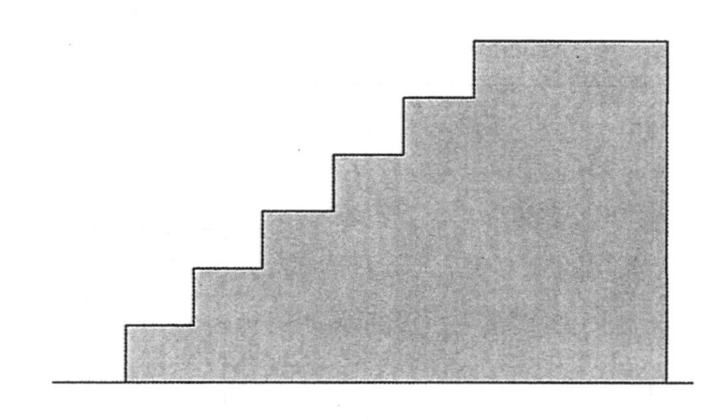

（4）A，B，C，D，Eの5チームが次のルールで総当たりのリーグ戦を行いました。

試合に勝った場合は勝ち点 3，負けた場合は勝ち点 0，引き分けの場合は両方のチームに勝ち点 1 が与えられます。

全部の試合が終わって，勝ち点の多い順で順位が決まりましたが，試合の記録が一部ぬけ落ちてしまいました。下の表を参考にして，全チームの勝ち点の合計がいくつになるかを答えなさい。

下の表では，例えばAチームはEチームに勝ち，EチームはAチームに負けていることを示しています。また，AチームとBチームは引き分けです。

	A	B	C	D	E	勝ち点	順位
A		△			○	5	3
B	△		○		△	8	1
C		×				2	5
D							4
E	×	△					2

（5）下の図のように，半径が 2 cmの 3 つの円が，それぞれ自分以外の残り 2 つの円の中心を通るように交わっています。色のついた部分の面積の合計を求めなさい。ただし，円周率（りつ）は 3.14 とします。

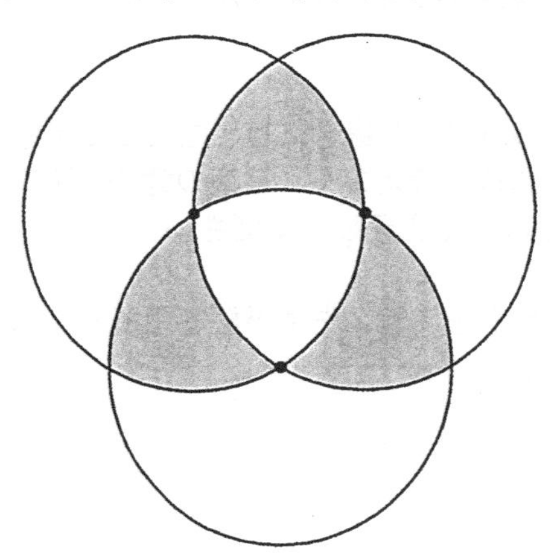

平成25年度

北嶺中学校入学試験問題

算　　　数

（60分）

（注意）

1　問題用紙が配られても、「はじめ」の合図があるまでは、中を開かないでください。

2　問題は全部で　8　ページで、解答用紙は1枚です。「はじめ」の合図があったら、まず、ページ数を確認してからはじめてください。もし、ページがぬけていたり、印刷されていなかったりする場合は、静かに手をあげて先生に伝えてください。

3　答えはすべて解答用紙の指定された解答らんに書いてください。

4　コンパス、定規、分度器は使用できません。机の上にはおかないでください。

5　質問があったり、用事ができた場合には、だまって手をあげて先生に伝えてください。ただし、問題の考え方や、言葉の意味・読み方などについての質問には答えられませんので注意してください。

6　「おわり」の合図で鉛筆をおき、先生が解答用紙を集めおわるまで、静かに待っていてください。

1 次の$\square$に当てはまる数を求めなさい。

（1）$(11+12+13+14+15+16+17+18+19)\div 9=\square$

（2）$\dfrac{1}{2}+\left(\dfrac{1}{3}+\dfrac{1}{4}\right)\times 2+\left(\dfrac{3}{5}+\dfrac{1}{6}+\dfrac{1}{7}\right)\times 2-\left(\dfrac{1}{3}+\dfrac{2}{5}+\dfrac{1}{6}\right)\times 3=\square$

（3）$(370.37\div 9.1-99.9\times 7\div 27)\div 3.7=\square$

（4）$2\dfrac{2}{7}:(\square+2)\times\dfrac{4}{5}=20:21$

2 次の各問いに答えなさい。

(1) 17×17×17×17×17 の一の位の数を求めなさい。

(2) 7 で割ると 3 余り，11 で割ると 2 余る数のうち 1000 に最も近い数を求めなさい。

(3) 一定の規則で並んでいる次の分数の列

$$\frac{1}{2}, \frac{1}{3}, \frac{2}{3}, \frac{1}{4}, \frac{2}{4}, \frac{3}{4}, \frac{1}{5}, \frac{2}{5}, \frac{3}{5}, \frac{4}{5}, \frac{1}{6}, \frac{2}{6}, \frac{3}{6}, \frac{4}{6}, \frac{5}{6}, \frac{1}{7}, \frac{2}{7}, \cdots$$

の 100 番目の分数を求めなさい。ただし，約分はしないで答えなさい。

(4) ある町へバスと電車を乗りついで行くことにしました。バスの料金と電車の料金の合計は 1400 円であることがわかりました。ところがその後，バスの料金が 10 %，電車の料金が 15 %上がることになり，バスの料金と電車の料金の合計は 1580 円となりました。値上げ後のバスの料金はいくらですか。

4 図のように，すべての頂点を通る円の中心が同じ点Oである3つの正六角形があり，1辺の長さの比は1：2：3です。

3点A，B，Cは一定の速さでそれぞれの正六角形の辺上を動き続ける点で，1周して元の位置にもどるのに要する時間は，Aは2分，Bは1時間，Cは10分です。また，2点OとCを両端（りょうたん）とする線が通った部分は金色に，OとAおよびOとBを両端とする線が通った部分は銀色に変化していきます。今，何も色がついていない状態で，図の位置からA，B，Cが同時に時計回りに動き出しました。正六角形の面積が小さい方から順に6 cm²，24 cm²，54 cm²であるとき，次の各問いに答えなさい。

（1）3点O，A，Cがこの順で再び一直線上に並ぶのは，動き出してから何分何秒後ですか。

（2）5分後における金色の部分の面積を求めなさい。

（3）3点B，O，Cがこの順で初めて一直線上に並ぶとき，金色の部分の面積を求めなさい。

（4）金色の部分の面積が初めて31 cm²になるのは，動き出してから何分何秒後ですか。

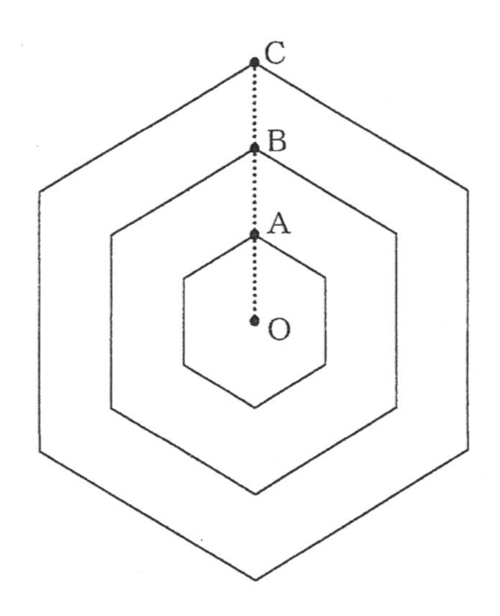

5 次の各問いに答えなさい。なお，円周率は3.14とします。

（1）正方形ＡＢＣＤにおいて，点Mは辺ＡＢの真ん中の点です。MDを折り目として折り重ね，ＡとＢ，ＡとＣをそれぞれ線で結んだものが下の図１です。

① 角アと角イの大きさの和を求めなさい。

② 角ウと角エの大きさの和を求めなさい。

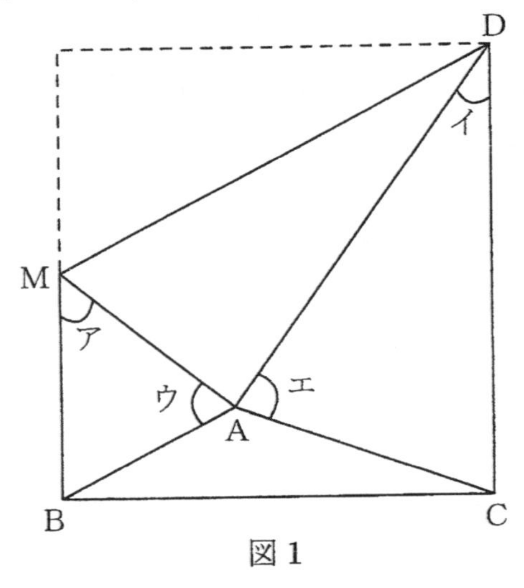

図１

（2）図２のような，半径15 cmの円があります。円の一部をＡＢを折り目として折り重ねたところ，円周が円の中心Oを通りました。これを広げたとき，点Ａと点Ｂで２つに分けられた円周のうち，短い方の長さを求めなさい。

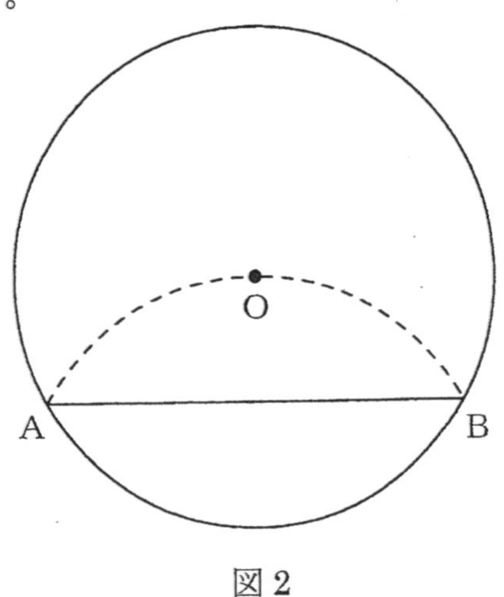

図２

1　次の問いに答えなさい。

(1) 虫めがねを使って北嶺の「**嶺**」の字を拡大して見ていました。そのとき「**嶺**」の字は図のように見えていました。次に、文字から虫めがねをはなしていくと、いったん文字がぼやけて見えなくなりました。さらにはなしていったとき、「**嶺**」の字の見え方として最も適するものを、次の**ア**～**ク**から一つ選び、記号で答えなさい。

(2) ソケットから取り出した豆電球2個と乾電池(かんでんち) 1個をつないだとき、豆電球が①**どちらも点灯**するものと②**片方しか点灯しない**ものを、次の**ア**～**エ**からそれぞれ**すべて**選び、記号で答えなさい。

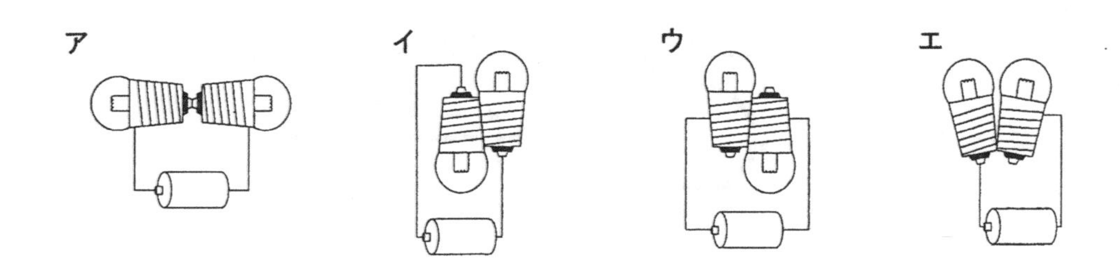

(3) 栓抜き(せんぬき)を使用するときには、図1のようにして使用します。このとき、栓抜きでは、支点・［A］点・力点が図2のようになっています。［A］にあてはまる語句を<u>漢字</u>で答えなさい。

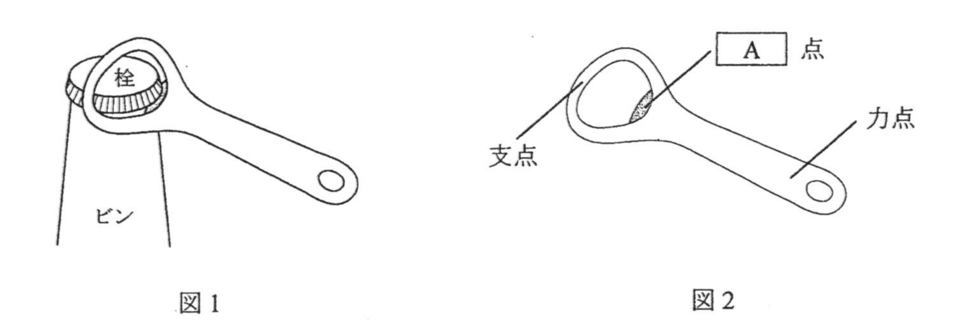

図1　　図2

(4) (3) の栓抜きを図3のように簡単な模型として考えてみます。栓抜きの重さは100 gで、栓抜きの力点から左に5 cmのところをひもでつるすと、栓抜きは水平を保ちました。真横から見た図のように、力点に栓抜きと垂直上向きで800 gの大きさの力をかけたとき、［A］点が栓に加える力の大きさは何gになりますか。ただし、答えが小数になるときは、小数第一位を四捨五入して、<u>整数</u>で答えること。

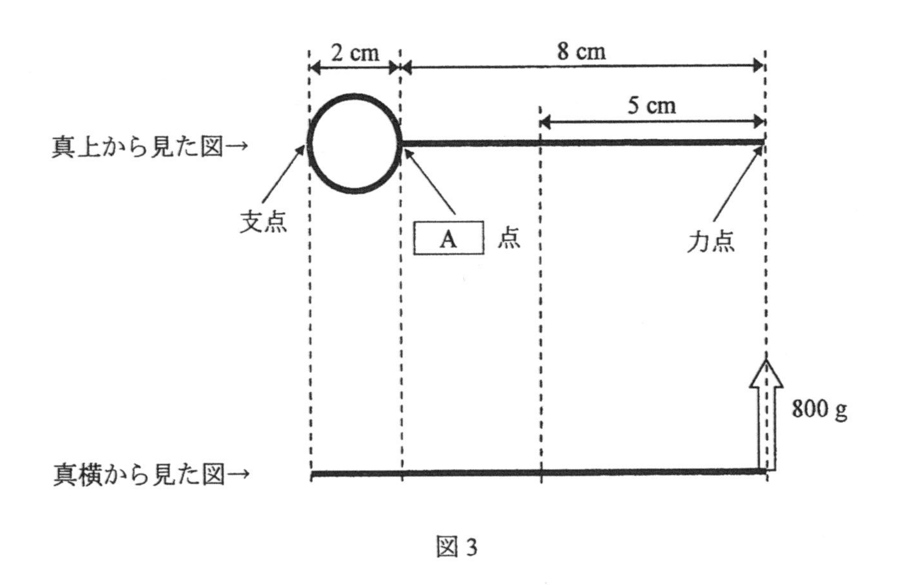

図3

3　タンパク質は、動物にとってエネルギーの源やからだをつくるもとになる、欠かすことができない栄養分です。タンパク質はアミノ酸とよばれる物質が、鎖(くさり)のようにたくさん連なってできています。そのため、そのままではからだの中に吸収することができません。そこで、消化液にふくまれる酵素(こうそ)のはたらきでアミノ酸にまで分解して、体内に吸収されやすい状態にしています。このとき、(あ)<u>タンパク質を分解する酵素は、分解の前後でつくりやはたらきを変えません。また、何度でもタンパク質を分解し、分解の速度を速くするはたらきがあります</u>。分解されて生じたアミノ酸は消化管の［ A ］で吸収され、［ B ］を通って肝臓(かんぞう)に運ばれることがわかっています。酵素の性質を調べるために、タンパク質を多くふくむカツオの削り節(けずりぶし)を用いた、以下の【実験】を行いました。

【実験】

はじめに、試験管①～⑨のすべてに同じ量のカツオの削り節を入れ、試験管②、③、⑤、⑥、⑧、⑨にはブタから採取した消化液（タンパク質を分解する酵素をふくむ）を 2 mL 加えました。さらに、試験管③、⑥、⑨には塩酸を 2 mL 加えました。最後に、試験管①～⑨に水を加えて、液体の体積をすべて 10 mL にそろえ、試験管①～③は 0 °C、試験管④～⑥は 40 °C、試験管⑦～⑨は 80 °C の温度でしばらく置いておきました。

また、試験管①～⑨の液体の性質を調べるために、試験管①～⑨と同じものを別につくり、緑色の BTB 溶液を加えたところ、図 1 のような色になりました。

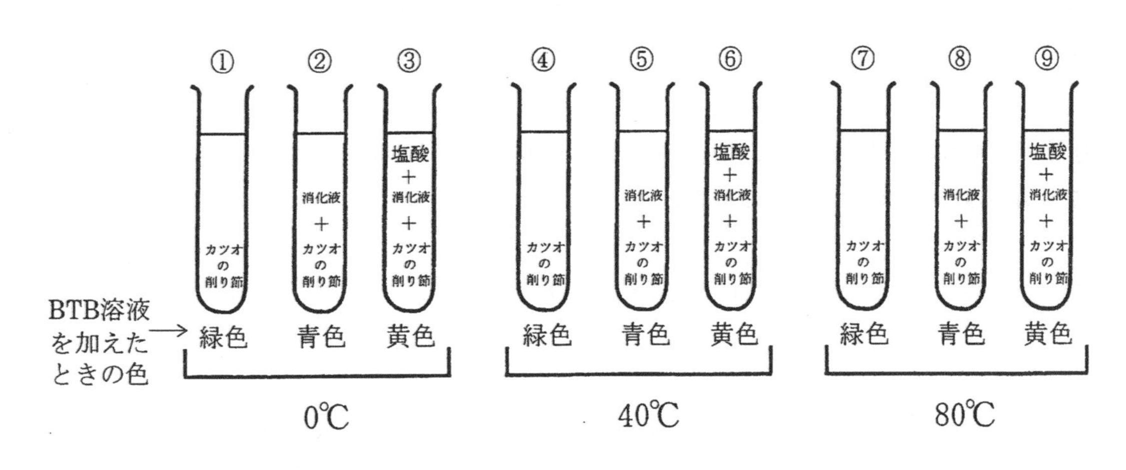

図 1

【結果】

しばらく置いた試験管①～⑨において、アミノ酸の存在を確かめる実験を行ったところ、試験管⑤の液体の中にのみ、アミノ酸が存在することがわかりました。

(1) 文中の A 、 B にあてはまる語句として最も適するものを、次のア～キからそれぞれ一つずつ選び、記号で答えなさい。

A

ア　胃　　イ　十二指腸　　ウ　小腸　　エ　大腸
オ　たんのう　　カ　肝臓　　キ　すい臓

B

ア　肺動脈(はいどうみゃく)　　イ　肺静脈(はいじょうみゃく)　　ウ　大動脈　　エ　大静脈
オ　肝動脈(かんどうみゃく)　　カ　肝静脈(かんじょうみゃく)　　キ　肝門脈(かんもんみゃく)

(2) 下線部(あ)について、消化液にふくまれる酵素のようなはたらきをもつ物質を何といいますか。**ひらがな五文字**で答えなさい。

(3) この実験で用いた、ブタから採取した消化液は、からだのどこでつくられるものですか。最も適するものを、次のア～キから一つ選び、記号で答えなさい。ただし、ブタはヒトと同じほにゅう類で、消化液がつくられるところはヒトと同じとします。

ア　口　　イ　胃　　ウ　大腸　　エ　心臓
オ　すい臓　　カ　肝臓　　キ　腎臓(じんぞう)

(4) しばらく置いた試験管⑥に、アミノ酸が存在しなかった理由として最も適するものを、次のア～カから一つ選び、記号で答えなさい。

ア　この酵素は酸性の液体中ではたらく性質があり、塩酸によって液体が酸性になったため。
イ　この酵素は酸性の液体中ではたらく性質があり、塩酸によって液体がアルカリ性になったため。
ウ　この酵素は酸性の液体中ではたらく性質があり、塩酸によって液体が中性になったため。
エ　この酵素はアルカリ性の液体中ではたらく性質があり、塩酸によって液体が酸性になったため。
オ　この酵素はアルカリ性の液体中ではたらく性質があり、塩酸によって液体がアルカリ性になったため。
カ　この酵素はアルカリ性の液体中ではたらく性質があり、塩酸によって液体が中性になったため。

4

空気1 m^{3}が水蒸気を限界までふくんだときの水蒸気の量は、気温が高いほど大きくなります。この量を飽和(ほうわ)水蒸気量といい、表は気温とその量の関係を表したものです。

気温〔℃〕	0	2	4	6	8	10	12	14
飽和水蒸気量〔g/m^3〕	4.8	5.6	6.4	7.3	8.3	9.4	10.7	12.1
気温〔℃〕	16	18	20	22	24	26	28	30
飽和水蒸気量〔g/m^3〕	13.6	15.4	17.3	19.4	21.8	24.4	27.2	30.4

飽和水蒸気量を用いて、湿度(しつど)を次の式（あ）で求めることができます。

$$\text{湿度〔\%〕} = \frac{\text{空気1 m}^3\text{中にふくまれている水蒸気の量〔g/m}^3\text{〕}}{\text{その温度での飽和水蒸気量〔g/m}^3\text{〕}} \times 100 \qquad \cdots（あ）$$

(い)空気が水蒸気を限界までふくんだとき、湿度は100 %の状態になります。この空気の温度が低くなると、水蒸気は水滴(すいてき)に変わります。この空気中にできた水滴が、上空でできると雲になります。

次に、空気中の一部分を空気のかたまりとして考えてみます。空気のかたまりの温度が周りの空気の温度よりも温かいとき、空気のかたまりは上昇します。逆に冷たいと下降します。空気のかたまりは周りの空気の温度によって、気球のように上下に移動します。さらに、空気のかたまりが上昇すると、空気のかたまりそのものの温度が低くなります。逆に下降すると高くなります。具体的には、(う)雲が発生していない空気のかたまりは、標高が100 m変化すると温度が1 ℃変化し、雲が発生している空気のかたまりは、標高が100 m変化すると温度が0.5 ℃変化します。つまり、空気のかたまりが上昇すればするほど、空気のかたまりの温度はだんだん低くなり、やがて雲ができます。

ふつう標高が高いほど気温は低くなりますが、反対に気温が高くなることがあります。この気温が高くなる部分を(え)逆転層といいます。地表から空気のかたまりが上昇して逆転層に入ると、空気のかたまりが上昇しにくい状態になります。これはよく晴れた冬の朝などに起きやすく、高い所から見ると、雲が横に広がって見えるときもあります。

(1) 式（あ）について、気温18 ℃の部屋の湿度を調べるために、その部屋を冷やしたところ、10 ℃になったときに水滴が現れました。この部屋が気温18 ℃のときの湿度は何%になりますか。ただし、答えが小数になるときは、小数第一位を四捨五入して、整数で答えること。

(2) 下線部（い）の現象で説明できることとして適さないものを、次のア～カから二つ選び、記号で答えなさい。

ア　浴槽（よくそう）にためたお湯から白い湯気が出る。
イ　燃やしたろうそくを消すと白い煙（けむり）が出る。
ウ　とても寒い日の外では、はく息が白く見える。
エ　ドライアイスから白い湯気のようなものが出る。
オ　コップに冷たい水を入れると外側が白くくもる。
カ　水を急激に冷やしてできた氷は白くなる。

(3) 下線部（う）について、雲が発生していない空気のかたまりが上昇したときよりも、雲が発生している空気のかたまりが上昇したときの方が、温度の下がり方が小さい理由として最も適するものを、次のア～エから一つ選び、記号で答えなさい。

ア　雲が発生すると、白い雲が太陽の光を反射するから。
イ　雲が発生すると、空気よりも水滴の方が先に温まるから。
ウ　雲が発生するとき、空気のかたまりが周りの熱を吸収するから。
エ　雲が発生するとき、水蒸気が水滴に変わり熱を放出するから。

(4) 下線部（う）について、標高 0 m にある 24 ℃の空気のかたまりが上昇して、標高 800 m まで上昇したときに、雲が発生しはじめました。標高 800 m での空気のかたまり 1 m^3 中にふくまれている水蒸気の量は何 g になりますか。ただし、答えが小数になるときは、小数第二位を四捨五入して、小数第一位まで答えること。

1　次の文を読み、後の問いに答えなさい。

2013年6月、富士山の世界遺産への登録が決定しました。その正式名称は「富士山ー信仰の対象と芸術の源泉」です。富士山は日本人のだれもが知る美しい山ですが、これからは世界中からたくさんの観光客が訪れて、その雄大な姿とともに、(a)昔から富士山を愛してきた日本人の心も感じてもらえたらうれしいですね。

ところで富士山は、世界遺産に登録される70年以上も前から、周辺の地域とともに国立公園に定められています。この国立公園は「富士箱根（　①　）国立公園」とよばれ、富士山を中心とする「富士山地域」、東海道の関所で有名な「箱根地域」、昔からの温泉と変化に富む海岸風景で名高い「（　①　）半島地域」、および活火山で有名な大島や三宅島などからなる「（　①　）諸島地域」の4つの地域で構成されています。1都3県にまたがる公園の面積は広大で、1217㎢にもおよびます。

(b)日本全国の国立公園は、現在までに30カ所が指定されています。国立公園とは、(c)日本を代表する自然の風景地を保全し、美しい自然を守り、将来の人々へ引き継ぐとともに、自然の景観を観賞したり、健康やレクリエーションのために自然とふれあったりして楽しむことができるところです。

(d)日本の国立公園の歴史は、明治時代にさかのぼります。1873年（明治6年）、諸外国を見聞きして新しい日本をつくろうとした明治政府は、最初に欧米諸国のような都市公園をもうけようとしました。この時に考えられた公園は、都市にある名所や旧跡などを市民に開放するもので、これにもとづいて、上野公園など5つの公園が誕生しました。この後、都市公園とは別に、自然公園としての国立公園を設置しようという動きが始まりました。1911年（明治44年）に富士山と日光周辺を国が管理する公園にして、貴重な自然を保護していこうとする議論がきっかけでした。このころになると、全国の多くの地域で都市化が進み、都市に住む人々が(e)すばらしい自然にふれ、休養や健康によい場所としての公園が必要だ、と考えられるようになってきました。しかし、自然公園としての国立公園の設置が具体的に進められたのは、大正時代の半ばころからでした。

最初の国立公園は、1920年（大正9年）ころに地域を選定する作業が始まり、全国の16カ所が候補地として選ばれました。その後、1923年（大正12年）に起きた関東大震災の影響などで法律の制定が遅れましたが、昭和になって1931年（昭和6年）、最終的な候補地を選定するための国立公園法が成立し、その3年後の1934年（昭和9年）に(f)最初の国立公園が3カ所指定されました。

こうして誕生した日本の国立公園は、その後何回か新たな地域が指定され、第二次世界大戦前には12カ所に増えました。戦後の連合国軍総司令部（GHQ）の統治時代にも、新たに5カ所の国立公園が設置されました。そして、高度経済成長が始まったころの1957年（昭和32年）、国立公園をはじめとする自然公園を体系的に整備し、環境保全のための規制を強化するために、戦前からの国立公園法にかわって自然公園法が制定されました。(g)現在の国立公園は、この法律にもとづいて設置され、管理・運営が行われています。2013年現在、(h)ある地域を31番目の国立公園にすることが検討されています。これが実現されると、1987年に釧路湿原が国立公園に指定されて以来、27年ぶりの新しい国立公園の誕生となります。

自然公園としての国立公園が最初に考えられた明治時代から平成の現代まで、公園のあり方をめぐって、常に自然の保護か(i)開発かの論争が行われてきました。富士山が、これまで世界遺産に登録されなかったのは、ゴミやトイレなどの問題が解決されていなかったことも原因だったといわれています。富士山では早速、環境保全と登山者の安全確保を目的に、登山者に１人千円の入山料を呼びかけました。北嶺中学校でも毎年６月に全校登山があり、貴重な自然やすばらしい景観を体験する機会になりますが、そのときもゴミやトイレなどの問題をみんなで考えて行動することにしています。みなさんも、登山をしたり、国立公園を利用したりするときは、「とっていいのは写真だけ、残していいのは足跡だけ」という標語を思い出してみてください。

（１）文中の空らん（　①　）に適する地名を**漢字**で答えなさい。

（２）下線部(a)について、日本人には古くから山岳信仰があり、山を神々の住む霊地として崇(あが)めたり、山そのものを神として崇拝する信仰がありました。このような信仰の対象となったり、修行の場となったりした山を霊山とよびます。日本の各地にある霊山を代表するのが「日本三霊山」とよばれる３つの山で、１つは富士山、あとの２つは北アルプス（飛驒山脈）にある富山県の最高峰と、石川県と岐阜県の県境にある白山です。これらの山々は冬の積雪が多く、山頂付近では夏でも雪渓（万年雪）が残るところですが、このうち富山県の最高峰の雪渓には、25メートルの積雪の下に厚さ60メートル、長さ１キロにわたる氷体があり、これが１年に約４メートルの流動をすることが全地球測位システム（ＧＰＳ）を用いた調査でわかり、一昨年に日本で始めて氷河であると確認されました。また、この山は特別天然記念物のライチョウやニホンカモシカが生息することや、ふもとには黒部ダムがあることでも知られています。この山の名を**漢字２字**で答えなさい。

（３）下線部(b)について、日本全国の国立公園のうち、もっとも北にあるものともっとも南にあるものの組み合わせとして正しいものを、次のア～エのうちから１つ選び、記号で答えなさい。

ア　最北 ― 利尻礼文サロベツ国立公園　　最南 ― 屋久島国立公園
イ　最北 ― 知床国立公園　　最南 ― 屋久島国立公園
ウ　最北 ― 利尻礼文サロベツ国立公園　　最南 ― 西表石垣国立公園
エ　最北 ― 知床国立公園　　最南 ― 西表石垣国立公園

（４）下線部(c)に関して、数々の日本の風景地のなかでもっとも代表的なものは「松島」「宮島」「天橋立(あまのはしだて)」の日本三景でしょう。このうち「天橋立」は、海の中に細長くのびた砂州(さす)とよばれる地形で、川から流れ出た土砂と沿岸の海流によってつくられたといわれています。青い海にはさまれた白い砂浜に、たくさんの松が生い茂る景色は古い時代から有名で、和歌に詠まれたり絵に描かれたりしました。この天橋立がある都道府県に関して述べた文として、もっとも適当なものを、次のア～エのうちから１つ選び、記号で答えなさい。

ア　西陣(にしじん)織や清水(きよみず)焼など、古くからの技術をいかした伝統工芸品の生産が有名です。
イ　リアス海岸が発達する湾には、美浜・大飯など14もの原子力発電所が集中しています。
ウ　太平洋ベルト地帯に位置する沿岸部では自動車工業が発達し、また牡蠣(かき)の養殖が全国一です。
エ　水揚げ量の多かった気仙沼(けせんぬま)や女川(おながわ)などの漁港は、東日本大震災で大きな被害を受けました。

2　次の文を読み、後の問いに答えなさい。

現在の日本の人口は約1億2600万人です。これは(a)世界の国々の中で10番目の多さになります。世界の国々はおよそ200か国ですから、日本の人口はかなり多い方だといえるでしょう。では、日本はもともと人口が多かったのでしょうか。それとも以前は少なかったけれど、だんだん増えてきたのでしょうか。さらに、現在は人口が増加しているのでしょうか。それとも減少しているのでしょうか。

これらの疑問を明らかにするために、まず時代をさかのぼって日本の人口の移り変わりを見てみましょう（人口はおよその数です）。

時代 (年)	平安時代半ば (1000年ころ)	江戸幕府成立 (1603年)	明治元年 (1868年)	現在 (2013年)
人口	650万人	1127万人	3330万人	1億2600万人

この表から読み取れるように、今から1000年ほど前には650万人であった人口は、時代とともにゆるやかに増加を続け、1868年（明治元年）には3300万人に達しました。ところが、この後に人口は急激に増加し、現在までの約150年間で1億2600万人になりました。明治時代までの約900年で2700万人ほどの増加であったのに対し、明治時代からの150年足らずの間に9000万人以上も人口が増加したことになります。爆発的な人口増加といっていいでしょう。

このような人口の激増は、明治時代以降の日本だけに特有なことでなく、(b)産業革命の時代の欧米諸国や、第二次世界大戦後の中国や東南アジア諸国でも見られたことでした。現在の（　①　）でも、人口が爆発的に増加しています。

では、現在でも日本の人口は爆発的に増加しているのでしょうか。次の明治時代から現代までの人口を20年ごとにまとめた表を見てみましょう。

年	1890年	1910年	1930年	1950年	1970年	1990年	2010年
人口	3990万人	4918万人	6445万人	8320万人	1億0372万人	1億2361万人	1億2805万人
1年あたりの人口増加	—	46万人	76万人	94万人	103万人	99万人	22万人

これを見ると、比較的最近まで、人口は急増していたことがわかります。(c)とくに1930年から1990年の間は、毎年100万人前後の増加があり、60年間で人口は2倍になりました。ところが、それを過ぎると人口増加はゆるやかになっています。この状況を、近年の人口の推移を5年ごとにまとめ、現在と比較した表で、もう少し詳しく見てみましょう。

年	1985年	1990年	1995年	2000年	2005年	2010年	2013年
人口	1億2105万	1億2361万	1億2557万	1億2693万	1億2777万	1億2805万	1億2600万
1年あたりの人口増加	—	51万	39万	27万	17万	6万	－68万

1985年を過ぎると人口の増加は極端にゆるやかになりました。2000年からの10年間の人口は、ほぼ横ばいと見ていいでしょう。そして、ついに最近の数年は、人口が減少に転じました。

現在の日本は、「人口減少社会」といわれます。最近「合計特殊出生率」という数値が話題になりますが、これは1人の女性が生涯に生む子どもの数の平均値で、この数値が2.08あれば人口は増えも減りもしないといわれます。近年、日本の合計特殊出生率は低下し、現在は約（　②　）です。このままでは、今後ますます人口が減少していくと考えられ、みなさんが40歳になるころの2040年には約1億人、50歳になるころの2050年には約8000万人にまで人口は減少するといわれています。人口の減少は、日本の経済規模を縮小させ、さまざまな問題を発生させると予想されていますが、それと同時に、人口の減少にともなう(d)年齢別人口（15歳未満の「年少人口」、15歳以上65歳未満の「生産年齢人口」、65歳以上の「老年人口」）の割合の変化が大きな社会問題になると考えられています。

ところで、このような人口の減少は、日本以外の国々にも見られるのでしょうか。次の表は、いくつかの国の人口と今後の予想をまとめたものです。

国	2010年	2050年(予想)
中　国	13億4000万人	12億9000万人
インド	12億2000万人	16億9000万人
アメリカ	3億1000万人	4億人
フランス	6200万人	7200万人

表の国の中で、日本と同じように人口の減少が予想されているのは中国だけです。これは中国が（　③　）政策を行い、積極的に人口の抑制を行っているためと考えられます。これに対し、(e)インドやアメリカ、フランスなどは今後も人口が増加すると予想されています。

このように考えていくと、「人口」という1つのテーマでも、日本の将来を考えることにつながり、また国ごとの特徴を発見していき、その国について理解を深めることにつながることがわかりますね。数値となってあらわれた社会の現象の原因を考え、自分なりに仮説をたてながら、いろいろな資料を使って解き明かしていくことが、社会科という教科のおもしろさであり大切さです。みなさんも一緒に北嶺中学校で社会科を勉強しませんか。

（1）下線部(a)について、日本より人口の多いのは、中華人民共和国（中国）・インド・アメリ合衆国（アメリカ）・インドネシア・ブラジル・パキスタン・ナイジェリア・バングラデシュ・ロシアの9か国ですが、このうち中国・アメリカ・ロシアの現在の指導者の名の組み合わせとして正しいものを、次のア～エのうちから1つ選び、記号で答えなさい。

ア　中国 — 習近平国家主席　アメリカ — ブッシュ大統領　ロシア — プーチン大統領
イ　中国 — 胡錦濤国家主席　アメリカ — オバマ大統領　ロシア — メドベージェフ大統領
ウ　中国 — 習近平国家主席　アメリカ — オバマ大統領　ロシア — プーチン大統領
エ　中国 — 胡錦濤国家主席　アメリカ — ブッシュ大統領　ロシア — メドベージェフ大統領

3　次の文を読み、後の問いに答えなさい。

私たちの身の回りには、たくさんの物があふれています。近所の田畑や工場でつくられたものだけでなく、全国各地や海を越えて外国から運ばれてきたものも多くあります。また、物ばかりでなく、情報も私たちの身の回りにあふれています。新聞やテレビなどのマスメディアによる情報だけでなく、インターネットを利用すれば世界中の情報を瞬時に手に入れることができ、それを多くの人たちと共有することもできます。これほどたくさんの物や情報にあふれた時代は、今までになかったでしょう。では、私たちの歴史の中で物や情報はどのように運ばれたのでしょうか。こういった観点から日本の歴史を振り返ってみましょう。

今から1万3000年前ころに始まる(a)縄文文化の時代は、石器や土器を使った狩猟や採集が生活の中心でした。そのため、狭い範囲で自給自足の生活をしていたと思われがちですが、実際には、石器の材料となる黒曜石(こくようせき)などの石材が、相当に広い範囲にわたって大量に運ばれていたことがわかっています。また、その後の(b)弥生文化の時代には、海をへだてた朝鮮半島や中国と関係をもち、使いを送ることもあったことが中国の歴史書などからわかっています。

日本で最初に全国の交通のしくみが整えられたのは奈良時代でした。奈良時代は、律令にもとづく国の運営がめざされ、(c)政治のしくみや税などの制度、さらに中央と地方のしくみなどが整えられました。この時代の都と地方は、政府がつくった道路によって結ばれました。当時の道路は幅がおよそ9メートルもあり、山を削り、低地には盛り土をし、川には橋を架(か)けて道路を通しました。また、一定の間隔で休息や宿泊ができる駅がおかれ、乗り換え用の馬も用意されていました。駅を利用したのは役人で、政府の命令書や地方からの報告文書といった情報を持って、都と地方を往復しました。地方の農民は道路で野宿を重ねながら都まで税を運び、また労役や(d)兵役にも出向きました。

時代が下って、鎌倉時代になると、幕府のおかれた鎌倉と朝廷のある京都を結ぶ道路が整えられ、公の任務のある役人や兵士の他にも、一般の人々の往来が増加しました。この時代には、歌人の西行が京都から鎌倉を通って東北地方まで旅したことや、阿仏尼(あぶつに)という女性が(e)土地の相続をめぐる裁判のために京都から鎌倉に向かい、その様子を『十六夜日記(いざよいにっき)』に著したことがよく知られています。また、この時代は仏教がめざましく発展した時代だったので、(f)鎌倉に新しく建立された寺院に京都から僧が招かれたり、新しい仏教を布教するために多くの僧が鎌倉に入ったりしました。このような人たちによって、鎌倉にはさまざまな物や情報がもたらされました。

江戸時代になると、幕府は江戸を出発点とする東海道や中山道などの五街道を整備し、宿場や関所を設けました。これらの街道は、京都や長崎などの役所に派遣された幕府の役人が通行し、(g)全国の大名たちが江戸と自分の藩とを往復し、さらに江戸や大阪の商人も頻繁(ひんぱん)に行き交いました。(h)俳人の松尾芭蕉も街道を通って各地を旅し、多くの名句とすぐれた紀行文を残しました。何十年かに一度は、朝鮮王国や琉球王国からの外交使節の一団が通行することもありました。また、河川や海上の航路も開かれ、各地の年貢米や特産物などが大量に輸送されるようになり、江戸や大坂の人々の生活を支えました。この時代には、一般の庶民の旅行もさかんになり、伊勢神宮や善光寺、金毘羅宮(こんぴらぐう)などの遠方の寺社へのお参りや、名所や温泉などへの物見遊山(ゆさん)に行くために、たくさんの人々が街道や航路を利用しました。これらの人々は、旅先で自分たちの故郷の自慢をしたでしょうし、帰郷してからは旅先でのできごとを家族や友人たちに知らせたことでしょう。

このように、古い時代から道路や航路は、人が移動するだけでなく、物や情報も行き来するところでした。江戸時代までの日本では、物や情報は人によって直接に運ばれ、人によってもたらされました。そのため、情報の伝わる速度も人の移動の速度を越えるものでなかったため、今と比べるとたいへんゆっくりしたものでした。

ところが、明治時代になって、(i)欧米から電信などの科学技術が導入されると、情報は人が運ぶのでなく電気信号によって瞬時に伝えられるようになりました。これ以来、現在に至るまでの約100年間に、(j)電話や人工衛星やインターネットなどの通信技術の進歩によって、いっそう情報伝達の速度が加速し、また伝達される情報の量が飛躍的に増加しました。この変化がどのようなもので、これによって社会がどのように変わったか、とても興味のあるところですね。このような現代的な問題も意識して、中学校に入学してから社会の勉強をしていきましょう。

(1) 下線部(a)について、これより以前の時代には、日本にもゾウや大形のシカがいて、人々はそれらの大形動物を槍(やり)や棒を使って沼地や湿地に追い込み狩猟をしていたと考えられています。しかし、縄文文化の時代がはじまるころから気候が大きく変化したため、大形動物は絶滅し、かわって現在のシカやイノシシなどの中形や小形の動物が増えました。これらの動物は動きがすばやいため、それまでの狩猟の方法ではとらえることができません。そこで、縄文文化の時代の人々は、狩猟のための新しい道具を使いはじめました。次の図は、そういった道具の一部で、黒曜石でつくられたものです。それぞれの大きさは縦の長さが２～３cmです。これを用いた新しい道具は何ですか。**漢字２字**で答えなさい。

(2) 下線部(b)について、このころの日本と朝鮮半島や中国との関係を述べた文としてもっとも適当なものを、次のア～エの文のうちから１つ選び、記号で答えなさい。

ア　北九州地方の小国であった奴国が中国に使いを送り、皇帝から金印を授けられました。

イ　中国の進んだ制度や文化を取り入れるため、使いを送るだけでなく、多くの留学生らが派遣されました。

ウ　中国の皇帝に使いを送り、対等な関係を結ぶことを求める手紙を手渡しました。

エ　中国との貿易がさかんに行われ、日本は中国製の銅銭を大量に輸入しました。

（6）下線部(f)について、鎌倉には、幕府が保護した宗派の寺院が数多く建立されました。次の図は、鎌倉時代から室町時代を代表する建築として有名な円覚寺舎利殿ですが、円覚寺も幕府が保護した宗派の寺院として建立されました。この宗派は「鎌倉新仏教」とよばれるものの一つで、栄西という僧によって開かれたものです。下のア～エの文のうち、栄西について正しく述べたものを１つ選び、記号で答えなさい。

ア　栄西は、中国で学んだ浄土宗を日本に伝え、「南無阿弥陀仏」と唱えれば、だれでも阿弥陀仏に救われて極楽浄土へ往生できると説きました。

イ　栄西は、中国で学んだ禅宗を日本に伝え、禅をさかんにしてすぐれた人物を育成することが国家をまもり繁栄させる基礎であると説きました。

ウ　栄西は、中国で学んだ密教を日本に伝え、京都の北にある比叡山に延暦寺を建立しました。

エ　栄西は、中国で学んだ法華経を日本に伝え、「南無妙法蓮華経（れんげ）」と唱えなければ人も国も救われないと説きました。

（7）下線部(g)について、次の図は加賀藩の大名が江戸に向かう行列を描いたものの一部です。行列の人数は武家諸法度によって定められ、藩の大きさに応じて、例えば10万石以上の藩は230～240人、20万石以上の藩は400～450人などとされていましたが、実際にはこの人数を大幅に上回るのが通例で、100万石を超える加賀藩の行列は、総勢4000人にも及んだといわれています。このように大名たちが江戸と自分の藩を往復することを何とよびますか。**漢字４字**で答えなさい。

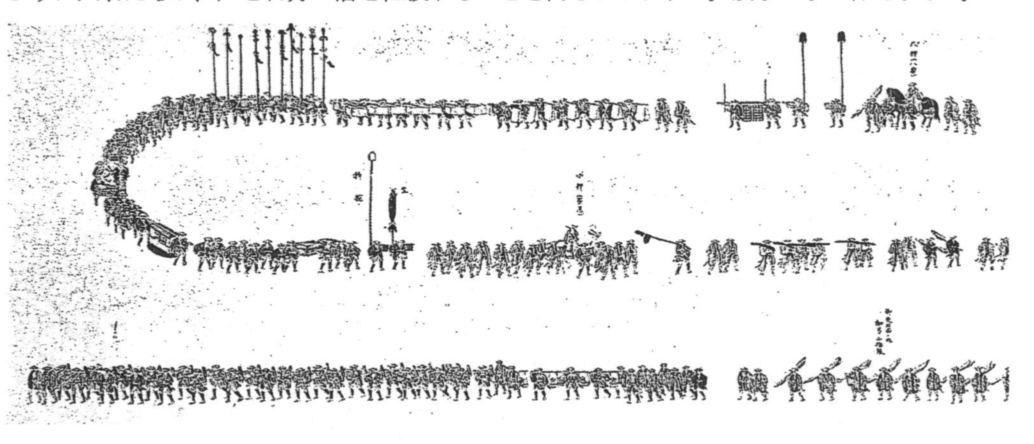

（8）下線部(h)について、松尾芭蕉は生涯に何度も長い旅に出て、『野ざらし紀行』『笈(おい)の小文』などの多くの俳句を織り込んだ紀行文を記しました。その中でもっとも代表的なものは、1689年の3月に江戸を旅立ち、現在の東北地方から北陸地方をまわって8月に大垣に入り、さらに伊勢神宮の参拝へ向かうまでの約150日間にわたる長い旅を題材にしたものです。この作品の中には、旅の紀行とともに「夏草や 兵(つわもの) どもが夢のあと」「閑(しずか)さや岩にしみ入蝉(いるせみ)の声」「さみだれを 集(あつめ) て早し最上川」「荒海や佐渡によこたふ天河(あまのがわ)」といった松尾芭蕉の代表的な俳句が詠まれています。この作品の名を答えなさい。

（9）下線部(i)について、日本で電信事業が開始されたのは1869年（明治2年）のことで、東京・横浜間で電信線が開通し、公衆電報の取り扱いが始まりました。次の図は、この時に用いられた電信機です。この電信機は、送信側で電鍵を打つと電流が流れ、受信側の電磁石が作用して鉄片を引きつけ、符号を紙テープに記録するしくみでした。伝達される情報は、短い発信（点）と比較的長い発信（線）のみだったので、この2種類の情報を組み合わせてアルファベットや数字を表しました。点を「・」、線を「—」で表せば、「SOS」は「・・・ — ・・・」となります。日本国内では、これに準じて和文の五十音の符号も作られました。この電信機と英文の符号は、1837年ごろにアメリカで発明され、1844年にはアメリカ東部のワシントンとボルティモアの間で実用化されました。この発明をしたアメリカ人の名を答えなさい。

(10) 下線部(j)について、情報化社会といわれる現代の私たちは、インターネットなどを通じてさまざまな情報に接しています。私たちがこのような情報を発信したり受信したりするときに取るべき態度として適切なものを、次のア～エのうちから1つ選び、記号で答えなさい。

ア　虚偽(きょぎ)の情報はトラブルの原因になることが多いので、どのような場面でも、自分の氏名やメールアドレス、電話番号などを隠さずに公開することがトラブルを避ける方法です。

イ　相手の顔が見えないインターネット上のコミュニケーションでも、マナーや礼儀が大切なので、自分あてに届いた電子メールには必ず返信するべきです。

ウ　インターネットは現実の社会とはまったく異なる仮想の世界なので、どのような情報を発信しても、また受信やダウンロードをしても、現実の社会で犯罪になることはありません。

エ　インターネット上には誤った情報も多く、また悪意や犯罪に結びつく情報もあるので、自分が接する情報が正しく適切であるかどうかをしっかり考え、取捨選択の判断をしなければなりません。

H26. 北嶺中
K 教英出版

（5）下線部(b)について、大磯町は、江戸時代には東海道の江戸から８番目の宿場町として栄え、1887年には東海道本線が東京から延び、保養地、高級別荘地となりました。町の東西を通る旧東海道である国道１号線は、正月の風物詩「箱根駅伝」のコースにもなっています。この大磯町のある県に関する文としてもっとも適当なものを、次のア～エのうちから１つ選び、記号で答えなさい。

ア　この県は、江戸時代の後期に滝沢（曲亭）馬琴が著した『南総里見八犬伝』の主要な舞台となっています。

イ　この県は、戦国時代には、武田信玄の支配地の中心となり、金山の開発や河川の工事などを行って国をおさめました。

ウ　この県は、明治から昭和初期にかけて製糸業がさかんで、この県と隣の県との境には、製糸工場で過酷な労働に従事した若い女工たちが越えた野麦峠があります。

エ　この県の南東部の海岸にある稲村ケ崎は、新田義貞の軍が潮の干満を利用して鎌倉に攻め入った地とされます。

（6）文中の空らん（　③　）と（　④　）について、それぞれに当てはまる人物の名の組み合わせとして正しいものを、次のア～カのうちから１つ選び、記号で答えなさい。

ア　③ — 山県有朋　④ — 岸 信介　　イ　③ — 山県有朋　④ — 田中角栄

ウ　③ — 山県有朋　④ — 吉田 茂　　エ　③ — 伊藤博文　④ — 岸 信介

オ　③ — 伊藤博文　④ — 田中角栄　　カ　③ — 伊藤博文　④ — 吉田 茂

（7）下線部(c)について、自由党は、それまで自由民権運動を推進してきた各地の政治グループを結集した政党で、国民の自由や権利の保障、主権在民などを主張しました。このような主張は、党が発行した『自由新聞』や各地で開かれた演説会などを通じて全国に広まり、とくに農民の支持を集めました。次の明治初期のできごとを年代順に並べた表のア～エの時期のうち、自由党が結成された時期として適当なものを１つ選び、記号で答えなさい。

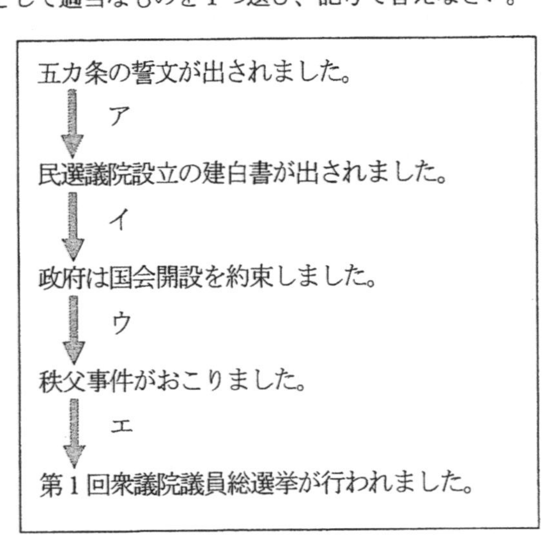

五カ条の誓文が出されました。
ア
民選議院設立の建白書が出されました。
イ
政府は国会開設を約束しました。
ウ
秩父事件がおこりました。
エ
第１回衆議院議員総選挙が行われました。

(8) 下線部(d)について、この人物は、江戸時代の末に藩の海運業を握り、明治になってから藩の船をゆずり受けて商社を設立しました。この商社は、横浜と上海を結ぶ日本最初の海外航路を開設する一方、台湾出兵や西南戦争の軍事輸送を担当して政府の保護を受けるようになり、海運業の他に鉱山開発や造船、金融などの事業にも進出しました。これらの事業を基礎に、後に大財閥が形成されましたが、この財閥の名を答えなさい。

(9) 下線部(e)について、次のア〜エのうちから、この年より前に起きたことを述べた文を1つ選び、記号で答えなさい。

ア　朝鮮戦争が勃発(ぼっぱつ)し、日本はその特需(とくじゅ)による好景気をむかえました。
イ　アメリカが太平洋で水爆実験を行い、第五福竜丸が被爆しました。
ウ　治安維持法の廃止など、国民に対する圧政的な諸制度が撤廃されました。
エ　10年間で国民総生産を倍増させることを目標とする国民所得倍増計画が実施されました。

(10) 下線部(f)に関して、江戸幕府は、九州を中心に西日本に広まっていたキリスト教を禁止しましたが、「キリシタン」とよばれたキリスト教の信者の一部は、ひそかに信仰をまもり続けました。次の図は、このようなキリスト教徒を見つけ出して処罰するために幕府が用いたものです。これは金属でつくられた十字架のイエス=キリストの浮き彫りで、表面がかなりすり減っているのがわかります。このようなイエス=キリストの像などを用いてキリスト教徒を見つけ出すことを何といいますか。

（3）下線部(c)について、民主主義を実現しようとする基礎には、基本的人権の尊重という考え方があります。人権という考え方は、もともとはヨーロッパで発達した思想で、日本には、およそ明治時代から後に紹介されたものでした。次の文章は、1789年にある国で起こった革命のさなかに出された「人権宣言」で、人権の思想を明確に主張したものとしてたいへん重要なものです。この国では、革命を通じて青・白・赤の三色旗が国旗とされ、それぞれの色は革命がめざした自由・平等・博愛を象徴するといわれることもあります。この「人権宣言」が出された国はどこですか。下のア～エのうちから1つ選び、記号で答えなさい。

第1条　人間は自由かつ権利において平等なものとして生まれ、また、存在する。社会的な差別は、共同の利益にもとづいてのみ、設けることができる。 第2条　あらゆる政治的結合（国家）の目的は、人間の自然で時効により消滅することのない権利の保全である。それらの権利とは、自由・所有権・安全および圧政への抵抗である。

ア　フランス　　イ　ドイツ　　ウ　イギリス　　エ　ロシア

（4）下線部(d)について、以下の①～③の各問いに答えなさい。

① この第90回帝国議会の衆議院議員は、1945年に改正された新しい選挙法によって選ばれました。このときの選挙から、選挙資格が満20歳に引き下げられ、さらに、それまで選挙に参加できなかった人たちが参加できるようになりました。このとき選挙資格を獲得したのは、どのような人たちでしたか。

② 現在の日本の衆議院議員選挙では、1選挙区から1人を選ぶ小選挙区制と、ある制度を組み合わせた方法がとられています。その制度とは、有権者が支持する政党に投票し、その得票数に応じて、事前に提出された各政党の候補者名簿の上位者から順に議席を割り当てるというものです。この選挙制度を何といいますか。**漢字**で答えなさい。

③ 最近、日本の選挙において「一票の格差」が問題とされ、裁判所は違憲（憲法違反）あるいは違憲状態という判決も出しています。「一票の格差」の問題は、憲法のどのような条文に反しているのでしょうか。次のア～エの日本国憲法の条文のうちから、「一票の格差」の問題にもっとも関連するものを1つ選び、記号で答えなさい。

ア　すべて国民は、健康で文化的な最低限度の生活を営む権利を有する。

イ　すべての国民は法の下に平等であって、人種、信条、性別、社会的身分又は門地により、政治的、経済的又は社会的関係において、差別されない。

ウ　公務員を選定し、及びこれを罷免（ひめん）することは、国民固有の権利である。

エ　何人も、同時に両議院の議員たることはできない。

（5）下線部(e)について、以下の①～②の各問いに答えなさい。

① 大日本帝国憲法において天皇は「万世一系」とされました。歴史的に考えると、天皇が万世一系であるかは議論があるところですが、古代より天皇の地位が継承されてきたことは確かです。次のア～オの天皇を時代の古い順に並べたとき、**3番目**にくる天皇を選び、記号で答えなさい。

ア　持統天皇　　イ　推古天皇　　ウ　後醍醐天皇　　エ　桓武天皇　　オ　聖武天皇

② 大正時代に活躍した吉野作造という学者は、天皇主権をとる大日本帝国憲法のなかで民主主義の長所を取り入れようとしました。次の文章は吉野作造によるものです。文中の□に適する語句を、**漢字2字**で答えなさい。

> □主義という文字は、日本語としてきわめて新しい使用例である。以前はふつう、民主主義という語で表現されていた。・・・我々から見て憲法にもとづいた政治を行うということは、政治上において一般の人々を大切にし、政治上において階層による差別を行わず、しかも国の政治体制が、君主が主権をもつ君主国か、人々が主権をもつ共和国かを問わないで、広くどのような国でも通用するという考え方という意味で、□主義という比較的新しい用語がもっとも適当であると考えた。

4

(1)	(2)	(3)	(4)
分　　秒後	cm^2	cm^2	分　　秒後

5

(1)		(2)	(3)
①	②		
°	°	cm	cm

受験番号	小学校名	氏　　名
	小学校	

※100点満点
（配点非公表）

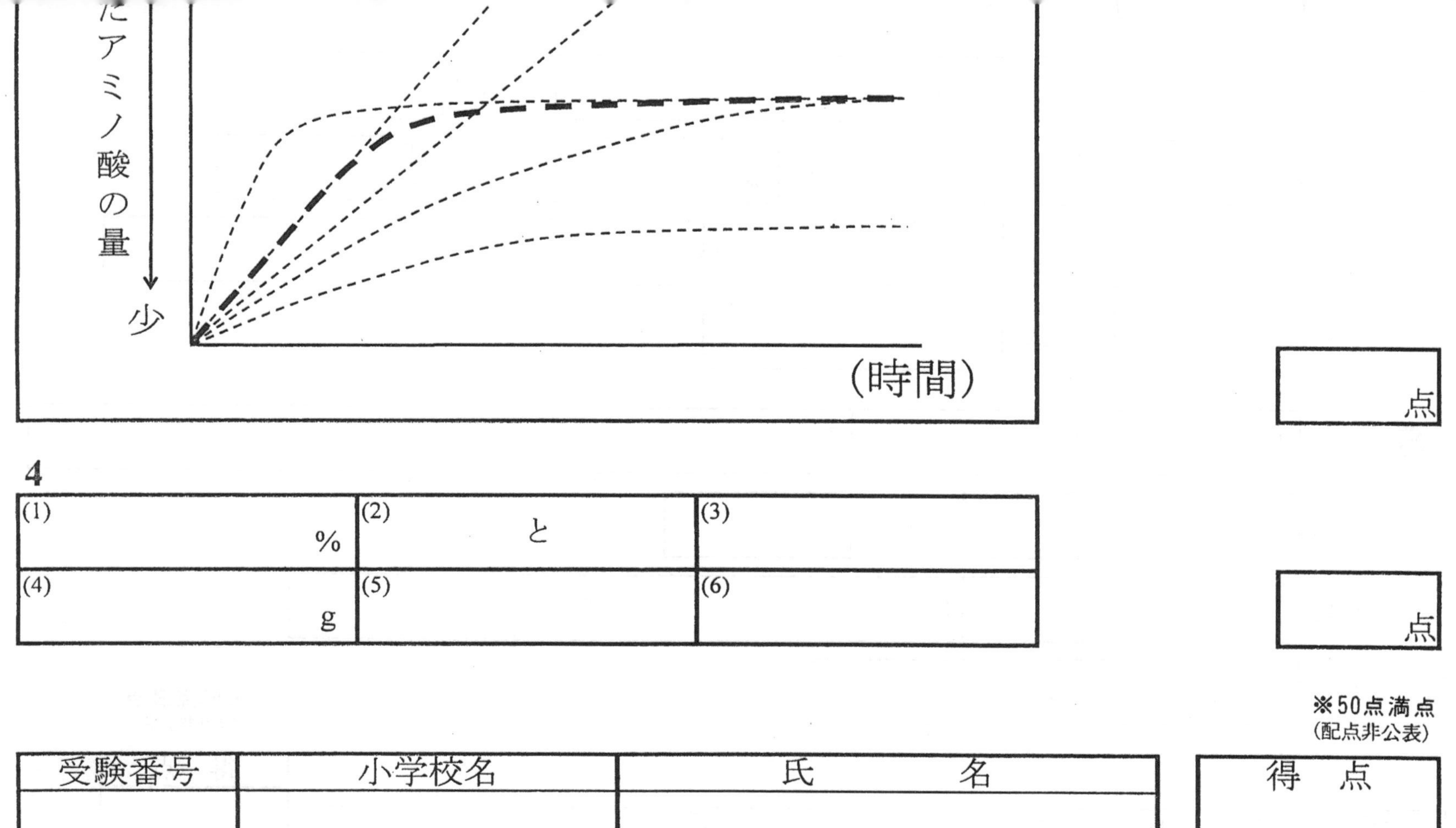

4

(1) %	(2) と	(3)
(4) g	(5)	(6)

点

※50点満点
(配点非公表)

受験番号	小学校名	氏　　名
	小学校	

得　点

4

(1) 　条約　人物　　(2)

(3) 　大学　　(4) 人物　　記号

(5) 　　(6) 　　(7) 　　(8)

(9) 　　(10)

5

(1) ① 第　　条　② 　③

(2) 　　　(3)

(4) ① 　② 　制度　③

(5) ① 　②

※50点満点
(配点非公表)

得点

受験番号	小学校名	氏名
	小学校	

H26. 北嶺中

平成26年度

入学試験問題社会解答用紙

北嶺中学校

1

(1)　(2)　(3)　(4)

(5)　(6)　(7)

(8)　(9)　(10) 発電

2

(1)　(2)　(3)　(4)

(5)　(6) 社会　(7) 政策

(8)

(9) →　→　→

3

(1)　(2)　(3)

(4)　(5)　(6)

(7)　(8)　(9)

平成26年度　# 入学試験問題理科解答用紙　北嶺中学校

1

(1)	(2) ①	②
(3) 点	(4) g	

点

2

(1) と	(2) と	(3) °C ～ °C
(4) cm^3	(5) °C	

点

3

(1) A	B	(2)
(3)	(4)	(5)
(6) ⑩	⑪	

(7)

多
↑

平成 26 年度　　入学試験問題算数解答用紙　　北嶺中学校

1

(1)	(2)	(3)	(4)

2

(1)	(2)	(3)	(4)	(5)
			円	cm^2

3

(1)	(2)	(3)	(4)	
			お弁当	サンドイッチ
個	円	円	円	円

ます。そこで「８月革命説」という考え方があらわれます。それによると、日本がポツダム宣言を受け入れた時点で天皇主権から国民主権への根本的な変化がおこった、すなわち合法的な革命が行われたのであり、日本国憲法は大日本帝国憲法の改正ではなく、国民主権にもとづいて日本国民があらたに制定したものである、と説明されます。この「８月革命説」に立つならば、日本国憲法は日本国民が自らの意思で制定したものと考えることができるのです。

以上、日本国憲法が「押し付けられた」ものなのか、あるいは、日本国民の意思のもとに制定されたのかという問題について少し考えてきました。この問題は、日本国憲法とは何なのかという問題と密接に関わります。この先日本国憲法が変わらないにせよ、改正あるいは加憲されるにせよ、憲法改正の議論がさかんとなっているいまだからこそ、日本国憲法とは何なのかという根本的な問いをあらためて考えることはとても重要だと思うのです。

（１）下線部(a)について、以下の①～③の各問いに答えなさい。

① 憲法改正の手続きを定めているのは憲法の第何条ですか。

② 憲法改正の手続きについて述べた次の文ア～エのうちから、内容が正しいものを１つ選び、記号で答えなさい。

ア 国会における憲法改正の発議は、衆議院から行われなければなりません。

イ 国会における憲法改正の発議は、各議院の総議員の三分の二以上の賛成で行われます。

ウ 国会における憲法改正の発議が行われたあと、国民投票で三分の一以上の賛成があれば、改正は承認されます。

エ 憲法の改正が承認されたあと、内閣総理大臣がこれを公布します。

③ 憲法改正の議論のなかには、いわゆる「新しい人権」を憲法に加えるかどうかという議論も含まれます。「新しい人権」とは、人権に対する考え方の深まりや、社会・経済の大きな変動のなかで、人間の生活と権利を守る必要から新たに生まれ、裁判などを通して国民に認められてきた権利です。この「新しい人権」には、どのようなものがありますか。１つ答えなさい。

（２）下線部(b)は、日本国憲法第９条によって実現されました。しかし、その後日本は自衛隊を持つようになったため、第９条の内容と自衛隊の存在をどのように考えればいいのかという問題が発生し、今日までさまざまな議論が行われてきました。この問題について、現在与党である自民党は憲法第９条の改正、あるいはその解釈の見直しに対して積極的な態度を示しています。ところで、自民党は経済政策にも意欲的に取り組み、景気の悪化と物価の下落が連動する経済状態から抜け出すことを目指しています。このような経済状態を何といいますか。**カタカナ３字**で答えなさい。

5 次の文を読み、後の問いに答えなさい。

みなさん、あたらしい憲法ができました。そうして昭和二十二年五月三日から、私たち日本国民は、この憲法を守ってゆくことになりました。このあたらしい憲法をこしらえるために、たくさんの人々が、たいへん苦心をなさいました。ところでみなさんは、憲法というものはどんなものかごぞんじですか。じぶんの身にかかわりのないことのようにおもっている人はないでしょうか。もしそうならば、それは大きなまちがいです。(中略) これまであった憲法は、明治二十二年にできたもので、これは明治天皇がおつくりになって、国民にあたえられたものです。しかし、こんどのあたらしい憲法は、日本国民がじぶんでつくったもので、日本国民ぜんたいの意見で、自由につくられたものであります。この国民ぜんたいの意見を知るために、昭和二十一年四月十日に総選挙が行われ、あたらしい国民の代表がえらばれて、その人々がこの憲法をつくったのです。それで、あたらしい憲法は、国民ぜんたいでつくったということになるのです。

これは、日本国憲法公布後に当時の文部省が中学校用の教科書として発行した『あたらしい憲法のはなし』の一部です。日本国憲法の精神や内容をやさしく解説しています。最近、(a)憲法改正に関する話題をよく耳にします。そのなかで、改正を望む側の理由として、「日本国憲法が自分たちで決めたものではなくて押し付けられたものだから」という意見があります。しかし、これは『あたらしい憲法のはなし』の「あたらしい憲法は、国民ぜんたいでつくった」という記述(下線部分)と矛盾します。これはいったいどういうことなのでしょうか。ここでは、この問題について少し考えてみたいと思います。

1945年8月、日本は連合国の示したポツダム宣言を受け入れ、敗戦を迎えました。ポツダム宣言は(b)日本の非武装化や(c)民主主義化などを求めるもので、同年10月、日本政府は連合国軍総司令部(GHQ)の指示で憲法改正に向けての作業を開始しました。しかし、翌46年2月に提出された松本案と呼ばれる憲法案は、GHQによって却下されました。かわって、今度はGHQ側からあらたな憲法案が提示され、日本政府はこれにもとづく憲法改正案を作成しました。この憲法改正案は、第90回帝国議会で審議され、少しの修正を加えたのみで圧倒的多数の賛成により可決されました。こうして、日本国憲法が成立したのです。たしかに、日本国憲法の原型がGHQによってつくられたという側面があります。しかしそれが、(d)日本国民によって選ばれた議員で構成される議会で審議され、そこで承認されて成立したという事実は重要です。また、当時の知識人たちは、さまざまな立場から独自に憲法案を作成しましたが、それらの多くはGHQ案に近い内容を持つものでした。つまり、当時の日本にGHQ案に近い憲法意識がかなり広まっていたということになります。こうしたことから、日本国憲法は必ずしも「押し付けられた」ものではなく、日本国民の自主的な意思のもとに成立したともいえるでしょう。

次に、それまでの大日本帝国憲法と日本国憲法がどのような関係になるのかが議論となります。じつは、日本国憲法は大日本帝国憲法第73条の改正規定にもとづいて審議され、可決されました。そうなると、日本国憲法は大日本帝国憲法の改正として成立したということになりますが、国民主権を基本原理とする前者と、(e)天皇主権をとる後者は根本的に相いれないものであり、ここには矛盾が生じ

く環境が設立当時から大きく変わったこともあり、児童養護施設として約80名の子どもたちが暮らしています。なお、この旧岩崎家別荘の敷地には、澤田が「(f)かくれキリシタン」に関する物品の収集家でもあったことから、それらを展示した澤田美喜記念館などもあります。

一人の生涯（しょうがい）を調べると、実に多くの人とのつながりがあり、その中に何らかの共通点があるものです。そういったことを本などでさらに調べ、時に訪れてみると、新たな発見があるかも知れませんね。

（1）下線部(a)について、この年には、アメリカ東インド艦隊司令長官のペリーが、前年に引き続き黒船を率いて来航し、その圧力に屈した幕府はアメリカと条約を結びました。この条約によって日本は開国し、長く続いた鎖国が終わりました。このとき結ばれた条約の名を**漢字**で答えなさい。また条約により、開港された下田にはアメリカの領事館が設置されました。このときアメリカ総領事となり、貿易を開始する条約を結ぶよう幕府に強くせまった人物の名を答えなさい。

（2）文中の空らん【 あ 】～【 う 】に当てはまる藩の名の組み合わせとして正しいものを、次のア～カのうちから1つ選び、記号で答えなさい。

ア　あ — 長州　い — 土佐　う — 会津　　イ　あ — 長州　い — 会津　う — 土佐
ウ　あ — 土佐　い — 長州　う — 会津　　エ　あ — 土佐　い — 会津　う — 長州
オ　あ — 会津　い — 長州　う — 土佐　　カ　あ — 会津　い — 土佐　う — 長州

（3）文中の空らん（ ① ）について、この大学は、新島襄が京都に設立した英学校が前身となっています。新島はこの英学校を、キリスト教の精神にもとづく教育によって自主的で国際感覚の豊かな人材を育てる総合大学にするために力をつくしました。新島の夢であった大学の設立は、彼の死から20年以上後になってようやく認可され、現在までに有数の総合大学の一つに発展しています。（ ① ）に当てはまる大学の名を**漢字**で答えなさい。

（4）文中の空らん（ ② ）について、次の図はこの人物の肖像です。この人物は、アメリカのマサチューセッツ州出身の自然科学学者で、北海道開拓にあたる人材の育成をめざして設立された札幌農学校に事実上の創設者として招かれ、自然科学や英語を教えるとともに、キリスト教の精神にもとづく教育を行い、学生に大きな影響を与えました。1年足らずで帰国した際、現在の恵庭（えにわ）市島松付近で、馬上から学生らに向けて発したとされる「少年よ、大志を抱け」という言葉が有名です。この人物の名を答えなさい。また、札幌農学校の2期生として学び、この人物から直接に教えは受けなかったものの、強く影響を受けてキリスト教に入信し、後に日露戦争の際には、キリスト教の立場から戦争反対を主張した人物として正しいものを、下のア～エのうちから1つ選び、記号で答えなさい。

ア　幸徳秋水　　イ　内村鑑三　　ウ　田中正造　　エ　福沢諭吉

4 次の文を読み、後の問いに答えなさい。

人と人とのつながりや共通点とは不思議なもので、そのつながりや共通点がどういうものだったとしても、歴史をより興味深くしてくれます。以下の文は「出身藩・キリスト教・場所」などを共通点としたものです。

昨年のＮＨＫ大河ドラマは『八重の桜』でした。主人公の八重という女性は、(a)1854年、【　あ　】藩砲術師範の家に生まれ、薩摩藩・【　い　】藩などを中心とする新政府軍との戦いに銃をとり、断髪・男装で参加しました。その後、現在の（　①　）大学の創立者となる新島襄の妻となり、夫の死後は日本赤十字社に入って、日清・日露戦争の際に看護婦として活躍しました。

八重の夫である新島襄は、アメリカに密航してキリスト教の信者となり、アメリカの大学では後に札幌農学校（現在の北海道大学）教頭となる（　②　）の教えを受けたこともありました。また、アメリカ滞在中に出会った木戸孝允の通訳となって、ヨーロッパにも渡った後、1874年に帰国しました。木戸は1866年、【　う　】藩出身の坂本龍馬の仲介で西郷隆盛と会談し、薩摩藩と同盟を結んだ時の【　い　】藩の代表で、江戸幕府を倒して新政府をつくった中心人物の一人です。

新島は1890年、東京から約65㎞離れた(b)大磯町で病気療養中に亡くなりました。1940年に「新島襄終焉の地」の石碑が立てられ、現在も命日の1月23日には、新島を創立者とする（　①　）大学や町の関係者などが集まり、冥福を祈っています。大磯町は相模湾の遠浅の海に面し、1885年に日本最初の海水浴場が開設された温暖な土地柄から、病気の療養地として、また政財界の要人の別荘地として知られるようになりました。なかでも木戸と同じ【　い　】藩出身で1885年に日本で最初に内閣を組織した（　③　）や、戦後に歴代最多の５回も総理大臣となった（　④　）の別荘が有名でした。

新島と同じ時代を生き、同じように晩年を大磯町で過ごして亡くなった中島信行という人物がいます。中島は【　う　】藩出身で、坂本龍馬が結成した海援隊に参加しました。その後、自由民権運動家となって活動していた1880年、東京の上野で開かれたキリスト教の集会に参加して影響を受けました。翌1881年、同じ藩出身の(c)板垣退助を党首として自由党を結成し、自らも副党首となって政治活動に熱心に取り組んでいた時、新島襄と出会ったこともあり、1880年代半ば、キリスト教の信者となりました。政治活動の面では、初代衆議院議長、イタリア公使などを歴任しました。

新島襄と中島信行が亡くなった大磯町に、澤田美喜という女性が設立した「エリザベス・サンダース・ホーム」という児童養護施設があります。澤田は、【　う　】藩出身の実業家である(d)岩崎弥太郎の孫の一人で、外交官の夫がキリスト教徒だったこともあり、結婚を機にキリスト教の信者となりました。彼女は、夫の駐在先のロンドンで、孤児院でのボランティア活動をしたことから、孤児やそれを取り巻く厳しい社会環境について深く関心を持ち始めました。

第二次世界大戦後、進駐してきたアメリカ軍兵士と日本人女性の間に生まれた子供が孤児となり、多くの「混血孤児」が社会から不遇な状況にありました。このような状況を何とかしようと、澤田は占領軍や日本政府と何度も交渉し、財閥解体によって岩崎家のものではなくなった大磯町の別荘を買い戻して、(e)1948年に孤児院「エリザベス・サンダース・ホーム」を設立しました。ここで澤田は「混血孤児たちの母」となり、多くの子どもたちが施設を巣立っていきました。現在は、子どもを取り巻

（5）下線部(e)について、土地をめぐる裁判は御成敗式目にもとづいて行われましたが、これを定めるにあたって、幕府の執権であった北条泰時は、弟で六波羅探題（京都の警備や朝廷との対応にあたる仕事）であった重時に次のような手紙を書き送っています。この手紙の内容について述べた文としてもっとも適当なものを、下のア～エのうちから１つ選び、記号で答えなさい。

> この式目を作るにあたって、何を根拠にして定めたのかと、京都の人々が非難を加えることもありましょう。たしかに、とくべつに根拠とした法や文章はありません。ただ武家社会の道理の指し示すところを記したもので、あらかじめ裁判のありかたを定めて、人の身分の高下にかかわらず、偏りなく裁定されるように、子細を記録しておいたものです。この裁判の基準は、古くからの律令や貴族社会のきまりと異なるところも少々ありますが、もっぱら武家の人々へのはからいのためだけのものです。これによって、京都の貴族社会のきまりや律令の掟は、少しも改まるべきものではありません。およそ、古くからの京都の法令は尊いものですが、武家の人々や民間の人々には、それを知っている者など、百人千人のうちに一人二人もおりません。もし京都の人々がこの式目を非難することがありましたなら、こうした趣旨を心得た上で、応答してください。

ア　北条泰時は、「御成敗式目は古くからの律令や貴族社会のきまりを根拠にしたものなので、これらの京都の法令を改めるものではない」と述べています。

イ　北条泰時は、「幕府の御家人などの武家の人々は京都の法令を知らないので、武家社会の道理をもとにした独自の裁判の基準を定めた」と述べています。

ウ　北条泰時は、「御成敗式目によって、古くからの律令や京都の法令は改正されるので、京都の貴族も新しい武家社会の裁判に従うことになる」と述べています。

エ　北条泰時は、「京都の貴族は武家社会の道理を知らないので、古くからの律令や京都の法令と少しも異ならないように裁判の基準を定めた」と述べています。

（3）下線部(c)について、この時代にはどのような政治や税の制度がつくられましたか。次のア～カの文のうちから適当なものを**2つ**選び、記号で答えなさい。

ア　大和地方の有力な豪族が家柄や職業に応じて臣(おみ)や連(むらじ)などの姓(かばね)を与えられ、大王(おおきみ)を中心とする朝廷を形成しました。

イ　中央の政治の最高機関である太政官のもとに、大蔵省や民部省、刑部省(ぎょうぶしょう)などの省がおかれ、それぞれの政務を分担しました。

ウ　天皇を補佐する摂政や、天皇に代わって政治を担当する関白がおかれ、これらの地位には天皇と親戚の関係になった藤原氏がつきました。

エ　農民には口分田が与えられ、その収穫の一部に加え、布や各地の特産物などを税として都に納めさせました。

オ　土地を所有する農民には地券が発行され、それに示された地価（土地の価格）の３％を税として納めさせました。

カ　役人を派遣して田畑の広さや収穫量を調査し、その土地を耕作する農民を納税者として登録したうえで税を課しました。

（4）下線部(d)について、この時代の兵役は、成年男子３～４人に１人を兵士とするもので、兵士は地方の軍団に配属されて訓練をした後に、一部は都の警備や北九州の沿岸の防備に送られました。北九州の防備にあてられた兵士は防人(さきもり)とよばれましたが、この任期は３年間もの長い期間であったうえ、税は免除されませんでした。そのため、家族と引き離されて防人となった者にとっても、また重要な働き手を失いながら税を負担し続ける家族にとっても、非常に重く厳しい負担でした。このような防人たちや、残された家族らの悲痛な嘆きの歌が、奈良時代に編まれた歌集『万葉集』に数多く残され、「防人歌（さきもりのうた）」とよばれています。次にあげるア～エの和歌のうち、防人歌はどれですか。１つ選び、記号で答えなさい。

ア　天(あま)の原　ふりさけみれば　春日(かすが)なる　三笠(みかさ)の山に　出(いで)し月かも

イ　人はいさ　心も知らず　ふるさとは　花ぞ昔の　香ににほひける

ウ　韓衣(からころも)　裾(すそ)に取り付き　泣く子らを　置きてぞ来ぬや　母なしにして

エ　見渡せば　花も紅葉も　なかりけり　浦の苫屋(とまや)の　秋の夕暮

（7）文中の空らん（　③　）にあてはまる語句を答えなさい。

（8）下線部(e)について、このうちアメリカは「合計特殊出生率」が2.08程度ですが、今後の人口は1億人近く増加すると予想されています。その理由を、アメリカ社会が「人種のサラダボウル」とよばれることを参考にして、簡潔に述べなさい。

（9）人口について考えるとき、数としての人口だけでなく、面積あたりの人口、つまり人口密度という点で考えることも重要です。日本の人口密度は各都道府県によって大きく異なります。次の地図中のア〜エの都道府県について、現在の人口密度が**小さい順**に記号を並べなさい。

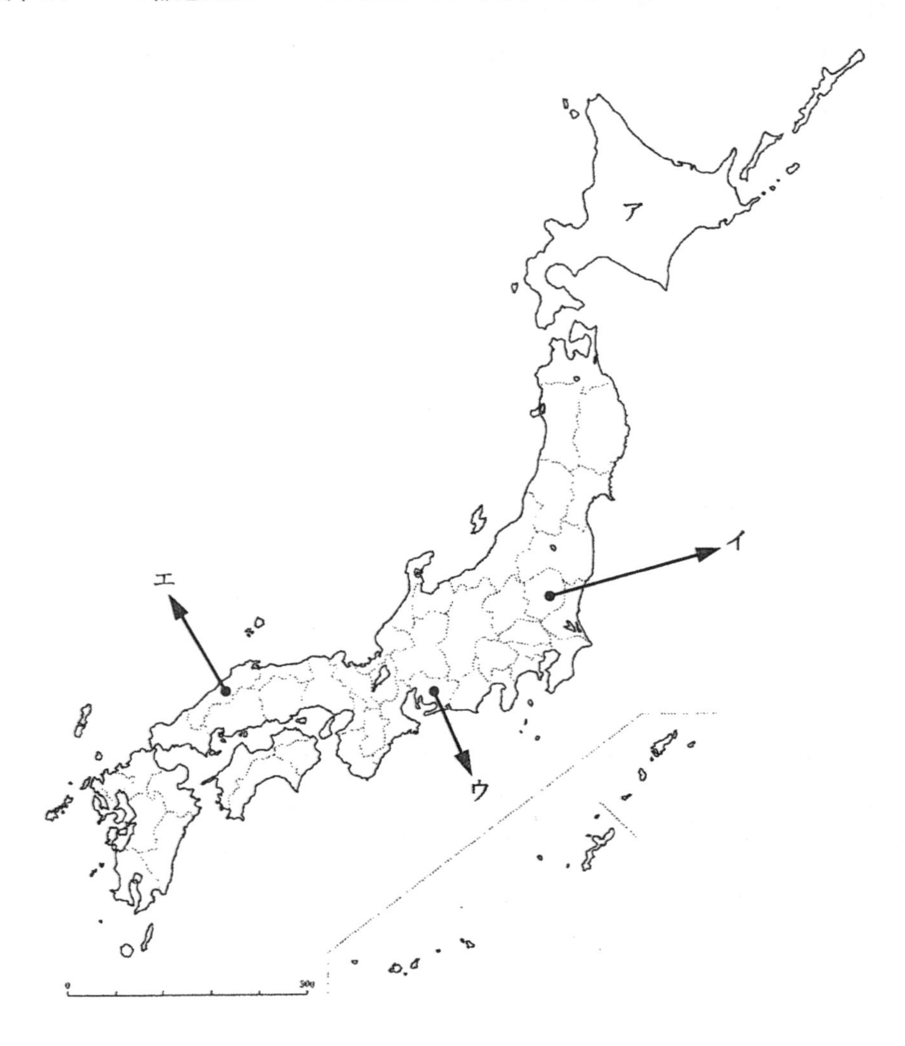

（2）下線部(b)に関して、世界で最初の産業革命は1700年代後半のイギリスで始まりましたが、日本の産業革命は1800年代末から1900年代初めに本格化しました。その後、日本でも工業が本格的に発達し、戦後の復興をへて1950年代半ばから高度経済成長が始まりました。資源に乏しい日本の経済を、工業製品の輸出が支えているのは、現在も戦前も変わりありませんが、主な輸出品は大きく変わりました。戦前の日本と、現在の日本の最大の輸出品の組み合わせとして正しいものを、次のア〜エのうちから１つ選び、記号で答えなさい。

ア　戦前 — 繊維品（せんい）　現在 — 自動車　　イ　戦前 — 船舶（せんぱく）　現在 — 繊維品
ウ　戦前 — 鉄鋼　現在 — 船舶　　エ　戦前 — 鉄鋼　現在 — 自動車

（3）文中の空らん（　①　）について、この地域は、赤道の南北に広がる大陸で、熱帯の密林や多くの野生動物がすむ草原、草木の生えない砂漠など、さまざまな気候が分布しています。この大陸には53の国があり、話されている言語の数は1500とも2000ともいわれるほど多様です。また宗教も、キリスト教やイスラーム教といった世界的な宗教の他に、さまざまな宗教が存在しています。空らん（　①　）に当てはまる語句を、次のア〜エのうちから１つ選び、記号で答えなさい。

ア　ヨーロッパ諸国　　イ　アフリカ諸国　　ウ　南アメリカ諸国　　エ　オセアニア諸国

（4）下線部(c)について、この時期に日本の人口が急増した要因として**適当でないもの**を、次のア〜エのうちから１つ選び、記号で答えなさい。

ア　医療技術や医薬品が発達したため、国民の平均寿命が延びたこと。
イ　栄養状態や衛生状態が改善されたため、乳幼児の死亡率が低下したこと。
ウ　工業化による経済発展によって国民の所得水準が向上したため、生活が安定したこと。
エ　農業の発達によって国民が必要とする食料をすべて自給できるようになったこと。

（5）文中の空らん（　②　）にあてはまる、現在の日本の合計特殊出生率にもっとも近い数値を、次のア〜エのうちから１つ選び、記号で答えなさい。

ア　０.７　　イ　１.４　　ウ　２.１　　エ　２.８

（6）下線部(d)について、年齢別人口を調べるものとして「人口ピラミッド」があります。人口ピラミッドは、縦軸に年齢、横軸の左右に男女別の人口を示すものです。次の４つの人口ピラミッドから、近年の日本は、老年人口が増加し、それに対して生産年齢人口の割合と年少人口が減少していることがわかります。このような社会を何とよびますか。**漢字**で答えなさい。

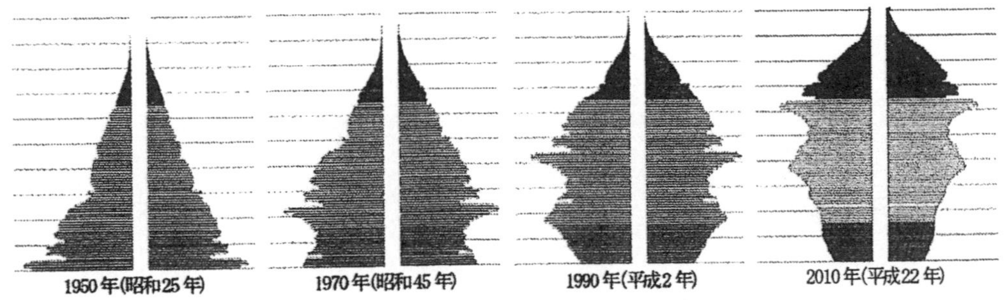

(9) 下線部(h)について、2013年現在、31番目の国立公園として検討されている地域は、200種類以上のサンゴが高密度に生息する珊瑚礁(さんご)が確認され、また毎年1月～4月ころには多数のザトウクジラが繁殖する海域と、そこに点在する島々です。貴重な珊瑚礁は、近年の海水温の上昇によって、サンゴが白っぽくなって死滅する白化現象やオニヒトデの大発生による食害が心配されていますが、国立公園に指定されて保護が強化されることが期待されます。この31番目の国立公園として検討されている海域にある島々の名として正しいものを、次のア～エから1つ選び、記号で答えなさい。

ア 奄美諸島　　イ 尖閣諸島　　ウ 慶良間諸島　　エ 歯舞諸島

(10) 下線部(i)について、国立公園はいくつかの区域に分けられ、中心の部分は一切の開発が禁止されていますが、周辺の区域はある程度の開発が認められることもあります。国立公園には火山が多く含まれているため、これを利用したエネルギーの開発や調査が行われることがありますが、このうち火力発電や原子力発電の代替になりうると期待されている発電の方法を答えなさい。

（5）下線部(d)について、日本で最初に国立公園が設置されたのは1934年（昭和９年）でしたが、世界で最初に国立公園が設置されたのは、それよりも60年以上も前のことでした。世界で最初の国立公園は8990㎢もの面積を持つ広大な公園で、周期的に熱水を吹き上げる間欠泉や無数の温泉、渓谷や滝、そして多くの野生動物の生息地として有名です。この世界で最初の国立公園ともっとも関係の深い語句と、この国立公園を設置している国の名の組み合わせとして正しいものを、次のア～エのうちから１つ選び、記号で答えなさい。

ア　ガラパゴス ― オーストラリア　　イ　グレートバリアリーフ ― ニュージーランド
ウ　アルプス ― イギリス　　エ　イエローストーン ― アメリカ合衆国

（6）下線部(e)について、日本は温暖で降水量も多く、豊かな自然に恵まれており、山々には森林が発達しています。次の表は、ＦＡＯ（国連食糧農業機関）が先進諸国としている国々の国土に占める森林面積の割合を示したものです。表中の（　②　）は「森と湖の国」とよばれる北ヨーロッパの国で、近年は発達した社会福祉や教育が世界中から注目されています。この国の名を答えなさい。

順位	国名	国土に占める森林面積の割合
1	（　②　）	72.9%
2	スウェーデン	68.7%
3	日本	68.5%
4	韓国	63.0%
5	ロシア	49.4%
6	オーストリア	47.1%
7	スロバキア	40.2%
8	ポルトガル	38.1%
9	スペイン	36.4%
10	チェコ	34.4%

（ＦＡＯ 国連食糧農業機関 世界の森林評価2010より作成）

（7）下線部(f)について、この３カ所とは「霧島山」「雲仙岳」「小豆島・屋島」です。このうちの１カ所では、温暖で一年を通じて雨の少ない気候を利用して、ある果樹の栽培がさかんです。この果樹は、実が食用になり、また搾った油がさまざまに利用される作物で、原産地の地中海沿岸では、数千年も前から栽培されてきました。現在でも、ギリシアやイタリア、スペインなどが世界的な生産国です。日本では明治時代の末に、この地域で栽培が始まり、農家の長年の努力が実って、現在では国内生産量の90%以上を産出する特産物になっています。この果樹作物の名を答えなさい。

（8）下線部(g)について、現在の国立公園の管理・運営を担当している国の省庁の名を答えなさい。

平成 26 年度

北嶺中学校入学試験問題

社　　会

（40分）

（注意）

1　問題用紙が配られても、「はじめ」の合図があるまでは、中を開かないでください。

2　問題は全部で **22** ページで、解答用紙は 1 枚です。「はじめ」の合図があったら、まず、ページ数を確認してからはじめてください。もし、ページがぬけていたり、印刷されていなかったりする場合は、静かに手をあげて先生に伝えてください。

3　答えはすべて解答用紙の指定された解答らんに書いてください。

4　字数が指定されている場合には、特に指示のないかぎり句読点も数えてください。

5　質問があったり、用事ができた場合には、だまって手をあげて先生に伝えてください。ただし、問題の考え方や、言葉の意味・読み方などについての質問には答えられませんので注意してください。

6　「おわり」の合図で鉛筆をおき、先生が解答用紙を集めおわるまで、静かに待っていてください。

(5) 下線部（**え**）について、図のように、ある場所の空には、標高 1000 m 付近に、上に広がらず横に広がっている層雲が見られました。このときの気温と標高の関係を表したグラフとして最も適するものを、次の**ア**〜**カ**から一つ選び、記号で答えなさい。

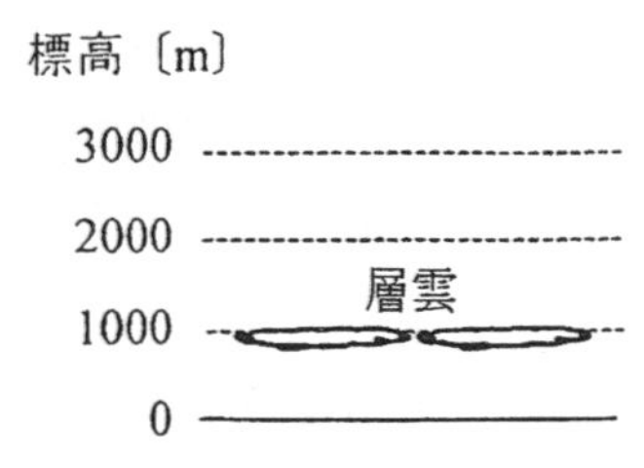

ア

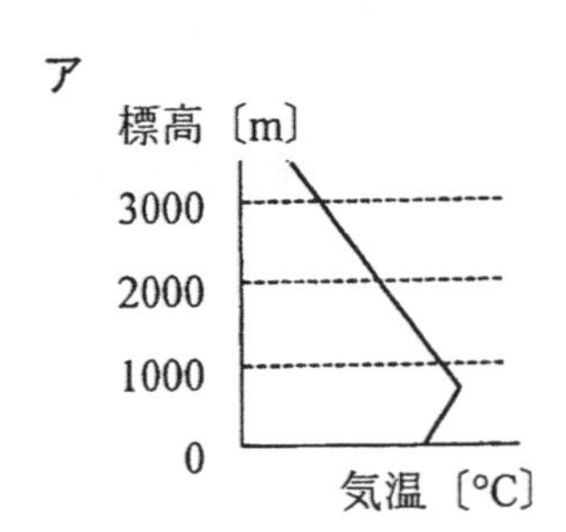

イ

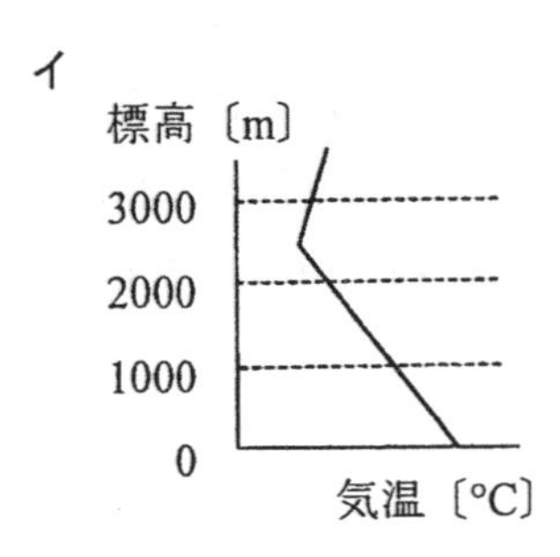

ウ

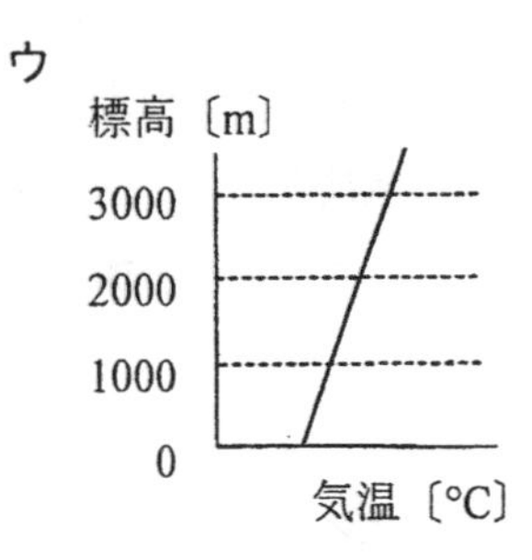

エ

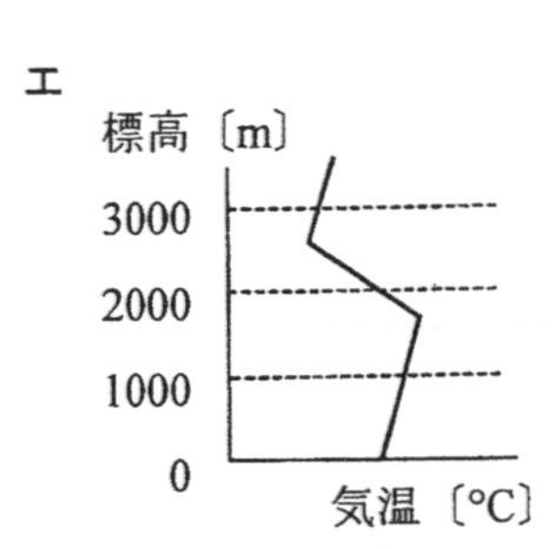

オ

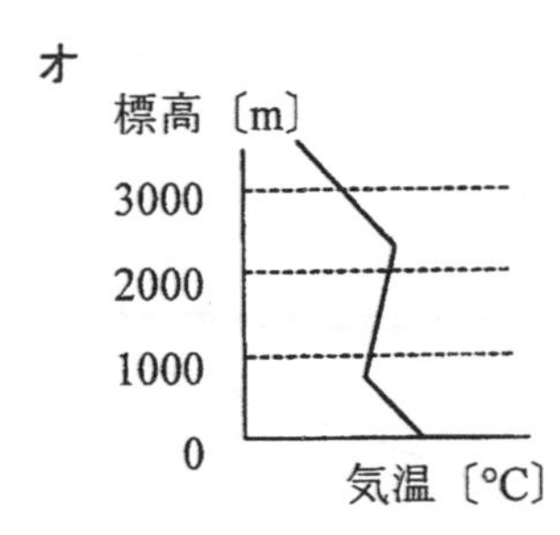

カ

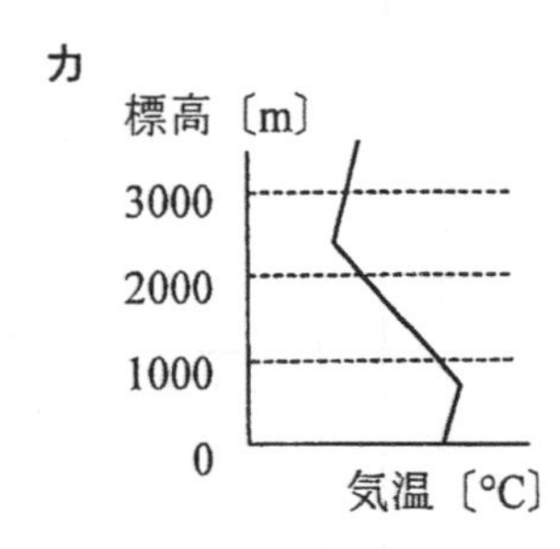

(6) 下線部（**え**）について、20 世紀半ばのアメリカのロサンゼルスでは、逆転層を原因の一つとする、ある環境(かんきょう)問題が起こりました。その環境問題として最も適するものを、次の**ア**〜**オ**から一つ選び、記号で答えなさい。

ア　森林伐採(ばっさい)　　**イ**　光化学スモッグ　　**ウ**　オゾン層の破壊(はかい)

エ　海洋汚染(おせん)　　**オ**　地球温暖化

しばらく置いた試験管⑤では、生じたアミノ酸の量と時間の関係は、図２のグラフ中の太線のようになっていました。この関係をくわしく調べるために、次のような試験管⑩～⑫を 40 ℃の温度で、しばらく置いておきました。

試験管⑩　試験管⑤の２倍の量のカツオの削り節を入れ、ブタから採取した消化液を 2 mL 入れた後、水を加えて液体の体積を 10 mL にする。

試験管⑪　試験管⑤と同じ量のカツオの削り節を入れ、ブタから採取した消化液を 4 mL 入れた後、水を加えて液体の体積を 10 mL にする。

試験管⑫　試験管⑤の２倍の量のカツオの削り節を入れ、ブタから採取した消化液を 4 mL 入れた後、水を加えて液体の体積を 10 mL にする。

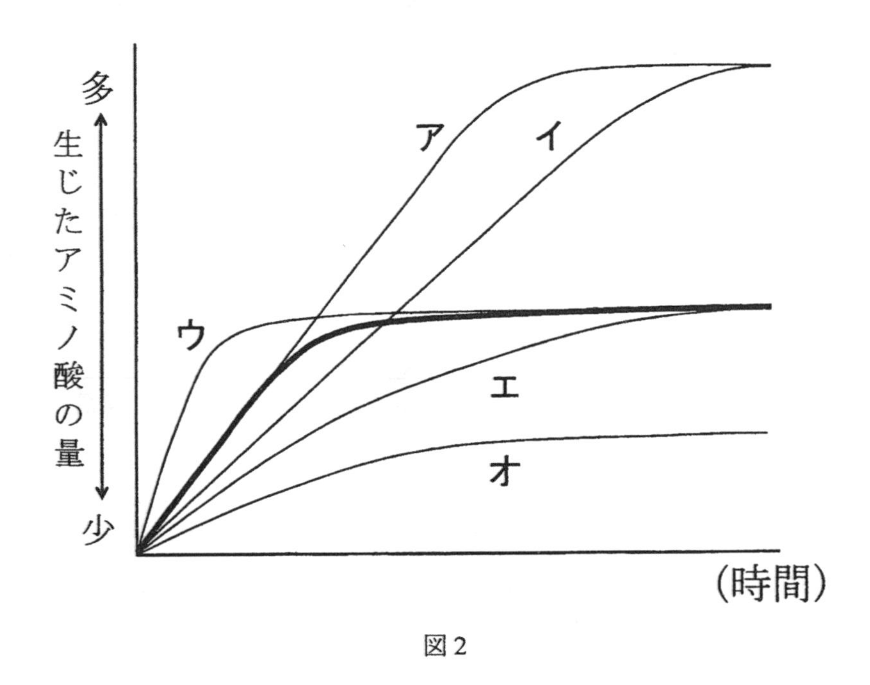

図２

(6) 試験管⑩、⑪の実験結果を表すグラフとして最も適するものを、図２の**ア～オ**からそれぞれ一つずつ選び、記号で答えなさい。ただし、同じ記号を二度答えてもよいものとします。

(7) 試験管⑫の実験結果を表すグラフを、解答用紙のグラフ中に書きこみなさい。解答用紙のグラフ中には、図２のグラフが点線で印刷されています。これを参考にして答えること。

(5) しばらく置いた試験管②、⑤、⑧の結果から、温度（横軸(じく)）と酵素のはたらく強さ（たて軸）の関係を表したグラフとして最も適するものを、次の**ア**～**カ**から一つ選び、記号で答えなさい。

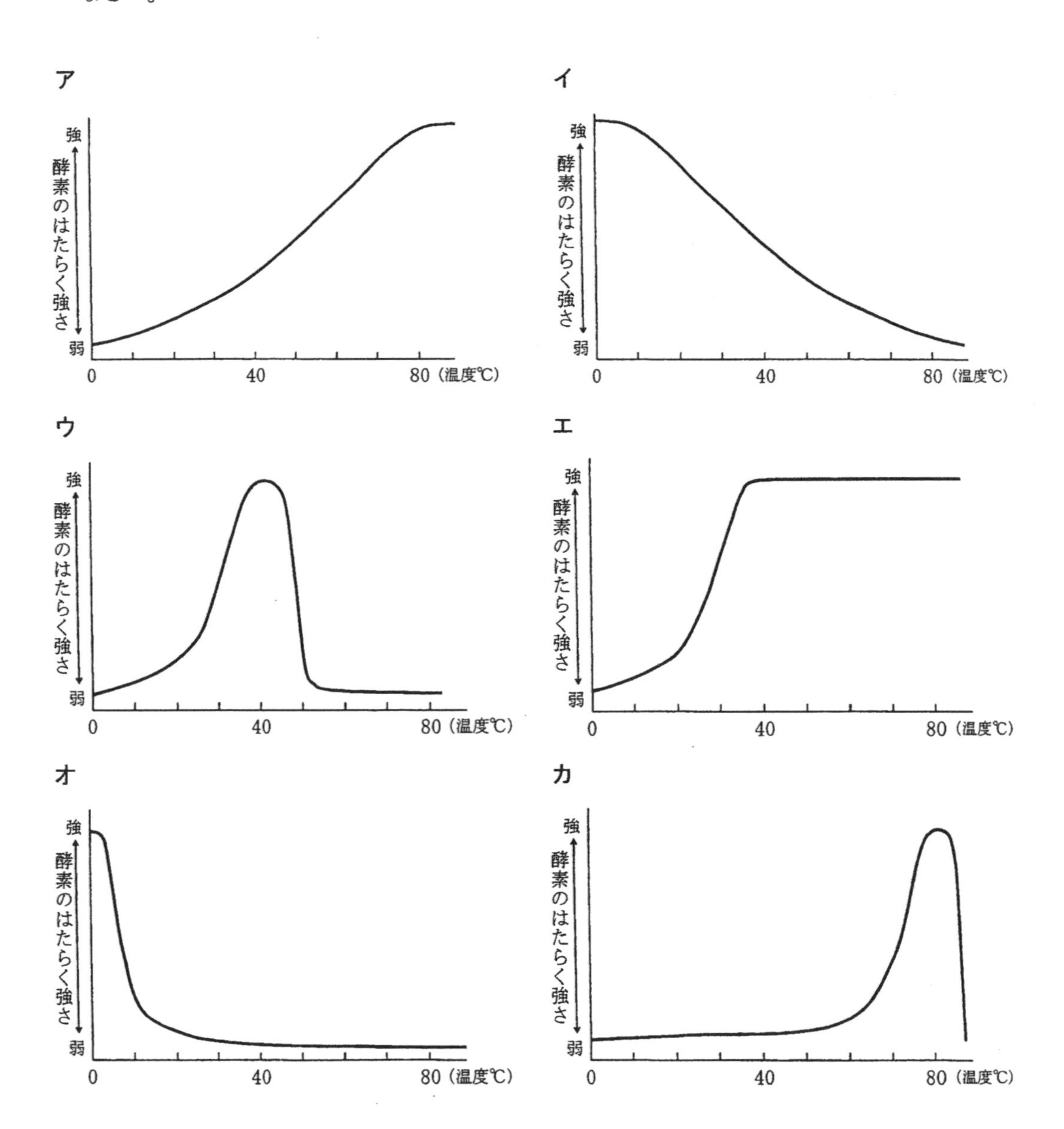

(4) メスシリンダーに 100 cm³ の水を入れた後、食塩を 10 g ずつ加えてよくかき混ぜました。表は、そのときにメスシリンダーで読み取った体積です。水に加える前の食塩 10 g の体積を求めなさい。ただし、答えが小数になるときは、小数第一位を四捨五入して、整数で答えること。

加えた食塩の合計〔g〕	0	10	20	30	40	50	60	70
かき混ぜた後の体積〔cm³〕	100	102	104	107	111	115	119	123

(5) エタノールを完全燃焼(ねんしょう)させて、発生したすべての熱を 20 ℃の水にあたえる実験を行いました。表は、そのときのエタノールの重さ〔g〕、水の重さ〔g〕、水の上昇(じょうしょう)した温度〔℃〕の関係をまとめたものです。表中の A にあてはまる温度を答えなさい。ただし、答えが小数になるときは、小数第一位を四捨五入して、整数で答えること。

エタノールの重さ〔g〕	2	2	8	5
水の重さ〔g〕	1000	2000	2000	750
水の上昇した温度〔℃〕	14	7	28	A

2　次の問いに答えなさい。

(1) 五つの水溶液(すいようえき)①～⑤は、砂糖水、食塩水、炭酸水、塩酸、アンモニア水のいずれかです。これらの水溶液をそれぞれ少しずつ別の蒸発皿にとって加熱したところ、水溶液①～③では何も残りませんでした。また、水溶液②と③では加熱中に鼻をさすようなにおいがしました。水溶液②と③を区別する操作として適するものを、次の**ア**～**カ**から<u>**二つ**</u>選び、記号で答えなさい。

ア　水溶液に緑色のBTB溶液を加え、色の変化を調べる。
イ　水溶液にヨウ素溶液を加え、青紫(あおむらさき)色に変化するか調べる。
ウ　水溶液に石灰(せっかい)水を加え、白くにごるか調べる。
エ　水溶液をつけたろ紙をガスバーナーの炎(ほのお)の中に入れ、炎色(えんしょく)反応の色を調べる。
オ　水溶液が電気を通すか調べる。
カ　水溶液にスチールウールを入れ、気体が発生するか調べる。

(2) (1) の水溶液④と⑤を区別する操作として適するものを、(1) の**ア**～**カ**から<u>**二つ**</u>選び、記号で答えなさい。

(3) グラフは、固体の物質 X と固体の物質 Y が、100 g の水にとけることのできる最大量と温度の関係を示したものです。80 ℃で 100 g の水に、110 g の物質 X と 30 g の物質 Y をいっしょにとかしたところ、すべてとけました。この水溶液の温度を下げていくと、ある温度からある温度までの範囲(はんい)で、物質 X だけが結晶(けっしょう)として出てきました。この温度の範囲を答えなさい。ただし、物質 X と物質 Y はそれぞれに影響(えいきょう)をあたえないものとし、答えが小数になるときは、小数第一位を四捨五入して、<u>**整数**</u>で答えること。

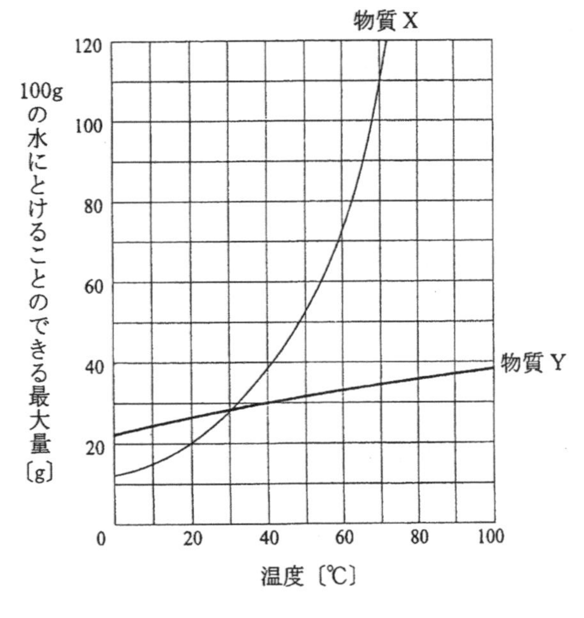

平成 26 年度

北嶺中学校入学試験問題

理　　　科

（40分）

（注意）

1　問題用紙が配られても、「はじめ」の合図があるまでは、中を開かないでください。

2　問題は全部で **11** ページで、解答用紙は 1 枚です。「はじめ」の合図があったら、まず、ページ数を確認してからはじめてください。もし、ページがぬけていたり、印刷されていなかったりする場合は、静かに手をあげて先生に伝えてください。

3　答えはすべて解答用紙の指定された解答らんに書いてください。

4　字数が指定されている場合には、特に指示のないかぎり句読点も数えてください。

5　質問があったり、用事ができた場合には、だまって手をあげて先生に伝えてください。ただし、問題の考え方や、言葉の意味・読み方などについての質問には答えられませんので注意してください。

6　「おわり」の合図で鉛筆をおき、先生が解答用紙を集めおわるまで、静かに待っていてください。

K 教英出版

（3）図２の円を，図３のようにＣＤを折り目として折り重ねたところ，円周が円の中心Ｏを通りました。これを広げて，図３の角オの大きさを測ったところ 108° でした。このとき，ＢとＣをはしとする円周の一部（図３の太線部）の長さを求めなさい。

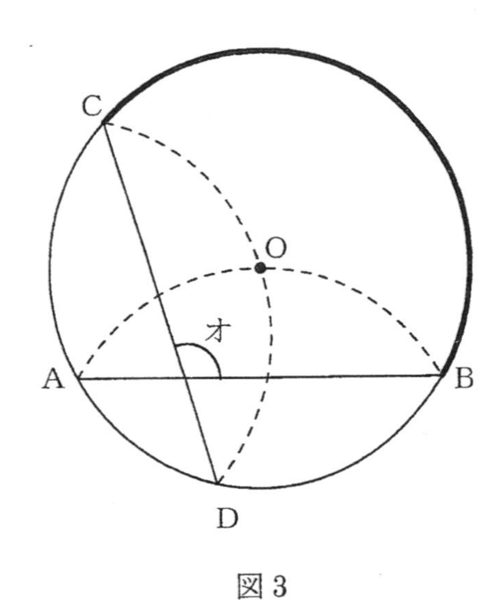

図３

3 昼食時にお弁当とサンドイッチの2種類を売るお店があります。このお店では，お弁当とサンドイッチを同じ数だけ仕入れ，それぞれ1個につき100円の利益を得る売り値を決め，1日の売り上げ額を78000円に設定しました。

ところが初日，お弁当が20個，サンドイッチが10個売れ残り，売り上げは67600円となりました。残念ではありますが，その日に売れ残ったものは廃棄(はいき)しました。

翌日は，前日と同じ数を仕入れましたが，売り値をお弁当は50円，サンドイッチは30円，前日より値下げして，売り上げ額を68400円に設定すると，完売することができました。

次の各問いに答えなさい。

（1）1日あたり，お弁当は何個仕入れましたか。

（2）2日目の利益はいくらですか。

（3）1日目のお弁当とサンドイッチの売り値の合計はいくらですか。

（4）お弁当とサンドイッチの1個あたりの仕入れ値はそれぞれいくらですか。

（5）縦 11 cm，横 15 cm の長方形の紙があります。紙を縦に 2 回，横に 2 回，辺と辺が重なるように折ったところ，折り目によって，1 辺の長さ 3 cm の正方形ができました。このとき，図のような，折り目のはしの 4 つの点A，B，C，Dからできる四角形ABCDの面積を求めなさい。

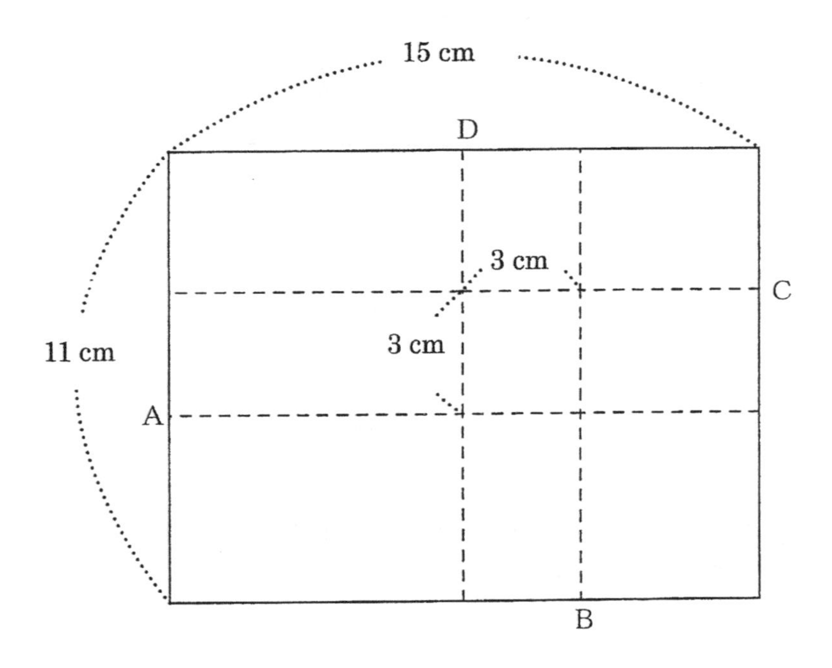

平成 26 年度

北嶺中学校入学試験問題

算　　数

（60分）

（注意）

1　問題用紙が配られても、「はじめ」の合図があるまでは、中を開かないでください。

2　問題は全部で　7　ページで、解答用紙は 1 枚です。「はじめ」の合図があったら、まず、ページ数を確認してからはじめてください。もし、ページがぬけていたり、印刷されていなかったりする場合は、静かに手をあげて先生に伝えてください。

3　答えはすべて解答用紙の指定された解答らんに書いてください。特に指示がない限り、答えが分数になるときは、できるだけ約分して答えなさい。

4　コンパス、定規、分度器は使用できません。机の上にはおかないでください。

5　質問があったり、用事ができた場合には、だまって手をあげて先生に伝えてください。ただし、問題の考え方や、言葉の意味・読み方などについての質問には答えられませんので注意してください。

6　「おわり」の合図で鉛筆をおき、先生が解答用紙を集めおわるまで、静かに待っていてください。

K 教英出版

1 次の□に当てはまる数を求めなさい。

（1）分数$\frac{22}{7}$を小数で表したとき，小数第 20 位の数字は□です。

（2）$\frac{6}{7}-\frac{5}{6}+\frac{4}{5}-\frac{3}{4}+\frac{2}{3}-\frac{1}{2}=\square$

（3）$\left(14.4\times\frac{5}{6}-3\frac{2}{3}\div0.4\right)\div\left(\frac{3}{2}+\frac{1}{2}\div\frac{2}{11}\right)=\square$

（4）(1時間37分54秒＋2時間38分47秒＋1時間54分55秒)÷3

＝□時間□分□秒

2 次の各問いに答えなさい。

（1）$\frac{27}{55}$ の分子，分母から同じ数をひくと $\frac{3}{7}$ になりました。
ひいた数を求めなさい。

（2）税込み（こ）で1房（ふさ）400円のぶどう，1個230円のなし，1個160円のりんごがあります。ぶどうを2房，なしとりんごを合わせて15個買い，合計を4000円以内にしたいと思います。なしをできるだけ多く買うとき，なしの個数を求めなさい。

（3）1，2，3，5，7，11の数が書かれたカードが1枚ずつあります。この中から2枚または3枚のカードを取り出して，横に並べて3けたの整数を作ります。全部で何通りの整数が作れますか。

計算用紙

4 1号車，2号車と名前がついた2台の車が，A地点を同時にスタートして同じ道を通ってB地点に向かい，それぞれ別の時刻にB地点を通過しました。

2台の車には，車の速さを示すスピードメーターがついていて，その数値は時速（距離の単位はkm）で表示されます。そのスピードメーターが表す時速の数値を読み取って，秒速（距離の単位はm）になおし，グラフで表しました。横の軸が時間（秒），縦の軸が秒速を表します。1号車の秒速は ―― ，2号車の秒速は ---- で表され，それぞれのグラフはまっすぐな線をつなげたものになっています。

また，ある時刻からある時刻までに車が移動した距離は，時刻を表す2本の縦の線，時間を表す横の軸，各号車の速さを表すグラフで囲まれた面積と一致することが分かっています。例えば，1号車が10秒から20秒までに移動した距離は，図の斜線部分の台形の面積から「$(6+12)\times10\div2=90$」のように90mと求められます。

（1）25秒後に2号車のスピードメーターに表示された数値を答えなさい。

（2）スタートした後，1号車と2号車の走行した距離が初めて等しくなるのは何秒後かを答えなさい。

（3）A地点からB地点までの距離は1380mです。1号車と2号車のどちらが先にB地点を通過しましたか。また，どちらかの車が先にB地点を通過したその時刻に，もう1台の車がB地点まであと何mの位置にいるかを答えなさい。

（2）図2のように1辺の長さが2cmの立方体を10個組み合わせた立体があります。たがいに接した面は完全に接着し一体化しているものとします。図2の点線のように表面をたどっていくと，すべての正方形の面を1度だけ通ってもとの位置にもどってくることができます。

① すべての表面の面積の合計を求めなさい。

② 図2の太線のような，立体の表面をたどったとき横切ることのない辺があります。それらの辺の長さの合計を求めなさい。

図2

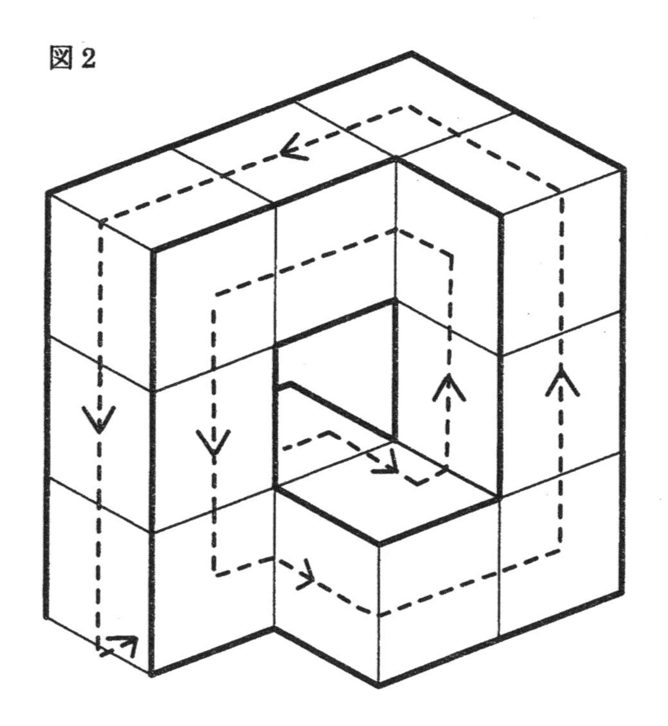

1 次の問いに答えなさい。

(1) 文中の [A] にあてはまる語句を**漢字二文字**で答えなさい。

気象庁では、大雨によって重大な災害が起きるおそれがあるときに、大雨警報(けいほう)を発表し警戒(けいかい)を呼びかけます。これに加えて、この大雨警報を発表する基準をはるかにこえ、数十年に一度の大雨が予想されるときには、大雨 [A] 警報を発表します。

(2) 文中の [B] 、[C] 、[D] にあてはまる語句として最も適するものを、次の**ア**～**ケ**からそれぞれ一つずつ選び、記号で答えなさい。ただし、同じ記号を何回答えてもよいものとします。

2014 年 10 月 8 日に、日本で皆既(かいき)月食を見ることができました。月食とは、三つの天体が [B] というように一直線に並ぶとき、つまり、月の見え方が [C] のときにだけ起こります。このときに日本で観測された皆既月食の間には、太陽系の [D] の一つである天王星を月の近くで見ることができました。

ア 太陽－月－地球　　**イ** 太陽－地球－月　　**ウ** 地球－太陽－月
エ 新月　　**オ** 半月　　**カ** 満月
キ 惑星(わくせい)　　**ク** 彗星(すいせい)　　**ケ** 恒星(こうせい)

(3) 文中の [E] 、[F] にあてはまる位置として最も適するものを、図中の**ア**～**シ**からそれぞれ一つずつ選び、記号で答えなさい。ただし、同じ記号を二回答えてもよいものとします。

図は札幌で 11 月 1 日の午後 8 時の北の空を表したものです。このとき「ある星」が北極星の真上の**ア**の位置に見えました。同じ場所で、その 2 時間後の午後 10 時には「ある星」は [E] の位置に見えました。また、同じ場所で、翌年の 2 月 1 日午後 6 時には「ある星」は [F] の位置に見えました。

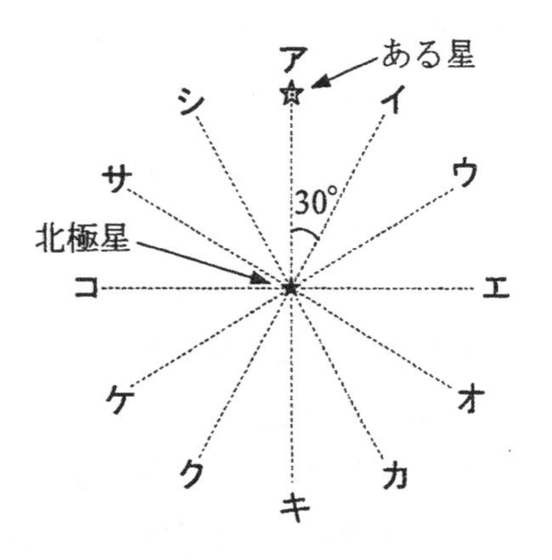

2 次の問いに答えなさい。

(1) 植物についての説明として最も適するものを、次の**ア**～**エ**から一つ選び、記号で答えなさい。

ア　コケは、水分と栄養分の吸収をからだの表面全体で行う。
イ　ヘチマは、一つの花にめしべ、おしべ、花びら、がくがある。
ウ　サクラは、お花とめ花がある。
エ　タンポポは、二酸化炭素と水を気孔(きこう)から吸収して光合成を行う。

(2) 図1は、ヒトの血液の循環(じゅんかん)の様子をおおまかに表したものです。実線（—）と点線（- - -）は血管を表し、矢印の向きは血液の流れる向きを表しています。この図についての説明として最も適するものを、次の**ア**～**オ**から一つ選び、記号で答えなさい。

脳
肺
心臓　a
肝臓
b
小腸
c　腎臓

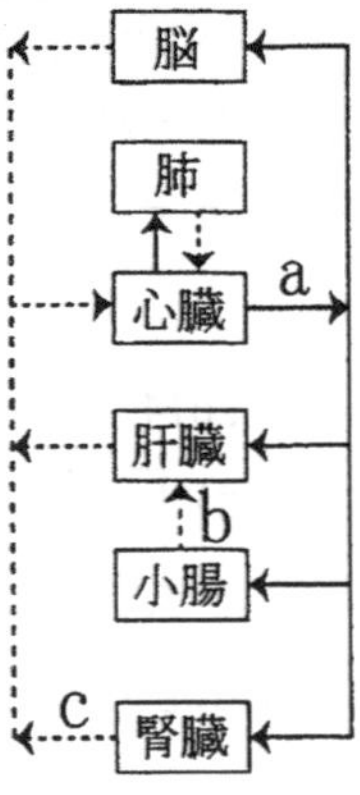

図1

ア　実線は動脈(どうみゃく)を表していて、実線上のどこでも、たくさんの酸素がふくまれた、あざやかな赤色の血液が流れている。
イ　点線は静脈(じょうみゃく)を表していて、点線上のどこでも、たくさんの二酸化炭素がふくまれた、黒ずんだ赤色の血液が流れている。
ウ　血管aには、実線と点線の中で最もたくさんの酸素がふくまれた血液が流れている。
エ　血管bには、実線と点線の中で最もたくさんの栄養分がふくまれた血液が流れている。
オ　血管cには、実線と点線の中で最もたくさんの不要物がふくまれた血液が流れている。

(3) 図2は、ある海岸の岩場での食物連鎖(れんさ)の一部を表したものです。ヒトデ、ヒザラガイ、カサガイは岩場を動き回って食物をさがしますが、紅藻(こうそう)（海藻の一種）、フジツボ、イガイ、カメノテは岩場にからだをくっつけて動かずに生活する生物です。図中の矢印は、矢印の向きへ食べられることを表しています。また、図中の数値は、ヒトデの食物の重さのうちわけで、その食物の大部分はフジツボとイガイであることを表しています。

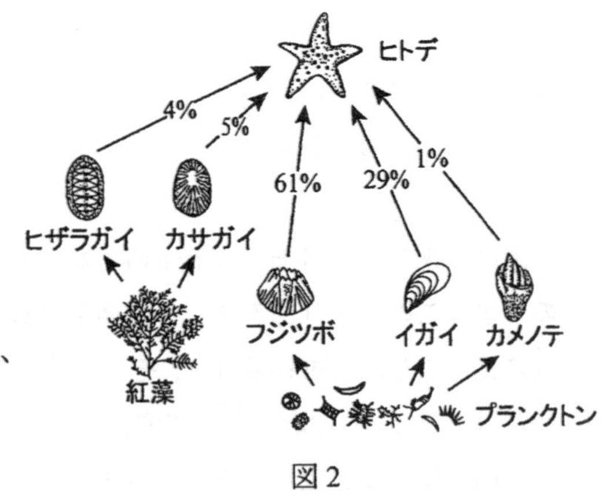

図2

あるときから、この海岸のすべてのヒトデをとりのぞき続けたところ、やがて、ヒザラガイとカサガイがほとんどいなくなりました。この理由として最も適するものを、次の**ア**～**エ**から一つ選び、記号で答えなさい。

(3) 表1の X にあてはまる数値を答えなさい。ただし、答えが小数になるときは、小数第二位を四捨五入して、**小数第一位**まで答えること。

(4)【実験1】の②、③のそれぞれを、活性炭と気体Aの重さを変えて行いました。すると、活性炭に結びついた酸素の重さと、気体Aに結びついた酸素の重さがどちらも同じになりました。このときの、燃焼する前にあった活性炭と気体Aの重さの比を最も簡単な**整数の比**で答えなさい。

【実験2】

銅の粉末を用いて、銅と酸素がどのように結びついたり離れたりするのかを調べるために、実験④～⑥を行って、その結果を表2にまとめました。ただし、表中の気体Aと気体Bは【実験1】の気体Aと気体Bと同じものです。

表2

	実験	結果
④	6.4 g の銅の粉末を空気中で加熱する。	銅の粉末はすべて反応して、黒色の銅の酸化物のみが 8 g できた。
⑤	実験④でできた 8 g の銅の酸化物と、いろいろな重さの活性炭を空気が存在しない条件で加熱する。	加えた活性炭の重さにかかわらず、気体Aは発生せず、気体Bと銅ができた。
⑥	実験④でできた 8 g の銅の酸化物を気体Aの中で加熱する。	銅の酸化物はすべて反応して、気体Bと銅の二種類のみができた。

(5)【実験2】の実験⑤で、活性炭を 0.6 g にすると、銅の酸化物と活性炭はすべて反応して無くなり、残った固体は銅だけでした。活性炭を 0.6 g よりも少なくすると、残った固体は銅と、銅の酸化物でした。また、活性炭を 0.6 g よりも多くすると、残った固体は銅と活性炭でした。

実験⑤で活性炭 0.3 g、0.6 g、0.9 g、1.2 g をそれぞれ別々に加えたとき、加えた活性炭の重さと、**残った固体の重さ**の関係を表すグラフを答えなさい。ただし、解答用紙のグラフには、活性炭を加えていないときの固体の重さを示す点があらかじめ描(えが)かれているので、残った固体の重さを示す点を**4点**描き、となり合う点と点を直線で結びなさい。

(6)【実験2】の実験⑥について、8 g の銅の酸化物を気体Bと銅にすべて変化させる場合、気体Aは少なくとも何 g 必要になるかを、【実験1】、【実験2】を参考にして答えなさい。ただし、答えが小数になるときは、小数第二位を四捨五入して、**小数第一位**まで答えること。

4

図1は、厚さも材質も一様な長方形の板を表しています。板面上の点線はすべて同じ大きさの正方形になっていて、図中の点 A～O は、それぞれの正方形の角(かど)を表しています。また、点 C を「回転中心」とします。「回転中心」は棒をさすことができるようになっていて、図2のように、水平な棒と板が垂直なまま、棒を軸(じく)として、板がなめらかに回転できるようになっています。**点 A～O の各点には、小さな同じおもり「●」を1か所に1個だけとりつけることができます**。図3と図4は、点Cの「回転中心」にさした棒を水平にして、それぞれ点A、点Fにおもりをとりつけた様子を表しています。どちらの場合でも、この後、二つ目のおもりを点E、J、Oのいずれの点にとりつけて手をはなしても、辺AEが水平のまま、板を静止させることができました。

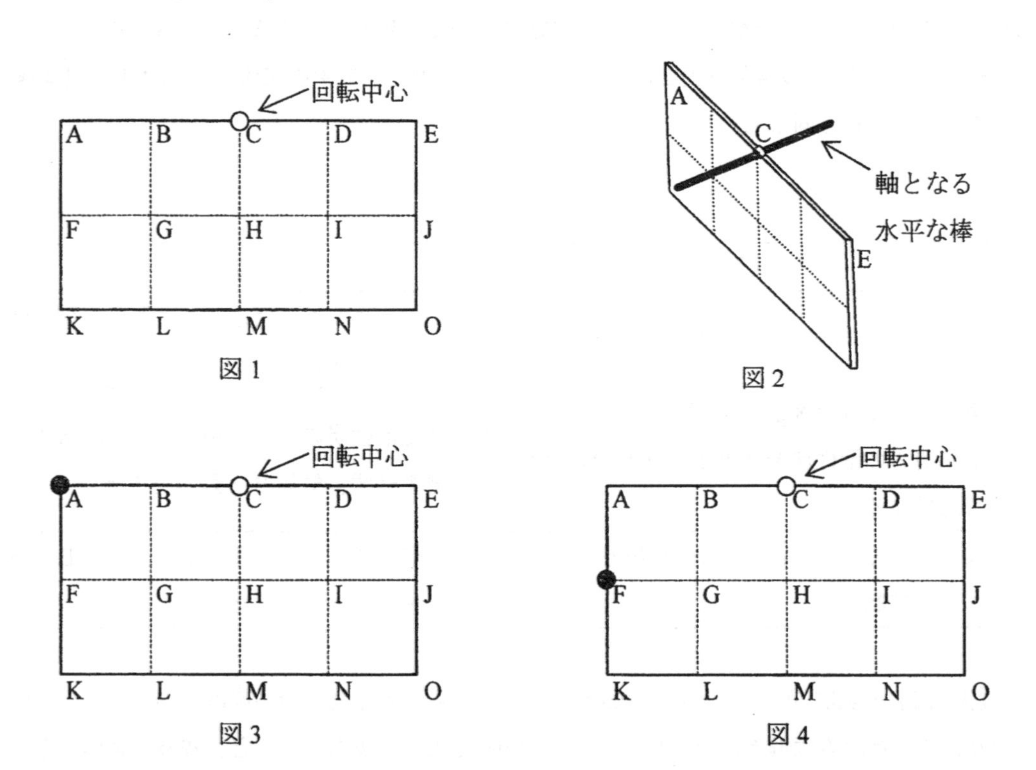

図1　図2　図3　図4

(1) 図5のように点Fと点Gにおもりをとりつけます。この後、さらに2個のおもりをどこかにつけて手をはなし、辺AEを水平に静止させたいと思います。まず、1個のおもりを点Jにとりつけたとき、もう1個のおもりをとりつけられる点は何か所ありますか。

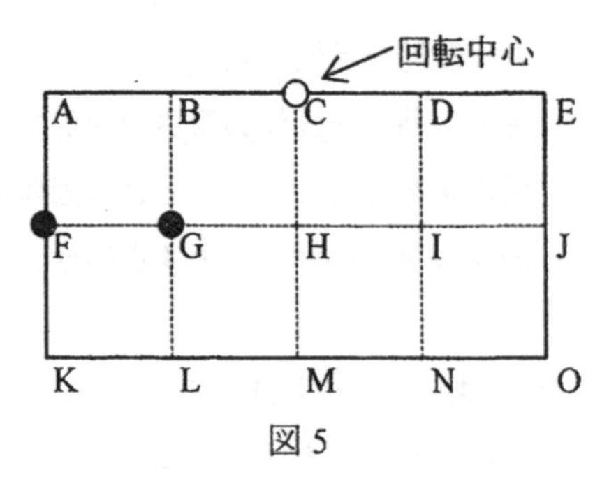

図5

問題は次のページから始まります。

1　次の（A）～（E）の図を見て、また下の文を読んで後の問いに答えなさい。

〈 A 〉　〈 B 〉　〈 C 〉　〈 D 〉　〈 E 〉

世界にはたくさんの銅像が建てられていますが、子供の銅像は悲しさを伝えるものが多いのではないでしょうか。

〈 A 〉の銅像は、1979年に作られた(a)神奈川県横浜市の山下公園にある「赤い靴をはいていた女の子像」で、日本国内にはいくつかあるうち(b)北海道に３つあります。また、2010年に(c)横浜市の姉妹都市であるアメリカの(d)サンディエゴに建てられています。歌では、女の子が「異人さん」につれられていったとされますが、その「異人さん」はアメリカ人宣教師で、貧しく生活が苦しい親から女の子を引き取ったといわれます。結局、女の子はアメリカに渡る前に孤児院にあずけられて病気で亡くなり、歌のように「つれられて行っちゃった」のではないようですが、幼い女の子が親から離れ、病気にかかり孤児院で亡くなったことは悲しいことですよね。

〈 B 〉の銅像は〈 A 〉の銅像がある山下公園に近い、港の見える丘公園にある「愛の母子像」です。1977年、神奈川県の(e)厚木基地を飛び立った米軍機が、神奈川県横浜市緑区（現在の青葉区）に墜落しました。この事故で亡くなった母と２人の男の子の銅像が遺族の要望により1985年に設置されました。この事故で亡くなった３歳の男の子の最後の言葉「パパ ママ バイバイ…」は、その後本や映画にもなり、事故の悲劇だけでなく、基地問題などいろいろなことを私たちに問いかけています。

〈 C 〉の銅像は神奈川県二宮町の(f)東海道線二宮駅南口にある「ガラスのうさぎ像」です。「東京大空襲 ガラスのうさぎ」が1979年に映画化、1980年にはNHK「銀河テレビ小説」でドラマ化もされ、戦争の悲劇を私たちに伝えています。

〈 A 〉～〈 C 〉の銅像は神奈川県にありますが、〈 D 〉の銅像は広島県(g)広島市の平和記念公園にある「原爆の子の像」で、次の文はこの銅像に関する2014年８月３日の毎日新聞の記事です。「広

ります。その港は、かつて日本海軍の主要な基地であり、戦後はアメリカ海軍と海上自衛隊がともに使用しています。その港がある市は、九州・沖縄地方で10番目の人口があり、現在も造船業が盛んで、市内にあるテーマパーク「ハウステンボス」は多くの観光客を集めています。この市の名を**漢字**で答えなさい。

(5) 下線部(e)に関連して、厚木基地は海上自衛隊とアメリカ海軍とが共同使用する航空基地になっています。このような日米共同使用の航空基地は、全国に厚木基地と三沢基地（青森県)、岩国基地（山口県）の3ヶ所があります。このうち三沢基地のある青森県三沢市は、太平洋に面する地域にあり、初夏のころに冷涼で湿った北東の風が吹くことがあります。この風は、稲作などに被害をもたらし、冷害の原因になることで知られます。この風を何といいますか。

(6) 下線部(f)に関連して、Fくんは、東海道線横浜駅22時24分発の「サンライズ出雲」に乗りました。ブルートレインと呼ばれた寝台列車は、しだいにその数を減らし、「サンライズ出雲」は、山陽本線岡山駅まで連結している「サンライズ瀬戸」とともに現在、東京駅発着で大阪以西を走る唯一の定期寝台列車です。Fくんが朝6時過ぎに車中で目覚めると、岡山駅に到着しました。そして列車は、岡山駅から伯備（はくび）線に入り、伯耆大山（ほうきだいせん）駅を通過して山陰本線に入りました。列車は9時03分に山陰本線に入ってから最初に停車し、Fくんはこの駅で下車しました。その後、この駅で境線の普通列車に乗り換え、境港（さかいみなと）駅で降り、「ゲゲゲの鬼太郎」に代表される「水木しげるロード」などの妖怪の世界を楽しみ、境港で水揚げされる新鮮な海の幸に舌鼓（したつづみ）をうった後、再び境線の普通列車に乗り、朝に乗り換えた駅で下車し、その後皆生（かいけ）温泉に宿泊して、日本海を眺めながらのんびり湯につかりました。Fくんが朝に乗り換えをし、夕方に下車した駅はどこですか。次のア～エのうちから1つ選び、記号で答えなさい。

ア 米子駅　　イ 鳥取駅　　ウ 萩駅　　エ 出雲市駅

(7) 下線部(g)について、この都市は、山口県周南市や岡山県倉敷市、愛媛県新居浜市などとともに瀬戸内工業地域の中心都市となっています。次のグラフは、この都市の製造品出荷額の内訳（平成22年度）を示しますが、グラフ中の（ ④ ）は、その55.4%を占めています。空らん（ ④ ）に適するものを答えなさい。

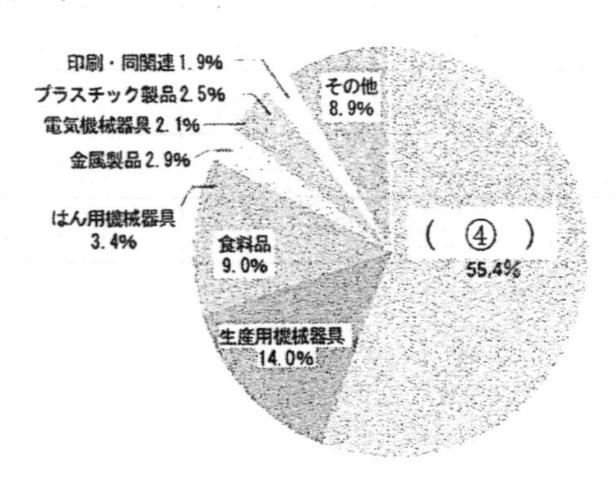

（8）下線部(g)の広島市をはじめ、中国山地と四国山地に囲まれている瀬戸内海沿岸の気候を瀬戸内気候といいます。次のア～エの雨温図のうち、瀬戸内気候のものを１つ選び記号で答えなさい。

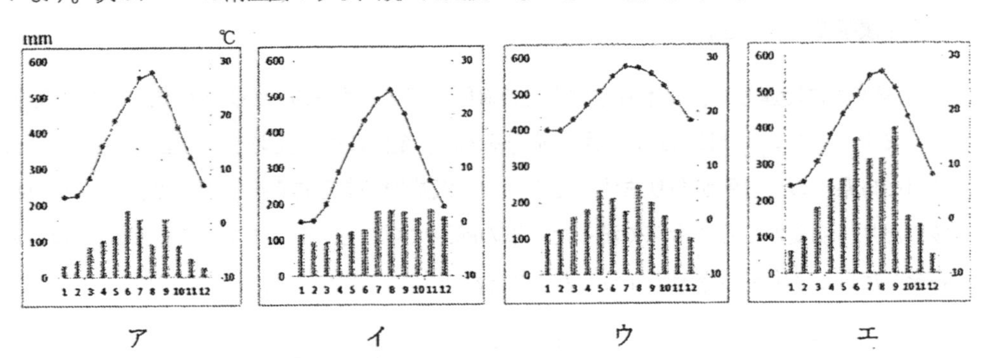

（9）下線部(h)に関連して、この都市は、周辺の都市と結びついて大都市圏を形成しており、国や地方における経済・文化の中心であると同時に、国際的な連携の拠点ともなっています。同じような都市には、アメリカ合衆国ではこの都市以外にニューヨークなどが代表例として挙げられ、日本では東京が、ヨーロッパではパリやロンドンが代表的です。このような都市を何といいますか。**カタカナ６字**で答えなさい。

(10) 下線部(i)に関連して、次の表は沖縄県の「主要魚種別漁獲量及び生産額の推移」です(農林水産省大臣官房統計部「海面漁業生産統計調査」より。単位はトン)。昭和48年の漁獲量は「かつお類」が54%を占めていましたが、近年は（　⑤　）類の漁獲量の割合が高くなっています。沖縄県での（　⑤　）類の漁獲量のおよそ50%を占めているのが那覇市で、平成22年に水産業振興のシンボルとして市の魚を（　⑤　）に定めました。また、10月10日の「（　⑤　）の日」にあわせて、学校給食の食材に（　⑤　）を使用する方針も示しました。（　⑤　）に適する魚の名を答えなさい。

年次	（　⑤　）類	かじき類	かつお類	いか類	その他魚類
昭和48	11,712	1,698	38,048	4,229	7,635
昭和58	7,625	1,152	6,991	576	9,060
平成5	9,518	1,290	3,874	1,755	6,578
平成15	9,352	892	1,150	2,676	3,591
平成23	8,750	991	419	1,748	2,202

（3）下線部(b)について、アオコとは、窒素(ちっそ)やリンなどによって富栄養化した湖沼等で植物プランクトンが異常発生し、水面が緑色になる現象をさします。これが起こると、水中の酸素が大量に消費されるため、湖沼等が酸欠状態になり魚介類が死滅することがあります。関東地方において、この問題が顕著に現れている例として、茨城県にある日本第２位の面積を持つ湖があげられます。この湖の名を答えなさい。

（4）下線部(c)に関連して、次の表は日本の都道府県別の二酸化炭素排出量の順位（2010年、単位は炭素換算）を示しています。表中のＥとＦに適する都道府県の名を、下のそれぞれの説明文を読んで答えなさい。

順位	都道府県	排出量(万トン)
1	東京都	2,864
2	E	2,246
3	F	2,230
4	神奈川県	2,072
5	大阪府	2,006

Ｅ　近隣の大都市のベッドタウンとしての役割が大きいが、沿岸部では工業も盛んであり、中でも化学製品や石油製品の出荷額は大阪府を抑えて第１位です。

Ｆ　太平洋ベルトを構成する都道府県で、製造品出荷額が全国で第１位です。また日系ブラジル人の就労割合が高いなどの特徴もあります。

（5）下線部(d)に関連して、二酸化炭素の排出量は、一般的に、その国の経済発展の度合いに比例します。また、急速に発展をとげている国では多くなる傾向にあります。一方、１人あたりの二酸化炭素排出量は、必ずしも先進国や経済発展をとげている新興国だけが大きくなるわけではありません。次の表は、アメリカ、日本、中国、韓国、オーストラリアの５ヶ国の二酸化炭素排出量および１人あたり二酸化炭素排出量（2010年、単位はCO_2換算）を示しています。表中のア～オの国のうちから、日本および韓国に適するものを選び、それぞれ記号で答えなさい。

国	二酸化炭素排出量(万トン)	１人あたり二酸化炭素排出量(トン)
ア	828,056	6.16
イ	116,982	9.23
ウ	56,713	11.76
エ	542,891	17.26
オ	37,280	16.75

（6）下線部(e)に関連して述べた文ア～エのうちから、正しいものを１つ選び、記号で答えなさい。

ア　火力発電は日本をはじめ、多くの国で主流の発電方法です。地形的な制約がある水力発電や、気候的な制約がある風力発電を主流としている国もありますが、日本ではあまり普及していません。一方、地熱発電は、火山大国である日本では割合が高く、その発電量は世界一です。

イ　自動車の排気ガスによる汚染を防止するには、今ある自動車に、排気ガスから有害物質をすべて除去する装置を設置する必要があります。それは現実的には不可能なので、有害物質をまったく排出しない自動車の開発が先進国を中心に進められています。アメリカ合衆国では新たに生産される自動車の80%以上が有害物質をまったく排出しない自動車です。

ウ　自動車の排気ガスの量は自動車の台数にほぼ比例します。新興国や発展途上国であっても自動車の台数が多ければ、たとえば１人あたり自動車保有台数が世界最大の中国のように、排気ガスの量は多くなります。中国は沿岸部の工業化が目覚しく、華南沿岸部に設置された経済特区を中心に工業化が続いており、今後ますますその存在感を強くしていくと予想されています。

エ　火力発電所から排出される有毒な硫黄(いおう)酸化物は、現在のところ発電所に排煙脱硫装置というものを設置することによって除去することができます。この装置はアルカリ水溶液などを用いて二酸化硫黄成分を吸収し、石膏(せっこう)として固定して取り出す方法です。先進国には普及していますが、予算・技術的な制約から発展途上国では設置が不十分です。

（7）下線部(f)に関連して、化石燃料の中で自然への害が少ないクリーンなエネルギーとして天然ガスが知られています。天然ガスの埋蔵量は、世界ではロシアをはじめとする旧ソ連の国々や中東諸国が多いです。日本では千葉県や東京都を中心とする南関東ガス田が最大とされますが、地盤沈下を防ぐために採掘が規制され、生産量はごくわずかです。そのため、国内で消費される天然ガスのほとんどが輸入に頼る状況になっています。次のア～ウのグラフは、主な資源の日本の輸入先（2012年）を示したものです。このうち、天然ガスの日本の輸入先を示すものを１つ選び、記号で答えなさい。

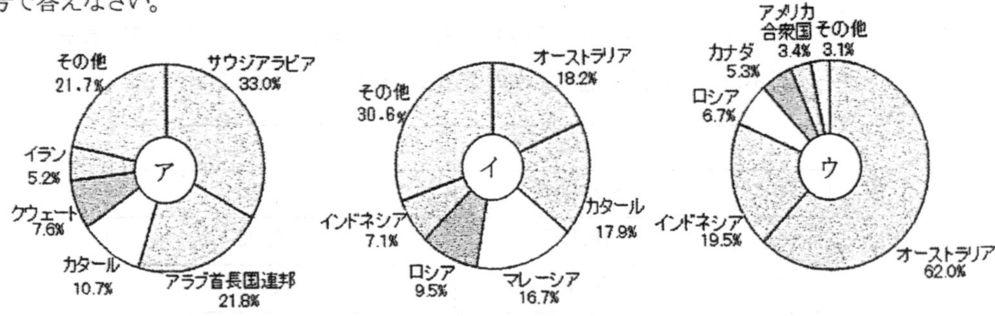

（2）下線部(a)および(b)について、それぞれの例と、その遺跡が所在する県名の組み合わせとして正しいものを、次のア～カのうちから１つ選び、記号で答えなさい。

ア　(a)吉野ヶ里遺跡 — 福岡県　　(b)登呂遺跡 ——— 静岡県
イ　(a)三内丸山遺跡 — 青森県　　(b)吉野ヶ里遺跡 — 福岡県
ウ　(a)吉野ヶ里遺跡 — 佐賀県　　(b)三内丸山遺跡 — 秋田県
エ　(a)亀ヶ岡遺跡 —— 青森県　　(b)三内丸山遺跡 — 秋田県
オ　(a)亀ヶ岡遺跡 —— 青森県　　(b)登呂遺跡 ——— 静岡県
カ　(a)登呂遺跡 ——— 静岡県　　(b)亀ヶ岡遺跡 —— 青森県

（3）下線部(c)について、2013年には伊勢神宮では式年遷宮がありました。式年遷宮とは、一定期間ごとに社殿を新しい建物に建て替え、神様をそこに移してまつることですが、伊勢神宮はこれを20年ごとに行っています。この伊勢神宮にまつられている神の説明として適当なものを、次のア～エのうちから１つ選び、記号で答えなさい。

ア　航海の安全を守る海の神といわれる天照大神（アマテラスオオミカミ）
イ　国ゆずりの神といわれる大国主命（オオクニヌシノミコト）
ウ　天皇の祖先といわれる天照大神
エ　土地を守る武の神といわれる大国主命

（4）下線部(d)に関連して、法隆寺は607年に厩戸（うまやど）皇子が建立したといわれていますが、この他にも厩戸皇子はいくつかの寺院を建立しました。次のア～エのうち、厩戸皇子が建立した寺院で、現在の大阪府にあるものを１つ選び、記号で答えなさい。

ア　四天王寺　　イ　広隆寺　　ウ　薬師寺　　エ　興福寺

（5）下線部(e)に関連して、この寺院の正倉院は、聖武天皇の遺品等がおさめられていることで有名ですが、この建物は2014年に、約100年ぶりの改修工事を終えました。正倉院宝庫は、北・中・南の３倉からなりますが、北・南の２倉は柱を用いずに三角形の木材を井の字形に組み上げて壁を造っています。この建築の技法を何といいますか。**漢字３字**で答えなさい。

（6）下線部(f)について、この文化は藤原文化ともいわれるように、この時期は藤原氏が時代の中心であり、政治においても藤原氏が権力を握っていました。藤原氏の政治に関して述べた次のア～エの文を、年代の古い順番に並び替えなさい。

ア　藤原時平が左大臣に、菅原道真が右大臣になりました。
イ　藤原良房が清和天皇の摂政になりました。
ウ　藤原道長の娘の彰子が一条天皇の中宮となりました。
エ　藤原基経が光孝天皇の関白になりました。

(7) 下線部(g)について、次のア～エは、鎌倉時代から室町時代の将軍の順番を示したものです。このうち、順番が正しいものを1つ選び、記号で答えなさい。

ア　源実朝 → 源頼家 → 足利義政 → 足利義満
イ　源頼家 → 源実朝 → 足利義満 → 足利義政
ウ　源頼家 → 源実朝 → 足利義尚 → 足利義政
エ　源実朝 → 源頼家 → 足利義政 → 足利義尚

(8) 下線部(h)に関連して、城郭のシンボルである天守閣(てんしゅかく)は、その最上層にあたり、大名の権力を象徴するものでした。天守閣が江戸時代やそれ以前から現在まで残っている城郭は全国で12あり、そのすべてが重要文化財ですが、このうち4つが国宝に指定されています。国宝の天守閣のある城は、世界遺産に登録されている姫路城（兵庫県）、木曽川の絶壁上にそびえる犬山城（愛知県）、黒塗りの天守で烏城の別名がある松本城（長野県）と、残りの1つは滋賀県にある城です。次の図は、この城郭の天守閣ですが、この城は大老となった譜代大名の井伊直弼の居城であったことでも有名です。この城の名を**漢字**で答えなさい。

(9) 下線部(i)に関連して、霊廟の建築様式には権現造(ごんげんづくり)がありますが、その代表的なものは徳川家康がまつられている日光東照宮です。現在の日光東照宮の主な社殿は、1636年に3代将軍の徳川家光が建てたものです。この3代将軍徳川家光が行った政策として適当なものを、次のア～エのうちから1つ選び、記号で答えなさい。

ア　公事方御定書を定めて裁判の基準を示しました。
イ　湯島聖堂を建てて朱子学を奨励(しょうれい)しました。
ウ　一国一城令を発して多くの城郭を廃棄しました。
エ　田畑永代売買の禁令を出して農民を統制しました。

(10) 下線部(j)に関連して、明治時代のはじめにお雇い外国人であった建築家のコンドルは、工部大学校（東京大学工学部の前身）で日本人学生に建築技術を教えましたが、その1期生に辰野金吾がいました。辰野はその後に多数の建築を設計し、日本の近代建築に大きく貢献しました。彼が設計したもののうち、1914年に完成したものの、1945年の空襲によって大きく破損し、戦後の修復によって原形に変更が加えられたものを、2012年に創建当初の形態に復元した建築があります。この建築として適当なものを、次のア～エのうちから1つ選び、記号で答えなさい。

ア　三菱一号館　　イ　赤坂離宮（迎賓館）　　ウ　東京駅舎　　エ　日本銀行本店

は(g)捕鯨にうつっていきました。その捕鯨船の寄港地として、日本の重要性はさらに高まり、ついには1853年にペリーが来航することになります。このように見てくると、日本の開国の直接の原因となったのはペリー来航ですが、開国に向けての国際情勢の変化は、そのはるか以前、日本から遠く離れた北アメリカ西海岸でおこったヌートカ湾事件によりはじまっていたといえます。「遠く北アメリカ西海岸でおこった事件が日本の開国につながった」と聞けばちょっと不思議な話に思えますが、その不思議さこそが歴史のおもしろさともいえるでしょう。

（1）下線部(a)に関連して、紀伊半島の串本町には、日米修好記念館とは別に、トルコ記念館とトルコ軍艦エルトゥールル号遭難慰霊碑があります。これらは、1890（明治23）年にトルコ（当時はオスマン帝国）の軍艦エルトゥールル号が串本町沖で遭難した際に、現地の日本人が救助にあたったことを記念したものです。この事件は、日本とトルコの友好関係のはじまりとして記憶されるようになりました。また、1904（明治37）年におこった戦争で日本が［A］に勝利したことは、当時［A］に苦しめられていたトルコの日本に対する印象をさらによいものにしたといわれます。以下の設問①～②に答えなさい。

① 文中および設問の空らん［A］に適する国の名を答えなさい。

② 欧米諸国のなかでも、［A］は積極的に日本への接近をはかりました。はやくも1792年には［A］の使節が日本の漂流民の大黒屋光太夫をともなって来航しています。右図はこのときの使節がスケートをしている様子を描いたものです。この使節が1792年に来航した場所を、**漢字2字**で答えなさい。

（2）下線部(b)に関連して、ペリーの来航によって開国するまで、江戸幕府はいわゆる「鎖国」体制をとり、外国との接触を制限していました。次の年表は、「鎖国」体制の完成に関連するいくつかのできごとを年代の古い順番に並べたものです。年表中の［ア］～［エ］の時期のうちから、ポルトガル船の来航が禁止された時期を1つ選び、記号で答えなさい。

1616年　中国船以外の外国船の来航を平戸・長崎に制限しました。
［ア］
1624年　スペイン船の来航が禁止されました。
［イ］
1637年　島原の乱（島原・天草一揆）がおこりました。
［ウ］
1641年　オランダ商館を長崎の出島に移しました。
［エ］

（3）下線部(c)に関連して、ボストンは貿易港としてアジア諸国との関係が深かったこともあり、ボストン美術館は日本国外にあるものとしては世界有数の日本美術コレクションで知られています。この日本美術コレクションの収集に貢献した２人のアメリカ人について、以下の設問①～②に答えなさい。

① 明治時代の東京大学で教えたフェノロサは、日本美術を高く評価して日本美術学校の設立にあたり、帰国後に日本美術の紹介につとめました。このフェノロサの活動を助け、ともに日本美術学校を設立し、その校長となった人物を、次のア～エのうちから選び、記号で答えなさい。

ア 岡倉天心　　イ 野口英世　　ウ 滝廉太郎　　エ 島崎藤村

② 同じく東京大学で教え、フェノロサに日本を紹介した人物がモースです。モースは動物学者ですが、日本の陶磁器を収集したことで知られています。また、モースは1877（明治10）年に東京である貝塚遺跡の発掘調査を行い、日本の縄文時代研究にも大きな功績を残しました。モースが発掘調査を行った貝塚の名を答えなさい。

（4）下線部(d)について、対馬は古くから大陸・朝鮮半島と日本のあいだの交通上の重要地でした。江戸時代の「鎖国」体制においても、対馬藩は朝鮮交易を取りしきり、朝鮮から日本を訪れる朝鮮通信使の世話をしました。対馬について述べた次の文ア～エのうちから正しいものを１つ選び、記号で答えなさい。

ア 小野妹子を最初の使節として派遣した遣唐使は、最初は対馬を経由して朝鮮半島西岸に沿って北上する北路をとりました。

イ 鎌倉時代の文永の役に際して、元・新羅軍はまず対馬を襲い、そのあと九州北部に上陸しました。

ウ 江戸時代初頭、断絶していた日朝交易を再開させるため、対馬藩は国書の偽造まで行って朝鮮との講和交渉にあたりました。

エ 版籍奉還と廃藩置県により対馬藩は厳原(いずはら)県となり、伊万里(いまり)県（のちに佐賀県に改称）に編入されたあと、現在は福岡県に属しています。

（5）下線部(e)について、アメリカや［ A ］と前後して、イギリスも日本に接近しました。1808年にはイギリス船フェートン号がオランダ船を追って長崎に侵入するという事件がおこり、1824年にはイギリス船員が水戸藩の大津浜、薩摩藩の宝島に上陸するという事件がおこりました。このことに関連して、以下の設問①～②に答えなさい。

① こうした事態に対して、1825年に江戸幕府は異国船打払令を出して「鎖国」体制を維持しようとしました。しかし、1842年にある戦争で中国（清）がイギリスに敗れて開国させられたことが日本に伝わると、幕府は異国船打払令を緩和して異国船に燃料・食料を与えることにしました。中国が1842年にイギリスに敗れた戦争の名を答えなさい。

(4) 下線部(c)に関連して、現在の為替相場のしくみは、当時と異なるため、日々刻々と変わります。現在の為替相場に関する文として正しいものを、次のア～エのうちから1つ選び、記号で答えなさい。

ア 1ドル=100円の為替相場が1ドル=110円になることを、円高といいます。一般に、円高は日本の輸出産業にとって有利にはたらくと考えられます。
イ 1ドル=100円の為替相場が1ドル=110円になることを、円高といいます。一般に、円高は日本の輸入産業にとって有利にはたらくと考えられます。
ウ 1ドル=100円の為替相場が1ドル=110円になることを、円安といいます。一般に、円安は日本の輸出産業にとって有利にはたらくと考えられます。
エ 1ドル=100円の為替相場が1ドル=110円になることを、円安といいます。一般に、円安は日本の輸入産業にとって有利にはたらくと考えられます。

(5) 下線部(d)について、以下の設問①～②に答えなさい。

① この戦争の名を答えなさい。

② この戦争の背景となった社会主義圏と自由主義（資本主義）圏との対立を何といいますか。**漢字2字**で答えなさい。

(6) 下線部(e)について、この経済成長は1973年の石油危機により終わりを告げました。このときの日本の内閣は、その前年に日中共同声明によって中国との国交を正常化しました。この内閣の首相の氏名を**漢字**で答えなさい。

(7) 下線部(f)に関連して、以下の設問①～②に答えなさい。

① 刑事事件において、検察官が裁判所に対して事件の審判を求めることを何といいますか。

② 裁判員制度を導入した目的として適当なものを、次のア～エのうちから1つ選び、記号で答えなさい。

ア 国民の感覚を裁判に取り入れて、国民と司法を近づけるため。
イ 検察官による不当な取り調べをなくし、司法の可視化を進めるため。
ウ 確定した判決のすべての内容を、広く国民に知らせるため。
エ 国や地方公共団体などを相手とする行政裁判にも国民の関心を向けるため。

（社会の試験問題は以上です。）

4

(1)	(2)	(3)	
時速　　　km	秒後	号車	m

5

(1)	(2)	
cm	① cm^2	② cm

受験番号	小学校名	氏　　名
	小学校	

※100点満点
（配点非公表）

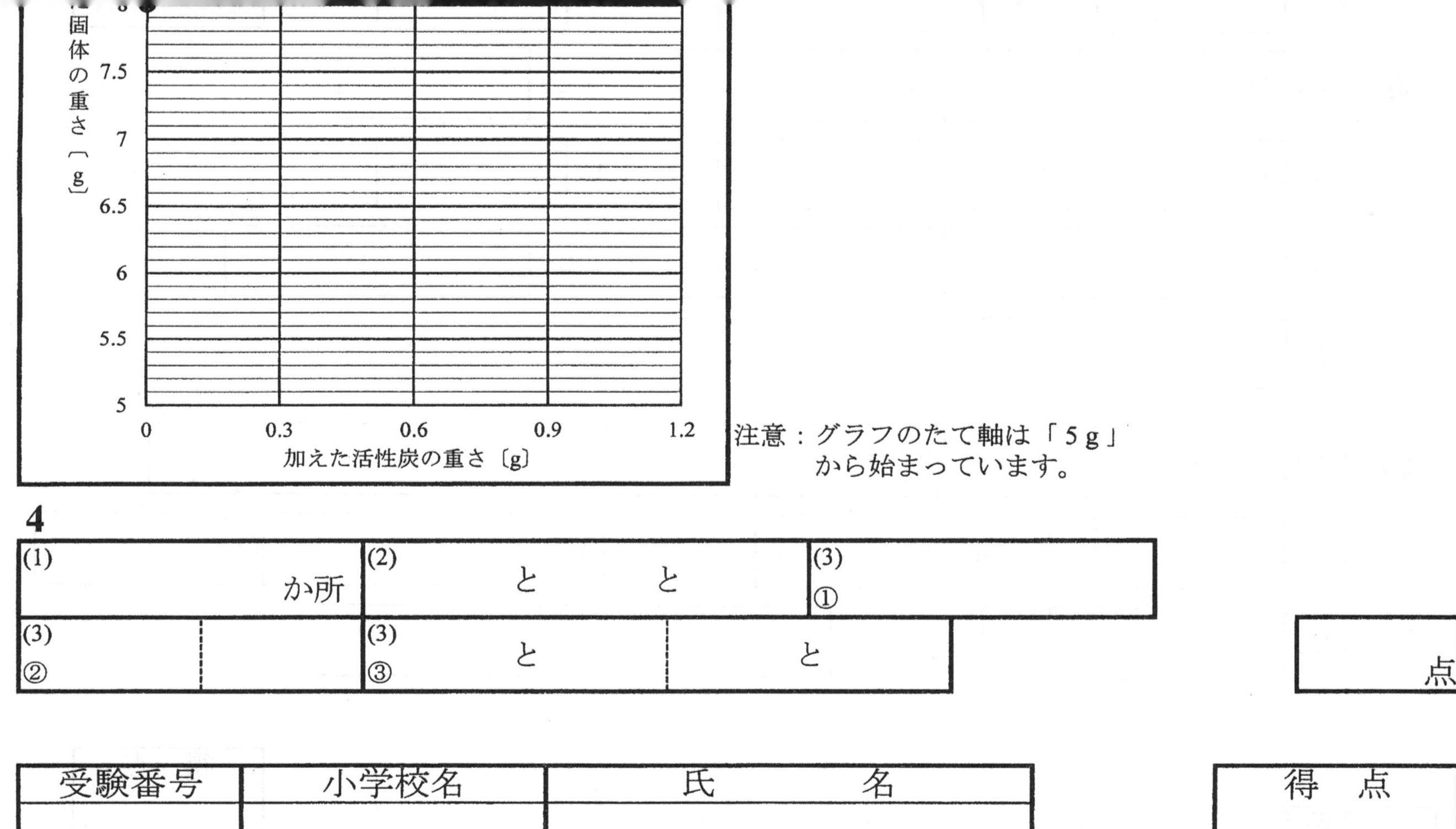
固体の重さ〔g〕
7.5
7
6.5
6
5.5
5
0
0.3
0.6
0.9
1.2
加えた活性炭の重さ〔g〕
注意：グラフのたて軸は「5ｇ」から始まっています。
4
(1) か所
(2) と と
(3) ①
(3) ②
(3) ③ と と
点
受験番号
小学校名
氏 名
得 点
※50点満点
（配点非公表）

小学校

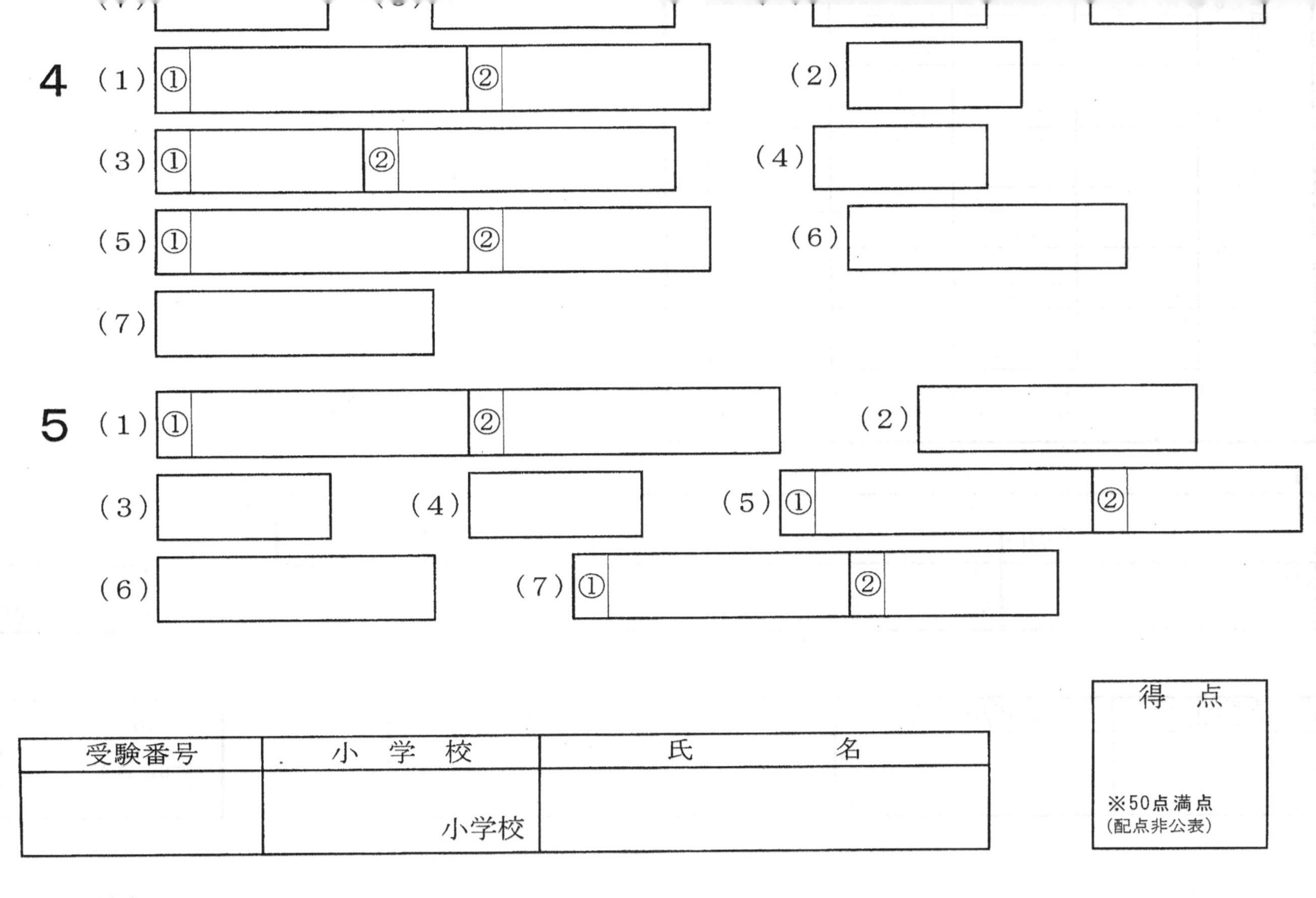

4
(1) ① ②
(2)
(3) ① ②
(4)
(5) ① ②
(6)
(7)
5
(1) ① ②
(2)
(3)
(4)
(5) ① ②
(6)
(7) ① ②
得　点
※50点満点
(配点非公表)
受験番号
小　学　校
氏　名
小学校

H27. 北嶺中

平成27年度

入学試験問題社会解答用紙

北嶺中学校

1

(1) ① ②
(2)
(3)
(4) 市
(5)
(6)
(7)
(8)
(9)
(10)

2

(1) ① ②
(2)
(3)
(4) E F
(5) 日本 韓国
(6)
(7)
(8)

3

(1)
(2)
(3)
(4)
(5)
(6) → → →

平成27年度　　入学試験問題理科解答用紙　　北嶺中学校

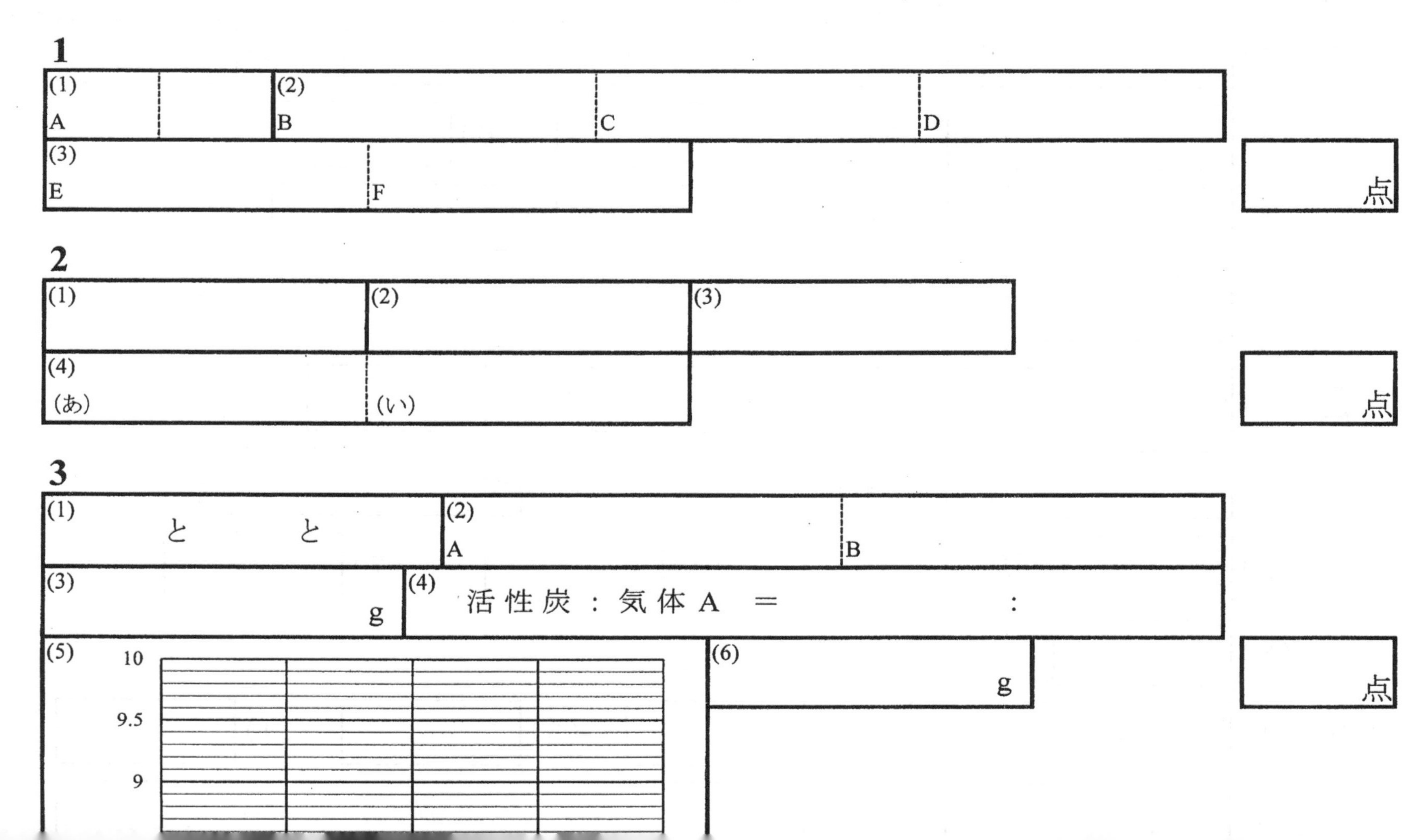

1

(1) A		(2) B	C	D

(3) E	F

点

2

(1)	(2)	(3)

(4) (あ)	(い)

点

3

(1) と　と	(2) A	B

(3) g	(4) 活性炭：気体A ＝ ：

(5) 10 / 9.5 / 9

(6) g

点

平成 27 年度　　入学試験問題算数解答用紙　　北嶺中学校

1

(1)	(2)	(3)	(4)		
			時間	分	秒

2

(1)	(2)	(3)	(4)	
			①	②
	個	通り	個	cm^2

3

(1)	(2)	(3)
本	本	頭

5 次の文を読み、後の問いに答えなさい。

今年は戦後 70 年目の節目の年にあたります。70 年前、日本はポツダム宣言を受け入れ、この戦争を敗戦として終結しました。日本は戦争で多くのものを失い、この時点でその鉱工業生産力は、戦前の３割程度しかありませんでした。日本政府は、ＧＨＱによる占領の下、経済復興に力を注ぎました。限られた資源を重要な産業に集中させたり、新たに金融機関をつくり、資金を大量に供給したりしました。その一方で、それまでの非民主的な経済のあり方にもメスを入れ、巨大な財力で多くの子会社を支配下においていた財閥を解体し、旧来の地主制を廃止して安定した自作農経営をつくり出すために（　①　）を行い、(a)労働者の権利を守るための法律の制定も進めました。さらにアメリカから経済の専門家を迎え入れ、(b)新しい税制を導入したり、(c)1 ドル=360 円の為替相場を決めたりもしました。

しかし、経済の復興は容易には進まず、日本の鉱工業生産力が戦前水準を回復したのは、1950 年に起きた(d)ある戦争をきっかけにしてでした。このようにして経済が復興しはじめた 1951 年に、日本は（　②　）平和条約を結び、ＧＨＱによる占領を終えて主権を回復することになりました。そして 1950 年代後半からは(e)高度経済成長期と呼ばれる長い好景気に入りました。

この高度経済成長期に、日本の工業化は進み、生活も豊かになりました。しかし、その一方で環境が悪化して公害が起こったり、多くの消費者問題が起こったり、そしてそれらをめぐって(f)裁判が起こされるなど、マイナスの面も大変大きな時代でした。

（1）文中の空らん（　①　）～（　②　）に適する語句を答えなさい。

（2）下線部(a)について、このころ日本国憲法で定められた団体交渉権などの労働三権を具体的に保障する法律が制定されました。その法律は、何度かの改正をへて、現在も存続しています。この法律の名を答えなさい。

（3）下線部(b)について、このときに定められ、現在も続いている所得税の課税方法について述べた文として適当なものを、次のア～エのうちから１つ選び、記号で答えなさい。

ア　すべての人に同じ税率で課税しました。
イ　所得の高い人には高い税率を課しました。
ウ　所得に低い人には高い税率を課しました。
エ　各都道府県ごとに異なる税率が定められました。

② イギリスは①の戦争に勝利して、中国からある領土を獲得しました。その後、この領土は拡大されて中国のなかのイギリス領を形成しましたが、1997年に中国に返還され、一国二制度が適用されて現在に至っています。この領土の名を**漢字**で答えなさい。

(6) 下線部(f)の空らん［B］は、古くから北海道周辺においても狩猟の対象とされてきました。日本の記録では、室町時代（1423年）に十三湊（とさみなと）（現青森県）を拠点としていた安藤氏がアイヌとの交易で得た「海虎皮三十枚」を足利将軍に献上したというものが、［B］に関するもっとも古い記録のようです。［B］は、その他の記録では「猟虎」「獺虎」とも表記されています。1434年に琉球王国が中国（明）に［B］の毛皮を献上したという記録もあり、［B］の毛皮が広く流通していたことがわかります。［B］に適する動物の名を**カタカナ**で答えなさい。

(7) 下線部(g)について、このころのアメリカの捕鯨は食用の鯨肉を目的とするものでなく、クジラからとれるあるものを目的とするものでした。それは、アメリカも含めた欧米諸国で産業革命が進展するなかで需要が高まっていたものです。当時のアメリカの捕鯨が目的としたものを答えなさい。

4 次の文を読み、後の問いに答えなさい。

(a)紀伊半島の串本町（和歌山県）に日米修好記念館という施設があるのを知っているでしょうか。この施設は、1791年にアメリカ船レディ・ワシントン号とその同伴船がこの地に来航したことを記念してつくられたものです。これは、(b)日本の開国のきっかけとなったペリー来航（1853年）の62年もの前のことになります。じつは、この事件の背景を探っていくと、ペリー来航のはるか以前からおこっていた日本をとりまく国際情勢の変化が見えてきます。そうした国際情勢の変化こそが、日本を開国へと向かわせることになったのです。このことについて少し勉強してみましょう。

記録によると、「堅士力記（ケンドリック）」船長率いるレディ・ワシントン号は、(c)「花其載（ボストン）」から中国に来て毛皮を売ろうとしましたが高く売れず、その後日本に来航し、一週間ほど現地の日本人と交流したそうです。また同年、レディ・ワシントン号と入れ替わるようにして、毛皮を積んだイギリス船アルゴノート号が(d)対馬などに来航しました。ここで、これらの船が共通して毛皮交易を求めたことは注目すべきことです。さらに興味深いのは、これらの船がともに、1789年に北アメリカ西海岸のバンクーバー島（現カナダ）でおこったある事件にまきこまれていたことです。

1789年、バンクーバー島のヌートカ湾（右図参照）というところで、北アメリカ西海岸の領有権を主張するスペインが、ヌートカ湾に入港したイギリス船4隻を捕らえるという事件がおこりました。翌年、イギリスがスペインに謝罪と賠償を求め、さらに開戦もやむをえないという強い態度にでたため、最終的にスペインはイギリスに屈服しました。これを「ヌートカ湾事件」といいます。この結果、北太平洋におけるスペインの優位がくずれさり、北太平洋はいわば「自由化」されることになりました。以後、(e)イギリス、［ A ］、そしてイギリスから独立してまもないアメリカ合衆国の北太平洋進出が強まりました。前述のレディ・ワシントン号の船長ケンドリックはこのヌートカ湾事件の現場にいあわせた人物であり、アルゴノート号はまさにこのときスペインに捕らわれた船の1隻だったのです。つまり、これらの船は、ヌートカ湾事件によって北太平洋の「自由化」後すぐに中国をめざし、そして日本に来航したということになります。

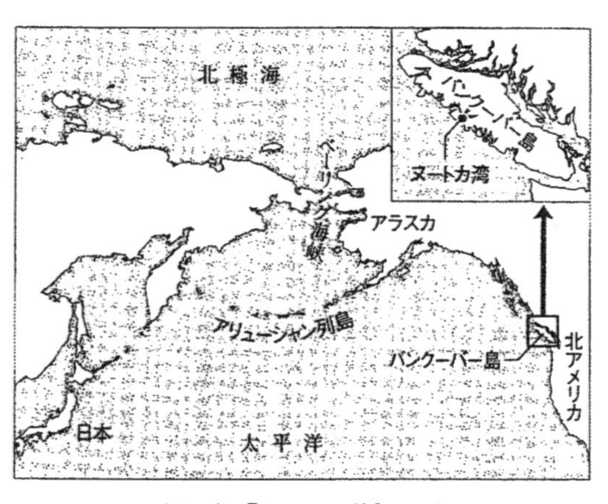

（平川新『開国への道』より）

ところで、なぜ各国は北太平洋に進出しようとしたのでしょうか。その答えこそが、毛皮でした。北太平洋からは良質の(f)［ B ］の毛皮がえられ、それは中国において高値で取り引きされたのです。そのため、各国の毛皮交易船は北太平洋、そして東アジアをめざすようになり、自然と、日本への関心も高まっていったのです。そしてヌートカ湾事件こそ、こうした国際情勢の変化の大きなきっかけとなったのです。

その後、乱獲などにより北太平洋で［ B ］の毛皮がとれなくなると、各国、とくにアメリカの関心

（社会の試験問題は次のページに続きます。）

3　次の文を読み、後の問いに答えなさい。

日本全国にはたくさんの重要文化財があります。重要文化財とは、有形の文化財のうち重要なものを文部科学大臣が指定したものですが、その重要文化財に指定されたもののうち、建造物は2,428件あり、それらは大半が木造建築です。それは私たちの国が自然に恵まれ、高品質で豊富な木材を生み出す森があったからでしょう。昔から日本の人々は、この森林と良質な木材を積極的に活用しようと考えてきました。およそ1万年前の時代からの建築物やその様式、特徴などをみていきましょう。

(a)縄文時代の遺跡から、当時の人々は地表を掘りさげて床面とし、その上に屋根をかけた（　①　）住居に住んでいたことがわかります。続く(b)弥生時代の遺跡には、土間は掘り込まず地表面を床とした平地住居が出始めます。そして、古墳時代の埴輪は、住居や倉庫などの建造物もあらわしており、高床住居もあります。

縄文時代から古墳時代までの日本古来の建築様式は、柱は地面の中にそのまま埋め込まれる掘立柱で、屋根には樹皮や板などの植物性の材料が使われました。昔の天皇の住まいや(c)伊勢神宮、出雲大社などの神社建築もこの様式です。

しかし、大陸の建築技術が飛鳥時代に朝鮮半島から伝えられました。それが寺院や宮殿の建築です。柱は礎石を据えてその上に立て、屋根には瓦（かわら）がふかれ、さらに柱や梁などには朱色などの色鮮やかな塗装がされました。この時代を代表する歴史的建造物は、わが国最古であると同時に世界最古の木造建造物でもある(d)法隆寺です。その後、奈良時代になって、国家が仏教による政治を推進すると寺院の建築は急増し、世界最大の木造建築物の(e)東大寺金堂（大仏殿）も建立されました。

平安時代に遣唐使が廃止されると、建築様式においても日本の風土や風習に合うように変化していきました。建物には板で床が張られ、木目をそのままに木肌の美しさを見せるものが造られ、(f)国風文化のころには、貴族の住まいとして寝殿造があらわれました。続く鎌倉時代には、武士の住まいである武家造がみられました。今日の和風住宅の原型が成立したのは、(g)鎌倉時代から室町時代にかけてです。室町時代の東山文化を代表する銀閣寺の東求堂には、畳を敷き、違い棚を備え、襖や障子戸を用いた書院造がみられます。

安土桃山時代から江戸時代には、大名が住まいとした(h)城郭（じょうかく）や、千利休などにより広められた茶の湯のための茶室、先祖の霊をまつる(i)霊廟（れいびょう）など立派な建造物が造られましたが、町に住む商人や村の農民などの民衆の住宅は、相変わらず掘立柱の建築がほとんどでした。ただ屋根だけは、火災による延焼を防ぐため、軽量で安価に生産されるようになった瓦が民家でも使われるようになりました。なお城郭や霊廟では、屋根は銅や鉛などの高価な金属板を用いました。

明治時代からは、(j)欧米の西洋建築が導入されて政府の機関や財閥の邸宅などが造られました。そして、現代では建築様式が鉄筋コンクリート造などに変わっています。これらの建造物のことや、そこでなされた人々の生活などについては、入学後に歴史の授業で学びましょう。

（1）文中の空らん（　①　）に適する語句を答えなさい。

（8）次のア～オの文のうち、問題文の内容に合っているものを１つ選び、記号で答えなさい。

ア　環境問題とは公害問題の一部であり、汚染物質を排出した企業（または国）が責任をもって対処し、解決すべき問題です。

イ　生活公害については具体的な対策や努力を行う人が多くいますが、産業公害については身近でないため、注意を払う人が少なく、社会問題とされたことがありません。

ウ　ＣＯＰ３は 1992 年にブラジルで開催された会議で、その会議の中で気候変動枠組条約が締結されました。

エ　日本の公害対策基本法は 1993 年に廃止され、その意義と目的は、かわって制定された新しい法律に発展的に受け継がれることになりました。

オ　公害問題に関しては発展途上国と先進国は意見が対立していますが、地球環境問題に関してはほぼ一致した見解を持ち、一丸となってこの問題に取り組んでいます。

ったなど、問題点も多くありました。

環境問題で難しいのは、地球上の地域によって注目している問題が異なる点です。たとえばヨーロッパで、強い危機感が持たれているのは酸性雨の問題です。酸性雨とは、強い酸性を示す雨のことで、硫黄酸化物や窒素酸化物などが雨に溶け込むことが原因とされます。それらの物質は(e)火力発電所や自動車などから多く排出されるもので、ヨーロッパでは森林の立ち枯れや湖沼や河川の酸性化などの被害が出ています。また、歴史的な建築物や石像などへの被害も深刻です。

一方、日本では地球サミットの翌年に、さきほどの公害対策基本法にかえて、環境基本法が制定されました。この新しい法律は、地球サミットの精神であった「(　②　)可能な開発」という考え方が取り入れられ、第４条には「健全で恵み豊かな環境を維持しつつ、環境への負荷の少ない健全な経済の発展を図りながら持続的に発展することができる社会」をめざすと述べられています。

環境問題は、先進国と発展途上国との間に、大きな意見の相違があります。先進国は、高い科学技術の力によって、環境への負荷が少ない(f)クリーンなエネルギーへの移行を徐々に進めています。そして、新興国や発展途上国にも同様の努力を要求します。しかし、新興国や発展途上国は、現在の地球温暖化などの環境問題は先進国が作りだしたもので、そのために自国の工業化や自然の開発が制約されるのは承服できない、と主張します。どちらの意見も理解できるものですが、私たちが暮らす地球はひとつですから、より生産的・建設的な議論を行って、相互に対立を解消し、一丸となって地球環境問題に取り組んでいきたいものですね。

（1）文中の空らん(　①　)～(　②　)に適する語句を、(　①　)は**漢字５字**、(　②　)は**漢字２字**で答えなさい。

（2）下線部(a)に関連して、次の地図中のＡ～Ｄは、いわゆる四大公害病が発生した地域を示しています。このうち、ＡとＣの地域で起こった公害の原因物質として適当なものの組み合わせを、下のア～カから１つ選び、記号で答えなさい。

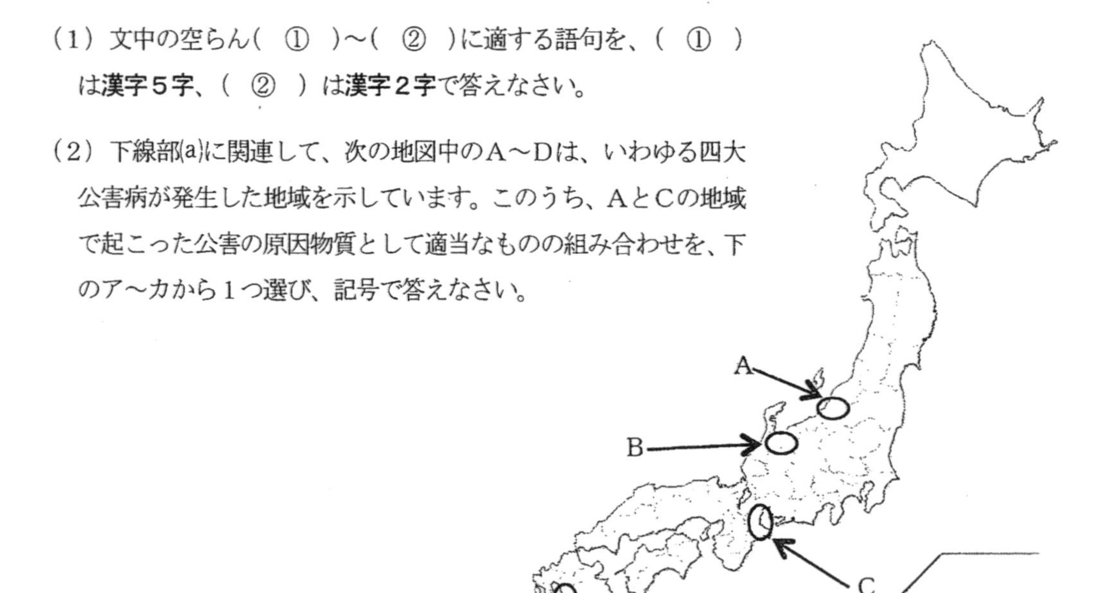

	ア	イ	ウ	エ	オ	カ
A	カドミウム	カドミウム	亜硫酸ガス	亜硫酸ガス	有機水銀	有機水銀
C	有機水銀	亜硫酸ガス	カドミウム	有機水銀	亜硫酸ガス	カドミウム

2　地球規模の環境問題に関し、次の文を読んで後の問いに答えなさい。

21 世紀を迎えて早くも 15 年目になりました。われわれ人類は、いよいよ活発に活動を続け、かつては想像もできなかったような科学技術と経済活動によって「豊かさ」を生みだしてきました。そのため、先進国においてはＧＮＩ(国民総所得)が飛躍的に向上し、また発展途上国においても医療の発達によって乳幼児死亡率が低下するなど、豊かさが現実にあらわれています。

わが国においても、1960 年代を中心とする高度経済成長時代に、豊かさを追求する経済発展がはかられました。その結果、ＧＮＰ(国民総生産)が世界第２位になるなど、経済成長による豊かさが実現しました。しかし、それは同時に、豊かさとは正反対の「ひずみ」ともいえるさまざまな問題も発生させました。その代表的な例が、(a)高度経済成長時代に発生した公害問題でしょう。

公害は一般的に、産業公害と生活公害に分類されます。前者は、企業の経済活動によって排出された有害物質等による被害で、多くの裁判や法律の制定を通して規制されるようになりました。後者は、私たちが生活をする中で排出される物質による公害で、たとえば合成洗剤に含まれていたリンが生活排水とともに海や湖に流れ込み、富栄養化(ふえいようか)の原因となって赤潮や(b)アオコを引き起こすことがありました。現在では、住民運動や企業の努力、さらに各自治体による富栄養化防止条例の制定や洗剤対策の推進などによって、家庭用洗剤はほぼ 100%無リン化されましたが、生活排水には依然として富栄養化の原因となる物質も含まれ、水質の汚濁等が心配されます。

ところで政府は、高度経済成長時代の産業公害に対し、1967 年に公害対策基本法を制定しました。この法律は、第１条で「事業者、国及び地方公共団体の公害の防止に関する責務を明らかにし」と公害防止の責任者を明確にし、そのうえで「国民の健康を保護する」ことと「生活環境を保全する」ことを目的とすると述べています。高度経済成長の段階で、このような目的をもつ法が定められたこと自体が大いに意義のあることでしたが、現在から見ると、「国民の健康」や「生活環境」と経済発展を両立させようというねらいはありませんでした。

その後、時代が進むにつれて、明確には有害物質とされていないもの（地球温暖化の原因となる二酸化炭素など）や、有害物質という認識がまったくなかったもの（オゾン層破壊の原因となるフロンガスなど）の排出が社会全体の問題となっていきました。こうした中で、企業の経済活動や私たちの生活によって発生する問題は、原因と対策が明確であった公害問題から、原因も対策も複雑化した環境問題へと移行していきました。

現在、環境問題は世界中で議論されています。中でも(c)二酸化炭素が主要な原因とされる地球温暖化問題は大きく注目されており、その排出を抑制することは世界全体の急務だと言われています。1992 年にリオデジャネイロで行われた地球サミットでは国連気候変動枠組条約が締結され、地球温暖化対策に世界全体で取り組んでいくことに合意しました。この条約の締約国は、1995 年から毎年、ＣＯＰとよばれる会議を開いていますが、その第３回会議(ＣＯＰ３)は日本で開かれ、その中で(　①　)が採択されました。これは先進国に(d)具体的な二酸化炭素の削減目標を定めた画期的なもので、世界全体での温室効果ガス排出削減の大きな一歩を踏み出したと言われます。しかし、世界最大の二酸化炭素排出国であったアメリカ合衆国が脱退し、また新興国であった中国やインドなどが参加していなか

（2）下線部(b)に関連して、「北海道観光入込客数調査報告書（平成25年度）」によると、北海道を訪れた外国人は約115万人で、はじめて100万人を超えました。この数は日本を訪れた外国人の約１割を占めていて、とくにアジア地域から訪れた外国人が約99万人と、その大半を占めています。次の表は、北海道を訪れた外国人旅行者の国・地域別の順位と割合、対前年度増加率を示したものです。

順位	国・地域	割合	対前年度増加率
1	台　湾	36.0%	48%増
2	中　国	13.7%	55%増
3	韓　国	12.3%	15%増
4	香　港	9.3%	48%増
5	（　③　）	8.6%	167%増

（　③　）から北海道を訪れた人数の割合は、8.6%と台湾や中国、韓国と比較すると少ないですが、対前年度増加率は大きく増えています。この理由は、新千歳空港と（　③　）の首都を結ぶ直行便の機材大型化による座席数の増加に加え、（　③　）に対する入国の査証（ビザ）制度が変更され、日本に入国しやすくなったことなどが挙げられます。（　③　）はインドシナ半島の中央部に位置し、多くの日本の企業が進出している国です。トムヤムクンなどの料理は日本でも好まれ、「微笑みの国」ともいわれます。（　③　）に適する国の名を答えなさい。

（3）下線部(c)に関連して、横浜市は政令指定都市ですが、神奈川県にはこの他に相模原市ともう１つ政令指定都市があります。もう１つの政令指定都市の説明として正しいものを、次のア～エのうちから１つ選び、記号で答えなさい。

ア　気候は比較的温暖ですが、冬は「遠州のからっ風」と呼ばれる北西の強い季節風が吹き、気温以上に寒く感じられます。この強い風は広大な遠州灘海岸の砂丘に美しい風紋を作り出しています。

イ　温暖な気候からマスカットや白桃などフルーツの産地です。地元のサッカーチーム名に用いられている「ファジアーノ」はイタリア語で雉を意味し、おとぎ話「桃太郎」にも登場します。

ウ　「広瀬川流れる岸辺」で始まる「青葉城恋唄」のヒットが、歌詞に出てくる「杜の都」という愛称を広めました。2009年には政令指定都市として初の女性市長が誕生しました。

エ　北西部の多摩丘陵を除いて起伏が少なく、比較的平坦な地形で、政令指定都市の中では面積が最少です。新興の住宅街が形成されている丘陵部に対し、湾岸部は重化学工業地帯となっています。

（4）下線部(d)に関連して、この都市にはアメリカ西海岸の主要海軍基地があり、アメリカ太平洋艦隊の寄港地の１つになっています。そのサンディエゴ港と姉妹港の提携をしている港が日本にあ

島市の平和記念公園にある『原爆の子の像』のモデルで、原爆症により12歳で亡くなった佐々木禎子(さだこ)さんの兄、雅弘さんが、アメリカの(h)ロサンゼルスで講演し、禎子さんが闘病中も貧しい家族を気遣っていた様子を語り、『彼女の“思いやりの心”を広めるのが“兄ちゃん”である自分の使命』などと話した」。像の下にある石碑には「これはぼくらの叫びです。これは私たちの祈りです。世界に平和をきずくための」という文字が刻まれ、原爆の犠牲となったすべての子どもたちからのメッセージが世界に向けて発信されています。

〈 E 〉の銅像は(i)沖縄県那覇市の旭ヶ丘公園にある「海鳴りの像」で、母親が子どもを抱いている様子が見て取れます。太平洋戦争末期、アメリカ軍の圧倒的な攻勢で、各地で敗退を続けた日本は、沖縄が戦場になった場合を想定し、沖縄の児童を本土へ疎開させようとしました。しかし、児童を乗せた「対馬丸」は、アメリカ軍の攻撃を受けて沈没してしまいました。この対馬丸の悲劇は、その後に展開された地上戦とともによく知られていますが、対馬丸の他にも、戦時中、沖縄の民間船舶25隻、約2千人が犠牲になったことはあまり知られていません。「海鳴りの像」はそのような人たちをまつるために作られたもので、次の文はこの像に関する2014年6月18日の琉球新報の記事です。「『戦時遭難船舶会』は26、27両日に天皇と皇后両陛下が対馬丸犠牲者の慰霊のために来県されるのに合わせ、犠牲者がまつられた『海鳴りの像』への訪問を要請する。遺族会は『対馬丸以外の船舶にも目を向けてほしい』と話した。(中略)。対馬丸記念会の理事長は、『海鳴りの像も訪問してほしい。犠牲になったのは対馬丸だけじゃない』と話した」。結局、両陛下の訪問は実現しませんでした。しかし、私たちはその悲劇や平和の尊さを忘れず、後世に伝えていく必要がありますよね。

(1) 下線部(a)に関連して、次の表は、神奈川県で生産がさかんな農作物の生産量の都道府県別順位を示したものです(農林水産省統計データ2011年)。(①)に適する農作物を下のア～エのうちから、(②)に適する農作物をオ～クのうちから、それぞれ1つずつ選び、記号で答えなさい。なお、(①)は消費地の近郊で生産が盛んなもの、(②)は生産地の気候によって出荷時期が異なるものです。

順位	(①)	順位	(②)
1	埼玉県	1	群馬県
2	東京都	2	愛知県
3	神奈川県	3	千葉県
4	福岡県	4	茨城県
5	茨城県	5	神奈川県

ア じゃがいも　　イ 小松菜　　ウ ピーマン　　エ 茶
オ キャベツ　　カ てんさい　　キ 玉ねぎ　　ク ナス

平成 27 年度

北嶺中学校入学試験問題

社　　会

（40分）

（注意）

1　問題用紙が配られても、「はじめ」の合図があるまでは、中を開かないでください。

2　問題は全部で **20** ページで、解答用紙は 1 枚です。「はじめ」の合図があったら、まず、ページ数を確認してからはじめてください。もし、ページがぬけていたり、印刷されていなかったりする場合は、静かに手をあげて先生に伝えてください。

3　答えはすべて解答用紙の指定された解答らんに書いてください。

4　字数が指定されている場合には、特に指示のないかぎり句読点も数えてください。

5　質問があったり、用事ができた場合には、だまって手をあげて先生に伝えてください。ただし、問題の考え方や、言葉の意味・読み方などについての質問には答えられませんので注意してください。

6　「おわり」の合図で鉛筆をおき、先生が解答用紙を集めおわるまで、静かに待っていてください。

K 教英出版

(2) 図 5 の状態から、今度はさらに 3 個のおもりを同時にどこかにとりつけて手をはなし、辺 AE を水平に静止させたいと思います。おもりをとりつけられる点を、**点 D、E、I、J、N、O の中から**選び、「D と E と I」のように一組答えなさい。ただし、二組以上の点の組み合わせがある場合は、その中から一組だけを選んで答えること。

(3) 図 6 のように、図 1 と同じ厚さ、材質、形の板を用意し、点 A を「回転中心」にしました。点 A の「回転中心」にさした棒を水平にして、おもりを 1 個もとりつけない状態で手をはなすと、図 6 のように点 A の真下に点 H と点 O がくる状態で静止しました。次の①〜③では、手をはなしても図 6 の状態で静止するような、おもりのとりつけ方を考えたいと思います。それぞれの場合にあてはまる点を、**点 A、点 H、点 O 以外**の点 B〜G、点 I〜N の中から選び、記号で答えなさい。

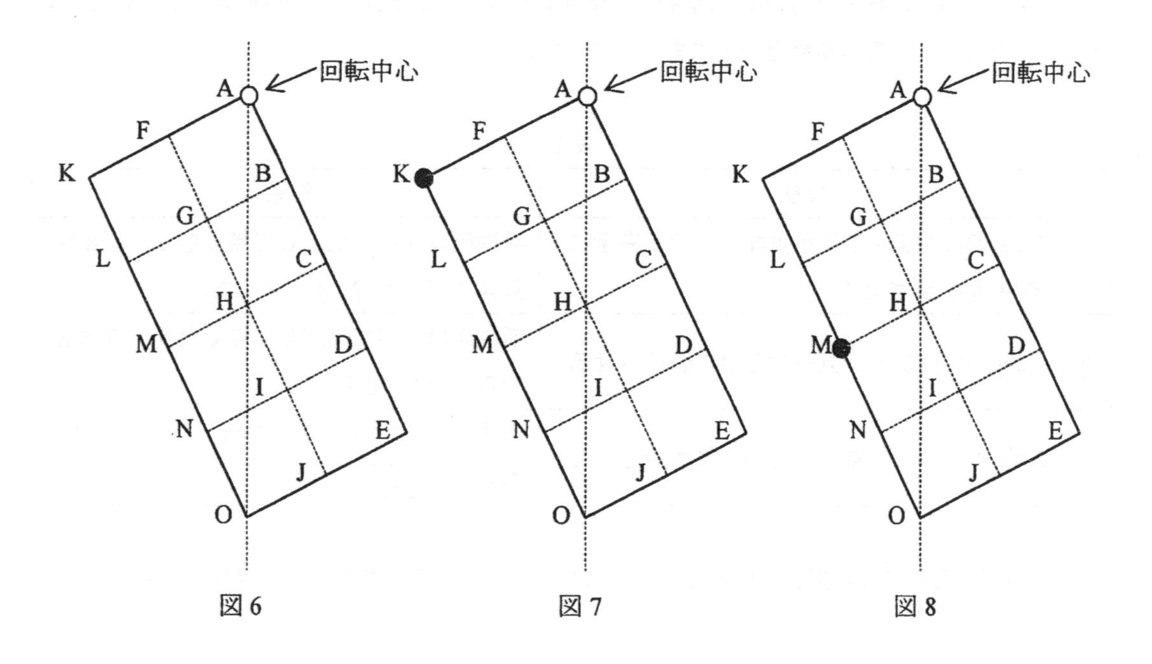

図 6　　図 7　　図 8

① 図 7 のように、はじめに点 K におもりをとりつけます。さらにもう 1 個のおもりをとりつけられる点を 1 か所答えなさい。

② 図 8 のように、はじめに点 M におもりをとりつけます。さらにもう 1 個のおもりをとりつけられる点を **2 か所**答えなさい。

③ 図 8 のように、はじめに点 M におもりをとりつけます。さらにもう 2 個のおもりを同時にとりつけられる点を「B と C」のように**二組**答えなさい。ただし、三組以上の点の組み合わせがある場合は、その中から二組だけを選んで答えること。

3 物質を燃やしたり、加熱したりすることで、物質が結びついたり離(はな)れたりする変化（これを「化学変化」といいます）を調べることができます。例えば、空気中で銅の粉末を加熱すると、銅は空気中の酸素と結びついて、銅とは性質が異なる黒色の物質ができます。このように(あ)酸素と結びついて別の物質に変わる化学変化を「酸化」といい、できた別の物質を酸化物といいます。また、酸化物から酸素が離れる化学変化を「還元(かんげん)」といいます。酸化や還元では、酸素と結びついたり離れたりする銅のような物質の重さと、その酸素の重さには比例の関係があります。さらに、化学変化においては、変化前と変化後ではその化学変化にかかわっている物質全体の重さが変わらないということが分かっています。

酸化と還元の二つの化学変化を調べるために、以下の【実験1】と【実験2】を行いました。

【実験1】

活性炭（炭素）の粉末を用いて、活性炭と酸素がどのように結びつくのかを調べるために、実験①～③を行って、その結果を表1にまとめました。

表1

	実験	結果
①	1.2 g の活性炭を空気が少ない中で不完全に燃焼(ねんしょう)させる。	活性炭はすべて反応して無くなり、有毒な気体Aのみが 2.8 g 発生した。
②	1.2 g の活性炭を空気中で完全に燃焼させる。	活性炭はすべて反応して無くなり、気体Bのみが 4.4 g 発生した。
③	2.8 g の気体Aを空気中で完全に燃焼させる。	気体Aはすべて反応して無くなり、気体Bのみが［X］g 発生した。

(1) 下線部（あ）について、酸化と考えられるものを、次の**ア**～**キ**から<u>三つ</u>選び、記号で答えなさい。

ア 硫黄(いおう)を空気中で燃焼すると、刺激臭(しげきしゅう)のある気体に変化した。
イ ドライアイスを空気中で放置しておくと、気体に変化した。
ウ 食塩を試験管に入れてガスバーナーで加熱すると液体に変化した。
エ 水を加熱すると水蒸気に変化した。
オ スチールウールを空気中で加熱すると、赤く光り、別の物質に変化した。
カ 石灰水(せっかいすい)に二酸化炭素を通すと、石灰水が白くにごった。
キ 鉄くぎを空気中で放置しておくと、赤いさびができた。

(2) 実験①～③における気体Aと気体Bを、それぞれ<u>漢字</u>で答えなさい。

ア　ヒザラガイとカサガイがおたがいを食べ始めたため。

イ　カメノテがヒザラガイとカサガイを食べつくしたため。

ウ　プランクトンが不足し、フジツボやイガイの数が減少したため。

エ　紅藻が岩場で生活できなくなったため。

(4) ある植物の発芽した種(たね)30個を、十分な量の空気とともに、図3のような装置の中に入れ、この装置を25℃の暗室に置いて、ガラス管の中の色のついた水滴(すいてき)の移動を1時間観察しました。この実験を小さな試験管に水酸化ナトリウム水溶液(すいようえき)を入れて行ったときには、(あ)図中の矢印の向きに水滴が10目盛り移動しました。同じように、この実験を小さな試験管に水を入れて行ったときには、(い)図中の矢印の向きに水滴が3目盛り移動しました。この実験での水滴の移動は、発芽した種(たね)が気体を吸収したり、放出したりすることと、小さな試験管に入れた液体による気体の吸収によって起きています。また、水酸化ナトリウム水溶液は装置中のすべての二酸化炭素を吸収し、他の気体は吸収しませんが、水は装置中のどんな気体も吸収しないものとします。下線部(**あ**)、(**い**)の目盛りの大きさが表すものとして最も適するものを、次の**ア**～**ク**からそれぞれ一つずつ選び、記号で答えなさい。ただし、同じ記号を二回答えてもよいものとします。

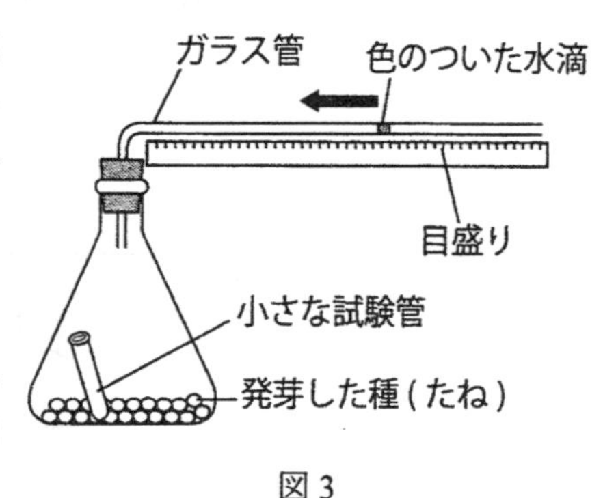

図3

ア　「種(たね)が吸収した酸素の体積」

イ　「種(たね)が放出した酸素の体積」

ウ　「種(たね)が吸収した二酸化炭素の体積」

エ　「種(たね)が放出した二酸化炭素の体積」

オ　「種(たね)が吸収した酸素の体積」－「種(たね)が放出した二酸化炭素の体積」

カ　「種(たね)が放出した酸素の体積」－「種(たね)が吸収した二酸化炭素の体積」

キ　「種(たね)が吸収した酸素の体積」＋「種(たね)が放出した二酸化炭素の体積」

ク　「種(たね)が放出した酸素の体積」＋「種(たね)が吸収した二酸化炭素の体積」

平成27年度

北嶺中学校入学試験問題

理　　科

（40分）

（注意）

1　問題用紙が配られても、「はじめ」の合図があるまでは、中を開かないでください。

2　問題は全部で 7 ページで、解答用紙は 1 枚です。「はじめ」の合図があったら、まず、ページ数を確認してからはじめてください。もし、ページがぬけていたり、印刷されていなかったりする場合は、静かに手をあげて先生に伝えてください。

3　答えはすべて解答用紙の指定された解答らんに書いてください。

4　字数が指定されている場合には、特に指示のないかぎり句読点も数えてください。

5　質問があったり、用事ができた場合には、だまって手をあげて先生に伝えてください。ただし、問題の考え方や、言葉の意味・読み方などについての質問には答えられませんので注意してください。

6　「おわり」の合図で鉛筆をおき、先生が解答用紙を集めおわるまで、静かに待っていてください。

5　次の各問いに答えなさい。

（1）図1のような1辺の長さが2 cmの立方体があります。1つの面の正方形の対角線の交点から出発して，立方体の表面をたどり，すべての面の正方形の対角線の交点を1度だけ通って，もとの位置にもどってくる道すじを考えます。このような道すじのうち，最も短い道すじの長さを求めなさい。

図1

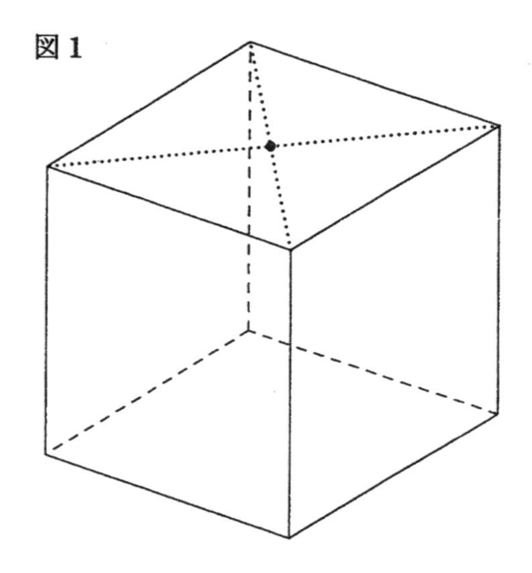

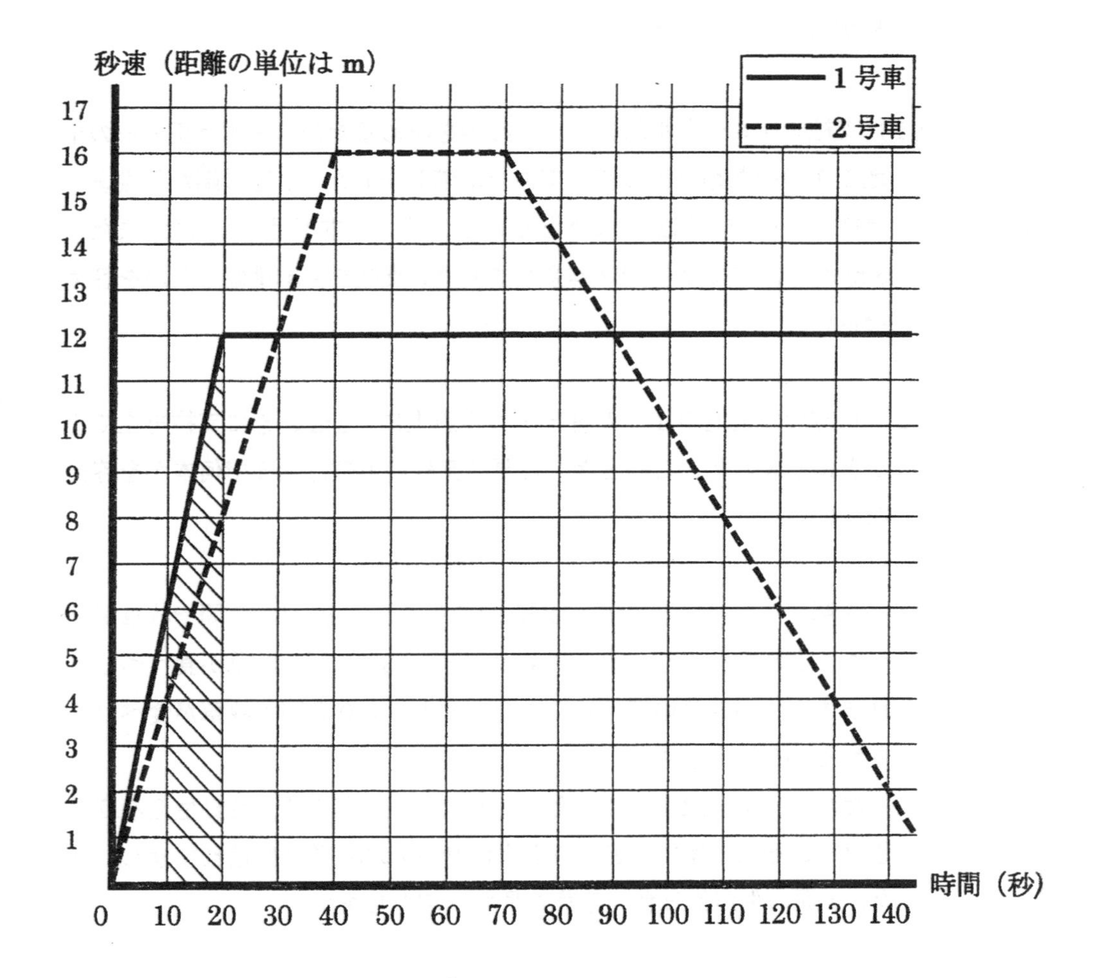
秒速（距離の単位は m）
1 号車
2 号車
17
16
15
14
13
12
11
10
9
8
7
6
5
4
3
2
1
0
10
20
30
40
50
60
70
80
90
100
110
120
130
140
時間（秒）

3 平らな正方形の土地に支柱を立てて柵(さく)を設置し，牧草地にして牛を放すことにしました。

（1）支柱を何メートルおきに立てるかを決めるため，まずは正方形の土地の1辺のためだけに使う支柱を準備しました。1辺の端(はし)から端まで，支柱を5mおきに立てようとしたところ，37本不足しました。また，8mおきに立てたら，23本余りました。支柱を何本準備したかを答えなさい。

（2）正方形の土地の4つの角と4つの辺上に，8mおきに支柱を立てることにしました。このとき，必要な支柱の本数は全部で何本かを答えなさい。

（3）牧草地に牛を放します。1250頭の牛を放すと，80日間で牧草が食べつくされます。800頭の牛を放すと，130日間で牧草が食べつくされます。この牧草地で何頭の牛を放すと，180日間で牧草が食べつくされるかを答えなさい。

ただし，牛を放す前に生えている牧草地の草の量，毎日生える草の量はそれぞれ一定で，どちらも牛に食べられる前には枯(か)れません。また，1頭の牛が毎日食べる草の量も一定とします。

（4）下の ㋐ は ㋑ の正三角形を，㋒ は ㋓ の正方形を点線で 2 つに分けたときにできる，ともに三角定規と同じ形をした直角三角形です。㋑，㋓ ともに 1 辺の長さが 4 cm のとき，次の問いに答えなさい。

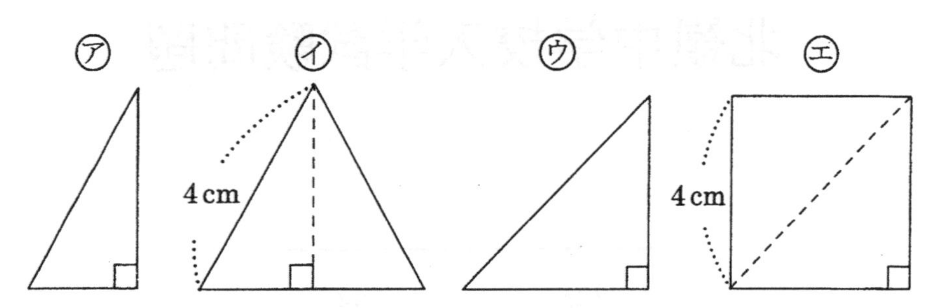

① ㋐ の直角三角形を重ならないように並べて 1 辺の長さが 12 cm の正六角形を作るには，㋐ が何個必要ですか。

② 下の図のように ㋓ の頂点が ㋒ の 1 番長い辺のまん中にくるように重ねます。色をつけた部分の面積を求めなさい。

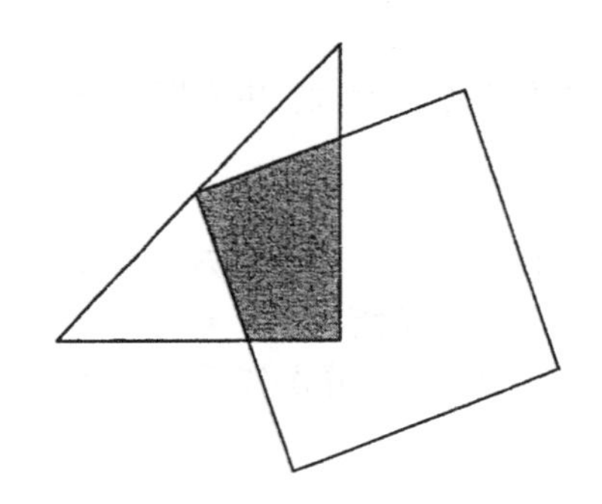

平成 27 年度

北嶺中学校入学試験問題

算　　数

（60分）

（注意）

1　問題用紙が配られても、「はじめ」の合図があるまでは、中を開かないでください。

2　問題は全部で　9　ページで、解答用紙は 1 枚です。「はじめ」の合図があったら、まず、ページ数を確認してからはじめてください。もし、ページがぬけていたり、印刷されていなかったりする場合は、静かに手をあげて先生に伝えてください。

3　答えはすべて解答用紙の指定された解答らんに書いてください。答えが分数になるときは、約分して答えてください。

4　コンパス、定規、分度器は使用できません。机の上にはおかないでください。

5　質問があったり、用事ができた場合には、だまって手をあげて先生に伝えてください。ただし、問題の考え方や、言葉の意味・読み方などについての質問には答えられませんので注意してください。

6　「おわり」の合図で鉛筆をおき、先生が解答用紙を集めおわるまで、静かに待っていてください。

1 次の $\square$ に当てはまる数を求めなさい。

（1） $11\times(91\times22+33\times9)-22+33=\square$

（2） $(1\times2\times3\times4\times5\times6\times7\times8\times9)\div\left\{1.8\times\left(31\div\dfrac{2}{7}-8.5\right)\right\}=\square$

（3） $\left\{\left(9-\square\right)\div\dfrac{5}{6}-\dfrac{3}{4}\right\}\div\dfrac{1}{2}=18$

（4） 小惑星探査機「はやぶさ 2」が打ち上げられた時刻は，2014 年 12 月 3 日 13 時 22 分 4 秒でした。その日時から 2016 年 1 月 8 日 10 時 10 分 4 秒までは，$\square$ 時間 $\square$ 分が経過しています。ただし，分の部分は 0 以上 60 未満の数になるように答えなさい。なお，2015 年はうるう年でなく，また，うるう秒による調整は考えないものとします。

2 次の各問いに答えなさい。

(1) ある遊園地の入場券は1枚3500円です。年会費1500円を支払い，この遊園地の会員になると，1年間は入場券を1枚あたり8％引きで買うことができます。1年間に何枚以上入場券を買うと，会員にならないより会員になった方が，1年間に支払う合計金額が少なくなるか答えなさい。

(2) 3人がけ，4人がけ，6人がけの3種類のいすがあり，あわせて18脚を用いて，ちょうど90人分の席をつくります。3種類のいすをそれぞれ少なくとも1脚は用いるものとすると，その組み合わせは2組あります。その2組の組み合わせを，解答らんに記入しなさい。

(3) 午前8時10分にA駅を特急列車が出発し，午前9時34分にB駅に到着しました。また，ある時刻に快速列車がA駅を出発し，特急列車が到着する10分前にB駅に到着しました。A駅とB駅の間の列車の速さは一定で，特急列車が時速90 km，快速列車が時速70 kmとするとき，快速列車がA駅を出発したのは午前何時何分か答えなさい。

(4) aとbの公約数の個数を【a , b】と表します。例えば，9と15の公約数は1と3の2個なので，【9 , 15】＝2となります。このとき，【24 , x】＝4となる24より小さい整数xのうち，最も大きい数を求めなさい。

4 図 1 のような直方体 ABCD－EFGH の水そうがあり，その中に面 ABCD に平行な 3 枚の仕切り板㋐，㋑，㋒があります。㋑の高さは 7 cm，㋒の高さは 10 cm であり，㋐の高さは 7 cm よりも低いものとします。この水そうの面 ABCD の内側には，底面からの水面の高さを測ることができる目盛りがついています。図 2 は水そうを横から見たものです。

ここで，図 2 のように，仕切り板㋐より左側に入るように，1 秒間に 6 cm^3 の割合で水を静かに注ぎます。このとき，この目盛りから読める水面の高さと時間（秒）との関係をグラフにすると，水を注ぎ始めてから 100 秒後までは図 3 のようになりました。

次の各問いに答えなさい。ただし，仕切り板の厚さは考えないものとします。また，図 1，図 2 は正確な図ではありません。

（1）仕切り板㋐の高さ ア を求めなさい。

（2）仕切り板㋐と㋑の間の長さ イ を求めなさい。

（3）この水そうの水が満水になるのは，水を注ぎ始めてから何秒後か答えなさい。

（4）図 2 の左側の目盛りが 8 cm を指しているのは水を注ぎ始めてから何秒後か答えなさい。

（5）水を注ぎ始めてから 270 秒後，左側の目盛りは何 cm を指しているか答えなさい。ただし，答えは小数で，小数第 2 位を四捨五入して小数第 1 位まで答えなさい。

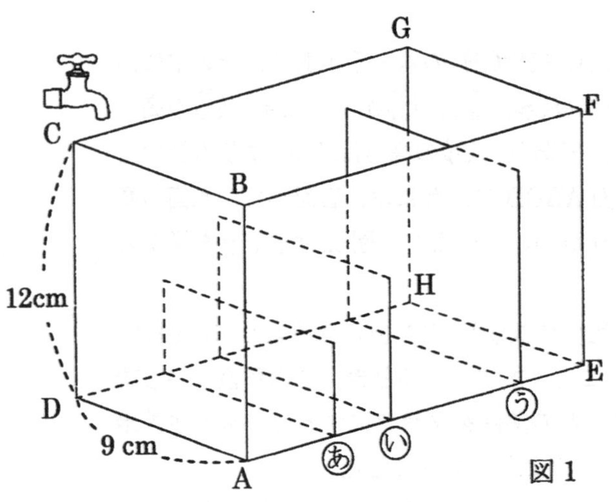
G
F
C
B
H
12cm
E
D
う
9 cm
あ
い
A
図 1

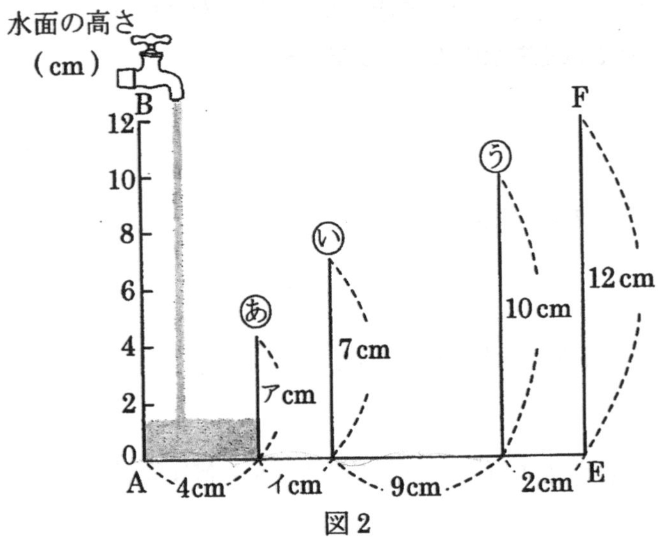
水面の高さ
(cm)
B
F
12
10
8
6
4
2
0
う
い
あ
7cm
10cm
12cm
アcm
A
4cm
イcm
9cm
2cm
E
図 2

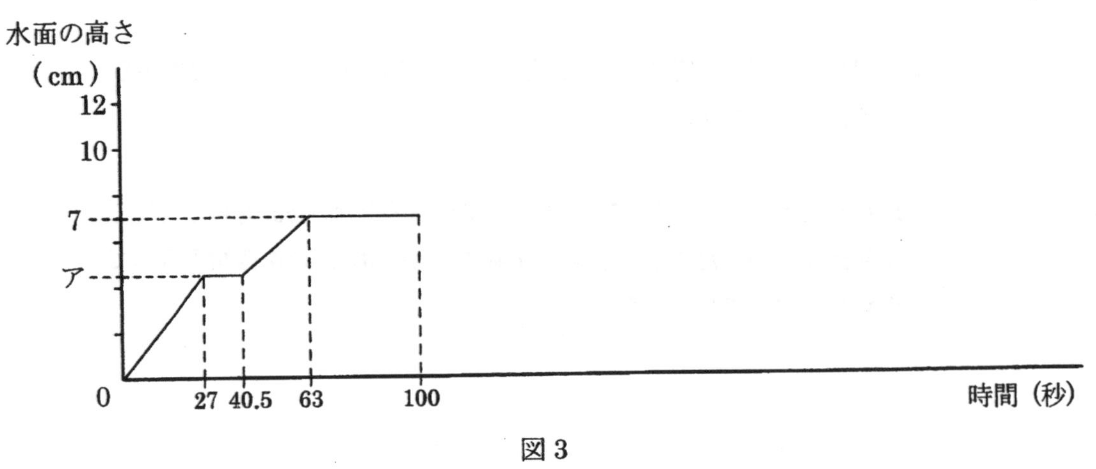
水面の高さ
(cm)
12
10
7
ア
0
27
40.5
63
100
時間(秒)
図 3

【Ⅱ】

石灰石 100 g にたくさんの塩酸を加えてすべてとかすと、二酸化炭素が 25 L 発生します。石灰石を 1000 g にして、たくさんの塩酸にすべてとかしたときに、発生する二酸化炭素の体積は

$$\frac{25\ [\mathrm{L}]}{100\ [\mathrm{g}]} \times 1000\ [\mathrm{g}] = 250\ [\mathrm{L}]$$

と求められます。この計算の例にならって、発生する二酸化炭素の体積を計算で求めることができます。また、重そう 84 g にたくさんの塩酸を加えてすべてとかすと、二酸化炭素が 25 L 発生します。このときも、石灰石の計算の例と同じように考えて、発生する二酸化炭素の体積を計算で求めることができます。

(4) 重そう 70 g をたくさんの塩酸にすべてとかしたとき、発生する二酸化炭素が何 L になるかを答えなさい。ただし、答えが小数になるときは、小数第一位を四捨五入して、整数で答えること。

(5) 石灰石と重そうの混合物が 36 g あります。この混合物をたくさんの塩酸にすべてとかしたとき、二酸化炭素が 10 L 発生しました。この混合物中の石灰石が何 g だったかを答えなさい。ただし、答えが小数になるときは、小数第一位を四捨五入して、整数で答えること。

(2) 液体 A にはにおいがなく、電気を通さず、中性で、水をすべて蒸発させると固体が残りました。液体 A の名前を答えなさい。(名前を省略した書き方で答えてはいけません。)

(3) 液体 B にはにおいがなく、電気を通し、アルカリ性で、水をすべて蒸発させると固体が残りました。これだけでは液体 B の正体を決められないため、もう一つの実験を考えました。液体 B の正体を決めるための実験と結果として、最も適するものを、次の**ア**～**エ**から一つ選び、記号で答えなさい。また、液体 B の名前を答えなさい。(名前を省略した書き方で答えてはいけません。)

ア　二酸化炭素を通すと白くにごった。
イ　緑色の BTB 溶液を入れると青色になった。
ウ　鉄を入れると水素が発生した。
エ　フェノールフタレイン溶液を入れると赤色になった。

【Ⅱ】は次のページにあります。

3

(あ)昨年、日本の研究者がノーベル賞を受賞しました。その受賞理由は、土の中に生活する微生物(びせいぶつ)から、動物の体内にいる「オンコセルカ」という寄生虫を死滅(しめつ)させる「アベルメクチン」という物質を発見したことによります。オンコセルカは動物の体内に入りこむと、小さな幼虫をどんどん作り出して数を増やします。この幼虫が目に入りこむと、だんだんと視力が低下して、失明してしまうことがあります。アベルメクチンの発見は、オンコセルカに苦しむ多くの人びとを救うものとなりました。(い)オンコセルカはブユ（ブヨ・ブトなどともよばれる）によって、次々とヒトに感染(かんせん)することが知られています。熱帯地方では、その地域に特有のブユや蚊(か)などの昆虫(こんちゅう)によって、さまざまな寄生虫やウイルスがヒトに感染します。このような感染症(かんせんしょう)は、(う)地球温暖化が進行するにつれて世界中に広まると考えられています。

(1) 下線部（**あ**）について、この研究者の名前を、次の**ア**～**ク**から一つ選び、記号で答えなさい。また、この研究者が受賞したノーベル賞の名称(めいしょう)を、解答らんにしたがって**漢字5文字**で答えなさい。

ア　山中 伸弥　　**イ**　梶田 隆章　　**ウ**　利根川 進　　**エ**　下村 脩
オ　大村 智　　**カ**　鈴木 章　　**キ**　田中 耕一　　**ク**　益川 敏英

(2) 下線部（**い**）について、オンコセルカはどのようなときにヒトの体内に入りこみますか。最も適するものを、次の**ア**～**ウ**から一つ選び、記号で答えなさい。

ア　ブユがヒトの皮膚(ひふ)にふれるとき。
イ　ブユがヒトの血を吸うとき。
ウ　ブユが一度ふれた食べ物をヒトが食べるとき。

(3) 下線部（**う**）について、地球温暖化の原因と考えられている気体を、次の**ア**～**オ**から二つ選び、記号で答えなさい。

ア　ちっ素　　**イ**　アンモニア　　**ウ**　メタン　　**エ**　水素　　**オ**　二酸化炭素

(4) アベルメクチンのように、他の生物の生活に影響(えいきょう)をあたえる物質の一つとして、「抗生物質(こうせいぶっしつ)」が知られています。抗生物質について、次の【実験 1】～【実験 4】を行いました。

【実験 1】　容器内に十分な養分をふくんだ溶液(ようえき)と肺炎球菌(はいえんきゅうきん)を入れ、フタ

(3) 図2のように、直方体で同じ形の積み木を用意して、上面と下面をぴったりと合わせて積み重ねてから、積み木の端(はし)を少しずつ真横にずらしていくと、上の積み木の重心が下の積み木の端をはみ出したところでくずれてしまうことがわかりました。積み木の重心は、積み木の中心にあるとして、次の①、②に答えなさい。

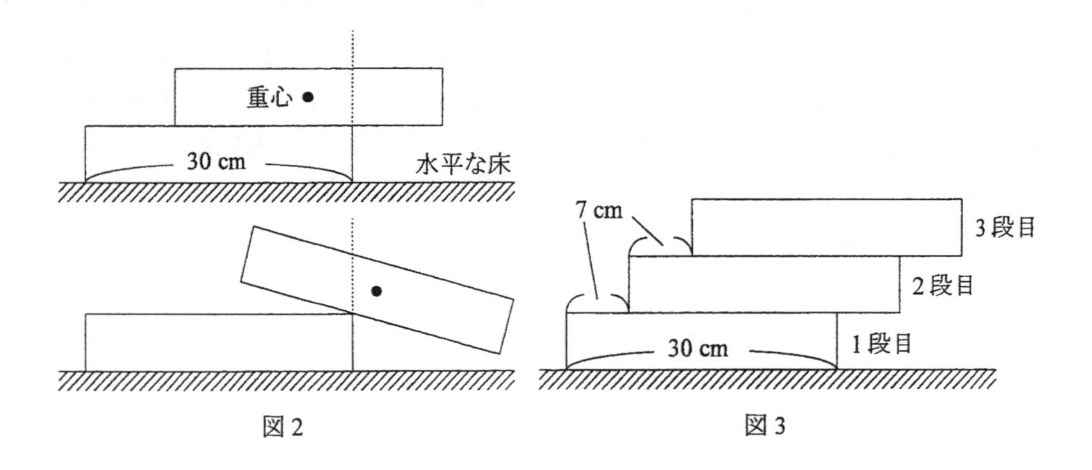

図2　　図3

① 図2と同じ積み重ね方で、積み木の端を7 cmずつずらして3個の積み木を積み重ねたところ、図3のように、積み木はくずれませんでした。2段目と3段目の積み木の端からのずれは7 cmにしたまま、1段目と2段目の積み木の端からのずれを7 cmから1 cmずつ大きくしていきました。何cm動かしたときに積み木がくずれてしまいますか。次の**ア**～**オ**から一つ選び、記号で答えなさい。

ア 1 cm　　**イ** 2 cm　　**ウ** 3 cm　　**エ** 4 cm　　**オ** 5 cm

② 図3のように、積み木の端を7 cmずつずらして、積み木を積み重ね続けてみました。何段目の積み木を重ねたときに積み木はくずれますか。

1 次の問いに答えなさい。

(1) 日本が運用している人工衛星のうち、①<u>気象を観測する人工衛星</u>は何という名前でよばれていますか。また、②<u>日本各地の約 1300 か所に置かれていて自動的に気象を観測する装置</u>は何という名前でよばれていますか。①は**ひらがな 4 文字**で、②は**カタカナ 4 文字**でそれぞれ答えなさい。

(2) マグマが冷え固まって岩石になったものは、火成岩とよばれています。火成岩には①<u>マグマが地下の浅いところや地表で急に冷え固まったもの</u>と、②<u>マグマが地下深くでゆっくりと冷え固まったもの</u>の 2 種類があります。①と②の火成岩を同じ倍率で拡大した図として、最も適するものを、次の**ア**～**エ**からそれぞれ一つずつ選び、記号で答えなさい。

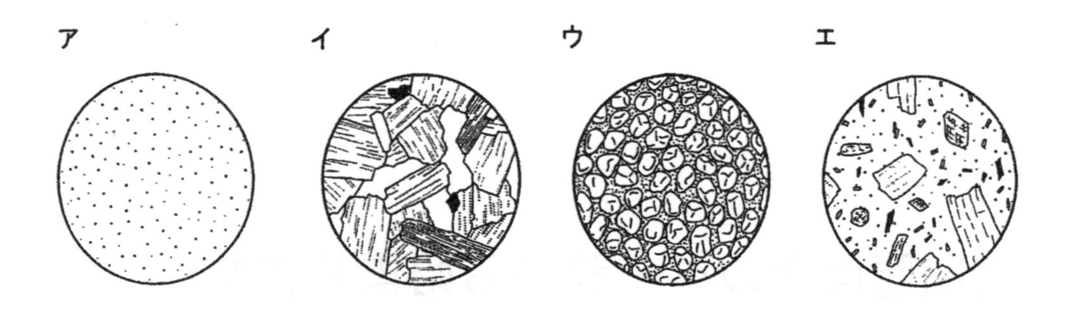

(3) 地球は北極点と南極点を結ぶ地軸(ちじく)を軸として、1 日に 1 回転（自転）しています。それと同時に、太陽の周りを 1 年かけて 1 周（公転）しています。地球はその公転する軌道(きどう)のつくる平面（公転面）に垂直な方向に対して、地軸が約 23 度かたむいたまま自転と公転をしています。また、月は約 30 日かけて地球の周りを 1 周（公転）しています。もし、地球の地軸のかたむきがなくなり、地軸が公転面と垂直になったとき、札幌ではどのような変化が起きますか。次の①～④について、**<u>正しい場合には○</u>**、**<u>誤っている場合には×</u>**と答えなさい。

① 四季がなくなる。
② 太陽の日の出、日の入りの場所がいつも変わらなくなる。
③ 月の満ち欠けがなくなる。
④ 夜空に見える星の位置は一晩中変わらなくなる。

問題は次のページから始まります。

（4）下線部(c)について、日本では第二次世界大戦後に民主化をめざした改革が行われ、その中で日本国憲法が制定されました。日本国憲法第98条では、次のように憲法の基本的な性質や効力について定められています。次の条文中の空らんに適する語句を**漢字4字**で答えなさい。

第98条　この憲法は、国の（　②　）であって、その条規に反する法律、命令、詔勅及び国務に関するその他の行為の全部又は一部は、その効力を有しない。

（5）下線部(d)に関連して、ＥＵの加盟国のうち、国際連合安全保障理事会の常任理事国でもある国はどこですか。当てはまる国を**すべて**答えなさい。

（6）下線部(e)について、このうちの１国は2009年に財政状況が悪化し、それが原因となってヨーロッパ圏全体を巻き込む金融危機が発生しました。現在までにＥＵの支援によって、この国の財政危機の克服がめざされていますが、いまだ不安定な状況が続いています。この国は、地中海に面する南ヨーロッパにある国で、古代文明が栄えた地域のひとつです。この国の名を答えなさい。

（7）下線部(f)に関連して、現在の日本の政治は、憲法の前文で「日本国民は、正当に選挙された国会における代表者を通じて行動し」と述べられているように、議会制民主主義がとられています。議会制民主主義において、有権者が代表を選ぶ選挙はとても重要ですが、その選挙の制度が2015年６月に改正されました。この改正の内容としてもっとも適当なものを、次のア～エのうちから１つ選び、記号で答えなさい。

ア　選挙権を認められる年齢が、満18歳以上に引き下げられました。
イ　一票の格差が２倍以上の場合は、選挙結果が無効となることになりました。
ウ　衆議院議員選挙に、小選挙区比例代表並立制が導入されました。
エ　参議院の議員定数が、242議席から240議席に削減されました。

（8）下線部(g)について、日本にとって協力関係を深めることが重要な近隣諸国として、朝鮮半島の国々や中国があげられます。これらの地域とは、古い時代からさまざまな交流があったことが知られていますが、室町時代には、日本人を中心とする武装した貿易商人の集団が、朝鮮半島や中国の沿岸で、貿易活動を行いつつ、ときに海賊行為や略奪などを行いました。この日本人を中心とした武装商人団を何といいますか。

5 次の文を読み、後の問いに答えなさい。

さまざまな分野でグローバル化がすすむ現在、(a)国境を越える経済活動がますます活発になっています。こうした中で、ヨーロッパやアジア、北アメリカなどの地域では、国家間の関係を密接にし、より(b)経済活動が行いやすいしくみをつくる動きが高まっています。

このような地域を統合する動きがもっとも進展しているのはヨーロッパ統合でしょう。(c)第二次世界大戦後に、石炭と鉄鋼の共同管理から始まったこの動きは、西ヨーロッパの経済統合をめざすようになり、さらに1993年に、経済だけでなく政治や外交の面でも統合をめざすヨーロッパ連合（ＥＵ）が発足しました。(d)ＥＵの加盟国は、現在までに(e)東ヨーロッパ諸国を含む28か国にまで拡大し、アメリカ合衆国と並ぶ巨大な経済圏になっています。

一方、東南アジアでは、1967年に（ ① ）が結成され、地域内の貿易の自由化や経済協力を進めてきました。（ ① ）の加盟国は、現在では10か国になっています。日本との関係も活発で、ひんぱんに首脳会談を行っています。また、太平洋を囲む地域では、オーストラリアの呼びかけで、1989年からアジア太平洋経済協力会議（ＡＰＥＣ）が始まり、日本も設立当初から参加しています。日本にとって、（ ① ）やＡＰＥＣとの結びつきは、貿易だけでなく(f)政治や文化など、さまざまな面で(g)近隣諸国と協力関係を深めていくために、とても重要です。

日本は現在、(h)アメリカ合衆国やメキシコ、チリ、ニュージーランド、シンガポールなど、太平洋を囲む12か国の間で環太平洋パートナーシップ協定の交渉を行い、2015年10月には(i)大筋合意に至りました。これによって、世界的にも非常に規模の大きな自由貿易圏が設定される筋道がたちましたが、問題点も多く指摘されています。この協定が発効するのはまだ先のことだと言われますが、日本経済も大きな影響を受けることになるので、今後の推移を注目していかなければならないでしょう。

（1）文中の空らん（ ① ）に適する語句を、次のア～エのうちから１つ選び、記号で答えなさい。

ア ＮＡＦＴＡ　　イ ＮＩＥｓ　　ウ ＯＰＥＣ　　エ ＡＳＥＡＮ

（2）下線部(a)に関連して、海洋における国境は、一般には陸地から12海里のところに引かれますが、その外側に広がる、陸地から200海里までの範囲を何といいますか。**漢字７字**で答えなさい。

（3）下線部(b)に関連して、企業が経済活動として自分の利益を追求していくうちに、生産の集中が進み、独占の状態になることがあります。独占は、市場における自由競争の妨げとなって、消費者に不利益をもたらすおそれがあるため、日本では法律で一定の制限を設け、さらに国が設置する委員会によって不正な競争などを監視しています。この委員会を何といいますか。

像に、決して引けを取らないのです。

（C）は京都市南区にある東寺(教王護国寺)の不動明王像です。平安時代の初期、分かりやすく、多くの人々に説く教えに対し、真言宗の開祖（　①　）が教えを秘密に説く密教を伝えました。その密教において、教えに従わない者たちを忿怒(憤怒)の形相で、仏教へと導く仏の総称が「明王」で、なかでも身近な存在が不動明王です。不動明王の起源はインドのシヴァ神とも言われています。

（D）は（C）と同じ東寺にある帝釈天です。帝釈天といえば、東京都葛飾区柴又の題経寺にある帝釈天が有名で、(d)映画『男はつらいよ』で広く知られています。帝釈天以外にも大黒天や弁財天など「〇〇天」とつく仏像は多くあり、古代インドをはじめ、さまざまな神が仏教に取り込まれ、仏の守護神として位置づけられたのが「天部」です。東大寺南大門にある二体一対の（　②　）像も「天部」に属するもので、一般には仁王像と言われます。

（E）は京都市東山区にある(e)六波羅蜜寺の（　③　）上人像です。（　③　）上人は平安時代の中期、「南無阿弥陀仏」と(f)念仏を唱えれば救われると庶民に説いた僧ですが、この像は口から発した「南無阿弥陀仏」の言葉ひとつひとつが阿弥陀如来として形になった様をあらわしています。

ここに記したのは仏像のごく一部で、もっとたくさんの仏像があり、仏像の数だけその意味もあるといえるかもしれません。これからお寺に行く際、自分が手を合わせる仏像がどんなものかを知っていると、よりご利益を授かるかもしれませんね。

（1）下線部(a)に関連して、修学旅行は東京師範学校（現在の筑波大学）が、1886年に行った「長途遠足」がはじまりとされていますが、現在の修学旅行と違って軍隊的な訓練の要素が強いものだったことが記録から分かります。1886 年の日本は、近代国家としての形成過程にありましたが、この年の 10 月にイギリス貨物船が紀伊半島沖で沈没し、イギリス人などの乗組員 26 名全員が救助されたのに対し、日本人乗客 25 名全員が溺死するという事件が起こりました。イギリス人船長は当初無罪、最終的に禁錮３ヵ月に処せられましたが、賠償金の支払いはありませんでした。日本国民は憤慨する一方、治外法権撤廃の重要性を知ることとなり、政府も条約改正交渉に対し、治外法権をより重視する方針を固めました。この 1886 年に起きた事件の名を答えなさい。

（2）（1）の事件が起こった時の外務大臣は長州藩出身でした。彼は若いころ、1862 年に御楯組という組織を作り、高杉晋作や伊藤博文らとともに、翌 1863 年にイギリス公使館焼き討ちを決行するなど過激な尊王攘夷論者でしたが、その年に伊藤らとイギリスへ密航し、日本との国力の違いを目の当たりにすると、開国論者へと転じ、帰国後は明治維新に貢献しました。さらに、第一次伊藤内閣に外務大臣として入閣すると、鹿鳴館に象徴される極端な欧化主義にもとづく外交姿勢や、外国人判事の任用などで批判をされ、その最中に(1)の事件が起こりました。この時の外務大臣の名として適当なものを、次のア～エのうちから１つ選び、記号で答えなさい。

ア　陸奥宗光　　　イ　大隈重信　　　ウ　井上馨　　　エ　小村寿太郎

4 次の(A)～(E)の図を見て、また下の文を読んで後の問いに答えなさい。

(a)修学旅行や家族旅行、初詣でなどでお寺に行ったことがある人は多いでしょう。しかし、そこにある仏像がどんなものかを知った上で、手を合わせる人はどのくらいいるでしょうか。

仏教は、インドのガウタマ＝シッダールタ(釈迦)を開祖とする(b)世界三大宗教のひとつで、その信仰対象の代表的な存在が仏像です。仏像は大きく「如来・菩薩・明王・天部」に分類され、さらに開祖や高僧などの像もあります。

(A)は京都府宇治市の(c)平等院鳳凰堂阿弥陀如来像で、寄木造という技法で、定朝という仏師(仏像や仏画を製作する者)が作ったものです。「如来」はもともと仏教の開祖である釈迦を意味し、「釈迦如来」というように釈迦の尊称として用いられていました。しかし、仏教が広がるにつれ、修行を成し遂げ、悟りを開いたものへの尊称へと変化し、仏の最高位として、いくつかの如来が考え出されました。

(B)は東京都葛飾区にある南蔵院の地蔵菩薩で、盗難除けや足止めなどにご利益があるとされる「しばられ地蔵」の名で知られています。このように「菩薩」は、さまざまな人を救うことから信仰を集めていますが、実は悟りを開いた「如来」の手前段階で、「如来」になるための修行をしている仏です。道端にあって、つい見逃しがちな「お地蔵さん」ですが、多くの観光客を集める有名寺院の仏

3 次の文を読み、後の問いに答えなさい。

あと数ヶ月すると、全国各地から桜の便りが届く季節になります。桜といえば、木の下で広げるお花見弁当も楽しみのひとつですね。お花見が一般に広まったのは江戸時代といわれています。人々は新しい着物をあつらえ、料理や飲み物を携えて(a)桜の名所へと繰り出しました。

お花見をはじめ、四季折々の行楽や行事に欠かせないのがお弁当です。その歴史をさかのぼっていくと、「干し飯」と呼ばれる保存食に行き着きます。これは蒸した米を乾燥させたもので、(b)狩猟や農作業へ出掛ける時の携行食として古代から利用されていたようです。また、腐りにくい、軽量で持ち運びしやすいなどの理由から兵士の食料にも用いられました。

お弁当の定番であるおにぎりは、玄米を蒸して卵形に握り固めた「屯食」が原型だとされています。(c)平安時代の貴族らが宴を開く際に、お屋敷で働く人たちに振る舞ったのが始まりで、戦国時代には干し飯とともに兵糧として重宝されたといいます。

ところで、「弁当」という言葉は、便利や好都合を表す中国語の「便当」に由来するといわれています。「弁」にはあらかじめ用意するという意味があり、いつしか「弁当」の文字が当てられるようになったそうです。また、(d)織田信長が城で働く人々に与えた簡便な食事を「弁当」と名付けたという話もあります。

弁当文化が花開いたのは安土桃山時代です。それまで、お弁当といえばもっぱら労働の合間にとる食事であったのが、この頃から貴族や大名たちがお弁当を持って野山に出かけ、花見や(e)茶会を楽しむようになりました。それに伴って、料理を入れる容器、つまり弁当箱も贅を尽くしたものになっていきます。

江戸時代に大名や豪商たちの間で流行した「提重」はその代表です。(f)蒔絵や螺鈿細工などの豪華な装飾をほどこした取っ手付きの箱に、重箱や皿、盃や徳利などを収納して、これに料理や飲み物をつめ合わせて野外でお客さんをもてなしました。さらに、茶釜型や楼閣型などのデザインをこらしたものが登場して、弁当箱は食事を持ち運ぶための道具から、工芸品や美術品へと高まっていったのです。

江戸時代の中期以降、人々の生活が豊かになり(g)物見遊山が一般化すると、庶民もお弁当を持って花見や紅葉狩りに出かけるようになりました。

江戸時代、庶民の娯楽として人気があった芝居見物にもお弁当は欠かせませんでした。「(①)弁当」が登場したのもこの頃です。(h)歌舞伎が演じられる合間、つまり休憩時間に観客が食べたことから「(①)」の名が付いたといわれています。当時のおかずは卵焼き、かまぼこ、焼き魚が定番で、ご飯はひと口で食べられるように俵形に小分けされていたそうです。人々は朝から芝居見物に出掛け、「(①) 弁当」を食べながら晩まで一日を楽しんだのでしょう。

君たちも北嶺中学に入学したら、登山やスキーなどの行事でお弁当を食べる機会がたくさんあります。(i)料理をつくってくれた人に感謝することはもちろん、その素材から生産に関わってきた人たちのことを考えながらお弁当を食べてみてください。

（8）下線部(f)に関連して、瀬戸大橋は本州と四国を結ぶ連絡橋のひとつです。この橋は、1988年から利用が始まり、年間およそ800万人もの人が利用していると言われています。この橋について述べた文としてもっとも適当なものを、次のア～エのうちから１つ選び、記号で答えなさい。

ア　瀬戸大橋は自動車専用道として完成しましたが、通行料金が他の橋と比べて安価に設定されたため、通勤時には交通渋滞がおこるほど混雑しています。

イ　瀬戸大橋は自動車専用道として完成しましたが、瀬戸大橋が建設されたことにより、家賃や物価の低い四国側に移住する人が増加しました。

ウ　瀬戸大橋は鉄道道路併用橋として完成しましたが、瀬戸大橋を利用して、四国側から本州側の学校や職場に通学・通勤する人が増加しました。

エ　瀬戸大橋は鉄道道路併用橋として完成しましたが、瀬戸大橋に続いて、大阪府の淡路島を通過する本州四国連絡橋も1998年に完成しました。

（9）下線部(g)に関連して、日本は狭く山がちな国土ですが、昔からたくさんの工夫をして農業を発展させてきました。一方、アフリカなどの発展途上国でも農業は盛んですが、農産物が国際的な競争力を持っていないことや市場に対する影響力が弱いことから、先進国が不当に安い値段で買い取るということが多くありました。しかし近年は、この考えを改め、正当な価格での取引を行い、先進国と発展途上国との間の貧富の差を縮め、立場の弱い発展途上国の利益を守ろうとする動きがみられます。この「正当な価格での取引」を何といいますか。**カタカナ**で答えなさい。

（10）次のア～エの文のうち、問題文の内容に合っているものを１つ選び、記号で答えなさい。

ア　政治や宗教のような考え方が祭りに取り入れられたのは最近のことであり、古代においては、祭りの主催者と為政者とはかけ離れたものでした。

イ　祭りは「楽しい」という感覚だけでなく、歴史的・文化的な価値を持つものもあり、文化財に登録されている祭りも存在します。

ウ　愛染明王の「愛染」という呼び名は、大阪の愛染祭りがその名の由来になっていますが、他にも祭りが呼び名の由来になったものがたくさんあります。

エ　祭りには豊作を祈願するなどの産業的背景や歴史的背景を持つものが多く、そのため第二次世界大戦後から始められた祭りは、日本には存在しません。

れています。1983年の「寄居町へそ祭り」を起源とすると言われていますが、このお祭りは商店街の町おこしが大きな目的のひとつでした。(d)当時は「シャッター商店街」と言われるほど商店街の落ち込みが激しい時期でした。

○金沢百万石祭り

石川県は江戸時代には(e)加賀藩に含まれていました。加賀藩は加賀・能登・越中の３国の大半を領地としており、その初代藩主とされる人物が、豊臣秀吉の五大老の一人にもなった（　①　）です。金沢百万石祭りは、1583年6月に（　①　）が金沢城に入城したことを記念して、1952年に始められました。

○愛染祭り

天神祭、住吉祭に並ぶ、大阪三大夏祭りのひとつです。愛染祭りは聖徳太子ゆかりの仏教の意向を受け継ぎ、1400 年間続いている祭りとして有名です。祭りを行う勝鬘院の本尊が愛染明王であることが祭りの名の由来となっています。

○さかいで塩まつり

（　②　）県坂出市で1992年より毎年行われている祭りです。自分の財産を投げ打って地域のために塩田を開発したと言われている久米通賢をたたえ、その偉業を後世にまで伝えようという意図から始まりました。このお祭りは(f)瀬戸大橋記念公園を会場とし、毎年多くの人出であふれています。

○宇佐神宮御神能

大分県宇佐市の宇佐神宮で毎年10月に行われるこのお祭りでは、作物が風水被害から守られ、豊作になったことに感謝して能楽が奉納されます。(g)農業に根付いたお祭りであると言えます。その起源は今から800年以上も前と伝えられ、1619年以降は毎年絶えることなく行われてきました。

このように日本各地にあるお祭りには、さまざまな起源や由来があります。宗教的なことや文化的なこと、歴史的なことや商業的なことなど、それぞれのお祭りの起こりを考え、そのお祭りが生まれた時代に思いをはせることで、ますます楽しくお祭りを味わうことができるでしょう。まずは近所のお祭りに足を運ぶことから始めてみましょう。

（1）文中の空らん（　①　）に適する語句を答えなさい。

（2）文中の空らん（　②　）に適する語句を**漢字**で答えなさい。

2　次の文を読み、後の問いに答えなさい。

みなさんは「お祭り」と聞いて何を思い浮かべるでしょうか。花火や浴衣、出店、お神輿（みこし）など、いろいろあるでしょうが、いずれにしろ楽しいものを思い浮かべるでしょう。ところで、お祭りの本来の意味を知っているでしょうか。広辞苑を開いてみると、次のように書かれています。

1. まつること。祭祀（さいし）。祭礼。
2. 記念・祝賀・宣伝などのために催す集団的行事。祭典。

私たちが普段考える「祭り」の意味は、おそらく後者に近いイメージだと思います。しかし、今回ここで考えてみたいのは、前者の方です。「まつること」とはどのような意味なのでしょうか。再び辞書を引いてみると、「まつる」とは「儀式をととのえて神霊をなぐさめ、また、祈願する」と書かれています。「儀式」「神霊」「祈願」など、非常に宗教色が強い言葉であるということが理解できると思います。

また、「政」と書いて何と読むか、皆さんは知っていますか。この字は、政治、政策、政権など、為政者（いせいしゃ）が自国の国民を治める、という意味のときに主に使われますが、「政」という一字だけになると、「まつりごと」と読むのです。すなわち「祭り事」と同じ読み方・意味をもちます。古代の政治は「祭政一致」と呼ばれ、為政者が同時に祭りの主催者でもありました。

このように歴史をひもといてみると、お祭りには、みなさんがもっている「楽しい」というイメージよりは、本来は「政治」「宗教」という側面が重視されていたということがわかると思います。

ところで、今の日本には、年間でどれくらいのお祭りがあるのでしょうか。大きなものから小さなものまで含めると、一説にはおよそ20万～30万とも言われています。地域ごとに分けて、少しだけ紹介してみようと思います。

○(a)札幌雪まつり

毎年2月に開催される札幌雪まつりですが、国内はもちろんのこと国外からも多くの観光客が訪れることで知られています。その観光客数はおよそ200万人とも言われており、それは(b)札幌市の人口に匹敵する数です。

○青森ねぶた祭り

(c)青森県で8月に開催される夏の祭りですが、1980年に重要無形民俗文化財に指定されました。ねぶたの題材にされるのは、歴史上の人物や歌舞伎の役者などが多かったのですが、近年では映画『スター・ウォーズ』が題材の案として浮上するなど新しい動きが見られ、伝統との兼ね合いで盛んに議論されています。

○渋川へそ祭り

群馬県渋川市は日本のほぼ中心にあることから、この地の祭りに「へそ」の名がついたことで知ら

（2）下線部(a)に関連して、愛知県名古屋市から岐阜県を通って富山県富山市へいたる国道41号は、かつての３ケタ台の国道155号が２ケタ台に昇格した例です。この道は、富山湾で捕れたブリを岐阜や長野へ運んだ道であったことから「ブリ街道」と呼ばれたり、何人かの日本のノーベル賞受賞者がこの道沿いの地域にゆかりのあることから「ノーベル街道」と呼ばれたりもしています。この国道41号の終点である富山県の産業について述べた次の文ア～エのうちから、**誤りを含むもの**を１つ選び、記号で答えなさい。

ア　富山県を含む北陸地方は米の単作地帯で、なかでも富山県の耕地面積のうち田が占める割合は全国１位です。

イ　富山県では江戸時代から藩の保護を受けた薬の行商がさかんで、現在でも医薬品関連の産業が発達しています。

ウ　富山県を含む北陸地方では施設園芸農業が多く行われており、なかでも富山県の電照栽培による菊の生産量は全国１位です。

エ　富山県では豊かな工業用水を利用した金属製品の製造がさかんで、なかでもアルミサッシの生産額は全国１位です。

（3）下線部(b)について、国道１号の起点は日本の国道網の中心とされ、「日本国道路元標」（下図）がおかれています。ここを起点とする国道は、国道１号、４号、６号を含め、じつに７本におよびます。ここはまた、江戸時代に整備された五街道の起点でもありました。ここにかけられた橋の名前を答えなさい。

（4）下線部(c)について、国道３号で福岡県北九州市から鹿児島県鹿児島市まで走った場合、通過する都市の順番として正しいものを、次のア～エのうちから１つ選び、記号で答えなさい。

ア　福岡市　→　鳥栖市　→　熊本市　→　水俣市

イ　福岡市　→　鳥栖市　→　水俣市　→　熊本市

ウ　鳥栖市　→　福岡市　→　熊本市　→　水俣市

エ　鳥栖市　→　福岡市　→　水俣市　→　熊本市

1　次の文を読み、後の問いに答えなさい。

みなさんは国道に興味をもったことがあるでしょうか。みなさんが普段なにげなく通っている国道ですが、調べてみると、じつは興味深いことがたくさんあります。

現在のところ、国道は1号から507号まで、459本あります。計算があわないのは、欠番があるからです。じつは、2ケタ台の国道は58号までで、59～100号は欠番となっています。また、3ケタの国道にも109～111号、214～216号に欠番があります。1～2ケタ台の国道はかつて「一級国道」と呼ばれたもので、都道府県庁クラスの大都市を結ぶ幹線道路です。3ケタ台がかつての「二級国道」で、いくつかの都市を結ぶ、あるいは一級国道に接続する国道とされていました。国道に欠番があるのは、2ケタ台の国道が58号で打ち止めとされたこと、また、(a)いくつかの3ケタ台の国道が2ケタ台に昇格したためです。

栄(は)えある国道1号は、(b)東京を起点として太平洋側を通り、大阪まで行きます。そこから国道2号に代わり、中国地方の瀬戸内海側を進み、（　①　）海峡のところで本州から九州に渡り、福岡県北九州市まで行きます。今度はそこから(c)国道3号が九州西部を通って鹿児島県鹿児島市まで行くのです。東京以北に目を転じると、(d)国道4号が東京から東北地方東部を通って青森県青森市までのび、国道5号が(e)北海道函館市から札幌市までのびています。つまり、国道1～5号で九州～本州～北海道を縦断していることになります。このように、まずは番号の早い国道で全国の主要幹道がつくられています。

次に特徴的な国道をいくつか見てみましょう。まずは、青森県弘前市から（　②　）半島を北上する国道339号の先端部、通称「階段国道」です（右図）。なんと階段が国道になっているという全国でも珍しい国道です。階段をのぼると竜飛崎(たっぴざき)という岬があり、そこから北海道を望むことができます。国道58号も興味深いです。全国最長の国道は、国道4号の約744kmですが、国道58号は鹿児島県鹿児島市から(f)種子島・奄美大島をへて沖縄本島那覇市に達するもので、陸上走行距離は短い（約255km）ですが、海上を含めると約857kmとなり、全国最長となるのです。またこの(g)国道58号は、2ケタ国道の最後であり、沖縄県を走る唯一の2ケタ国道としても注目されます。ちなみに、3ケタ国道の最後である507号も沖縄県にあります。この他にも、アーケードを走る国道や車での通行が困難なほど狭い国道など、全国には興味深い国道がたくさんあります。

以上、国道について見てきました。普段なにげなく通っている国道ですが、じつは興味深いことがたくさんあるのです。このように、身近なものにも調べてみると意外とおもしろいものはたくさんあります。みなさんも、ぜひ身近なものに興味・関心をもって調べてみてください。

（1）文中の空らん（　①　）～（　②　）に適する語句を漢字で答えなさい。

4

(1)	(2)	(3)	(4)	(5)
cm	cm	秒後	秒後	cm

5

(1)	(2)	
	①	②
cm	cm^3	cm^2

受験番号	小学校名	氏　　名
	小学校	

※100点満点
（配点非公表）

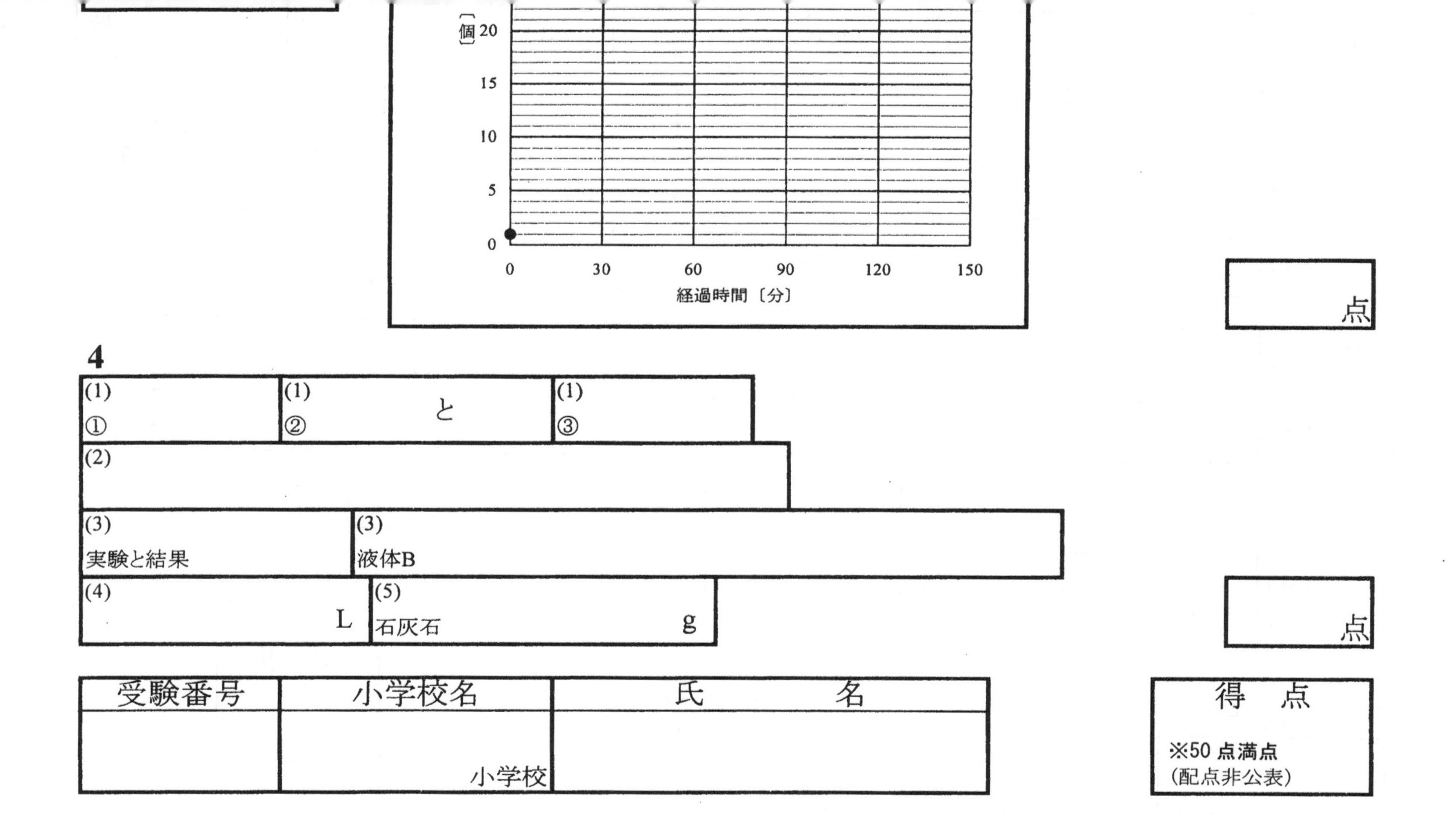

4

(1) ①	(1) ② と	(1) ③
(2)		
(3) 実験と結果	(3) 液体B	
(4) L	(5) 石灰石 g	

点

受験番号	小学校名	氏　　　名
	小学校	

得　点
※50 点満点 （配点非公表）

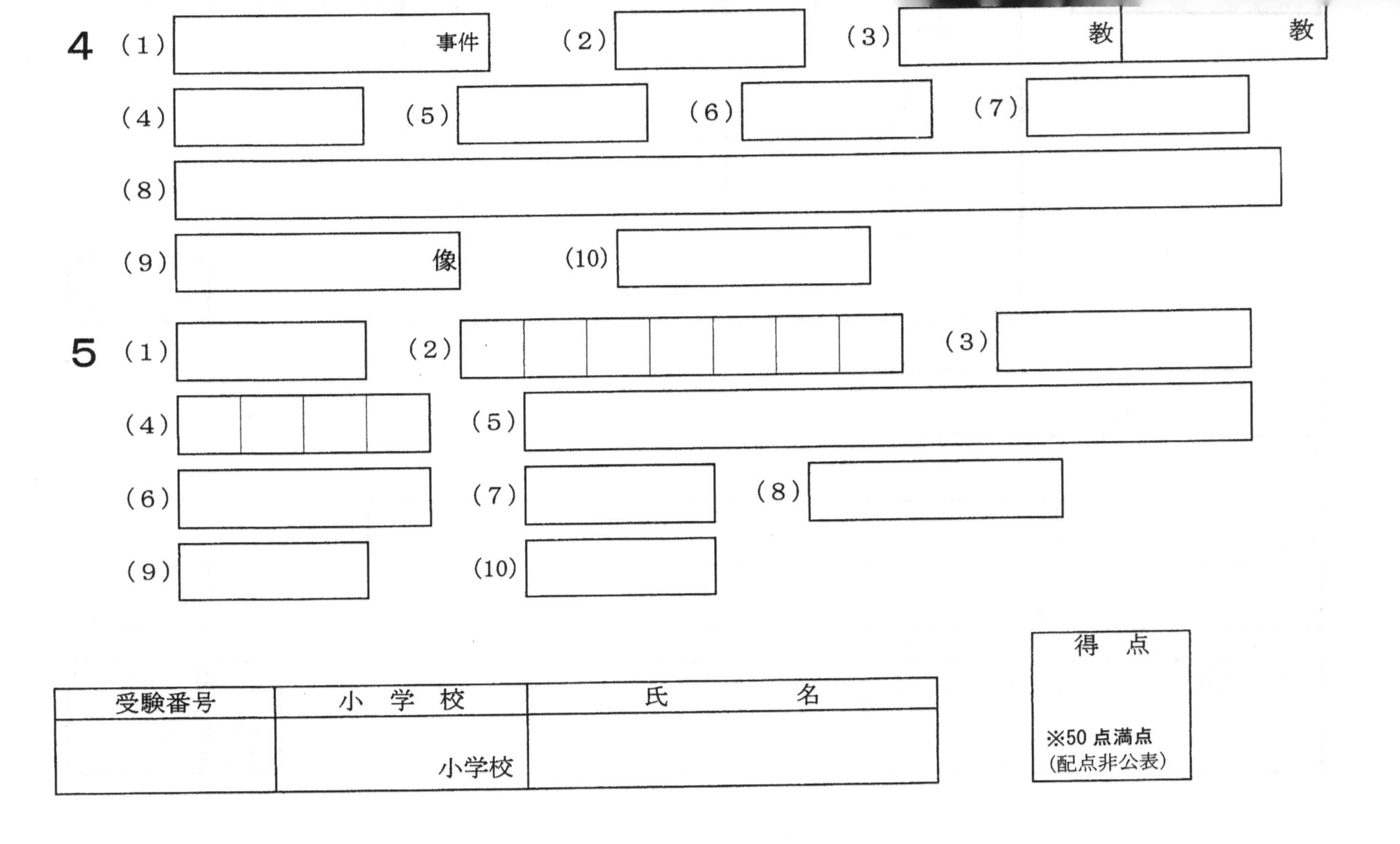

4 (1) 事件 (2) (3) 教 教
(4) (5) (6) (7)
(8)
(9) 像 (10)

5 (1) (2) (3)
(4) (5)
(6) (7) (8)
(9) (10)

受験番号	小　学　校	氏　　　名
	小学校	

得　点

※50 点満点
(配点非公表)

平成28年度

入学試験問題社会解答用紙

北嶺中学校

1

(1) ① ② (2)

(3) (4) (5)

(6) ① ② (7)

(8)

2

(1) (2) (3) (4)

(5) (6) (7) (8)

(9) (10)

3

(1) (2) (3)

(4) (5) (6) (7)

(8) (9) (10)

平成28年度　　# 入学試験問題理科解答用紙　　北嶺中学校

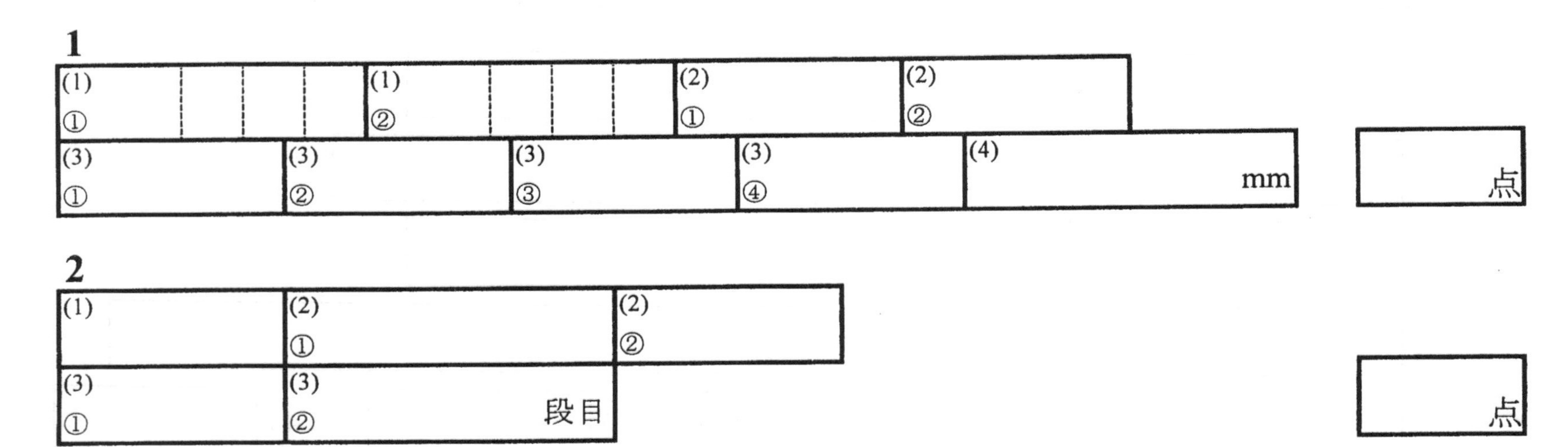
1

(1) ①	(1) ②	(2) ①	(2) ②

(3) ①	(3) ②	(3) ③	(3) ④	(4) mm

点

2

(1)	(2) ①	(2) ②

(3) ①	(3) ② 段目

点

3

(1) 研究者の名前	(1) 名称 ノーベル　　　　　　賞

(2)

(3) と

(4) ① 解答らんは右にあります

(4) ②

(4) ①

平成 28 年度　　# 入学試験問題算数解答用紙　　北嶺中学校

1

(1)	(2)	(3)	(4)	
			時間	分

2

(1)	(2)					
枚	3 人がけ 脚	4 人がけ 脚	6 人がけ 脚	3 人がけ 脚	4 人がけ 脚	6 人がけ 脚

(3)	(4)	(5)
午前 時 分		cm^2

3

(1)	(2)	(3)

(9) 下線部(h)について、現在のアメリカ合衆国では、国民の大部分が英語を用いています。英語は「英国」すなわちイギリスの言葉として、イギリスがかつて支配した広大な植民地を中心に、世界中に広まりました。現在でも、英語を公用語または共通語とする国は54か国にのぼり、その人口は20億人を超えるといわれています。次のア〜エのうちから、英語を公用語または共通語とする国として**適当でないもの**を1つ選び、記号で答えなさい。

ア インド　　イ カナダ　　ウ スイス　　エ オーストラリア

(10) 下線部(i)について、この協定の大筋合意によって、「重要5項目」とされた農作物の7割は関税が維持されることになりましたが、それ以外の多くの農産物や水産品は関税が撤廃されることになりました。「重要5項目」とは、国内の農業を保護するために、政府が重点的に交渉を進めてきた農作物ですが、次のア〜エのうちから、「重要5項目」に**含まれないもの**を1つ選び、記号で答えなさい。

ア 茶　　イ 米　　ウ 砂糖　　エ 乳製品

(社会の試験問題は以上です。)

(6) 下線部(e)について、平安時代の終わりころ、京都六波羅には平清盛の邸宅をはじめ、平氏一族の住まいが集中していました。このことから平氏政権のことを、六波羅政権ともいいます。鎌倉幕府が成立すると、朝廷を監視する京都守護が置かれ、承久の乱後の六波羅探題へとつながっていきました。承久の乱から六波羅探題設置の時の幕府執権についての説明として正しいものを、次のア～エのうちから1つ選び、記号で答えなさい。

ア　有力御家人和田義盛を滅ぼし、侍所と政所の長官を兼ねて執権の地位を確立しました。
イ　有力御家人三浦泰村を滅ぼし、皇族を将軍に招きました。また鎌倉に建長寺を創建しました。
ウ　二度にわたる元寇を撃退しました。また鎌倉に円覚寺を創建しました。
エ　伊豆の豪族で、流されてきた頼朝の監視役でしたが、娘の政子が頼朝の妻となりました。

(7) 下線部(f)について、極楽往生を願い、「南無阿弥陀仏」と唱えることを念仏といいますが、日蓮宗では法華経こそ仏教の真髄（しんずい）とし、「南無妙法蓮華経」と唱えることが重要視されました。この「南無妙法蓮華経」の7字を唱えることを、何を唱えるといいますか。

(8) 文中の空らん（ ① ）に当てはまる僧は、とても書に堪能（たんのう）で、嵯峨（さが）天皇・橘逸勢（たちばなのはやなり）とならんで三筆（さんぴつ）と称されました。しかし、「応」という字の中の「心」の一番上の点を書き落としてしまったことがありました。そのことから、「猿も木から落ちる」「釈迦も経の読み違い」などと同じ意味の諺（ことわざ）が生まれたとされています。この僧に由来する「どんなに優れていても間違いはある」という意味の諺を答えなさい。

(9) 文中の空らん（ ② ）像は、鎌倉時代の作品で、運慶や快慶らの仏師が作ったものとして知られています。像の高さは8メートル以上もありますが、製作にはわずか70日足らずの日数しか要しなかったと伝えられます。二体一対の像は、一方が口を開いた像で阿形（あぎょう）、もう一方が口を閉じた像で吽形（うんぎょう）といわれます。空らん（ ② ）に適する像の名を漢字で答えなさい。

(10) 文中の空らん（ ③ ）に当てはまる僧は、「市聖（いちのひじり）・阿弥陀聖（ひじり）」などといわれ、民衆のなかに溶け込んで布教することに力を尽くしました。そのような活動は、鎌倉時代に時宗を開いた一遍の踊念仏などに多大な影響を与えました。（ ③ ）に当てはまる僧の名を答えなさい。

（3）下線部(b)について、仏教を除く世界三大宗教にあてはまる宗教の名を、下の図を参考にして、**2つ**答えなさい。

（4）下線部(c)に関連して、次の写真は平等院の敷地内の最勝院にある墓です。この墓は、平氏政権に不満をもった後白河法皇の子である以仁王（もちひとおう）とともに、最初に平氏打倒の兵を挙げましたが、敗れて平等院で自刃（じじん）した人物のものといわれます。その人物には鵺（ぬえ）という伝説上の妖怪を退治したという言い伝えも残っています。この人物の名を下のア～エのうちから１つ選び、記号で答えなさい。

ア　源義朝　　　イ　源頼政　　　ウ　源義家　　　エ　源頼家

（5）下線部(d)について、映画『男はつらいよ』は1969年の第１作から1995年の第48作まで作られ(特別編を除く)、「フーテンの寅」といわれる車寅次郎を主人公とする人情喜劇で、「寅さん」の愛称で広く国民に親しまれた映画です。次の写真は京成電鉄柴又駅前に建つ寅さんの像で、演じた俳優は「人情味豊かな演技が国民に喜びと潤いを与えた」として、1996年に国民栄誉賞を受賞しました。その俳優の名を下のア～エのうちから１つ選び、記号で答えなさい。

ア　菅原文太　　　イ　高倉健　　　ウ　三國連太郎　　　エ　渥美清

（8）下線部(g)に関連して、旅行や観光を内容とした書物を紀行や旅行記といいますが、江戸時代の後期の滑稽（こっけい）本と呼ばれる小説にも、紀行や旅行記のようなものがありました。その代表的な作品は、弥次郎兵衛と喜多八の道中、いわゆる弥次さん喜多さんのおかしな旅、『東海道中膝栗毛』です。この作品の著者名を答えなさい。

（9）下線部(h)に関連して、次の絵は歌舞伎役者を描いた浮世絵です。この絵の作者として正しいものを、下のア～エのうちから１つ選び、記号で答えなさい。

ア　菱川師宣　　イ　鈴木春信　　ウ　東洲斎写楽　　エ　歌川広重

（10）下線部(i)に関連して、2013年12月に「和食；日本人の伝統的な食文化」がユネスコ無形文化遺産に登録されました。伝統的な和食のうち、禅宗などの寺院で食べられる野菜や豆などを材料とした料理は、世界から注目されています。この植物性の食品や調味料で作る料理を何といいますか。

（1）文中の空らん（　①　）に適する語句を答えなさい。

（2）下線部(a)について、日本全国にはたくさんの桜の名所がありますが、1336年に後醍醐天皇が京都から逃れた場所も有名な桜の名所でした。この後、京都に別の天皇が立てられたため、天皇家が２つに分裂した南北朝時代になりましたが、後醍醐天皇が京都から逃れて都としたのはどこですか。地名を**漢字**で答えなさい。

（3）下線部(b)について、武士は武芸の訓練を兼ねて、また将軍や大名も多数の家来を連れて狩猟を行いました。狩猟の方法はさまざまでしたが、ある鳥を飼い慣らして訓練し、獲物を捕らせるという狩猟もありました。この狩猟に用いられた鳥の名を答えなさい。

（4）下線部(c)に関連して、貴族は儀式などの公式な場で正装を着用しますが、その正装は、男性では衣冠（いかん）・束帯（そくたい）、女性では女房装束（にょうぼうしょうぞく）とよばれます。このうち女房装束は、複数の衣を重ね着して、色合わせを工夫したり、季節に応じて替えたりしました。平安時代の宮廷から、現代の宮中でも見られる、この華麗な装束を何といいますか。

（5）下線部(d)について、この人物が行った政策として**適当でないもの**を、次のア～エのうちから１つ選び、記号で答えなさい。

ア　港町として栄えた堺を武力でおさえ、豪商からたくさんの軍事金を出させました。
イ　敵の戦国大名に味方した興福寺を焼き打ちにしたり、反抗する本願寺と戦いました。
ウ　交通の要所にある関所で通行税を取ることを止め、人や物の往来を活発にさせました。
エ　宣教師と会って布教を認めたり、貿易による西洋の文化も積極的に受け入れました。

（6）下線部(e)について、お茶をたて客人をもてなす茶道の器は主に陶磁器です。陶磁器の生産は、茶の湯がさかんになった安土桃山時代に発展し、江戸時代にはオランダ東インド会社を通じて、ヨーロッパへの輸出品にもなりました。次のア～エのうちから、世界的に有名であった九州の陶磁器の生産地として適当なものを１つ選び、記号で答えなさい。

ア　瀬戸　　　イ　九谷　　　ウ　清水　　　エ　有田

（7）下線部(f)について、蒔絵は日本を代表する伝統工芸のひとつで、木工品にある樹木の樹液を加工した塗料を塗り、金銀などで文様を描いて仕上げます。この樹液がとれる樹木の名を答えなさい。

（5）下線部(c)に関連して、次の表は北海道・青森県・山梨県・高知県における１年間の農業産出額と、米・野菜・果実・畜産がそれぞれに占める割合を示しています。このうち、青森県にあてはまるものを、表中のア〜エのうちから１つ選び、記号で答えなさい。

	ア	イ	ウ	エ
農業産出額	969 億円	2759 億円	10536 億円	811 億円
米	13.9%	22.4%	13.7%	8.6%
野菜	57.3%	20.9%	18.2%	13.3%
果実	10.5%	25.1%	0.5%	61.4%
畜産	7.5%	27.5%	51.4%	8.8%

（農林水産省、平成24年「第88次農林水産省統計表」より）

（6）下線部(d)に関連して、「シャッター商店街」というのは、商店などが閉店・閉鎖してシャッターが下ろされているのが目立つ状態を示す言葉で、商店街が衰退していることをあらわしています。商店街の衰退の大きな原因として、郊外の大型ショッピングセンターの登場があげられます。「郊外の大型ショッピングセンターの登場」と「シャッター商店街」との関連を調べるとき、もっとも関係のある資料を、次のア〜エのうちから１つ選び、記号で答えなさい。

ア　都道府県別の携帯電話普及率
イ　１世帯あたりの乗用車保有台数
ウ　都道府県別の完全失業率
エ　１人あたりの都道府県民所得

（7）下線部(e)に関連して、金沢城の外郭には、加賀藩によって造営された藩庭を起源とする庭園があります。この庭園は、現在では、岡山市の後楽園、水戸市の偕楽園と並んで日本三名園のひとつに数えられています。庭園の名称は、中国の故事にならい「宏大（こうだい）・幽邃（ゆうすい）・人力・蒼古（そうこ）・水泉・眺望」をそなえる名園という意味で、松平定信によって命名されたと伝えられています。この庭園の名を答えなさい。

(3) 下線部(a)に関連して、札幌市を含む北海道は、冷帯気候に属し、最寒月の平均気温が －3度未満という非常に寒さの厳しい地域です。このような北海道の中でも、沿岸部と内陸部、東部と西部などで、年間の気温・降水量は異なります。次のA～Cの雨温図は札幌市・旭川市・釧路市のいずれかのものです。それぞれの都市と雨温図の組み合わせとして正しいものを、下のア～カのうちから1つ選び、記号で答えなさい。

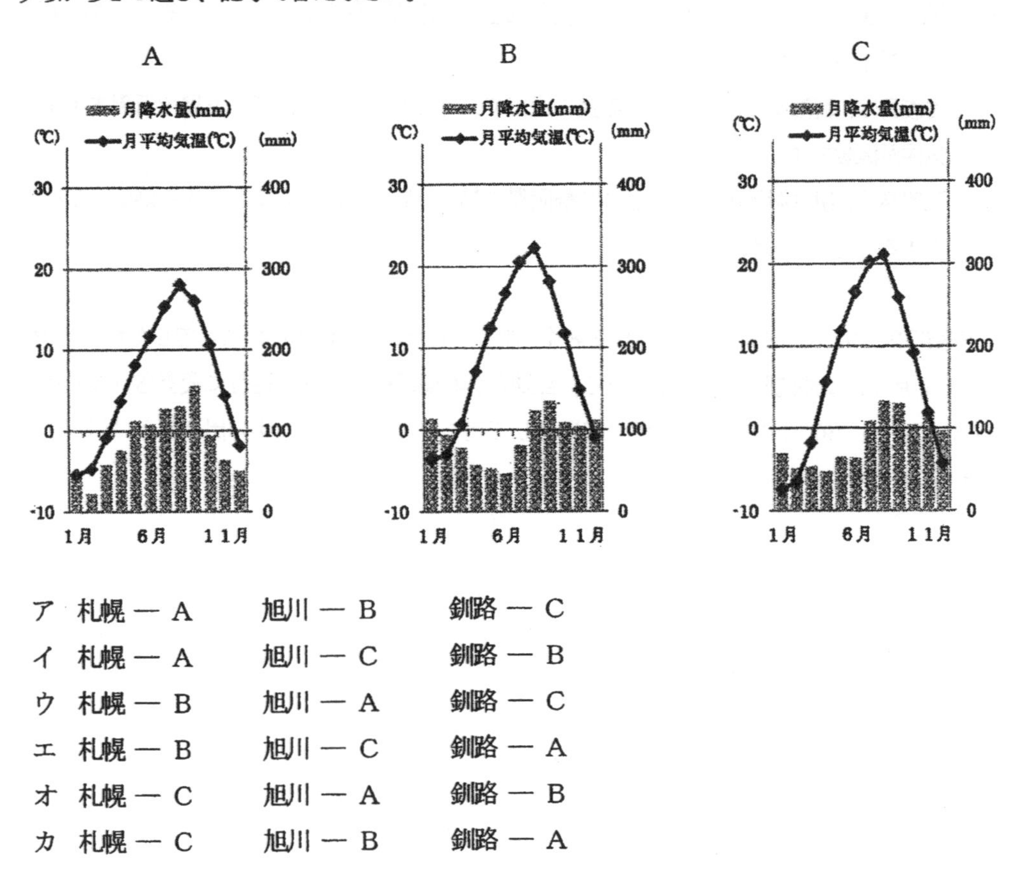

ア　札幌 ― A　　旭川 ― B　　釧路 ― C
イ　札幌 ― A　　旭川 ― C　　釧路 ― B
ウ　札幌 ― B　　旭川 ― A　　釧路 ― C
エ　札幌 ― B　　旭川 ― C　　釧路 ― A
オ　札幌 ― C　　旭川 ― A　　釧路 ― B
カ　札幌 ― C　　旭川 ― B　　釧路 ― A

(4) 下線部(b)に関連して、札幌市の人口は、東京特別行政区を除いて全国で第4位ですが、札幌より人口の多い都市と順位の組合せとして正しいものを、次のア～カのうちから1つ選び、記号で答えなさい。

ア　1位 ― 大阪市　　2位 ― 横浜市　　3位 ― 名古屋市
イ　1位 ― 大阪市　　2位 ― 横浜市　　3位 ― 神戸市
ウ　1位 ― 大阪市　　2位 ― 名古屋市　　3位 ― 横浜市
エ　1位 ― 横浜市　　2位 ― 名古屋市　　3位 ― 神戸市
オ　1位 ― 横浜市　　2位 ― 神戸市　　3位 ― 大阪市
カ　1位 ― 横浜市　　2位 ― 大阪市　　3位 ― 名古屋市

（7）下線部(f)に関連して、日本の島々について述べた次の文ア～エのうちから、正しいものを１つ選び、記号で答えなさい。

ア　奄美大島は、砂鉄を産したことから古くから製鉄・鍛冶(かじ)業が行われており、現在は宇宙センターなど宇宙関連施設も多く建てられています。

イ　隠岐諸島は、かつては後鳥羽上皇が流されるなど遠流(おんる)の島として知られ、その独自の地質から世界ジオパークに登録されています。

ウ　佐渡島は、新潟県西部に位置する金の産出で栄えた島であり、黒潮の影響で新潟本土側よりも気候が温暖です。

エ　三宅島は、伊豆諸島の島のひとつで静岡県に属し、島のほぼ中心に位置する雄山(おやま)がしばしば噴火することで知られています。

（8）下線部(g)について、沖縄県を通る国道58号が制定されたのは、1972年のことでしたが、その後、1978年７月30日に沖縄県の道路において、自動車が右側通行から左側通行に変更されました。これらのことは、1972年のある出来事の結果として起こりました。1972年の出来事とは何ですか。簡単に説明しなさい。

(5) 下線部(d)について、東京から国道4号を北上すると、埼玉県と茨城県の県境のところである川を渡ります。この川は流域面積が日本第1位で、新潟県と群馬県の県境につらなる三国山脈を水源として、関東地方を横切り、太平洋にそそぎます。「坂東太郎」の異名をもつこの川の名を**漢字**で答えなさい。

(6) 下線部(e)に関連して、次の①～②の設問に答えなさい。

① 昨年は北陸新幹線の開業が大きな話題になりましたが、今年はいよいよ北海道新幹線が開業します。最初は新青森～新函館北斗間の開業ですが、やがて札幌までのびる予定です。ところで、新幹線が開業する際などには、それまで運行されていた路線（在来線）をどのように維持していくのかが問題になります。そのようなとき、国・地方自治体と民間企業が共同出資して設立した会社がその運営を引き継ぐことがあります。北海道でも、北海道新幹線開業時に五稜郭(ごりょうかく)～木古内(きこない)間で「道南いさりび鉄道」が運行することになっています。このような国・地方自治体と民間企業が共同出資して設立する会社の形態を何といいますか。

② 函館は「いか踊り」という踊りがあるほどイカを名産としています。函館をはじめとして、北海道ではイカ漁がさかんであり、そのイカ類漁獲量は全国1位です。次の表は、都道府県別のイカ類漁獲量の5位までを示したものです。表中の（　あ　）の都道府県は、島の数が971と全国1位であり、海岸線の総延長距離も北海道に次いで全国2位です（北方領土を除けば、北海道を抜いて1位となります）。表中の（　い　）の都道府県は、日本有数のリアス海岸を有しています。表中の（　あ　）・（　い　）の都道府県名の組み合わせとして正しいものを、次のア～エのうちから1つ選び、記号で答えなさい。

	都道府県名	イカ類漁獲量（100トン）
1位	北海道	601
2位	青森県	502
3位	（　あ　）	160
4位	（　い　）	144
5位	石川県	126

（農林水産省、平成26年「海面漁業生産統計調査」より）

ア　（　あ　）― 長崎県　　（　い　）― 岩手県
イ　（　あ　）― 広島県　　（　い　）― 鳥取県
ウ　（　あ　）― 長崎県　　（　い　）― 鳥取県
エ　（　あ　）― 広島県　　（　い　）― 岩手県

平成 28 年度

北嶺中学校入学試験問題

社　　　会

（40分）

（注意）

1　問題用紙が配られても、「はじめ」の合図があるまでは、中を開かないでください。

2　問題は全部で **19** ページで、解答用紙は 1 枚です。「はじめ」の合図があったら、まず、ページ数を確認してからはじめてください。もし、ページがぬけていたり、印刷されていなかったりする場合は、静かに手をあげて先生に伝えてください。

3　答えはすべて解答用紙の指定された解答らんに書いてください。

4　字数が指定されている場合には、特に指示のないかぎり句読点も数えてください。

5　質問があったり、用事ができた場合には、だまって手をあげて先生に伝えてください。ただし、問題の考え方や、言葉の意味・読み方などについての質問には答えられませんので注意してください。

6　「おわり」の合図で鉛筆をおき、先生が解答用紙を集めおわるまで、静かに待っていてください。

H28. 北嶺中
K 教英出版

計算用紙

4　次の【Ⅰ】、【Ⅱ】に答えなさい。

【Ⅰ】

実験室に液体Aと液体Bがありました。それぞれの液体は、次の表1にある8種類の液体のいずれかであることがわかっています。いくつかの実験を行って、液体Aと液体Bの正体をつきとめることにしました。

表1

液体の名前	塩酸	重そう水溶液	アンモニア水	水酸化ナトリウム水溶液
省略した書き方	塩酸	重そ	アン	水酸
液体の名前	アルコール水	食塩水	砂糖水	石灰水(せっかいすい)
省略した書き方	アル	食塩	砂糖	石灰

(注) アルコール水とはエタノール水溶液のことです。

(1) 液体の正体をつきとめるために、液体の性質を確認(かくにん)することにしました。次の①～③の性質に着目して液体を分けたいと思います。例にならって、分かれ目の区切り線をア～キからそれぞれ**指定された数**だけ選び、記号で答えなさい。

例　においが「ある」・「ない」(区切りは一つ)

塩酸 | アン | アル | 砂糖 | 重そ | 水酸 | 石灰 | 食塩

区切り線：ア　イ　ウ　エ　オ　カ　キ

ウの区切り線よりも左の液体にはにおいがあり、右の液体にはにおいがないので、解答はウとなる。(区切りは一つなので、解答はウだけとなる。)

① 電気を「通す」・「通さない」(区切りは一つ)

塩酸 | 食塩 | 水酸 | アン | 重そ | 石灰 | アル | 砂糖

区切り線：ア　イ　ウ　エ　オ　カ　キ

② 「酸性」・「中性」・「アルカリ性」のちがい(区切りは二つ)

塩酸 | アル | 食塩 | 砂糖 | 重そ | アン | 水酸 | 石灰

区切り線：ア　イ　ウ　エ　オ　カ　キ

③ 水をすべて蒸発させると固体が「残る」・「残らない」(区切りは一つ)

をしないで生育させたところ、最初は肺炎球菌の数が増えましたが、やがて数を増やすことができなくなりました。この溶液中に、アオカビという生物とペニシリンという抗生物質が発見されました。

【実験 2】　容器内に十分な養分をふくんだ溶液と肺炎球菌を入れ、フタをして生育させたところ、(え)肺炎球菌の数が増え続けました。この溶液中に、アオカビとペニシリンは発見されませんでした。

【実験 3】　容器内に十分な養分をふくんだ溶液と結核菌(けっかくきん)を入れ、フタをしないで生育させたところ、結核菌の数が増え続けました。この溶液中に、アオカビとペニシリンが発見されました。

【実験 4】　容器内に十分な養分をふくんだ溶液と結核菌を入れ、フタをして生育させたところ、結核菌の数が増え続けました。この溶液中に、アオカビとペニシリンは発見されませんでした。

【実験 1】～【実験 4】について、次の①～③に答えなさい。

① 下線部（え）について、1 個の肺炎球菌が 30 分で 1 回分裂(ぶんれつ)して 2 個に増えるとき、150 分間でどのように数が増えていくかを、グラフで示しなさい。ただし、解答用紙のグラフには、はじめの 1 個の肺炎球菌を示す点があらかじめ描(えが)かれているので、30 分経過するごとの肺炎球菌の数を示す点を **5 点**描き、となり合う点と点を直線で結びなさい。

② 【実験 1】～【実験 4】の結果から、ペニシリンをつくっていると考えられる生物を、次のア～ウから一つ選び、記号で答えなさい。

ア　肺炎球菌　　イ　アオカビ　　ウ　結核菌

③ 【実験 1】～【実験 4】の結果から判断できることとして、最も適するものを、次のア～エから一つ選び、記号で答えなさい。

ア　肺炎球菌はアオカビが増えるのをおさえている。
イ　肺炎球菌は結核菌と共に生活すると増えるのをやめる。
ウ　結核菌はペニシリンを他の物質に変える。
エ　ペニシリンが肺炎球菌と結核菌にあたえる影響はちがう。

2 次の問いに答えなさい。

(1) 鉄の棒にエナメル線を100回巻いてコイルAを作りました。これを乾電池(かんでんち)につないで電磁石とし、同じ形の小さな鉄くぎのくっつく数を調べました。これとは別に、次の**ア**～**エ**のような電磁石も作り、鉄くぎのくっつく数を調べました。コイルAよりも鉄くぎがたくさんくっつくようになったものはどれですか。次の**ア**～**エ**から一つ選び、記号で答えなさい。ただし、使用したエナメル線の長さはどれも同じで、**ア**～**エ**で示されたもの以外はコイルAと同じにしたとします。

ア エナメル線を50回巻いた。　　**イ** 鉄の棒をアルミニウムの棒にした。
ウ エナメル線を太くした。　　**エ** コイルAと豆電球1個を直列につないだ。

(2) 図1のような振り子(ふりこ)があります。この振り子を使って、「振り子の長さ」と「周期(1往復にかかる時間)」を調べたところ、表1のような結果になりました。次の①、②に答えなさい。

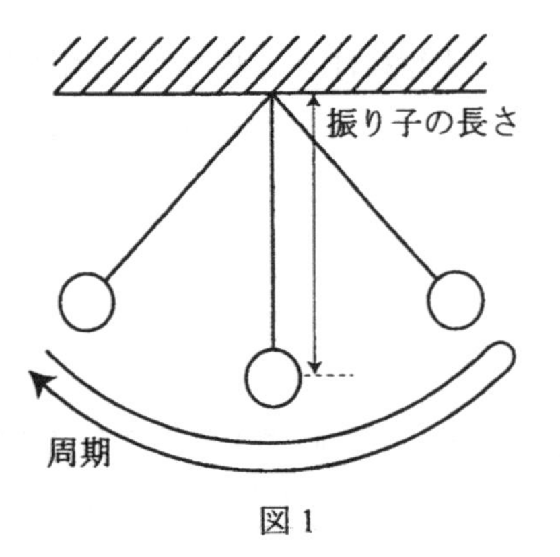

図1

① 表1中の「?」に当てはまる数を答えなさい。ただし、答えが小数になるときは、小数第一位を四捨五入して、<u>**整数**</u>で答えること。

表1

振り子の長さ〔cm〕	25	50	100	150	200	?	300	350	400	450
周期〔秒〕	1.0	1.4	2.0	2.4	2.8	3.0	3.5	3.8	4.0	4.2

② 振り子の長さを800 cmにした振り子の「周期」として、最も適するものを、次の**ア**～**オ**から一つ選び、記号で答えなさい。

ア 5.2秒　　**イ** 5.6秒　　**ウ** 6.0秒　　**エ** 6.4秒　　**オ** 6.8秒

(4) 河川(かせん)が運ぱんする最大の石の体積は、川の流速を 6 回かけた値「流速×流速×流速×流速×流速×流速」に比例することがわかっています。流速が秒速 10 cm の川で運ばれる石の半径が、最大で 1 mm だったとすると、流速が秒速 20 cm の川で運ばれる石の半径は、最大で何 mm になりますか。ただし、石の形は球と考え、球の体積は「4×半径×半径×半径」で求めることができるものとします。また、答えが小数になるときは、小数第一位を四捨五入して、**整数**で答えること。

平成28年度

北嶺中学校入学試験問題

理　　科

（40分）

（注意）

1　問題用紙が配られても、「はじめ」の合図があるまでは、中を開かないでください。

2　問題は全部で１０ページで、解答用紙は1枚です。「はじめ」の合図があったら、まず、ページ数を確認してからはじめてください。もし、ページがぬけていたり、印刷されていなかったりする場合は、静かに手をあげて先生に伝えてください。

3　答えはすべて解答用紙の指定された解答らんに書いてください。

4　字数が指定されている場合には、特に指示のないかぎり句読点も数えてください。

5　質問があったり、用事ができた場合には、だまって手をあげて先生に伝えてください。ただし、問題の考え方や、言葉の意味・読み方などについての質問には答えられませんので注意してください。

6　「おわり」の合図で鉛筆をおき、先生が解答用紙を集めおわるまで、静かに待っていてください。

5 1辺の長さが1 cmの立方体を60個用いて，図のような直方体を作りました。次の各問いに答えなさい。

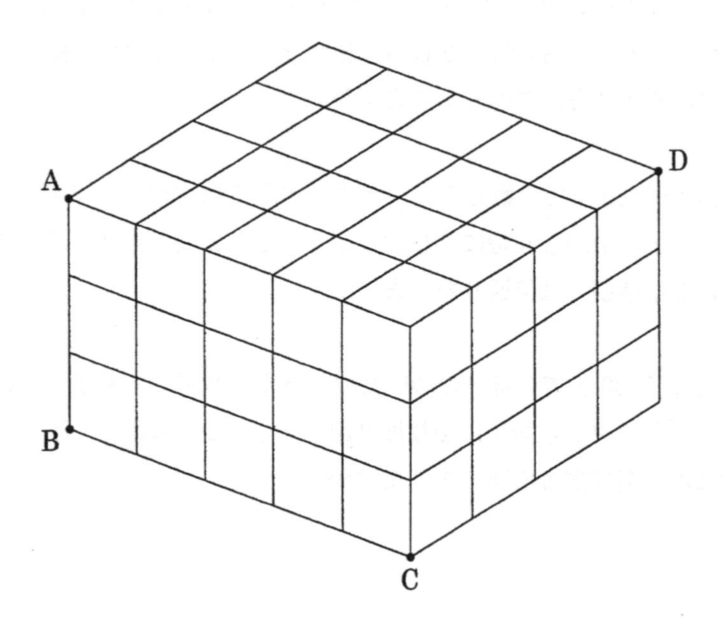

（1）3点A，B，Dを通る平面で切って，点Cを含む方の立体を考えます。この立体を3点B，C，Dを通る平面で切って2つの立体を得ました。この2つの立体について，全ての辺の長さの合計は何cm違いますか。

（2）2点B，Dを通る直線が通過しない立方体を取り除いたあとの立体を考えます。

① この立体の体積を求めなさい。

② この立体の表面全体の面積を求めなさい。

3 次の各問いに答えなさい。

（1）1から10までの番号のついたカードが1枚ずつあります。これらのカードの中から同時に2枚取り出すとき，2つの番号の積が2の倍数になる選び方は何通りありますか。

（2）11から30までの番号のついたカードが1枚ずつあります。これらのカードの中から同時に2枚取り出すとき，2つの番号の積が3の倍数になる選び方は何通りありますか。

（3）11から30までの番号のついたカードが1枚ずつあります。これらのカードの中から同時に2枚取り出すとき，2つの番号の積が6の倍数になる選び方は何通りありますか。

（5）長方形と半径が 4 cm のおうぎ形を組み合わせた図形の中に，半径が 1 cm と 2 cm の半円がそれぞれ 2 つずつあります。この図の色をぬった部分の面積を求めなさい。ただし，円周率は 3.14 とします。

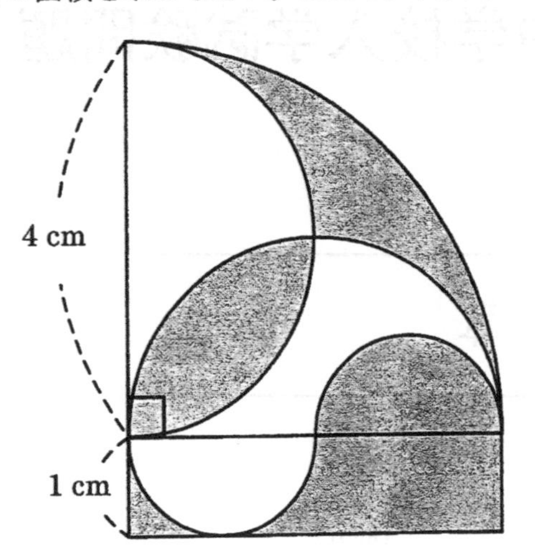

平成 28 年度

北嶺中学校入学試験問題

算　　数

（60分）

（注意）

1　問題用紙が配られても、「はじめ」の合図があるまでは、中を開かないでください。

2　問題は全部で **7** ページで、解答用紙は 1 枚です。「はじめ」の合図があったら、まず、ページ数を確認してからはじめてください。もし、ページがぬけていたり、印刷されていなかったりする場合は、静かに手をあげて先生に伝えてください。

3　答えはすべて解答用紙の指定された解答らんに書いてください。答えが分数になるときは、約分して答えてください。

4　コンパス、定規、分度器は使用できません。机の上にはおかないでください。

5　質問があったり、用事ができた場合には、だまって手をあげて先生に伝えてください。ただし、問題の考え方や、言葉の意味・読み方などについての質問には答えられませんので注意してください。

6　「おわり」の合図で鉛筆をおき、先生が解答用紙を集めおわるまで、静かに待っていてください。

2017(H29) 北嶺中
K 教英出版

計算用紙

計算用紙

表2

摩擦のない水平面での速さ〔cm/秒〕	100	200	300	400	500
摩擦のある水平面を動く距離〔cm〕	6	24	54	96	150

)【実験2】を物体の水平面からの高さを45 cmにして行いました。このとき、摩擦のない水平面での物体の速さが何cm/秒になるかを、【実験2】と【実験3】の結果を参考にして求めなさい。ただし、答えが小数になるときは、小数第一位を四捨五入して、**整数**で答えること。

)【実験2】で摩擦のない水平面での物体の速さを340 cm/秒にしたいと思います。物体を置く場所の水平面からの高さを何cmにすればよいかを、【実験2】と【実験3】の結果を参考にして求めなさい。ただし、答えが小数になるときは、小数第二位を四捨五入して、**小数第一位**まで答えること。

)【実験2】と【実験3】の結果からわかることを、次の**ア**～**ク**から**すべて**選び、記号で答えなさい。

ア　水平面からの高さが大きいほど、物体は止まりやすい。
イ　水平面からの高さが小さいほど、物体は止まりやすい。
ウ　水平面からの高さが大きいほど、動いている物体にはたらく摩擦力は大きい。
エ　水平面からの高さが小さいほど、動いている物体にはたらく摩擦力は大きい。
オ　物体の速さが大きいほど、物体は止まりやすい。
カ　物体の速さが小さいほど、物体は止まりやすい。
キ　物体の速さが大きいほど、動いている物体にはたらく摩擦力は大きい。
ク　物体の速さが小さいほど、動いている物体にはたらく摩擦力は大きい。

理科の試験問題はこれで終わりです。

【実験 2】

図 3 のように、摩擦のない斜面に、重さが 100 g の物体を静かに置きました。すると、物体は斜面を加速しながら下りていき、摩擦のない水平面では一定の速さを保って、摩擦のある水平面に入りました。摩擦のある水平面では、物体は減速しながらまっすぐに進んで止まりました。このように、物体を置く場所と、摩擦のある水平面を物体が動く距離(きょり)との関係を調べました。その結果が表 1 です。

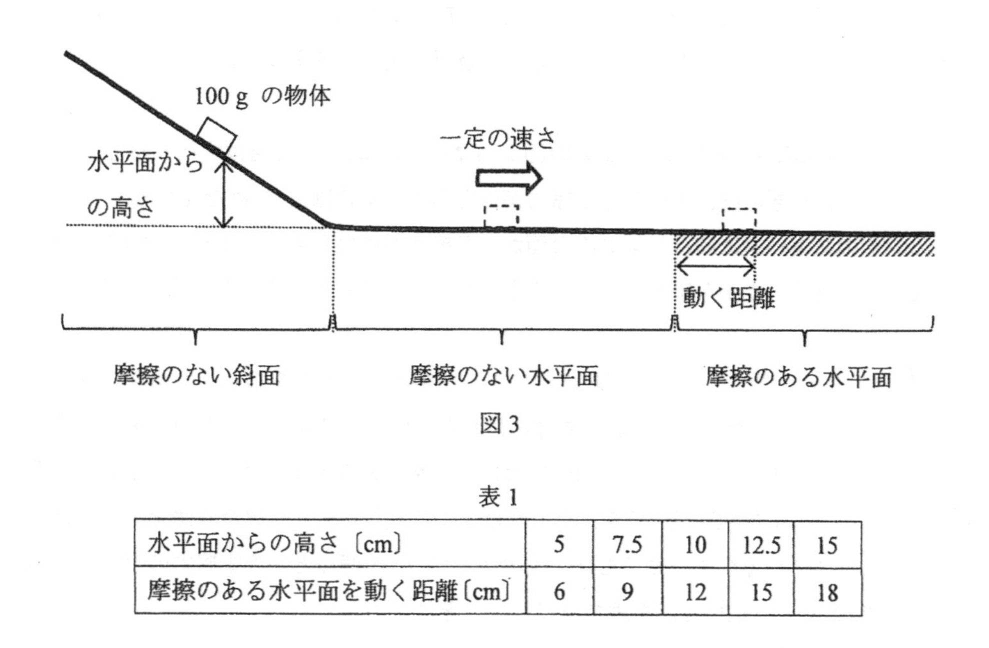

図 3

表 1

水平面からの高さ〔cm〕	5	7.5	10	12.5	15
摩擦のある水平面を動く距離〔cm〕	6	9	12	15	18

【実験 3】

図 4 のように、実験 2 と同じ水平面と 100 g の物体を用いて、摩擦のない水平面での物体の速さと、摩擦のある水平面を物体が動く距離との関係を調べました。その結果が次のページの表 2 です。

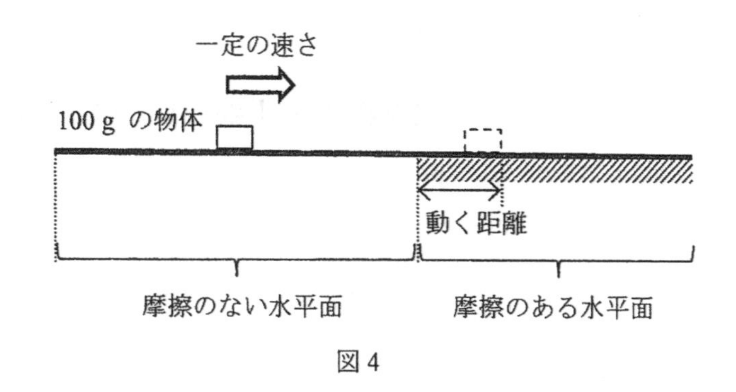

図 4

したときの摩擦力の大きさはちょうど最大となっていました。

次に、重さが 200 g と 300 g の物体で同様に実験を行いました。それぞれ、おもりを 8 個と 12 つるしたときまでは、物体は止まったままでしたが、おもりを 9 個と 13 個つるしたときに物体動きました。また、8 個と 12 個つるしたときの摩擦力の大きさはちょうど最大となっていまし。

1)【デコボコモデル】の下線部（う）について、次の**ア**～**エ**の摩擦力の中に、一つだけはたらき方が異なるものがあります。次の**ア**～**エ**から一つ選び、記号で答えなさい。

ア　山の斜面(しゃめん)に積もった雪には、山の斜面から摩擦力がはたらき、雪はすべり落ちない。
イ　木材に打たれたくぎには、木材から摩擦力がはたらき、くぎは抜(ぬ)けなくなる。
ウ　カーリングのストーンには、リンクの表面から摩擦力がはたらき、ストーンは減速する。
エ　木の根には、地中の土から摩擦力がはたらき、風がふいても木は立ったままでいられる。

2)【実験 1】の 100 g の物体で行った実験について、摩擦力の大きさをおもりの個数（重さ）で表すことにして、つるしたおもりの数と物体にはたらく摩擦力の大きさとの関係をグラフ上に点で示しなさい。ただし、動いている物体にはたらく摩擦力の大きさは、おもり 2 個（の重さ）だったとします。また、解答用紙のグラフには、つるしたおもりの数が 0 個を示す点があらかじめ描(えが)かれているので、つるしたおもりの数が 1～6 個のときの摩擦力の大きさを示す点を 6 点描きなさい。（描いた点を線で結ばないこと。）

3)【実験 1】について、机に油を塗って摩擦力の大きさが $\frac{1}{3}$ になったとき、重さが 540 g の物体で同様の実験を行うと、少なくとも何個のおもりをつるしたときに、物体は動きますか。整数で答えなさい。

【実験 2】と【実験 3】は次のページにあります。

4

物体と物体が接触すると、摩擦力(まさつりょく)が発生します。摩擦のある水平な床の上にある物体を押すと、図1のように、押す力の向きとは逆の向きに摩擦力がはたらきます。ここでは、摩擦力を次の【デコボコモデル】をもとにして考えてみることにします。

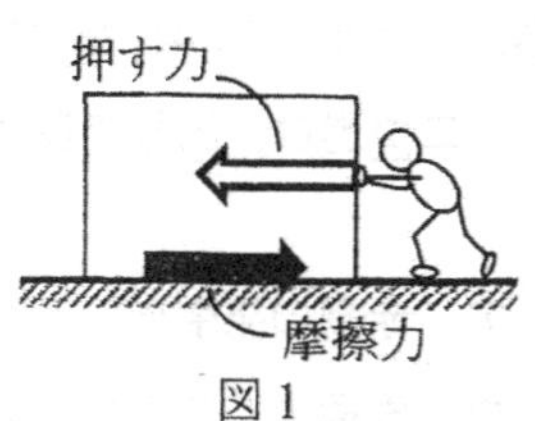

図1

【デコボコモデル】
物体の底面と床面には、目では見ることのできない小さな**デコボコ**がある。この**デコボコ**のひっかかりの具合が摩擦力に関係する。

【デコボコモデル】による摩擦力の説明

① 押しても動かない物体は、物体の底面や床面の**デコボコ**のひっかかりのために、(あ)押す力と同じ大きさの摩擦力がはたらく。

② 押しても動かない物体を押す力を大きくしていくと、**デコボコ**のひっかかりにもいずれ限界がきて、摩擦力の大きさが最大となる。そして、押す力がそれよりも大きくなると物体は動く。

③ 動き出した物体は、動くことで**デコボコ**がひっかかりにくくなるため、(い)押す力に関係なく、②の最大の摩擦力よりも小さな、一定の大きさの摩擦力がはたらく。このために、物体を押して動かそうとするとき、いったん動き出したら、物体を押す力は小さくてすむ。

④ 下線部(あ)、(い)のように、(う)摩擦力には二つのはたらき方がある。

⑤ 重い物体は物体の底面と床面がよりくっつき、**デコボコ**のひっかかりが大きくなって、②の最大の摩擦力や下線部(い)の摩擦力が大きくなる。

⑥ 床面に油を塗(ぬ)ると油が**デコボコ**を埋(う)めるため、ひっかかりが小さくなって、②の最大の摩擦力や下線部(い)の摩擦力が小さくなる。

このような、摩擦力を説明する**【デコボコモデル】**をもとにして、次の【実験1】～【実験3】についての問いに答えなさい。ただし、物体は重さが変わっても形や材質は同じままと考え、つるすおもりの重さはどれも同じとします。また、糸や滑車(かっしゃ)に重さはなく、滑車は摩擦なく回転することができ、空気の影響(えいきょう)はないものとします。

【実験1】

図2のように、摩擦のある水平な机の上に重さが100 gの物体を置いて、物体とおもりを糸でつなぎ、糸を滑車にかけて、おもりを静かにつるしました。そして、つるすおもりの数を1個ずつ増やして、おもりの数と物体の動きを調べました。すると、おもりを4個つるしたときまでは、物体は止まったままでしたが、5個つるしたときは、物体が動きました。また、おもりを4個つ

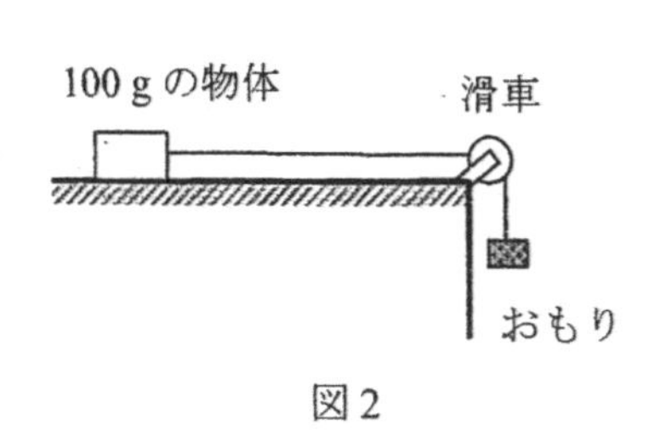

図2

(5) 下線部（え）について、人間の活動が原因ではないと考えられているものを、次の**ア**～**ク**から<u>二つ</u>選び、記号で答えなさい。

ア　赤潮の発生　　**イ**　化石燃料の消費

ウ　南極上空でのオゾンホールの拡大　　**エ**　ヒートアイランド現象の発生

オ　大陸プレートの移動　　**カ**　光化学スモッグの発生

キ　熱帯雨林の減少　　**ク**　オーロラの発生

2017(H29) 北嶺中
K 教英出版

計算用紙

5　下のような三角形あ，四角形い，五角形うがあり，この 3 つの図形をあわせると正方形を作ることができます。3 つの図形あ，い，うの面積をそれぞれ求めなさい。

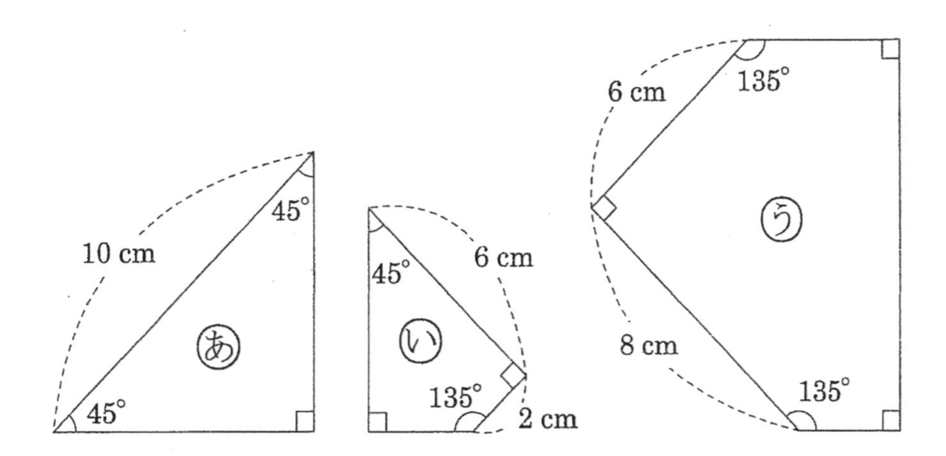

計算用紙

4

ある川の上流にA港があり，そこから138 km下流にB港があります。港の間を貨物船が往復しており，通常は下の時刻表の通りに運行しています。

貨物船時刻表

	港名	時刻
下り	A港 ↓ B港	05：00 発 11：00 着
上り	B港 ↓ A港	12：00 発 19：30 着

貨物船は，

下りは（静水時の貨物船の速さ）＋（川の流れの速さ）

上りは（静水時の貨物船の速さ）－（川の流れの速さ）

で進みます。また，両港では荷物の積み込(こ)みや積み下ろしのため，1時間滞在(たいざい)します。

(1) 静水時の貨物船の速さは時速何kmですか。

(2) ある日，貨物船は下りの運行途中(とちゅう)でエンジンが不調となり，静水時の速さが変わり，A港にもどるまでその速さのまま運行することになりました。そのため，貨物船のB港への到着(とうちゃく)が遅(おく)れ，上りには通常の $\frac{4}{3}$ 倍の時間がかかり，A港に到着したのは23：00でした。

① 静水時の速さが変わった時刻と，そのときのA港と貨物船の間の距離(きょり)を答えなさい。

② この日，21：00までにA港まで運ばなければならない荷物がB港にありました。しかし，貨物船の運行が遅れているため，それらの荷物を運ぶために臨時に一台のトラックを借りることにしました。そして，B港に貨物船が実際に到着した時刻に，トラックに荷物の積み込みをはじめることができました。荷物はトラック一台に積みきれない量なので，トラックは港の間を一往復半して，21：00までにA港でそれらの荷物の積み下ろしを終えました。このとき，トラックは少なくとも時速何km以上で走行しましたか。小数第2位を四捨五入して答えなさい。なお，トラックは，A港とB港を結ぶ長さ138 kmの道路を，行き帰りとも同じ速さで走ります。また，両港では荷物の積み込みや積み下ろしのため，30分間滞在します。

計算用紙